백범 김구 선생님의 살아계실 때 모습

『백범일지』상권 첫 페이지
집문당 친필 영인본

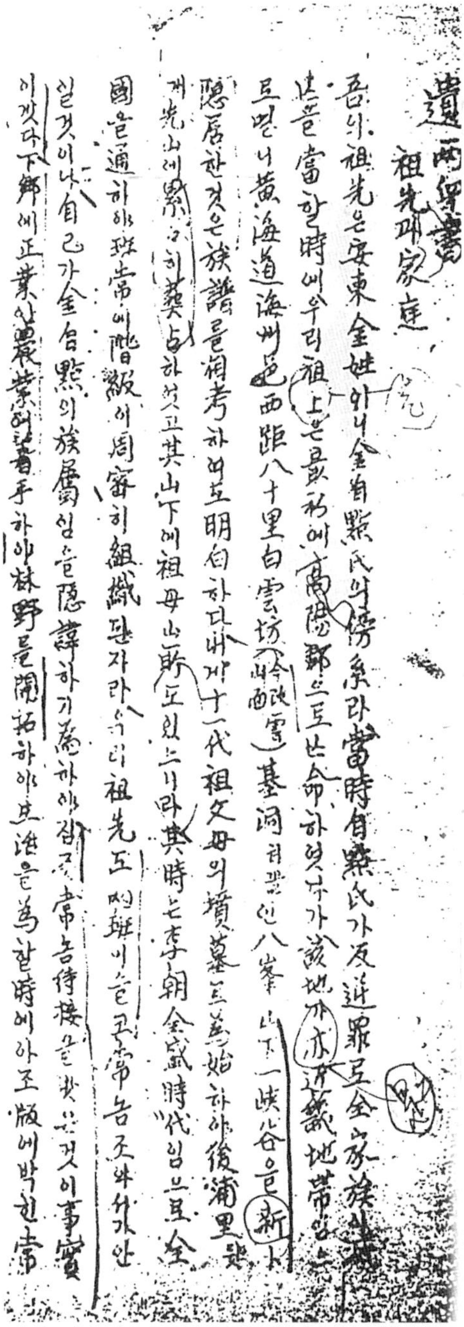

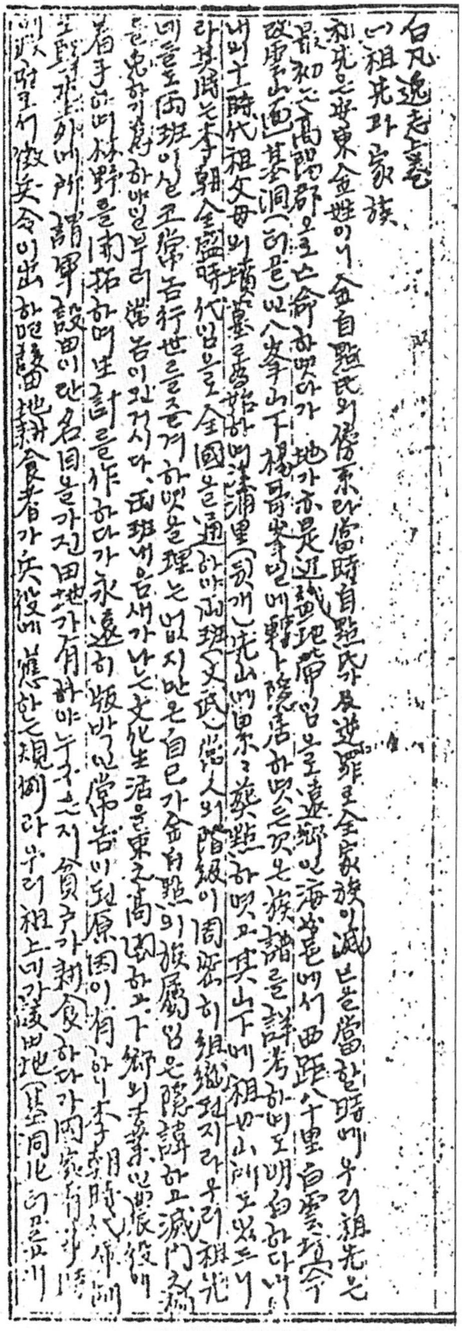

임정 경무국장 시절의 백범 내외
가운데가 맏아들인 인(仁)

남경에서의 백범 가족
왼쪽이 장남 인(仁), 오른쪽이 차남 신(信), 가운데가 어머니 곽낙원

중경 화상산에 있는
곽낙원 여사의 묘

상해에 있는 백범의 부인 최준례 여사의 묘
왼쪽이 信, 가운데가 어머니, 오른쪽이 仁.
묘비의 글씨는 해방 후 북한에 잔류한 한글학자 김두봉의 글씨로 알려져 있으며, 한글전용론자답게
숫자 1,2, 3...10을 ㄱ, ㄴ, ㄷ ..... ㅊ으로 바꿔 쓴 것이 특이하다. 곧 'ㄹㄴㄴㄴ해 ㄷ달 ㅊㅈ날'은
단기 4222년 3월 19일을, 'ㅂ해 ㄱ달 ㄱ날'은 6년 1월 1일을 뜻한다.

大韓民國第三十四回議政院議員一同紀念撮影

1차 투옥시 백범이 수감되었던 인천 감리서
원내는 백범을 취조했던 경무관 김윤정

임시정부 주석 시절의 백범
오른쪽은 주석 판공실장 석린 민필호, 왼쪽은 백범의 비서 김은충

일제의 항복 후 중경을 떠나기 앞서
임시정부 청사 앞에서 기념 촬영한 대가족

백범일지

정본 친필본 김구 자서전 완역 해설

주해 김학민·이병갑

학민사
Hakmin Publishers

개정판에 부쳐

2017년이면 학민사 판『정본 백범일지』가 발행된 지 20년이 된다. 1997년『정본 백범일지』가 나오기까지 해방 직후의 국사원 판『백범일지』를 필두로 하여 30여 종의『백범일지』가 출간되었지만, 모두가 국사원 판을 저본으로 한 것이었다. 그러나 1994년 집문당에서 김구 선생의 육필『백범일지』가 영인 발간되자, 여러『백범일지』의 저본 구실을 하였던 국사원 판의 문제점이 발견되었다. 국사원 판의 가장 큰 문제점은 백범의 친필 원본을 크게 줄였다는 것이며, 두 번째 문제점은 편집자(춘원 이광수라고 알려졌음)가 지나치게 문장을 다듬어 상당 부분 백범의 글맛을 훼손했다는 점이었다.

『정본 백범일지』는 그러한 문제점을 갖고 있는 국사원 판을 저본으로 한『백범일지』들의 한계를 극복하기 위하여, 백범이 육필로 한 자 한 자 새기듯 기록한『백범일지』원문 분량 그대로를, 백범의 문체 그대로를 살려 펴낸 책이다. 또한『정본 백범일지』는 쉽게 이해할 수 없는 용어나 사건에 일일이 주석을 달아 누구나 읽기 편리하게 하였고, 책 말미에 일종의 '백범일지사(史)' 라 할 수 있는,『백범일지』각각의 저본에 대한 해설을 붙였다.『정본 백범일지』이후의『백범일지』들은 이를 본떠 대개 주석본을 내고 있다.

『정본 백범일지』가 발간된 지 20여 년이 되었지만 그간 쇄(刷)를 거듭하면서 오탈자 및 오류를 수정하여 지금의 시점에서 보아도 크게 내용을 고칠

부분은 없으나, 가독성을 높이기 위해서는 보다 시각적인 편집에 보다 유려한 글자체를 갖추는 것이 필요하다고 보아 이번에 개정판을 내게 되었다. 그리고 책 말미에 두었던 주해자들의 저본에 대한 글을 책 앞으로 옮겼다. 『백범일지』라는 텍스트 자체에 대해 먼저 이해한 후 내용으로 들어가는 것이 '백범일지 읽기'에 더 효율적이라고 판단되기 때문이다.

　『백범일지』는 우리 민족의 영원한 교과서이다. 주해자들은 이 개정판 이후에도 『정본 백범일지』를 더욱 갈고 다듬어 민족의 진정한 교과서로 만들어 갈 것임을 다짐한다.

2016년 3월

김학민 · 이병갑

친필본 주해
『백범일지』를
펴내며

1

　구한말에서 일제 식민지를 거쳐 해방이 되기까지 근대사의 질곡을 몸소 끌어안으면서 국가와 민족을 위해 헌신한 사람은 일일이 꼽기 어려울 만큼 많다. 그러나 그 가운데서도 백범 김구 선생이 상좌의 반열에 들 만큼 우뚝 솟는 이유를 들라면, 자신의 역정을 일일이 기록해 둠으로써 후세 사람으로 하여금 고난의 흔적을 피부로 느끼게 했다는 점도 한 가지 이유가 될 것이다.

　백범 선생은 『일지』의 첫머리에서 상놈의 집안 출신임을 스스럼없이 밝혔듯이 자신의 치부를 솔직히 드러내 놓을 줄 알았다. 그것은 곧 『백범일지』에 나타난 그의 행적이 허구성을 띠지 않았음을 말하는 것이다. 그 때문에 출신의 한계를 절감하면서도 신·구 학문에 정진한 학구열, 옭죄어 오는 일제의 압박을 온몸으로 저항하며 삶의 방향을 구국으로 정하는 피 끓는 조국애, 견디기 힘든 옥중생활 속에서도 지조를 잃지 않는 꿋꿋한 기질, 임시정부의 고위 관리로서 멸사봉공하는 정신 등 어느 것 하나 작위적이지 않다는 생각을 갖게 한다.

　이로써 조국을 위한 그의 삶이 안중근 의사나 이봉창 의사의 순국으로써 저항한 의로운 행적과 비교할 때 결코 뒤지지 않는다는 확신을 갖게 하며,

그 당시 선인들이 흘린 피와 땀의 대가로 현 위치에 떳떳이 서 있는 우리에게 더욱 경외감을 준다.

백범은 두 아들에게 주는 글에서도 밝혔듯이 『백범일지』를 쓴 목적이 자식들에게 아비의 행적을 전하기 위함이었다. 단신 상해로 건너가 언제 죽을지 모르는 위험한 상황에서 자신이 죽고 나면 자식들이 아비의 행적을 알 길이 없을 것이라고 여겨 자서전을 남긴 것이다. 다행히 해방을 맞을 때까지 목숨을 잃지 않아 환국할 수 있었고, 임시정부의 주석이 남긴 글인 만큼 자식뿐 아니라 온 국민에게 읽혀야 한다는 주위의 권고로 백범 생존 때인 1947년 국사원을 통해 초간본이 빛을 보게 되었다.

초간본 『백범일지』는 간행되자마자 큰 반향을 불러일으켰다. 상인에서 임시정부 주석까지 신분의 극과 극을 넘나든 민족 지도자의 행적이 소상히 기록된 것도 이례적이었지만, 이 책을 읽음으로써 임시정부의 모든 것을 이해할 수 있었고, 해외에서 독립운동을 하던 애국지사들의 생활상도 어느 정도 파악할 수 있었기 때문이다.

단독정부 수립 이후 이승만 정권기에 들어와서 『백범일지』는 황당하게도 금서 취급을 받아 이후 출간되지 못하는 우여곡절을 겪었다. 그러다 4·19 이후 국사원본을 저본으로 하여 동명사본(1960)이 출간되었고, 이후 광명문화사(1968), 교문사(1979), 백범기념사업협회(1980) 등 여러 곳에서 무려 20여 종의 『백범일지』를 내놓았다. 그만큼 『백범일지』는 하나의 출판물로서도 국민적 도서로서 많은 독자층을 확보했던 것이다.

그후 1989년에 들어 이전의 간행본과는 전혀 다른 또 하나의 『백범일지』가 탄생했다. 서문당에서 간행한 『원본 백범일지』가 그것이다. 이 책이 출간됨으로써 우리는 국사원간 『백범일지』가 결코 권위본 대접을 받을 수 없다는 사실을 깨닫게 되었다. 기실 이전에는 『백범일지』 출간본이 백범의 친필본을 그대로 옮기되 국한문 혼용인 친필본을 현대어법에 맞춘 것이라고 생각하는 정도였다. 그러나 서문당본과 국사원본을 비교하면, 서문당본

책 표지에 "지금까지의 『백범일지』는 3분의 2 분량으로 줄여져 있었다"고 밝혔듯이, 너무나 많은 차이가 있었다.

당초 국사원본이 간행된 시기는 백범의 나이 72세이며, 백범 자신도 한창 정치적으로 숨돌릴 틈이 없었다. 그러므로 간행에 깊이 관여하지는 못하였을 것으로 보인다. 이런 가운데 원본 윤문을 맡은 춘원 이광수가 책으로서의 구성 요건을 생각하였음인지 단순 교열을 넘어서 심지어는 원고지 2~3장 분량을 그대로 삭제하기도 하고, 또는 자기의 필력을 믿고 새로운 내용을 추가하기도 했던 것이다. 그러므로 국사원본은 현대어 윤문본이라기보다 재구성본이라고 해야 맞을 것이다.

그러나 일반 사람들은 국사원본이 백범 생전에 백범의 주도 아래 간행되었다는 점에서 그 이상의 새로운 내용을 담은 『백범일지』는 나올 수 없을 것이라고 생각하였다.

그같은 편견을 갖게 된 데는 그동안 친필본 『백범일지』가 세상에 공개되지 않은 탓도 있다. 친필본을 확인할 수 없었으므로 심지어 백범의 원고를 순한문체 글이라고 주장하는 사람도 있었다.

서문당본의 출간은 국사원본에 내재된 이 같은 한계를 극복했다는 점에서 『백범일지』 간행에 한 획을 긋는 일대 사건이었다고 할 수 있다. 서문당본은 국사원본에 빠진 백범의 글을 거의 다 보충했다.

그러나 서문당본도 몇 가지 문제점을 안고 있다.

첫째는, 그것이 친필본을 저본으로 하지 않았다는 점이다. 서문당본 해제에 따르면 "이 책은 백범이 측근이었던 엄항섭을 시켜 원래의 것을 등사하게 하여 미국의 동지들에게 후세에 전하도록 당부하여 보낸 것" 즉 친필본을 베껴 쓴 미국 소장본을 저본으로 했다고 한다. 이에 대해서는 뒤의 판본 비교 부분에서 상세히 언급하겠거니와, 친필본과 필사본 사이에는 차이점이 많다. 필사본은 친필본을 필사하는 과정에서 누락·오독한 부분이 다수 있기 때문이다.

둘째는, 국한문 혼용체에다 구식 표현인 것을 현대어로 옮기는 과정에서 어려운 말을 그대로 두어 일부 문맥의 연결에 혼선이 생겼다는 점이다. 이 부분에 대해서는 도진순 교수가 그의 논문 「백범일지의 원본·필사본·출간본 비교 연구」(1996)에서 상세히 밝혔다. 이 밖에 한문식 표현을 풀이하지 않아 한문에 약한 현대의 젊은이들은 책을 읽어내려가면서도 정확한 의미를 알지 못한다. 대충 감만 잡고 그대로 넘어가는 부분이 많으니, 이는 기존의 모든 『백범일지』 출간본이 공통적으로 안고 있는 문제이기도 하다.

셋째는, 국사원본에 비해서는 덜하지만, 현대어로 윤문하는 과정에서 백범 특유의 문투가 변형되었다는 점이다. 예건대 백범은 '……하더라' '…… 한지라' '……하나니' 등과 같이 당시의 문투를 대변하면서도 친근감 있는 표현을 즐겨 썼는데, 이런 것들이 교열 과정에서 완전히 삭제된 것이다.

이상의 여러 문제점으로 인해 『백범일지』는 기성 지식인들이 후학들에게 권하는 주요 서목이면서도 기실은 난해한 탓에 가장 권하기 힘든 책이 되어 버린 것이다.

2

『백범일지』의 판본에는 세 종류가 있다.

그중 가장 권위있는 것은 당연히 친필본이다. 친필본은 현재 백범의 유족이 소장하고 있다. 이것을 1994년 집문당에서 영인함으로써 일반 사람이 처음으로 원본 『백범일지』를 볼 수 있게 되었다. 친필본은 상·하권으로 되어 있으며, 상권은 만 52세 때인 1928년 3월 경에 상해에서 집필을 시작하여 이듬해 5월 3일 종료했고, 하권은 66세 때인 1942년 중경에서 집필했다. 상권은 파란색 줄을 친 '국무원' 원고용지에 펜 또는 만년필로 썼고, 하권은 붉은색 줄을 친 원고지에 붓으로 가늘게 썼다. 다만 이 친필본은 보존상태가 좋지 않아 상권 앞부분과 하권 뒷부분이 일부 글자를 알아볼 수 없을 정도로 변질되었다. 특히 상권 맨 앞 서문에 해당하는 「인·신 두 아들에게 주는 글」은 아예 떨어져 나가 다른 사람의 필체로 된 글이 들어가 있다. 그러나 다른 곳은 매우 양호하다. 「祖先과 家庭」의 앞부분 2쪽은 하권을 쓴 원고지와 같은 종류인데, 다른 정황을 함께 고려할 때 이는 백범이 상·하권 집필을 끝마친 후 책으로 출간하기 위해 목차를 넣으면서 체계를 갖추어 새로 쓰려 했던 것으로 보인다.

두 번째 판본은 미국 컬럼비아 대학에 소장되어 있다. 이는 백범이 상권 집필을 끝내고 이를 측근에게 필사시켜 미주 지역의 동지들에게 보낸 것이다. 줄이 전혀 없는 백지에 쓰여 있으며, 필사한 측근은 엄항섭이라는 설이 현재 유력하다. 이 판본을 일반적으로 '등사본'이라고도 하며, 마이크로 필름으로도 보관돼 있으므로 '마이크로 필름본'이라고도 한다. 이 책의 맨 앞에는 대한민국 임시정부 용지에 쓴 백범의 친필 편지가 삽입되어 있는데, 자신이 혹시 비명에 죽거든 유서 대신 써 놓은 이 글을 자식들에게 전해 달라는 내용이 적혀 있다. 따라서 상권만 존재하고 하권은 없다. 이 책은 "등사하였다"는 백범의 표현과는 달리 친필본과는 약간 차이 나는 부분이 있다. 원문의 난삽한 표현을 쉽게 고친 부분이 적지 않고, 「祖先과 家庭」의 '삼각혼(三角婚)' 부분 내용은 아예 빠지기도 했다. 또 서명도 원본에서는 '白凡逸志'라고 한 반면 여기서는 '白凡逸誌'로 했다.

세 번째 판본은 해방 이후 백범의 측근이 친필본을 필사한 것이다. 이것이 고서점에 유출되었다가 이동녕 선생의 손자인 이석희씨가 입수하여 현재 소장하고 있는 것으로 알려졌다. 이를 일반적으로 필사본이라고 한다. 이는 1947년 12월 한국민주당 정치부장 장덕수가 암살되자, 그 암살 배후로 백범계의 국민회의 간부들이 속속 체포되고 백범도 증언대에 서게 되었는데, 이때 재판 관계 자료로 쓰기 위해 급히 베껴 쓴 것이라는 설이 유력하다. 그 때문인듯 처음에는 정성을 들여 쓰다가 뒤에 갈수록 급히 쓴 흔적이

역력하다.

또 목차가 처음 「祖先과 家庭」을 제외하고는 전부 빠져 있고, 해독하기 어려운 부분도 문맥을 고려하지 않고 그냥 써내려간 곳이 여러 군데 있으며, 일부 내용이 통째로 빠진 부분도 있다.

한편 서문당본은 해제에서 컬럼비아 대학교 소장 등사본을 저본으로 했다고 밝혔으나 실은 이 필사본을 참고한 것이다. 해제에서는 "'大韓民國臨時政府主席用箋'이라고 번듯하게 찍힌 괘지에 펜으로 빽빽하게 필사한 것이다"라고 부기했는데, 임정 주석용 괘지에 쓰인 것은 필사본뿐이다. 특히 서문당본의 해제자는 등사본에 하권이 없다는 점을 간과한 듯하다.

3

1997년은 『백범일지』 출간 50년을 맞는 해이다. 반세기의 세월을 거치면서 『백범일지』의 발행 종수도 그 햇수만큼이나 많고 다양했다. 그러나 돌이켜보면 아쉬운 면도 없지 않다. 가장 큰 이유는 국민도서로 평가받을 만큼 대중적이고 교육적 가치를 띠는 책이지만, 많이 읽혔으면 하는 뜻있는 사람들의 소망이 무색하리만치 쉽게 쓰이지 못했다는 점이다. 다시 말해서 내용이나 판본 면에서 이렇다 할 연구 성과가 미약했다. 국사원간 발행 이후 1989년 서문당본이 나오기까지 40여년간 수십 종의 책이 출간되었지만, 맞춤법과 자구 수정 등에 국한시켰으니, 국사원간의 재탕 삼탕을 벗어나지 못한 것이다. 그리고 서문당본도 앞서 지적한 몇 가지 문제점을 해결하지 못함으로써 체계적이고 완벽에 가까운 현대문 번역본이라는 평가를 받기에는 부족한 점이 있다.

그러므로 본 주해자들은 이 같은 문제점들이 언젠가는 해결돼야 한다는 생각에서 1995년부터 초보 단계이나마 원본 『백범일지』의 복원에 일단 손을 대 보자고 결심하고 몇 가지 방침을 정하여 작업을 추진하였다.

그 방침의 첫째는, 기왕에 친필본을 기초로 한 간행본이 없는 만큼 친필 영인본을 저본으로 삼아 가장 객관성 있는 『백범일지』 간행본을 만들자는 것이다. 이는 필사본에 빠진 부분까지 넣을 수 있다는 점과 가장 권위있는 원본을 대본으로 함으로써 독자에게 『백범일지』의 판본에 대한 신뢰감을 줄 수 있다는 점에서 가치가 있다고 보았다. 다만 지질 훼손으로 보이지 않는 부분은 내용의 전달이라는 측면에서 가능한 한 궐자로 남기지 않고 등사본 을 참조하여 보완하였다.

둘째는, 기존의 간행본과 틀을 달리하여 주해를 넣고 설명을 붙이자는 것이다. 사실 원본은 국한문 혼용체라지만 토씨 등 순수한 우리말을 제외하 고는 전부가 한자인 만큼 해독하기가 쉽지 않다. 그런데다 백범의 한문 수 준이 상당하여 『시경』 『서경』을 비롯한 사서오경과 한시, 불교경전 등에 실 린 한문 문장을 두루 인용했다. 또 구한말과 일제시대의 관제도 설명 없이 그대로 기록하여 이 부분의 전문 참고서가 없이는 이해할 수 없는 말들이 많다. 그러므로 이에 대한 설명이나 주해가 없는 기존의 간행본들을 오늘날 의 사람들이 보는 데는 무리가 따를 수밖에 없었다. 이 책의 가장 중요한 간 행 목적이 바로 이 같은 문제점을 해소하여 오늘의 세대들에게 읽기 쉬운 책을 제공하자는 것이므로 주석과 해설 부분에 많은 노력을 기울였다.

셋째는, 백범의 문투를 그대로 옮겨 보자는 것이다. 기존의 출간본들은 소위 윤문 혹은 현대어 역이라 하여 원본의 필체를 자의적으로 변화시켰다. 예컨대 '이외다' '이라' '하더라' '이리라' 등의 고풍스런 표현을 각각 '입니 다' '이다' '했다' '일 것이다' 등으로 바꾸었다. 또 현실감이 강한 현재시제 '한다'를 전후 문맥에 맞추어 과거시제인 '했다'로 바꾸었다. 그러나 실제로 이같은 말들을 그대로 두어서 이해하지 못하는 부분은 없다. 오히려 그런 표현이 생동감을 주어 살아 있는 글로서 다가온다는 생각도 들었다.

이밖에 기존 출간본들은 현대어 역을 하면서 '마침내' '……라 아니할 수 없다' '에 의하면' 등의 현대적 표현을 찾아 썼는데, 예컨대 춘향전을 현대어로 번안한다면 원 작품의 맛을 낼 수 있겠는가 하는 점을 생각한다면 이같은 현대식 글이 주는 한계를 느낄 수 있을 것이다. 그러므로 여기서는 요즘 자주 쓰이는 말은 아니더라도 뜻을 알 수 있는 것은 그대로 두었다.

이와 함께 원본에는 한 문장이 원고지 한 장 이상 차지하는 것이 다수 있다. 이는 당시 문장의 일반적 경향이기도 했는데, 기존 출간본들은 읽기 쉽게 한다는 뜻에서 이를 여러 문장으로 나누다 오히려 흐름을 잃는 수가 많았다. 본 주해서는 당시의 독특한 문체를 살린다는 취지에서 이 같은 장문을 가급적 그대로 두되 쉼표를 이용하여 문맥을 가다듬었으며, 현대 어법과 지나친 차이를 보이는 것은 필요한 부분의 토씨 등을 바꾸어 바로잡는 식으로 하였다.

친필 영인본 『백범일지』를 처음 대하면서 놀랍고도 궁금한 점이 한 가지 있었다. 그것은 이광수의 윤문본과 영인본을 비교하면서 더욱 실감나게 다가왔다. 당대를 풍미한 소설가 이광수의 글과 독립운동가 백범의 글을 평면 비교한다는 것은 어불성설일지 모른다. 춘원이 윤문한 국사원간 『백범일지』는 그만큼 읽기에 편한 쉬운 문장이었다. 그러나 두 책을 꼼꼼히 비교해 보자니 그것만이 능사는 아니었다. 백범의 필력이 결코 이광수만 못하지 않았다. 오히려 진지하게 엮어 간 중에도 웃음을 자아내게 할 줄 아는 흡인력을 보였고, 그것이 백범으로 하여금 독립운동가가 아니었으면 문필가나 학자로 대성했을 것이라는 생각에까지 미치게 하였다.

국한문 혼용체라서 읽기에 까다롭고, 만연체 문장이다 보니 주어 술어 간 호응관계가 다소 흐트러진다는 점을 접어둔다면 한 편의 소설도 이만큼 흥미 있고 탄탄하게 구성된 소설은 드물 것이라는 생각이 들게 했다. 그럼에도 이광수는 이해하기 어려운 부분, 해석하기 힘든 부분은 아예 빼버린 듯 분량을 3분의 2로 줄이고, 그것도 모자라 그 아기자기한 문투를 그토록 심하게 고쳐놓은 것이다. 특히 백범이 인천감옥에서 탈옥한 이후 삼남지방을 유랑하면서 남긴 생생한 견문록과 서대문감옥 생활의 기록, 여러 인물들

에 대한 설명과 논평을 윤문 과정에서 임의로 삭제한 것은 유감이 아닐 수
없다.

위대한 인물의 자서전이요, 민족의 고난 역정을 생생하게 기록한 역사
서요, 민간의 사회상을 기록한 인문지리지라 할 만한 글을 평범한 통속소설
로 만들었다는 생각을 지울 수 없었다. 실로 원본이라야 백범의 참된 사상,
진실된 행적을 알 수 있으며, 더불어 잠재력을 지닌 문필가 백범의 맛깔나
는 글맛을 느낄 수 있다고 생각한다.

4

백범은 『일지』 상·하권 초고를 완성한 후 일정한 목차를 구성하여 새로
쓰려 했던 것으로 보인다. 그러나 이런 구상이 실현되지 못하고 다만 상권
첫머리를 옮겨 쓰면서 '1. 조선(祖先)과 가정' '2. 출생 급(及) 유년 시대'라
는 목차만 넣었다. 이후로는 괘지의 윗부분 여백에 번호를 매기지 않은 채
임시 목차를 써 두었다. 하권은 '자인언'과 '상해 도착'만을 목차로 넣고 뒷
부분은 임시 목차마저 넣지 못했다. 따라서 이 책에서는 상권의 경우 백범
이 설정한 목차를 따르고, 하권은 내용에 맞추어 주해자가 임의로 목차를
넣었다. 다만 상권의 앞부분 두 군데만 넣은 목차 번호는 전체적으로 통일
을 기하기 위해 생략했다.

문장은 가급적 백범의 글과 문투를 살린다는 원칙을 지키되 어려운 한자
어는 현재 통용할 수 있는 것과 사어가 된 것을 구별하여, 사어가 된 것은 뜻
풀이하면서 우리말로 풀었다. 또한 문장에 한자어가 너무 많으면 가독성이
떨어질 듯하여 한 문장 내 어려운 한자어의 비율을 조정하였다. 간혹 글자 획
을 구별할 수 없어 뜻풀이하지 못한 경우도 있었는데, 그 단어가 문장의 이해
에 별다른 영향을 미치지 않고, 행간 속에서 미루어 짐작되는 부분은 임의로
해석했다.

백범이 즐겨 쓴 표현 가운데 '~지라'는 현대 문법에서 연결사이나, 당시에는 문장을 끝맺을 때 흔히 이 말을 썼으므로 현대문법을 무시하고 종결형으로도 하였다.

한자어를 단순히 풀이할 때는 본문의 괄호 안에 작은 활자로 표기했으며, 백범이 스스로 그 한자어를 뜻풀이하거나 해설한 것은 괄호 안에 한자를 병기하고 그 뒤에 '줄표'를 하여 본문과 같은 활자 크기로 넣었다. 백범이 글의 이해를 돕기 위해 주석처럼 부연설명한 말은 좌우에 2배의 전각 줄표를 넣었다. 문맥의 필요를 위해, 혹은 글의 이해를 돕기 위해 주해자가 첨가한 말은 꺾쇠괄호로 표시하였다.

주해의 원칙은, 단어의 간단한 뜻풀이나 내용의 이해를 돕는 간단한 설명은 본문 안에 작은 활자로 설명하고, 주해 내용이 길거나 본문의 서술 내용을 해득하는 데 직접적인 관계가 없는 풀이말은 본문 아래에 각주로 처리하였다.

특히 주해 중 가장 특기할 만한 것은 유실되어 버린 대가족 명단을 추정 복원한 것이다. 부인들의 이름이 확인되지 않는 등 비록 완벽하지는 않으나 명단의 복원은 중요한 의미를 가지리라 믿으며, 이 부분은 판을 거듭하며 계속 보완해 나갈 것이다.

또 백범은 일체의 자료가 없이 기억만으로 『일지』를 썼기 때문에 전후사실의 혼동, 오자 등도 간혹 눈에 띈다. 여러 자료로 보아 명백한 오류로 판단되는 글자는 주해 없이 바로잡았으나, 확인이 불가능할 경우는 각주에 밝혀 놓았다.

기타 옛 지명에 대해서도 고찰하고자 하였으며, 지명에 대해 일일이 위치를 적지 못한 부분은 백범의 주요 행적을 담은 지도를 작성하면서 그 속에 넣었다.

국사원간에는 들어 있고 원본에 없는 내용 중 백범이 추가한 것이라고 판단되는 부분은 본문에 넣되 주에서 이에 대한 설명을 하였다. 이런 것은

2군데 있다.

끝머리 「그후의 일들」 및 「나의 소원」도 원본에는 없으나 국사원간에서 뽑아 추가하였다. 이 부분도 이광수가 윤문한 것으로 알려졌는데, 원본은 유실되고 필사본은 백범의 유족이 소장하고 있는 것으로 알려졌다. 이것도 하루 속히 공개되어 역사적·학문적 연구가 이루어져야 할 것이다.

책의 말미에는 '백범 김구 연보'와 『백범일지』 등장인물 찾아보기'를 붙였다. '연보'는 이제껏 알려진 백범 연보를 참조하되, 친필본 『일지』 내용과 일일이 대조하여 바로잡고 보완하였으며, '찾아보기'는 독립운동가들의 가명, 호와 자 등을 일일이 확인하여 통합, 작성하였다.

5

이 책을 새로 엮어내는 데는 주해자 중 김학민의 개인적 체험이 출발점이 되었다. 주해자에게는 중학교와 고등학교에 다니는 두 딸이 있다. 평소 『백범일지』를 국민이라면 꼭 읽어야 할 '민족의 교과서'라고 생각해 온 주해자는 당연히 두 딸에게도 『백범일지』를 사주고 약간은 강권하며 읽도록 채근했다.

아버지의 채근에 못이겨 억지로 읽는 듯하였지만, 아이들은 곧 『백범일지』의 감동적인 서술에 빨려들어 열심히 읽는 것 같았다. 그러나 책의 4분의 1도 채 읽지 못하고 아이들이 책장을 덮는 것이었다. 이유인즉 너무 어렵다는 것이다.

어렵다? '민족의 교과서'를 국민의 평균적인 학력 수준인 중고교생이 못 읽어낸다면 그건 정말 문제인 것이다. 왜 그럴까? 아이들이 던져 놓은 책을 이리 뜯어보고 저리 뜯어보며 곰곰이 생각해 보니 아이들이 못 읽어내는 것이 당연하다는 판단이 들었다. 『백범일지』의 서술이 1947년 시점에서 국한문 혼용을 단순히 풀어놓은 것임을 그동안 우리 모두가 깜박 잊어버렸던 것이다. 세계의 명작들도 번역한 후 10여 년이 지나면 새로운 문투에 맞게 새로 번역하고 있는 데도, 우리들은 '민족의 교과서'를 옛것 그대로 내버려 두고 '독립투사 김구의 감동적인 기록 『백범일지』'만을 관념적으로 되뇌고 있었던 것이다.

흔히 집을 고치려다 보면 처음의 계획과는 달리 여기저기 계속 손을 대게 되고, 그러다 보면 고치는 비용이 오히려 집을 새로 짓는 비용만큼 들게 된다는 말이 있다.

이 책이 그러하다. 처음에는 단순히 어려운 낱말의 풀이, 인물·사건의 주석 정도로 보완의 수준을 생각했으나 막상 손대보니 그게 아니었다. 윤문 과정에서의 원문의 왜곡, 삭제, 오독 등은 말할 것도 없거니와 편집·교열 과정에서의 오·탈자 또한 수없이 많았다.

『백범일지』의 이러한 어처구니없는 모양새는, 크게는 해방 이후 '민족의 자주독립과 조국의 평화적 통일'로 압축되는 백범 노선, 백범 정신을 말살하여 온 역대 군사 독재정권의 비자주 반통일 노선의 반영이기도 하지만, 작게는 학문 연구의 가장 기본이 되는 텍스트 분석을 소홀히 하는 우리 학계의 고질적 병폐에도 기인한다는 생각을 지울 수가 없다.

결국 주해자들은 썩은 서까래와 깨진 기와 정도를 갈려고 했다가, 집터부터 다시 다지고 새로 집을 지은 꼴이 되었다. 주해자들 나름대로는 다시는 멀쩡한 집을 부수고 새로 짓는 시행착오를 범하지 않도록 견실하게 지으려 하였지만, 소박하게 말해 이 책은 결정판 『백범일지』가 탄생하기 전 단계의 것이라 할 수 있다. 주해자들의 천학비재함에 더하여 100여년 전의 사정을 정확히 파악하지 못하는 상황에서 일단 자료에만 의존하여 주해한 것 또한 사실이다.

앞으로 완정된 결정판이 나오려면 지속적인 연구와 살아 있는 인사들의 증언이 필요할 것으로 여긴다. 이 책이 나옴으로써 당시를 살았던 사람들, 특히 임시정부 활동에 가담한 인사들의 보충 증언이 있기를 기대한다. 그리하여 이 책의 다음 판이 나올 때면 미진한 주석, 잘못 해석된 내용들이 하나 하나 제자리를 잡아갈 수 있기를 바란다.

이 책이 나오기까지는 앞서 간행된 『백범일지』들, 정정화님의 회고록 『녹두꽃』, 도진순 교수의 논문 「백범일지의 원본 · 필사본 · 출간본 비교 연구」 등의 기록들에 도움받은 바 크며, 임정과 함께 청소년기를 보낸 민영수, 김자동(후동) 선생 등 여러 분들의 증언, 자문이 있었다.

도움을 주신 모든 분들께 감사드리며, 일월성신 고난의 70 평생을 민족의 자주독립과 조국의 평화적 통일을 위해 몸 바쳐 오신 백범 김구 선생님의 영전에 삼가 이 책을 올린다

1997년 1월

김학민 · 이병갑

上
❀

　이 책은 내가 상해와 중경에 있을 때에 써 놓은 『白凡逸志』를 한글 철자
법에 준하여 국문으로 번역한 것이다. 끝에 본국에 돌아온 뒤의 일을 써 넣
었다.

　애초에 이 글을 쓸 생각을 한 것은 내가 상해에서 대한민국 임시정부의
주석이 되어서 내 몸에 죽음이 언제 닥칠는지 모르는 위험한 일을 시작할
때에 당시 본국에 들어와 있던 어린 두 아들에게 내가 지낸 일을 알리자는
동기에서였다.

　이렇게 유서 대신으로 쓴 것이 이 책의 상편이다. 그리고 하편은 윤봉길
의사 사건 이후에 중일전쟁의 결과로 우리 독립운동의 기지와 기회를 잃어
목숨을 던질 곳이 없이 살아남아서 다시 오는 기회를 기다리게 되었으나 그
때에는 내 나이 벌써 칠십을 바라보아 앞날이 많지 아니하므로 주로 미주와
하와이에 있는 동포를 염두에 두고 민족 독립운동에 대한 나의 경륜과 소회
를 고하려고 쓴 것이다. 이것 역시 유서라 할 것이다.

---

1)　　　이 글은 1947년 『백범일지』가 처음 활자화된 책으로 만들어질 때 백범 선생이 편찬 배경을
　　　서술하기 위해 책머리에 적은 것이다. 그러므로 이 책의 성격과는 약간 거리가 있으나, 백범
　　　선생의 발간 취지가 담겨 있으므로 책의 첫머리에 싣는다.

나는 내가 살아서 고국에 돌아와서 이 책을 출판할 것은 몽상도 아니하였다. 나는 완전한 우리의 독립국가가 선 뒤에 이것이 지나간 이야기로 동포들의 눈에 비추이기를 원하였다. 그런데 행이라 할까 불행이라 할까 아직 독립의 일은 이루지 못하고 내 죽지 못한 생명만이 남아서 고국에 돌아와 이 책을 동포의 앞에 내어놓게 되니 실로 감개가 무량하다.

나를 사랑하는 몇 친구들이 이 책을 발행하는 것이 동포에게 다소의 이익을 드림이 있으리라 하기로 나도 허락하였다. 이 책을 발행하기 위하여 국사원 안에 출판소를 두고 김지림 군과 삼종질 홍두가 편집과 예약 수리의 일을 하고 있는바 혹은 번역과 한글 철자법 수정으로, 혹은 비용과 용지의 마련으로, 혹은 인쇄로 여러 친구와 여러 기관에서 힘쓰고 수고한 데 대하여 고마운 뜻을 표하여 둔다.

끝에 붙인 「나의 소원」 한 편은 내가 우리 민족에게 하고 싶은 말의 요령을 적은 것이다. 무릇 한 나라가 서서 한 민족이 국민생활을 하려면 반드시 기초가 되는 철학이 있어야 하는 것이다. 이것이 없으면 국민의 사상이 통일되지 못하여 더러는 이 나라의 철학에 쏠리고 더러는 저 민족의 철학에 끌리어 사상의 독립, 정신의 독립을 유지하지 못하고 남을 의지하고 저희끼리는 추태를 나타내는 것이다.

오늘날 우리의 현상으로 보면 더러는 로크의 철학을 믿으니 이는 워싱턴을 서울로 옮기는 자들이요, 또 더러는 마르크스, 레닌, 스탈린의 철학을 믿으니 이들은 모스크바를 우리의 서울로 삼자는 사람들이다. 워싱턴도 모스크바도 우리의 서울은 될 수 없는 것이요, 또 되어서는 안 되는 것이니 만일 그것을 주장하는 자가 있다고 하면 그것은 예전 동경을 우리의 서울로 하자는 자와 다름이 없을 것이다. 우리의 서울은 오직 우리의 서울이라야 한다. 우리는 우리의 철학을 찾고, 세우고, 주장하여야 한다. 이것을 깨닫는 날이 우리 동포가 진실로 독립정신을 가지는 날이요, 참으로 독립하는 날이다.

「나의 소원」은 이러한 동기, 이러한 의미에서 실린 것이다. 다시 말하면 내가 품은, 내가 믿는 우리 민족철학의 대강령을 적어 본 것이다. 그러므로 동포 여러분은 이 한 편을 주의하여 읽어 주셔서 저마다의 민족철학을 찾아 세우는 데 참고를 삼고 자극을 삼아 주시기를 바라는 바이다.

내가 이 책 상편을 쓸 때에 열 살 내외이던 두 아들 중에서 큰아들 인은 그 젊은 아내와 어린 딸 하나를 남기고 연전에 중경에서 죽고, 작은아들 신이가 스물여섯 살이 되어서 미국으로부터 돌아와 아직 홀몸으로 내 곁을 들고 있다. 그는 중국의 군인인 동시에 미국의 비행장교다. 그는 장차 우리나라의 군인이 될 날을 기다리고 있다.

이 책에 나오는 동지들 중에 대부분은 생존하여서 독립의 일에 헌신하고 있으나 이미 세상을 떠난 이도 많다.

최광옥, 안창호, 양기탁, 현익철, 이동녕, 차이석 이들도 이제는 없다. 무릇 난 자는 다 죽는 것이니 할 수 없는 일이어니와 개인이 나고 죽은 중에도 민족의 생명은 늘 젊은 것이다. 우리는 우리의 시체로 성벽을 삼아서 우리의 독립을 지키고, 우리의 시체로 발등상을 삼아서 우리의 자손을 높이고, 우리의 시체로 거름을 삼아서 우리의 문화의 꽃을 피우고 열매를 맺게 해야 한다. 나는 나보다 앞서서 세상을 떠나간 동지들이 다 이 일을 하고 간 것을 만족하게 생각하고 감사하게 생각한다. 내 비록 늙었으나 이 몸뚱이를 헛되이 썩히지 아니할 것이다.

나라는 내 나라요 남들의 나라가 아니다. 독립은 내가 하는 것이지 따로 어떤 사람이 하는 것이 아니다. 우리 민족 삼천만이 저마다 이 이치를 깨달아 이대로 행한다면 우리나라가 독립이 아니 될 수도 없고, 또 좋은 나라 큰 나라로 이 나라를 보전하지 아니할 수도 없는 것이다. 나 김구가 평생에 생각하고 행한 일이 이것이다.

나는 내가 못난 줄을 잘 알았다. 그러나 아무리 못났더라도 국민의 하나, 민족의 하나라는 사실을 믿음으로, 내가 할 수 있는 일을 쉬지 않고 하여 온 것이다. 이것이 내 생애요, 이 생애의 기록이 이 책이다.

그러므로 내가 이 책을 발행하기에 동의한 것은 내가 잘난 사람으로서가 아니라 못난 한 사람이 민족의 한 분자로 살아간 기록임으로서이다. 백범(白凡)이라는 내 호가 이것을 의미한다. 내가 만일 민족독립운동에 조금이라도 공헌한 것이 있다고 하면, 그만한 것은 대한 사람이면 하기만 하면 누구나 할 수 있는 것이다. 나는 우리 젊은 남자와 여자들 속에서 참으로 크고 훌륭한 애국자와 엄청나게 빛나는 일을 하는 큰 인물이 쏟아져 나오기를 믿거니와 그와 동시에 그보다도 더 간절히 바라는 것은 저마다 이 나라를 제 나라로 알고 평생에 이 나라를 위하여 있는 힘을 다하게 되는 것이다. 나는 이러한 뜻을 가진 동포에게 이 '범인의 자서전'을 보내는 것이다.

단군 기원 4280년 11월 15일 개천절날

백범일지

—

상권

❀

인(仁)·신(信)
두 아들에게
주는 글

＊

　너희들은 아직 나이가 어리고, 또한 나와는 반만리 먼 곳에 떨어져 있어 그때마다 이야기하여 줄 수도 없으므로, 그간 내가 겪은 일들을 대략 기술하여 몇몇 동지들에게 맡겨 두었다. 장차 너희들이 자라서 내 지내온 바를 알고 싶을 때가 되거든 보여주라고 부탁하였거니와, 가장 한스러운 것은 너희 형제가 장성했더라면 부자 간 서로 따뜻한 사랑의 대화를 통해 설명할 수 있으련만, 세상 일이 뜻대로 되지 않아 나이 벌써 쉰 셋이건만 너희는 겨우 열 살, 일곱 살 어린이들인즉, 너희의 나이와 지식이 점점 늘어갈수록 나의 정신과 기력은 쇠퇴할 뿐 아니라, 내 이미 왜놈들에게 선전포고를 하고 지금 사선(死線)에 서 있음에랴.

　지금 이 글을 쓰는 것은 결코 너희가 나를 본받으라는 뜻이 아니라. 내가 진심으로 바라는 바는 너희도 또한 대한민국의 국민 일원인즉 동서 고금의

＊　　이 글은 백범이 1929년 5월 3일 일지의 상권 집필을 마친 후 두 아들에게 전하고자 한 의지를 담아 쓴 것임.

많은 위인들 중에서 가장 존경할 만한 인물을 택하여 스승으로 섬기는 일에 있을 뿐이다. 그러나 너희가 앞으로 장성하더라도 아비의 일생 경력을 알 길이 없겠는고로 이를 약술(約述)하거니와, 다만 유감되는 것은 이미 오래된 일들이라 잊어버린 것들이 많겠으나, 하나도 보태거나 꾸며 넣은 것이 없음은 사실인즉 믿어주기 바란다.

선조와 가정

　〔우리는 안동 김씨 경순왕(敬順王)의 자손이다. 신라의 마지막 임금 경순왕이 어떻게 고려 왕건 태조(王建 太祖)의 따님 낙랑공주의 부마가 되어서 우리들의 조상이 되셨는지는 삼국사기나 안동 김씨 족보를 보면 알 것이다.

　경순왕의 8세손이 충렬공(忠烈公), 충렬공의 현손(玄孫 : 손자의 손자)이 익원공인데 이 어른은 우리 파의 시조요 나는 익원공에서 21대손이다. 충렬공, 익원공은 다 고려조의 공신이어니와 이조에 들어와서도 우리 조상은 대대로 서울에 살아서 글과 벼슬로 가업을 삼고 있었다.〕[1]

　우리의 조상은 안동 김씨이니 김자점(金自點)[2] 씨의 방계(傍系 : 직계에서 갈라져 나온 혈족)라. 당시 자점씨가 반역죄를 저질러 온 집안이 멸망의 화를 당할 때, 우리 선조는 처음에 고양군(高陽郡)으로 망명하였다가 그곳이 서울과 가까워 다시 멀리 해주읍(海州邑)에서 서쪽으로 80리 떨어진 백운방(白雲

---

1)　이 내용은 친필본에는 없음. 1947년 국사원간 『백범일지』가 편찬된 때 백범이 추가로 기록해 넣은 것임.

2)　조선시대의 문신(?~1651). 자는 성지(成之), 호는 낙서(洛西). 인조반정 때 공을 세움. 벼슬은 영의정에 이름. 조선이 북벌(北伐)을 계획하고 있음을 청나라에 밀고하였다 하여 역모죄로 사형당함.

坊 — 지금은 雲山面으로 고침 : 현재의 벽성군 운산면 오담리) 텃골(基洞) 팔봉산(八峰山) 아래 양가봉(楊哥峰) 밑으로 옮겨가 숨어 살았다. 이런 것은 족보를 살펴보아도 알 수 있다. 나의 11대 조부모의 분묘를 위시하여 후포리(後浦里 — 뒷개) 선산에 대대로 묏자리를 썼고, 그 산 밑에 조모의 산소도 있느니라.

그때는 이조의 전성시대이므로 전국을 통하여 양반과 상인의 계급이 빈틈없이 조직된지라, 우리 선조들도 양반이 싫어 상놈 행세를 즐겨 하였을 리는 없지마는, 자기가 김자점의 집안임을 숨기고 멸문지화(滅門之禍 : 온 집안이 멸망당하는 재앙)를 면하기 위하여 일부러 상놈이 된 것이다.

양반 냄새가 나는 문화생활을 한쪽으로 걷어치우고 시골의 정업(正業)인 농사일에 착수하여 임야를 개간하며 생계를 꾸려 나가다가 영원히 판에 박은 상놈이 되게 된 원인이 있으니 그것은 다음과 같다.

이조시대 군제(軍制)로 역둔토(驛屯土)[3] 외에 소위 군역전(軍役田)이란 명칭의 땅이 있었는데, 누구든지 가난한 집이 경작하여 먹다가 국가 유사시에 정부에서 징병령(徵兵令)을 내리면 그 토지 경작자가 병역에 응하는 규약이라. 우리 선조도 이런 땅 —— 텃골 북쪽 텃골고개 너머 왼쪽 장미전(長尾田) —— 을 지어먹다가 아주 패(牌)를 찬 상놈이 된 것이니……(3~4자 빠짐) 이는 나라에 문인을 귀히 여기고 무인을 천대한 나쁜 풍습 탓이라.

그 이후부터 지금까지 텃골 주변에서 대대로 살던 진주 강(姜)씨와 덕수 이(李)씨 등 토착 양반들에게 천대와 압제를 받아 온 것이다. 그 실례를 대략 열거하면, 우리 문중의 딸들이 저들에게 시집가는 것을 우리는 영광으로 알지마는 저들의 처녀가 우리 문중으로 시집오는 것은 보지 못하였으니 혼인의 천대요, 강·이씨들은 방장(坊長—지금의 면장)을 세습으로 하지마는 우리 김가는 대대로 존위(尊位—방장의 명령을 받아 각 가정에서 세금을 거두는 직책)의 직 외에 한 발짝도 더 나아가기 어려웠으니 취직 즉 정치적 압제요, 강·이

---

3)   역토(驛土)와 둔전(屯田)을 아울러 이르는 말. 역의 경비를 충당하는 전답을 역토라 하고, 주둔하는 군대가 경작하며 자급자족하는 땅을 둔전이라 했음.

씨들은 양반의 음위(淫威 : 대단한 위세)를 이용하여 김씨 문중의 토지를 강점하고 금전을 강탈한 후 소작인으로 이용하였나니 경제적 압박이요, 강·이씨들은 비록 편발(編髮 : 머리를 길게 땋음)을 한 어린아이라도 우리 김씨 문중의 70, 80 노인을 대하면 반말로 '이랬나' '저랬나' '이리 하게' '저리 하게' 하며 천대하는 반면에 우리 집안 노인들은 강·이씨의 가관(加冠 : 관례를 행하여 관을 쓰는 일)한 동자라도 반드시 경어를 사용하였나니, 이는 언어의 천대이다.

그런데 좀 이상하다 할 것은, 우리 집안이 텃골에 눌러 살면서 전성시대에는 기와집이 즐비했고 〔8~9자 빠짐〕 묘의 석물(石物 : 비석 등 무덤 앞에 만들어 놓은 물건)이 웅장했으며, 대를 이은 노비까지 있었던 것을 내 나이 10여 세 때에 목도하였다. 당시 노비 이정길(李貞吉)은 우리 문중이 가난하여 〔7~8자 빠짐〕 자유의 몸으로 풀어주었다고 하는데, 문중에 혼사나 장례가 있을 때는 이정길이가 와서 봉사하였다 하니 소위 종의 종이었던가 보다. 우리네 운명보다도 더 흉악한 운명을 가진 사람도 있던 것이다.

역대를 상고하여 보면, 문사(文士)도 없지 않았으나 현달(顯達 : 벼슬이나 덕망이 높아서 세상에 드러난 사람)은 없었고, 매양 불평객만 많았던 것이니, 증조부는 가짜 어사 노릇을 하다가 체포되어 해주 관아에 갇혔다가 서울 어느 양반의 청간(請簡 : 부탁편지)을 얻어다 대고 형벌을 면했다는 말을 집안 어른들한테서 들은 적이 있다. 〔8~9자 빠짐〕

가정 형편으로는, 증조 항렬이 4형제로서 종증조(從曾祖 : 증조부의 형제) 한 분이 생존하셨고, 조부 항렬은 형제가 다 생존하다가 백부(伯父 : 큰아버지) 백영(伯永) 씨가 조부보다 먼저 별세하였을 때에 다섯 살 난 내가 사촌형들과 같이 곡하던 기억이 있다.[4] 부친 순영(淳永) 씨는 4형제 중 둘째이시니, 집안이 가난하여 아내를 맞아들이지 못하고 노총각으로 계시다가 24세 때

---

4)　'기억이 있다.'는 원본에 7~8자 빠진 것을 문맥에 맞추어 임의로 넣은 것임.

소위 삼각혼(三角婚)이라는 기괴한 혼제를 실시하였으니[5] 삼성(三姓)이 각기 혼기를 맞은 자녀를 서로 바꾼 것이다.

내 외숙은 내 고모가 [7~8자 빠짐] 들인 것이니 내 모친은 장연목(長淵牧)[6] 감방(甘坊)[7] 문산촌(文山村)에 사는 현풍(玄風) 곽(郭)씨의 딸(이름은 郭樂園)로 14세에 성혼하시고 내외분이 아들이 없는 종조부 댁에 붙어 사셨다.[8] 모친께서는 나이가 어린 데다 하는 일이 힘들어 많은 고생을 하셨으나 내외분이 정분이 좋은 탓에 [8~9자 빠짐] 1년 2년을 경과한 뒤에 독립 가정으로 지내시는 때에 내가 출생했는데, 모친은 꿈에 푸른 밤송이에서 붉은 밤 한 톨을 얻어서 감추어 둔 것이 태몽이라고 늘 말씀하셨다.

---

5)   '삼각혼이라는'은 원문에 6자 정도 빠진 상태로 있으나 국사원 간 『백범일지』를 참조, 보충하였음. 하와이 필사본에는 삼각혼 부분의 기록이 없음.

6)   '목(牧)'은 행정 단위.

7)   '방(坊)'은 행정 단위로서 지금의 '면(面)'에 해당함.

8)   원본에 8~9자 빠졌으나 국사원 간 『백범일지』를 참고하여 첨가하였음.

출생 및
유년시대

❋

〔나는〕 병자년(丙子年 : 1876) 7월 11일[1] —— 이날은 조모의 제삿날임 ——
자시(子時 : 밤 11시~새벽 1시)에 텃골의 조부와 백부가 사는 속칭 웅텅이 큰집
에서 태어났다. 〔7~8자 빠짐〕 내 일생이 너무도 기구한 징조이던지 유례없는
난산이었던 것이다. 모친의 진통이 있은 지 근 일주일에 모친의 생명이 위
험하여 친족 전부가 모여 의학적으로 혹은 미신을 동원하여 모든 시험을 다
하였으나 효력이 없었다. 어른들이 강제로 태부(胎父 : 태아의 아비)가 소의 길
마〔牛擔 : 짐을 싣기 위하여 소 등에 안장처럼 얹은 도구〕를 쓰고 지붕에 올라가서
소울음을 내라고 하는데, 부친이 못하겠다고 하자 증조부가 엄명을 내려
그것까지를 한 후에 내가 나왔다.

집안은 극히 가난한데 모친 연세가 겨우 17이라 항상 내가 〔8~9자 빠짐〕
고생스러워 탄식하셨다 한다. 게다가 젖도 부족하여 암죽(곡식이나 밤의 가루

---

1) 　미국 컬럼비아대학 소장 필사본에는 이 부분의 날짜가 누락된 것으로 보아 최초 집필 시에
　는 생일이 기록되지 않았을 것으로 추정됨. 상권 끝 부분에도 생일 날짜를 기록하지 않았다
　는 내용이 있음. 날짜가 기입된 시점은 해방 이후인 듯함.

로 쑨 죽)을 먹었다 하고, 부친께서 나를 품 속에 품고 다니면서 이웃 산모에게 젖동냥을 하셨다는데, 먼 친척 할머니뻘인 직포댁(稷浦宅)은 늦은 밤이라도 조금치도 싫은 빛 없이 젖을 먹이더라는 말을 듣고, 내가 10여 세 때 그분이 돌아가셔서 텃골 동쪽 기슭에 묻히셨으므로 나는 그 묘 앞을 지날 때마다 경의를 표하였다.

내가 서너 살 때 천연두를 앓았다는데 여러 군데 농(膿 : 고름)이 생기자 모친께서 예사 종기 치료하듯 침으로 농을 터뜨려 짜냈으므로 내 얼굴에 천연두 흉터가 크게 남게 됐다는 것이다.

5살 때에 부모님이 종조, 재종조, 삼종조²⁾를 따라 강령군(康翎郡) 삼가리(三街里)의 산과 바다를 낀 곳으로 이사했다. 거기서 2년을 지내는 동안 우리 집은 호젓한 산 입구 호랑이 길목에 있어 종종 호랑이가 사람을 물고 우리 집 앞을 지나기도 했다. 밤에는 문앞에도 출입을 못하나, 낮에는 부모님이 농업 혹은 해산물 채취로 나가시면 나는 가까운 신풍(新豊)의 이생원 댁에 가서 그 집 아이들과 놀다가 오는 것이 일과였다.

하루는 여름철 시골 아이들의 습관대로 하의만 입고 배꼽 이상은 알몸으로 그 집 사랑방에서 놀고 있었다. 그 집에는 나와 동갑내기도 있었고, 두세 살 위인 아이들도 있었는데, 그 아이들이 함께 '해줏놈 때려주자'고 공모하였다. 한 차례 억울하게 매를 맞고 나서 나는 곧 집에 돌아와 부엌에서 큰 식도(食刀, 菜刀)를 가지고 다시 그 집에 달려갔다. 그 아이들을 다 찔러 죽일 결심을 하였다. 사랑 앞문으로 들어가면 그들이 보고 미리 준비할 터이니 칼로 바자[籬 : 수숫대 등을 엮어 세운 울타리]를 찢고 뒷문으로 돌입할 계획으로 바자를 찢는 순간 마침 그 집 안마당에 있던 17,8세의 처녀가 나의 그 행동을 보고 놀라서 제 오라비들에게 소리쳤다. 나는 다시 그 아이들한테 실컷 얻어맞고 칼까지 빼앗겨, 칼을 잃은 죄로 집에 와서는 〔얻어맞은 일에 대해〕

---

2)　　종조(從祖)는 할아버지의 형제, 재종조(再從祖)는 할아버지의 사촌, 삼종조(三從祖)는 할아버지의 육촌.

시치미를 떼고 있었다.

또 하루는 집에 혼자 앉아서 입이 심히 궁금하던 때에 엿장수가 문앞을 지나가면서,

"헌 유기(놋그릇)나 부러진 숟갈로 엿을 사시오."

하는지라, 이 말을 듣고 엿은 먹고 싶으나 어른들에게 들으매 엿장수는 아이들의 신(腎 ─ 불알)을 베어 간다고 하였다. 무섭기는 하나 엿은 먹고 싶어서 방문 걸쇠를 걸고 엿장수를 불렀다. 주먹으로 문구멍을 뚫고 부친께서 자시는 좋은 숟갈을 발로 디디고 부러뜨려 ── 그것은 헌 숟갈이라야 엿을 주는 줄 알았기 때문이다 ── 절반은 두고 절반은 문구멍으로 내보냈더니 엿장수가 엿을 한 주먹 뭉쳐서 들여보내 주는지라, 그것을 잘 먹던 즈음에 부친께서 들어오시는데, 엿과 반동강 난 숟갈은 〔감출 수 없어〕 그대로 가지고 있다 부친이 질문하시기에 사실대로 고하였다. 부친은 말씀으로만 나무라시고 다시 그런 짓을 하면 엄벌을 주겠다고 꾸중하셨다.

그 다음에는 부친께서 엽전 20냥을 가져다가 방 아랫목 이부자리 속에 넣고 나가시는 것을 보았다. 또 심심은 하고, 앞동구걸이 집에서 떡을 파는 줄을 알았다. 돈을 전부 꺼내어 온몸에 감고서 문앞을 나섰다. 떡집으로 가는 도중에 삼종조 할아버지를 만났다.

"너 이 녀석 돈은 가지고 어디를 가느냐?"

"떡 사먹으러 가요."

"네 아비가 보면 큰 매 맞는다. 어서 들어가거라."

하고 돈은 그 할아버지가 빼앗아 부친에게 전한 것이다. 먹고 싶은 떡도 못 사먹고 마음이 불안하여 돌아왔다. 그 뒤로 부친이 들어오셔서 일언반구 없이 나를 빨랫줄로 꽁꽁 동여 들보(대들보) 위에 달아매고 회초리로 때리셔서 아파 죽을 지경이라. 어머님도 들에서 안 돌아오신 때라 말려 줄 사람도 없을 때에 재종조 장련(長連) 할아버지 ── 이분은 한의사요, 퍽 나를 사랑하는 분이라 ── 가 마침 지나가시다가 내 떠나갈 듯한 울음소리를 듣고 방

안으로 달려 들어와서, 불문곡직하고 내 달아맨 것을 풀으셨다. 그리고 부친에게 이유를 물으신 뒤 부친의 설명을 다 듣지도 않고, 아버지와는 동갑이시지마는 존친속(尊親屬 : 항렬이 높은 친척)의 권위를 행사하여 나를 때리던 채찍을 빼앗아 가지고 머리나 다리나 함부로 한참 동안이나 부친을 책벌(責罰 : 죄를 꾸짖어 벌함)하셨다.

"어린 것을 그토록 무지하게 때리느냐?"

하시는 것을 볼 때 아버님이 매를 맞는 것이 퍽도 시원하고 고맙다. 재종조는 나를 등에 업고 들로 나가서 수박과 참외를 실컷 사먹인 다음 자기 댁으로 업고 간즉 종조모께서 또한 아버지를 책망하시고,

"네 아비 밉다. 집에 가지 말고 우리 집에서 살자."

하시더니 밥과 반찬을 맛있게 해주는지라. 너무 기쁘고 또 부친이 그 할아버지에게 맞던 것을 생각하니 상쾌함도 짝이 없더라. 여러 날을 묵어서 집에를 왔더니라.

한때는 여름 장마비로 근처에 샘이 솟아서 작은 시냇물이 흘렀는데, 나는 붉은 물감과 푸른 물감을 통째로 꺼내다가 양쪽 시냇물 상류에 풀어 놓고 청천(靑川) 홍천(紅川)이 합류하는 특이한 모습을 구경하다가 어머님에게 몹시 매를 맞은 일도 있다.

종조부는 그곳에서 돌아가셔서 해주 본향(本鄕 : 고향)까지 백여 리나 되는 먼 거리를 운구(運柩 : 시체를 넣은 관을 운반함)하였는데, 상여에 바퀴를 달고 사람이 끌고 가다가 도리어 불편하다고 바퀴를 제거하고 어깨에 메고 가던 것이 기억된다.

7세 때에는 그곳에 살던 친척들이 한 집 두 집 다시 텃골 본향으로 옮겨 가기 시작했다. 부모님들도 고향으로 돌아가시는데 나는 아버님과 삼촌들의 등에 업혀 오던 것이 기억된다. 고향으로 돌아온 후에는 어머님과 아버님이 농업을 하셨다.

부친의 학식은 겨우 성과 이름을 쓸 정도였는데, 골격이 준수하고 성격

이 호방하였다. 술을 마시면 양을 헤아리기가 힘들었는데, 술에 취하면 강·이씨를 만나는 대로 때려주고 나서 해주 관아에 갇히기를 일년에 몇 차례나 되어 문중에 소동을 일으키고 인근의 양반들의 반목과 질시를 받으나 〔그들로서는〕 쉽게 제압을 못하는 모양이더라. 그 시대에 보통 지방 습속이 사람을 구타하여 상해를 가하면 다친 사람을 다치게 한 사람의 집에 떠메어다 누이고 죽나 살아나나를 기다리는 법이라. 그러므로 어떤 때는 한 달에도 몇 번씩 거의 죽게 된 사람, 전신에 피투성이가 된 자를 사랑방에 누여 놓는 때가 있었다.

부친이 주량은 과하지마는 술버릇으로 그런 행동을 하는 것이 아니고 순전히 옳지 못한 일에 대한 불평으로 인함이라. 그같이 몹시 맞는 자들이 부친과 직접 관계로가 아니라, 어떤 사람이나 힘을 믿고 남을 능욕하는 자를 보면 멀고 가깝고를 떠나 『수호지(水滸志)』[3] 식으로 조금도 참지 못하는 부친의 불같은 성격 때문이다. 그래서 인근 상놈들은 두려워 공경하고, 양반들은 무서워서 피하였다.

해마다 세밑이 되면 우리 집에서는 닭과 계란과 연초(煙草 : 담배) 같은 것을 많이 준비하여 어디로 보냈다. 그리고는 답례로 역서(曆書 : 달력)와 해주먹〔墨〕 같은 것이 오는 것을 보았는데, 내 나이 8, 9세 때에 그같은 이유를 깨닫게 되었다. 부친이 한 달에 몇 번씩 소송을 당해 해주에 체포되어 감에, 양반들은 직접 고통을 면하기 위하여 감사(監使)[4]나 판관(判官)같은 높은 사람을 매수하는 반면 부친은 영리청(營吏廳)[5], 사령청(使令廳)[6]에 계방(楔房 ·

---

3) 원말 명초의 장편 소설. 호걸 송강(宋江) 이하 108인이 산동성 양산박에 모여 큰 사건을 일으킨 사적을 담은 내용. 호걸들의 인물 묘사가 뛰어남. 작가는 시내암(施耐庵) 혹은 나관중(羅貫中).

4) 지방 장관으로서 감찰사(監察使)와 같음.

5) 영리(營吏)란 감영, 병영, 수영에 있던 아전으로서 말단 직책에 해당함. 여기서의 영리청은 감영의 영리가 근무하던 곳을 말함.

6) 사령이란 관청에서 심부름하는 사람임. 여기서의 사령청이란 감영(監營)의 사령들이 근무하는 곳을 말함.

契房)[7]이란 수속을 밟고 해마다 세밑이면 여러 사람에게 선물을 보냈던 것이다. 그리하였다가 만일 영문(營門)[8]이나 본아(本衙)에 잡혀가면, 옥에 갇히되 어느 곳에나 계방인 까닭에 겉으로는 몇 달 몇 날 갇히는 듯하나 사실은 사령이나 영리들과 같은 방에서 함께 밥을 먹었다.

또 태장(笞杖) 곤장(棍杖)[9]을 맞는다 하여도 반드시 맞는 시늉만 하였다. 그리고는 그 양반 토호들에게 반대 소송을 제기하니, 그들은 일단 잡혀 가면 재산을 있는 대로 허비하여 감사나 판관에게 뇌물을 바치지만, 설사 모면을 하더라도 범같은 사령이나 영속(營屬 : 감영에 소속된 아전 무리)들에게 별별 고통을 다 당하게 된다. 그런 수단으로 1년 동안에 해서(海西 : 황해도)의 부호 10여 명이 재산을 탕진하는 낭패를 당하였다 하더라

인근의 양반들이 회유책이었던지 부친에게 도존위(都尊位)[10]의 직을 천거하였으나, 공적인 일을 수행할 때에 보통 도존위와는 반대로 양반에게 가혹하게 공금을 거두고, 가난한 사람에게는 대신 내줄지언정 가혹하게 걷지는 아니하였으며, 3년이 못되어 공전흠포(公錢欠逋 : 공전을 유용하거나 사사로이 사용함)라는 죄목으로 면직되었다.

그러므로 인근 양반들이 김순영(金順永)[11]이라면 아동 부녀들까지 손가락질을 하며 미워하였다. 또 부친이 양반집 사랑에 들를 때 다른 양반들이 둘러 앉아 있으면 주인은,

"하 — 김존위 왔는가?"

---

7)   부역을 면제받기 위하여 관청의 하급 직원에게 돈이나 곡식을 뇌물로 주는 일.

8)   감사(監司)가 직무를 행하던 관청. 감영(監營).

9)   태장은 태형(笞刑)과 장형(杖刑)을 말함. 태형은 대나무 매로 볼기를 치는 것이고, 장형은 곤장으로 볼기를 치는 것이지만, 일반적으로 둘을 구별하지 않았으므로 이를 합쳐 태장이라 함. 곤장은 죄인의 볼기를 치는 데 사용하는 도구. 여기서는 태장·곤장이 일반적인 형벌을 뜻하는 말로 쓰인 듯함.

10)   면(面) 또는 마을의 우두머리 어른. 당시에는 도존위가 해당 지역의 관청 사무를 보면서 세금 등을 거두는 일을 했음.

11)   '金順永'은 '金淳永'을 잘못 표기한 것인 듯함.

하며 하대하되 조용한 곳에서는 소위 머드레[12] 공대 —— 이따금 이랬소 저 랬소 —— 를 하는 것을 보았다.

부친의 어렸을 적 별명은 효자(孝子)이니, 조모께서 작고하셨을 때에 왼손 무명지(약손가락)를 칼로 잘라 조모의 입에 피를 흘려 넣으셨다. 조모는 이로 인해 3일간 회생하셨다가 내가 출생하던 날에 아주 돌아가셨다 한다.

부친의 4형제 중 백부의 이름은 백영(伯永)이요, 아버님은 순영, 셋째는 필영(弼永), 넷째는 준영(俊永)이니, 백부와 셋째는 무능무위(無能無位)의 보통 농군이요, 아버지와 넷째 삼촌이 특이한 성질을 가지셨는데, 준영 삼촌도 주량이 많고 문자는 국문(한글)을 한겨울 내내 '각' 하고 '갈' 하다가 못 배우고 말더라. 그런데 술버릇이 고약하여 술만 취하면 큰 풍파를 일으키는데 아버님과 반대로 아무리 취중이라도 감히 양반에게는 손도 가까이 대지 못하면서 친족들에게는 상하를 불문하고 싸움질 욕질을 능사로 하는 까닭으로 조부님과 아버님이 늘 때려주는 것을 보았다.

내가 9살 때 조부상을 당하고 장례일에 한바탕 큰 연극(演劇)이 생겼다. 준영 삼촌이 술에 취하여 호상인(護喪人 : 초상을 돌보는 사람)들을 모조리 때리고 급기야는 인근 양반들이 큰 생색을 낸답시고 자기 노복을 한 명씩 보내 상여를 메고 가던 것까지 다 때려 쫓았다. 결국은 준영 삼촌을 결박하여 집에 가두고 집안 식구끼리 상여를 들어다가 장례를 마쳤다. 곧 종증조 주최로 가족회의를 열어 준영 삼촌의 두 발 뒤꿈치를 잘라 폐인을 만들어 평생을 앉아 있게 하자는 결의를 하고 발 뒤를 베었다. 홧김에 그리하였으나 힘줄이 상하지 않았으므로 병신은 안 되고 종증조댁 사랑에 누워서 범 울듯 하는 바람에 나는 무서워 근처에도 못 갔다. 지금 생각하니 이것이 상놈의 본색이요 행하는 바라 하겠다. 그때 어머님은 나에게 이런 말씀을 하셨다.

"너희 집의 허다한 풍파가 거의 술 때문에 생겨나니, 두고 보아서 너도

---

12)　'머드레'는 '듬성듬성' '이따금'의 뜻을 지닌 황해도 방언.

또 술을 먹는다면 나는 단연코 자살을 하여도 네 꼴을 안 보겠다."

나는 이 말씀을 깊이 새겼다.

그리고 나는 국문을 배워서 고담(古談 : 소설)은 볼 줄 안다. 한문도 천자문은 이 사람 저 사람에게 배웠다. 하루는 집안 어른들이 지난 이야기를 하는 중에 크게 격동을 받았다.

몇 해 전 문중에 새로 혼인한 집이 있는데, 그 집 할아버지가 서울을 갔던 길에 총관(驄冠 ― 馬尾冠 : 말 꼬리로 만든 갓) 하나를 사다가 감추어 두었다. 그 뒤 새 사돈을 보려고 밤중에 그 관을 쓰고 갔다가 이웃 동네 양반에게 발각되어 관을 찢기고 나서는 다시는 관을 못쓴다고 한다.

학동시대(學童時代)

나는 힘써 물었다.

"그 사람들은 어찌하여 양반이 되었고, 우리 집은 어찌하여 상놈이 되었습니까?"

"침산(砧山)에 사는 강씨도 그 선조는 우리 선조만 못하였으나 일문(一門 : 한 집안)에 진사가 3인씩 생존하지 않았느냐. 오담(鰲潭)의 이진사 집도 그렇다."

나는 또 물었다.

"진사는 어찌하여 되는가요?"

"진사 급제는 학문을 공부하여 큰 선비가 되면 과거를 보아서 되는 것이니라."

이 말을 들은 후부터 글공부를 할 마음이 간절하였다. 아버님께 졸랐다. 어서 서당에 보내 달라고. 아버님은 주저하는 빛이었다. 동네에는 서당이 없고, 다른 동네로 보내야겠는데 양반의 서당에서는 잘 받아주지도 않으려니와 설혹 받아준다 하여도 양반의 자제들이 멸시할 터이니 그 꼴은 못 보겠다는 것이리라.

아버님은 문중의 학령(學齡 : 배울 만한 나이) 아동을 모으고 이웃 동네 상놈 친구의 아동을 몇 명 모았다. 훈료(訓料 : 수업료)는 쌀과 보리를 모아 주기로 하고 청수리 이(李)생원 —— 이름은 잊었다 —— 한 분을 모셔 왔는데, 그분이 글이 넉넉지 못하여 양반이지마는 같은 양반으로는 그분을 교사로 고용하는 자가 없어서 결국 우리의 선생이 된 것이나, 나는 그 선생님 오신다는 날 너무 좋아서 못 견딜 지경이다.

머리를 빗고 새 옷을 입고 영접을 나갔다. 저기에서 나이가 50여 세나 됨직한 장대한 노인 한 분이 오는데, 아버님이 먼저 인사를 하고 나서,

"창암(昌巖 : 백범의 아명)아, 선생님께 절하여라."

하시는 말씀대로 절을 공손히 하고 나서 그 선생을 보매 마치 신인(神人)이라 할지 상제(上帝 : 하나님)라 할지 어찌나 거룩하여 보이는지 느낌을 다 말할 수 없더라.

제일 먼저 우리 집 사랑을 학방(學房 : 공부방)으로 정하고 식사까지 대접하게 되었다. 12세 개학 첫날에 나는 '마상봉한식(馬上逢寒食)'[1] 다섯 자를 배웠다. 뜻은 알든 모르든 기쁜 맛에 밤에도 어머님 밀[麥] 가는 일[2]을 도와드리면서 자꾸 외운다. 새벽에는 일찍 깨서 선생님 방에 가서 누구보다도 먼저 배우고 밥그릇을 메고 멀리서 오는 동무들을 내가 또 가르쳐 주었다.

우리 집에서 삼삭(三朔 : 석달)을 지내고 다른 학동의 집으로 옮겨 갔는데, 이웃 산동(山洞)의 신존위(申尊位) 집 사랑으로 감에 나는 또한 아침이면 밥그릇을 메고 산고개를 넘어 다닌다. 집에서 서당에 가기까지, 서당에서 집에 오기까지 구불절성(口不絕聲 : 입에서 소리가 그치지 않음)으로 외우면서 통학을 하는데, 정도로는 나보다 나은 자 있으나 성적으로는 강안(講案 : 배운것을 외우는 시험)에 언제든지 최우등이었다.

---

1) 당나라 시인 송지문(宋之問, 656~712)의 시 「길거리에서 한식을 맞이함(途中寒食)」의 첫 구절.
2) 원문은 '밀(麥) 마(磨)질'임. '매갈이'의 뜻인데, 이는 쌀·보리·밀 등을 매통(맷돌의 일종)에 갈아서 가루로 만드는 방법임.

불과 반 년에 신존위의 부친과 선생 사이에 반목이 생겨 그 선생을 해고하게 되었다. 표면 이유는 그 선생이 밥을 많이 먹는다는 것이나, 그 실은 자기 손자는 둔재로 공부를 잘 못하는데 나의 공부는 일취월장하는 것을 시기함이었다. 종전에 월강(月講 : 월말시험)을 할 때 선생은 나에게 조용한 부탁을 하였다.

"네가 늘 우등을 하였으니 이번에는 네가 글을 일부러 못 외는 것처럼 하고 내가 물어도 모른다고 대답하여라."

나는,

"그리하오리다."

하고 선생 부탁과 같이 하였더니 그 날은 신존위 아들이 장원을 했다고 고주살계(沽酒殺鷄 : 술을 사오고 닭을 잡음)하여 한 끼 잘 먹었다. 그러나 결국은 그 선생이 해고되었으니 진실로 소위 상놈의 짓이다.

어느 날 내가 아침밥을 먹기 전에 그 선생이 집에 와서 나를 보고 작별을 선언한다. 나는 정신이 아뜩하여 그 선생의 품에 매달려 방성대곡(放聲大哭)을 하였다. 그 선생도 눈물이 비 오듯 하였다. 급기야 눈물로 작별하고 나서는 나는 밥도 잘 안 먹고 울기만 하였다.

그 다음에 곧 그와 같은 돌림(항렬) 선생을 한 분 모셔다 공부는 한다고 하였지만 호사다마(好事多魔 : 좋은 일에는 마가 많이 끼어듦) 격으로 아버님이 돌연 전신불수가 되셨다. 그때부터는 공부도 못 하고 집에서 아버님 심부름을 하게 되었다. 근본 가난한 살림에 의사를 들이고 약을 사용함에 가산은 탕진되었다. 4, 5삭 치료 후에는 반신불수가 되어 입도 기울어 말소리도 분명치 못하고, 한 다리 한 팔을 쓰지 못하나, 반쪽이라도 쓰는 것은 퍽 신기해 보이더라.

그리하자 돈이 없은즉 고명한 의원을 초빙키는 어렵고, 부모님 내외가 무전여행을 떠나서 문전걸식을 하면서 어디든지 고명한 의원을 찾아 치료코자 떠났다.

집까지 밥솥까지 다 팔아가지고 나는 백모(伯母 : 큰어머니)댁에 떼어 두어 종형(사촌형)들과 같이 송아지 고삐를 끌고 산허리와 밭머리에서 세월을 보내게 되었다.

부모가 그리워서 견딜 수 없으므로 여행하는 부모를 따라서 신천(信川)·안악(安岳)·장련(長連) 등지로 떠돌았다. 그러다가 나는 장련 대촌(大村)의 육촌 친척집에 두고 부모 내외만 고향으로 조부 대상제(大祥祭 : 두 돌 제사)를 지내러 가시고 말았다. 그 댁에서도 농가인 까닭에 식구들과 같이 구월산에 나무를 베러 갔었는데, 내가 어려서는 유달리 크지를 못하여 나뭇짐을 지고 다니면 나뭇짐이 걸어가는 것과 같았고, 또한 그러한 고역을 처음 당하니 고통도 되려니와, 그 동네는 큰 서당이 있어 밤낮 글읽는 소리를 들을 때마다 말할 수 없는 비통함을 금할 수 없었다.

그 후 부모님이 그리로 오신 후에 나는 굳게 고향에 가서 공부를 하겠다고 졸랐다. 그때에는 아버님이 한쪽 팔다리도 좀 더 쓰고 기력도 차차 회복이 되신지라, 내가 그와 같이 공부에 열심하는 것을 가상히 여겨 환향(還鄕)의 길을 떠났다. 급기야 고향에 돌아와 보니 의식주를 기댈 만한 곳이 조금도 없는지라, 일가 친척들이 추렴을 하여 겨우 살 곳을 마련하고 나는 곧 서당에 다니게 되었다.

책은 빌려서 읽으나 필묵(筆墨) 살 돈도 생길 데가 없다. 어머님이 김품 (품삯 받고 김매기)과 길쌈(옷감짜기)을 하여 먹과 붓을 사 주시면 어찌나 감사한 지 말로 할 수 없었다. 그러나 내 나이가 14세나 되고, 선생이라고 만나는 이는 거의 고루하여 아무 선생은 벼 10석짜리, 아무 선생은 5석짜리 하여 훈료(수업료)의 많고 적음으로 그 선생의 학력을 짐작하게 되었다. 그뿐 아니라 어릴 때 소견으로도 그 용심처사(用心處事 : 마음 씀씀이와 처신)가 남의 사표(師表 : 모범이 될 만한 사람)가 될 자격으로 보이지 않는다.

그때 아버님은 종종 나에게 이런 훈계를 하셨다.

"갑(밥) 벌어먹기는 장타령(시장에서 동냥꾼이 부르는 타령)이 제일이라고,

너도 큰 글을 하려고 애쓰지 말아라. 그러니 시행문(時行文)을 주력하여라."

이런 연유로 우명문사단(右明文事段)[3]인 토지문서 작성하기와, 우근진소지단(右謹陳訴旨段)인 소장(訴狀 : 소송서류) 올리기와, 유세차감소고(維歲次敢昭告)인 제사 축문과, 복지제기자미유항려(僕之第機子未有伉儷)인 혼서문(婚書文)과, 복미심(伏未審)인 서한문(書翰文)을 짬짬이 연습하여 무식총중(無識叢中)에 일명성(一明星)[4]이었었다.

문중에서는 나에게 바라고 기대하기를 장래 상당한 존위(尊位 : 都尊位)의 자격만 얻으면 족하겠다고 하지마는, 나는 그때 학문의 정도가 겨우 글을 얽어 맞추는데도 통감(通鑑 : 『資治通鑑』)[5], 사략(史略 : 『十八史略』)[6]을 읽을 때에 '왕후나 장상이 어찌 종자가 따로 있겠는가(王侯將相寧有種乎)' 하던 진승(陳勝)[7]의 말과, '검을 뽑아 뱀을 쳐 죽이던(拔劍斬蛇)' 유방(劉邦)[8]의 행동이나, '빨래하는 노파에게서 밥을 얻어 먹던(乞食漂母)' 한신(韓信)[9]의 사적을 볼 때에는 부지불식간에 양어깨에 바람이 돌았다. 그리하여 어찌하든지 공부를 계속하고 싶었으나, 집안이 가난하여 집을 떠나 고명한 선생의 가르침을 받을 형편은 되지 못한즉 아버님은 심히 고민하신다.

우리 동네에서 동북으로 십 리가량 떨어진 학명동(鶴鳴洞) 정문재(鄭文哉) 씨는 우리와 같은 계급의 상인(常人)이나 당시 과거를 공부하는 사람 중에서

---

3) 이하 나열된 여러 한문 문투는 옛날 각 시행문을 작성할 때 글의 서두나 말미에 필수적으로 쓰던 구절임.

4) 식견이 없는 여럿 중에 뛰어난 사람.

5) 중국 북송의 사마광(司馬光)이 지은 편년체 역사서. 전국시대부터 오대(五代)까지의 역사를 기록함.

6) 역사서. 원(元)대 증선지(曾先之) 편. 중국의 정사인 18사(史)에서 주요 내용을 간추려 초학자용 독본으로 만든 책.

7) 중국 진(秦)대 말 농민 봉기를 주도한 인물. 오광(吳廣)과 함께 진승·오광의 난을 일으킴.

8) 서한(西漢)의 개국 황제(高祖). 항우(項羽)의 군대를 격파하고 진(秦)나라를 이어 한(漢)나라를 세움.

9) 중국의 명장(?~196B.C). 회음(淮陰) 출신. 유방이 한나라를 건국할 때 그를 도운 일등공신. 초패왕(楚霸王) 항우의 군사를 격파하는 등 큰 공을 세우고 한나라 건국 후에는 초왕(楚王)에 봉해졌음.

손을 꼽을 만한 선비요, 내 백모(伯母 : 큰어머니)와 사촌 남매간이라. 그 정씨 집에는 사방에서 선비들이 모여 시를 짓고 부(賦 : 한시의 일종)도 지으며 한편 으로는 서당도 세워 아이들을 가르치던 터이라, 아버님이 정씨와 교섭하여 내가 면비학동(免費學童 : 학비를 내지 않는 학생)으로 통학하며 배우는 것을 허락 받았다.

나는 극히 만족하여 사계절을 가리지 않고 매일 밥망태기(도시락)를 메고 험준한 산과 계곡을 넘어 기숙하는 학생들이 일어나지도 않을 때 도착했다. 제작(製作 : 시문을 지음)으로는 과문(科文 : 문과 과거시험의 글)의 초보인 대고풍 십팔구(大古風十八句)[10]를, 학과목으로는 한당시(漢唐詩)[11]와 『대학(大學)』[12], 『통감(通鑑)』을 배웠고, 글씨 연습은 분판(粉板 : 분을 발라 만든 칠판)을 전용하 였다. 그때 임진년(壬辰年 : 1892) 경과(慶科 ─ 조선 마지막 과거)[13]를 해주에서 거행한다는 공포가 있었다.

정선생이 하루는 아버님에게 이런 사정을 말하였다.

"이번 과거길에 창암이를 데리고 가면 좋겠는데 글씨를 분판에만 같으면 제 명지(名紙 : 과거에 글 지어 바치는 종이)는 쓸 만하나, 종이에 연습이 없으면 초수(初手 : 첫머리)도 잘 못 쓸 터이니 장지(狀紙 ─ 書後紙)[14]를 좀 쓰게 하였 으면 좋겠는데, 노형(老兄) 빈한한 터에 주선할 도리가 없겠지?"

"종이는 내가 주선을 하여 볼 터이지만 글씨만 쓰면 되겠나?"

"글은 내가 지어 줌세!"

---

10) 대고풍은 우리나라 특유의 한시체(漢詩體). 칠언(七言) 18구(句)로 되었으며, 운(韻)을 달지 않는 특징을 보임.

11) 중국 한(漢)대의 시와 당(唐)대의 시. 두 시대는 한시(漢詩) 발전의 황금기이며 대표적인 걸 작들도 대부분 이 시대에 나왔음.

12) 유가의 경전. 사서(四書)의 하나.. 본래 『예기(禮記)』의 한 편명이었으나 송(宋)대에 와서 『중용(中庸)』과 함께 독립 서명으로 자리잡음. 수신·제가·치국·평천하의 도리를 기록하 였음.

13) 나라에 경사가 있을 때 치르는 과거 시험.

14) 우리나라에서 만든 지질이 두껍고 단단한 종이.

아버님은 심히 기뻐하시고 어찌 해서든 장지 5장을 사 오셨다. 나는 기쁘고 감사하여 선생의 가르침대로 정성을 다하여 연습하고 보니 백지가 먹지가 되었더라.

과거 시험 비용을 장만하지 못하여 우리 부자는 과거 보는 기간에 먹을 만치 속미(粟米 : 좁쌀)를 등에 지고 선생을 따라 해주에 도착했다. 그리고 아버님이 일전에 친하게 지낸 영리청 계방(契房) 집에 기숙하면서 과거 보는 날을 맞았다.

과거 보는 장소인 관풍각(觀風閣 ― 宣化堂 쪽) 주위에는 새끼줄을 늘여 놓았다. 정각에 소위 부문(赴門 ― 과장 문을 개방)한다는데, 선비들이 흰 천에 산동접(山洞接), 석담접(石潭接) 등 각기 접(接)[15]의 이름을 써서 장대 끝에 달고, 도포에 유건(儒巾 : 선비가 쓰는 관)을 쓴 사람들이 큰 종이 양산을 들고 자기네 접 자리를 먼저 차지하려 힘있는 자를 앞세우며 대혼잡을 연출하는 광경이 볼 만도 하더라.

과장에는 노소 귀천이 없이 무질서한 것이 풍습이라 한다. 또 가관인 것은 늙은 선비들의 걸과(乞科)[16]하는 모습이니, 관풍각 새끼그물에 머리를 들이밀고 청하여 말하기를,

"소생의 성명은 아무개이옵는데 먼 시골에 살면서 과거 시험마다 참가하여 금년 70여세올시다. 요 다음은 다시 못 참가하겠습니다. 초시(初試 : 첫 단계 시험)라도 한 번 합격이 되면 사무여한(死無餘恨 : 죽어도 여한이 없음)이올시다."

하며 혹은 고함을 지르고 혹은 목 놓아 울어대니 비루(鄙陋 : 추잡스럽고 더러움)해 보이기도 하고 가련해 보이기도 한다.

우리 접(接)에 와서 보니 선생과 접장들이 글을 짓는 사람은 글을 짓고, 글씨를 쓰는 사람을 글씨를 쓰더라. 나는 선생님에게 늙은 선비들 걸과하는

---

15)   글방 학생이나 과거에 응시하는 유생들의 무리.

16)   소과(小科)에 낙방한 늙은 선비가 자기의 실력을 믿고 시관(試官)의 면전에서 자신의 실력을 시험하여 달라고 시재(試才)를 청하는 일. 여기서는 합격을 청탁한다는 뜻이 강함.

정황을 말씀한 뒤 부탁하였다.

"이번에 제 이름으로 말고 제 부친의 명의로 과지(科紙) 작성을 하여 주시면 좋겠습니다. 저는 앞으로도 기회가 많지 않겠습니까?"

선생님이 내 말에 감탄하시며 쾌히 승낙하고, 그 말을 듣던 접장 한 분이 거든다.

"그럴 일이다. 네가 글씨가 나만 못할 터이니 너의 부친의 명지(名紙)는 내가 써 주마. 후일 네 과거는 더 공부하여 네가 작지서지(作之書之 : 글을 짓고 글씨를 씀)하여라."

"네, 고맙습니다."

그 날은 아버님의 명의로 과지를 작성하여 새끼 그물 사이로 시관(試官)을 향하여 쏘아 들여보냈다.

그리고 나서 주위 광경을 보면서 이런 말 저런 말을 들었는데, 시관 측에 대하여 불평하는 말로는,

"통인(通引 : 심부름하는 하급관리) 놈들이 시관에게는 보이지도 않고 과지 한 아름을 도적질해 갔다."

고 하고, 또,

"과장에서 글을 짓고 쓸 때에 남을 보이지 않으려고 애를 쓰니 그 이유는 글을 지을 줄 모르는 자가 남의 글을 보고 가서 자기의 글로 써 들이민다."

는 것이다.

또 괴이한 말은, 돈만 많으면 과거도 할 수 있고 벼슬도 할 수 있으며, 글을 모르는 부자들이 거유(巨儒 : 이름난 유학자)의 글을 기백 냥 기천 냥씩 주고 사서 진사도 하고 급제도 하였다고 한다. 그뿐인가. 이번 시관은 누구인즉 서울 아무 대신에게 편지를 써 부쳤으니까 반드시 된다고 자신하는 사람, 아무개는 시관의 수청 기생에게 붉은 비단 몇 필을 선사하였으니 이번에 꼭 과거를 한다고 자신하는 자도 있더라.

나는 과거에 대한 의문이 생기기 시작한다. 이 위의 몇 가지 현상으로만

보아도 과제(科制 : 과거제도)를 시(施 : 시행)하는 나라에 —— 나라가 임금이오 임금이 곧 나라로 알게 된 시대 —— 서는 무슨 필요가 있으며[17] 이 모양의 과거를 한다면 무슨 가치가 있는가? 내가 장래를 개척하고자 혈심(血心)을 다하여 공부를 하는 것인데, 선비의 유일 통로인 과거의 꼬락서니가 이 모양인즉 나라 일이 이 지경이면 내가 시를 짓고 부를 지어 과문육체(科文六體)[18]에 능통한다 하여도 아무 선생, 아무 접장 모양으로 과거 시험 장소의 대서업자에 불과할지니, 나도 이제는 앞으로 다른 길을 연구하리라.

과거 보러 가서 불쾌한 느낌과 비관적인 생각만 품고 집에 돌아왔다. 아버님과 상의하였다.

"내가 어디까지든지 공부를 성취하여 가지고 입신양명(立身揚名)을 하여 강(姜)가 이(李)가에게 압제를 면할까 하였더니, 금번 과장에서 여러 가지를 살펴보니 유일한 진로라는 과장의 악폐가 이와 같은즉 비록 거유(巨儒)가 되어서 학력으로는 강ㆍ이씨를 압도한다 하여도 그들에게는 공방(孔方 — 돈)[19]의 마력이 있는데 어찌하오리까. 또한 거유가 되도록 공부를 하려면 다소의 금전이라도 있어야 되겠는데 집안이 이같이 적빈(赤貧 : 몹시 가난함)한즉 이제부터 서당 공부는 폐지하겠습니다."

아버님 역시 옳게 여기시고,

"너 그러면 풍수 공부나 관상 공부를 하여 보아라. 풍수에 능하여 명당자리를 얻어 선조를 입장(入葬)하면 자손이 복록(福祿 : 복과 재물)을 누리게 되고, 관상을 잘 보면 선인군자(仙人君子)를 만나느니라."

나는 그것이 매우 유리하게 생각된다.

"그것을 공부하여 보겠습니다. 서적을 얻어 주십시오."

---

17) 이 부분은 뜻을 확실히 파악하기 어려우므로 원문을 그대로 옮겨 적는데 그쳤음.

18) 과거시험의 필수 과목인 여섯 가지 문체. 곧 시(詩), 부(賦), 표(表), 책(策), 논(論), 의(疑)를 가리킴.

19) 엽전에 뚫린 네모 난 구멍이라는 뜻에서 '돈'을 대신하는 말로 쓰였음. 노포(魯褒)의 「전신론(錢神論)」에 '親之如兄子曰孔方'이라 한 데서 유래.

하였더니 우선에 『마의상서(麻衣相書)』[20] 한 권을 빌려다 주셔서 독방에서 『상서』를 공부한다.

　『상서』를 공부하는 방법이 면경(面鏡 : 거울)을 대하여 신체의 부위와 명칭을 익히고 내 모습으로부터 남의 모습으로 미치는 것이 첩경이라. 그러고 보니 흥미가 있는 것은 남의 상보다 나의 상을 잘 볼 필요가 있다는 것이었다. 그러나 문 밖에 나가지 않고 석 달 동안이나 관상론에 의하여 내 상을 관찰하여 보아도 부귀를 얻을 만한 달상(達相 : 귀하고 높은 인물이 될 상)이 한 군데도 없을 뿐 아니라 얼굴과 온몸이 천하고 가난한 흉상(凶相)만으로 되어 있었다.

　앞서 과거시험에서 얻은 비관을 털어버리기 위하여 『상서』를 공부하던 것이 그 이상의 비관에 빠졌다.

　짐승과 같이 살기나 위하여 살까. 세상에 살고 싶은 마음이 없어졌다. 그런데 『상서』 중에 이런 구절이 있다.

　相好不如身好 身好不如心好(상호불여신호 신호불여심호 : 얼굴 좋은 것이 몸 좋은 것만 못하고, 몸 좋은 것이 마음 좋은 것만 못하다)

　이것을 보고 호상인(好相人 : 관상이 좋은 사람)보다 호심인(好心人 : 수양이 잘 된 사람)이 되어야겠다는 생각이 굳게 정하여진다.

　이제부터는 외적 수양은 어찌되든지 내적 수양을 힘써야만 사람 구실을 하겠다고 마음을 먹는다. 종전에 공부를 잘하여 과거를 하고 벼슬하여 천함을 떨치겠다는 생각은 순전히 허영이요, 망상이요, 호심인이 취할 바는 아니라고 생각된다. 그러나 '호심인이 아닌 사람으로서 호심인이 되는 방법이 있는가' 자문하니 역시 막연하다.

---

20)　　관상학 책명.

『상서』를 그만 덮어 버리고 지가서(地家書 : 地勢에 관한 책)도 좀 보았으나 취미를 얻지 못하고 병서(兵書)의 『손무자(孫武子)』[21], 『오기자(吳起子)』[22], 『삼략(三略)』[23], 『육도(六韜)』[24] 등의 책을 본즉 이해치 못할 곳이 많았다. 그런 가운데서도 장재(將材 : 장수로서의 재목)에 있어서,

泰山覆於前 心不妄動(태산복어전 심불망동 : 태산이 무너져도 마음은 흔들리지 않는다)

與士卒同甘苦(여사졸동감고 : 사졸과 더불어 즐거움과 어려움을 함께 한다)

進退如虎(진퇴여호 : 나가고 물러섬이 범과 같다)

知彼知己 百戰不敗(지피지기 백전불패 : 남을 알고 나를 알면 백 번 싸워도 지지 않는다)

등의 구를 매우 흥미있게 송독하면서 1년간 —— 17세 —— 문중 안의 어린 아이를 모아 훈장질을 하면서 의미도 잘 모르는 병서만 읽었다.

21)   중국의 병법서인 『손자병법(孫子兵法)』을 일컫는 말. 손무(孫武, 일명 孫子)의 저작임.
22)   중국의 병법서인 『오자병법(吳子兵法)』을 일컫는 말. 오기(吳起, 일명 吳子)의 저작임.
23)   중국의 병법서. 주(周)의 태공망 여상(呂尙)이 지었다고도 하고, 한(漢)대의 장량(張良)이 황석공(黃石公)한테서 받았다고도 함. 육도(六韜)와 더불어 '육도삼략'으로 널리 알려져 있음.
24)   중국의 병법서. 문(文)·용(龍)·호(虎)·견(犬)·무(武)표(豹)의 6도 6장으로 됨. 주나라 태공망 여상(呂尙)의 작이라고 전해짐.

학구시대

그러할 즈음에 사방의 요언괴설(謠言怪說 : 뜬소문과 이상하고 믿을 수 없는 말)이 어지러이 떠돌아다니는데, 어디서 이인(異人 : 비범한 사람)이 나타나서 바다에 떠 다니는 화륜선(火輪船 : 기선)을 못 가게 딱 붙여 놓고 세금을 내어야 놓아 보낸다는 둥, 멀지 않은 시기에 정도령(鄭道令)[1]이 계룡산에 도읍을 하고 이조(李朝) 국가는 없어질 터이니 밭은목[2]에 가서 살아야 다음 세대에 양반이 된다는 둥, 그래서 아무개는 계룡산으로 이사를 하였느니 하는 중이라.

우리 동네에서 남쪽으로 20리 포동(浦洞)이란 곳의 오응선(吳膺善)과 그 이웃 최유현(崔琉鉉) 등은 충청도에서 최도명(崔道明)이라는 동학(東學) 선생의 밑에 들어가 공부를 하는데, 출입에 방문을 여닫지 않고도 문득 있다가 별안간 사라지며 공중으로 보행한다고 한다. 또 그 선생 최도명은 하룻밤에 능히 충청도를 왕래한다고 한다.

---

1)　정(鄭)씨 성을 가진 진인(眞人). 『정감록(鄭鑑錄)』에서는 정도령이 조선을 멸망시키고 계룡산에 새 도읍을 정해 나라를 일으킬 것이라고 예언했음.

2)　바깥목, 바른목 등 논자에 따라 풀이가 구구함. 명확한 뜻을 알기는 어려우나, 『정감록』의 내용을 상고하면 '사람이 살지 않는 깊은 산 속 양지바른 곳'을 의미하는 것 같음.

나는 호기심이 생겨 한번 가서 보고 싶은 생각이 났다. 그런데 그 집을 찾아가는 예절은 육류를 먹지 말고 목욕하고 새옷을 입고 가야 접대를 한다고 한다. 나는 어육(魚肉)도 먹지 않고 목욕하고 머리를 빗어 땋아 늘이고 푸른 도포에 띠를 두르고 포동 오씨댁을 방문하였다. 내 나이 18세 되던 해 정초이다.

그 집 문앞에 당도하자 방 안에서 무슨 글 읽는 소리가 들리는데 보통 시구(詩句)나 경전을 읽는 소리와 달라서 노래를 합창하는 것 같으나 의미를 알 수가 없었다. 공손히 문에 나아가 주인 면회를 청한즉 잘 생긴 청년 한 사람이 접대를 하는데, 그도 양반인 것은 알고 간 터이라 본즉 역시 상투를 짜고 통천관(通天冠)[3]을 썼더라.

공손히 절을 한즉 그 사람도 맞절을 공손히 하고 물었다.

"도령은 어디서 오셨소?"

나는 황공하여 본색을 말하였다.

"제가 어른── 가관(加冠)을 의미 ── 이 되었어도 당신께 공대를 듣지 못하려든 하물며 아이오릿가."

그이는 감동하는 빛을 보이면서,

"천만의 말씀이오. 다른 사람과 달라서 나는 동학도인이기 때문에 선생의 교훈을 받아 빈부귀천에 차별대우가 없습니다. 조금도 미안하여 마시고 찾으신 뜻이나 말씀하시오."

한다. 나는 이 말만 들어도 별세계에 온 것 같다. 나는 묻기를 시작하였다.

"제가 오기는 선생이 동학을 하신단 말을 듣고 도리(道理)를 알고 싶어 왔습니다. 이런 아이에게도 말씀해 주실 수 있습니까?"

"그처럼 알고 싶어서 오셨다는 데는 내가 아는 데까지는 말씀하겠습니다."

"동학이란 학(學)은 어떤 종지(宗旨 : 宗團의 취지)이며 어느 선생이 천명하였습니까?"

---

3)　　　임금이 정무를 보거나 조칙을 내릴 때 쓰던 관. 여기서는 보통 양반이 쓰던 관을 말함.

"이 도(道)는 용담(龍潭) 최수운(崔水雲)[4] 선생이 천명하였으나 이미 순교하셨고, 지금은 그 조카 최해월(崔海月)[5] 선생이 대도주(大道主 : 교주)가 되어 포교 중인데, 종지로 말하면 말세 간사한 인류로 하여금 개과천선하여 새 백성이 되게 하여 가지고 장래에 진주(眞主 : 참된 주인, 참임금)를 모셔 계룡산에 신국가를 건설하는 것이외다."

나는 한 번 듣는 즉시로 심히 기쁜 마음이 생긴다.

상격(相格 : 관상)에서 낙제를 하고 호심인(好心人)이 되기로 맹세한 나에게는 천주(天主)를 몸에 모시고 하늘의 도를 행한다는 말이 제일 절실하였다. 또 상놈된 원한이 골수에 사무친 나에게 동학에 입도만 하면 차별대우를 철폐한다는 말이나, 이조의 운수가 다하여 장래 신국가를 건설한다는 말에는 더욱이 작년에 과장(科場 : 과거시험)에서 비관을 품은 것이 연상된다.

동학에 입도(入道)할 마음이 불길같이 일어난다. 오씨(오응선)에게 입도절차를 물은즉, 백미 1두(斗), 백지(白紙) 3속(束 : 묶음), 황촉(黃燭) 한 쌍을 준비하여 가지고 오면 입도식을 행하여 주마고 한다. 『성경대전(聖經大典)』[6]과 「팔편가사(八編歌辭)」[7]와 「궁을가(弓乙歌)」[8] 등 동학 서적을 열람한 후에 집에 돌아와 아버님께 오씨와 만나 대화한 일체를 상세히 보고한즉 아버님은 쾌히 허락하고 입도식에 대한 예품을 준비하여 주시더라.

---

4) 수운은 최제우(崔濟愚)의 호. 최제우는 천도교 제1대 교주이며 동학의 창설자임. 16세 때 출가, 37세 때 동학을 창도(唱導)한 후 5년 만에 사도난정(邪道亂正)의 죄목으로 처형됨.

5) 해월은 최시형(崔時亨)의 호. 최시형은 동학의 2대 교주로서 고조(敎祖)인 최제우의 뒤를 이어 포교에 종사함. 전봉준, 손병희 등의 동학혁명이 일어나자 동학 교주로서 배후 조종을 하다 1898년 체포되어 서울에서 처형당함.

6) 동학의 교리가 담긴 『동경대전(東經大典)』을 말함.

7) 동학의 포교 가사집인 『용담유사(龍潭遺詞)』에 실려 있는 8편의 가사.

8) 동학의 포교용 가사. 작자 및 창작 연대 미상. 『용담유사』 권 36에 실려 있음. 4·4조로 된 장편 가사이며 1행이 끝날 때마다 '궁궁을을(弓弓乙乙) 성도(成道)로다'의 구절이 반복됨.

동학접주

나는 예품을 가지고 곧 가 입도를 하고 동학 공부를 열심히 한다. 아버님도 이어 입도하셨다. 그 당시 세태를 반영하듯 양반들은 가입하는 자가 희소한 반면에 내가 상놈인 만큼 상놈들의 취향이 동학으로 많이 쏠려 들어온다. 불과 수개월에 연비(連臂) —— 부하라 할까 제자라 할까 —— 가 수백 명에 달한다.

그때에 나에 대한 근거 없는 소문이 인근에 두루 유포된다. 사람들이 나를 찾아와서,

"그대가 동학을 하여 보니 무슨 조화가 나더냐?"

고 물으면 나는 정직하게,

"제악막작중선봉행(諸惡莫作衆善奉行 : 모든 악을 저지르지 않고 선을 행하는 것)이 동학의 조화입니다."

라고 했지마는, 듣는 자들은 자기네에게는 그런 조화를 보여주지 않는 것으로 생각하고 남에게 전파하기를,

"김창수(金昌洙 —— 그때부터 쓰던 나의 이름)가 한 길 이상 공중에서 보행하는 것을 보았다."

라고 한 것이다. 이오전오(以誤傳誤 : 잘못된 것을 가지고 잘못되게 전함)하여 점점 소문이 널리 퍼지게 됨에 따라 황해도 일대는 물론이고 평안남북도에까지 나를 따르는 연비가 수천에 달하였다.

나는 당시 양서(兩西 : 황해도와 평안도를 일컬음) 동학당 중에 연소자로 가장 많은 연비를 가졌기 때문에 별명이 아기접주(接主)[1]였다. 그해 계사년(癸巳年 : 1893년, 나이 18세) 가을에 오응선, 최유현 등은 충청도 보은에 계신 해월 대도주(大道主)에게서 각기 자기 연비들의 명단을 보고하라는 명을 받았다. 도내에서 신망 있는 도유(道儒 : 동학교도) 15명을 선발하는데 내가 뽑혔다. 편발(編髮 : 길게 땋은 머리)로 가기가 불편하다 하여 나는 관을 쓰고 출발하게 되었다.

연비들이 여비를 추렴하여 주었다. 향토산 예품(예물)으로 해주에서 향먹〔香墨〕을 특별히 만들어 가지고 육로 수로를 거쳐서 보은군 장안(長安)이라는 동리에 도착한즉, 이 집 저 집 이 구석 저 구석에서,

'시천주조화정(侍天主造化定) 영세불망만사지(永世不忘萬事知)……
지기금지원위대강(至氣今至願爲大降)'

의 주문 외우는 소리가 들리고, 한편으로는 떼를 지어 나가고 한편으로는 몰려 들어오며 집들은 있는 대로 사람이 가득가득하더라.

접대인에게 우리 일행 15명의 명단을 주어 해월 선생에게 통자(通刺 : 명함을 내밀고 면회를 청함)를 하였다. 조금 지나 황해도 도인들을 부른다는 통지를 받고 15명이 일제히 해월 선생 처소에 갔다. 인도자의 뒤를 따라 그 집에를 가서 해월 선생 앞에 15명이 한꺼번에 절을 하는데 선생도 역시 한 번에 앉아서 상체를 구부리고 손을 땅에 짚고 답례절을 한다. 그리고 멀리서 수

---

1)   접주는 접(接)의 우두머리. 여기서 '접'이란 동학의 소단위 조직을 말함.

고스레 왔다는 간단한 인사를 하더라.

우리 일행 15명이 각기 책자로 만든 명단을 모아 대표 한 사람이 선생 앞에 드렸다. 선생은 그 명단책을 문서 책임자에게 맡겨서 처리하라고 분부를 하더라. 그리고 다른 동행들도 그런 생각이겠지만, 불원천리(不遠千里 : 천리 길을 멀다 하지 않음)하고 간 것은 선생이 무슨 조화 줌치〔囊 : 주머니〕나 주면 하는 마음과, 선생의 도골도풍(道骨道風 : 도인다운 풍채)은 어떠한가 보려는 생각이 간절한 터이라. 선생은 나이가 근 60 되어 보이는데 채수염(숱이 적으나 긴 수염)이 보기 좋게 약간 검은 가닥이 보이고, 안면은 맑고 수척한데 머리에 큰 흑립(黑笠 : 검은 갓)을 쓰고 저고리만 입고 앉아 일을 보더라.

방문 앞에 놓인 무쇠 화로의 약탕기에서는 독삼탕(獨蔘湯 : 맹물에 인삼만 넣고 달이는 탕)을 달이는 김과 냄새가 나는데 선생이 잡수신다고 하더라. 방 안팎으로 많은 제자들이 옹위하는 중에 더욱 친근히 모시는 자는 손응구(孫應九) 병희(秉熙)[2], 김연국(金演國)이었는데 두 사람은 선생의 사위라 하고, 그 외에 유명한 제자 박인호(朴寅浩) 등 여럿이 있다.

나의 보기에 손씨는 잘 생긴 청년이고, 김씨는 나이가 근 40 가량 되어 보이는데 순전한 농부같아 보였다. 손씨는 문필도 있어 보이고 부적에 '천을천수(天乙天水)'라 쓴 것을 보아도 필재(筆才 : 글재주)도 있어 보이더라.

그때 남도(南道 : 경기도 이남) 각 관청에서 동학당을 체포하여 압박을 하는 반면에 전라도 고부(古阜)에서 전봉준은 벌써 기병(起兵)을 하였다는 보고가 들어왔다. 이어서 아무 군수는 도유(道儒 : 동학교도)의 전 가족을 다 구금하고 가산 전부를 강탈하였다고도 한다.

선생은 진노하는 안색으로 순 경상도 어조로 말씀하신다.

"호랑이가 물러 들어오면 가만히 앉아 죽을까! 참나무 몽둥이라도 들고

---

2)　　천도교 제3대 교주(1861~1922). 자는 응구(應九), 규동(奎東). 호는 의암(義菴). 항일 독립 운동가로 3·1운동 때 민족대표 33인의 한 사람으로 활동. 일제에 투옥된 후 병보석으로 요양하던 중 사망.

나가서 싸우자."

선생의 이 말이 즉 동원령이다. 각지에 와서 대령(待令 : 명령을 기다림)하던 대접주들이 물끓듯 밀려나가기 시작한다. 우리 15인에게도 각각의 이름으로 '접주(接主)'라는 첩지(貼紙 : 牒紙, 임명서)를 교부하는데 둥근 모양에 전서체(篆書體)로 '해월(海月)'이라고 새긴 도장을 날인하였더라.

선생에게 하직하는 절을 올리고 속리산을 구경한 뒤에 귀향길에 올랐다. 오는 도중에 보니 벌써 곳곳에 무리가 모였고, 일부는 백의(白衣)에 칼을 찬 사람도 있다. 광혜원(廣惠院 : 충북 진천군 만승면 광혜원리) 장(場)에 도착하니 수만 동학군이 진영을 벌이고 행인을 검사하는데, 가관인 것은 인근의 평시 동학당을 학대한 양반들을 잡아다가 길가에 앉히고 짚신을 삼게 하는 것이더라. 우리 일행은 증거를 보더니 무사히 통과를 시키더라.

부근 촌락에서는 밥을 짐으로 지어서 도소(都所 : 동학군 진영)라는 곳으로 보내는데 그 수를 헤아리기 어려웠고, 논에서 벼를 베던 농군들 가운데는 동학당이 물밀 듯 몰리는 것을 보더니 낫을 버리고 도주하는 이도 있다. 경성(京城 : 서울)을 지나면서 보니 벌써 경군(京軍 : 서울의 각 영문에 속한 군사)이 삼남(三南 : 충청·전라·경상도)을 향하고 있었다.

그해 9월 경에 고향으로 돌아오니 황해도 동학당들도 다소 양반과 관리의 압박을 받고 있던 차에 삼남에서 향응(響應 : 행동을 같이함)하라는 공함(公函 : 공문서)이 속속 내도하자, 15접주를 중심으로 회의한 결과 거사하기로 결정되었다. 제1회 총소집의 위치를 해주 죽천장 포동 부근 시장으로 정하고 각처에 공함을 보냈다. 나는 팔봉산 아래 거(居)한 데서 '팔봉'이란 접명(接名)을 짓고 푸른 비단에 '팔봉도소(八峰都所)' 네 글자를 크게 썼다. 또 표어로는 '척왜척양(斥倭斥洋 : 왜를 몰아내고 서양인을 몰아냄)' 네 자를 써 내걸었다.

회의한 요점은 곧 거사(擧事)하면 경군과 왜병이 와서 접전하게 될 터이니 연비들 중에 무기를 가지고 있으면 이를 모아 군대를 편제하자는 것이었다. 나는 본시 산골 출신이요 또한 상놈인 까닭에 산 포수(砲手)인 상놈 연비가 가장 많았다. 인근 부호(富戶)에게서 약간의 호신용 무기를 수집한 외에 대부분 사냥꾼 포수들이 자기 총기를 가져온 것으로 군대를 편성한즉 총 가진 군인이 7백여 명이라. 무기로 보면 거사 초에 있어서 어느 접보다 우세한 위치에 있었다.

최고회의에서는 황해도의 수부(首府)인 해주성을 제일 먼저 함락시키고 탐관오리와 왜놈을 다 잡아 죽이기로 하였다. 여기에 팔봉접주 김창수가 선봉으로 결정되었다. 그것은 나이가 비록 어리나 평소 무학(武學)에 연구가 있었고, 현재 순전한 산포수로 편성하여 부대가 가장 우수하다는 것이나, 이면에는 자기네가 총알받이가 되기 싫다는 이유도 있는 것이다. 그러나 나는 승낙하였다.

즉시로 전체는 후방에서 따르고 나는 선봉이라는 사령기(司令旗)를 잡고 말을 타고 선두에 서서 해주성으로 향진한다. 해주성 서문 밖 선녀산상에 진을 친 뒤에 총지휘부에서 총공격령을 내리고 선봉에게 작전계획을 맡긴다. 나는 이런 계획을 올렸다.

"지금 성 내에 아직 경군이 도착하지 못하였고 오합(烏合 : 오합지졸)으로 편성한 수성군(守城軍) 2백여 명과 왜병 7명이 있은즉, 선발대가 먼저 남문을 향하여 진공하면 우리 선봉부대는 전력으로 서문을 공격하여 무너뜨리겠습니다. 총지휘소에서는 그 세를 보아 허약한 곳에 응원하여 주십시오."

이 계획이 채용되었다. 작전을 개시할 즈음에 왜병이 성 위에 올라 시험총(試驗銃 : 공포) 4, 5발을 발사하는지라, 그 바람에 남문으로 향하던 선발대가 도주하기 시작하였다. 왜병은 남문으로 나와 도주하는 군중을 향하여 총을 연발하였다. 나는 선두에 서서 전군을 지휘하며 서문 아래 도착하여 맹공을 하는데 홀연 총지휘소에서 퇴각령을 발하고 선봉대는 머리를 돌리기도 전에 여기저기 산이며 들로 도망하는 빛이라.

퇴각하는 이유를 물은즉 3, 4명 도유(道儒)가 남문 밖에서 총탄을 맞아 죽었다고 한다. 그런즉 선봉군도 퇴각하지 않을 수 없었다. 비교적 조용하게 퇴각하여 해주 서쪽 80리의 회학동 곽감역(郭監役)[3] 집에 선도대를 보내고 후방의 병력을 모아 도착한즉 무장 군인들은 전부가 집합되었더라.

대부분 정돈을 시키고 이번 실패에 분개하여 군대 훈련에 진력하기로 하였다. 원근 지방의 동학 비동학을 불문하고 종전 군사훈련의 기술이 있는 자는 비사후례(卑辭厚禮 : 말을 정중히 하고 예의를 갖춤)로 맞이하여 총술과 보행이며 체조를 교련하던 차에, 하루는 문밖에 어떤 인사가 면회를 청하는지라, 접대한즉 문화(文化)의 구월산 아래 거주하는 정덕현(鄭德鉉), 우종서(禹鍾瑞) 두 사람이라. 내방한 이유를 물은즉 태연하게 대답하는 말이,

"동학군이란 한 놈도 쓸 것이 없는데 소문인즉 그대가 좀 낫다는 말을 듣고 왔노라."

한다.

비밀 면회가 아니기 때문에 좌중으로부터 그 두 사람을 지목하여 훼도자(毀道者 : 동학의 도를 해치는 자)니 혹은 무례한이니 온갖 시비가 생긴다. 나는 대로하여 주위 사람들을 질책한다.

"이 손님들이 나와 면담하는 자리에서 이토록 혼잡 무례함은 나를 도움이 아니고 나를 멸시함이라."

다시 좌중을 내보내고 3인만 회담하게 되었다. 나는 공손히 정·우 양씨를 대하여 말하였다.

"선생들이 이와 같이 불고노이래(不顧勞而來 : 수고로움을 생각하지 않고 옴)하심은 소생에게 양책(良策 : 좋은 계책)을 가르쳐 줄 성의가 있지 않은가?"

정씨가 하는 말이,

"내가 설혹 계책을 말하여도 군(君 : 그대)이 듣고나 말는지, 실행할 자격이 있는지가 의문이라. 요새 동학군 접주 행세나 하는 자들이 하늘을 찌를 듯한

---

3) 　　감역은 감역관(監役官)의 준말. 조선 때 공사를 맡아 감독하던 종9품의 낮은 벼슬.

호기를 부리며 선배를 안중에도 안 두는 판에 군도 접주의 일인 아닌가."
한다. 나는 더욱 흥분을 가라앉히고 묻는다.

"본 접주는 타 접주와 다를는지, 그것은 소생을 가르쳐 주신 후에 시행 여하를 보시는 것이 어떠하십니까?"

정씨가 흔연히(흔쾌히) 악수하고 방침을 말한다.

1. 군기정숙 — 병졸을 대하여도 서로 절하고 서로 경어를 쓰는 일을 폐지할 일.

2. 득민심(得民心) — 동학당이 총을 가지고 농촌 가정에 함부로 다니며 소위 집곡(執穀 : 양식을 추렴함)이니 집전(執錢 : 돈을 추렴함)이니 강도적 행위를 금지할 일.

3. 초현문(招賢文 : 어진 사람을 초빙한다는 내용의 글)을 내걸어 경륜 있는 사람을 많이 얻을 것.

4. 전 군을 구월산 속에 집결시키고 훈련을 실시할 것.

5. 식량 조달 방법은 재령·신천 두 고을에 왜(倭)가 사들여 쌓아 둔 양곡이 수천 석이니 그것을 몰수하여 패엽사(貝葉寺 : 구월산에 있는 절)에 옮겨 놓을 것.

나는 아주 기뻐서 5개 계책을 시행하기로 결정하였다. 즉시로 총소집령을 발하여 집합장에 나가서 정씨를 모주(謀主 : 일을 주장하여 꾀하는 사람)에, 우씨를 종사(從事 : 일을 시행하는 사람)에 임명한다고 널리 선포하고, 온 무리를 지휘하여 두 사람에게 최고의 예로 경례를 시켰다. 이때부터 간단한 군령 몇 가지를 공포하고 명령을 위반하는 자에게는 곤장으로 벌하며 구월산으로 옮길 준비를 시작한다.

하루 밤에는 안진사(安進士)의 밀사가 왔다. 안진사 태훈(泰勳 : 안중근 의사의 부친)은 우리 진영이 있는 회학동에서 동쪽 20리 천봉산이라는 큰 산을 넘어 신천군(信川郡) 청계동(淸溪洞)에 사는데, 문장과 필력이 해서(海西 : 황해도)는 물론 경향(京鄕 : 서울과 시골)에 저명하고 지략까지 겸비하여 당시 조정 대관들에게서도 크게 대접받는 인물이다. 동학의 궐기함을 보고 이를 토벌하기 위하여 자제들도 병사가 되게 하고 300여 명의 포수를 모집하여 청계동 자택에 의려소(義旅所)⁴)를 설치하였다. 또 경성 대신들의 원조와 황해감사의 지도 하에 벌써 신천에서는 동학 토벌에 큰 성적을 올려 동학 각 접(接)이 두려움 속에 경계하는 중이고, 우리도 청계동을 향하여 경비하던 터이라.

정씨 등이 밀사를 만나 들은 내용은, 안진사는 비밀히 조사한 결과 나의 담대한 인품을 아껴 토벌하지 않겠거니와, 내가 만일 청계를 침범했다가 패하여 궤멸당하게 되면 인재가 아깝다는 후의에서 밀사를 보냈다고 한다.

즉시로 참모회의를 열고 의결한 결과, 상대가 나를 치지 않으면 나도 상대를 치지 않는다는 것과, 양쪽에서 불행에 빠질 때에 서로 돕는다는 내용의 밀약이 성립되었다.

이미 정한 방침대로 구월산 패엽사로 군대를 출발하였다. 구월사로 본영을 삼고 동구(洞口)⁵)입구에는 정찰용 파수막을 지었다. 또 군인의 외부 출입을 엄금하고 신천군에 왜가 사들여 쌓아둔 백미 천여 석을 몰수하였다. 산 아래 각 가정에 훈령을 내려 백미 한 석을 패엽사까지 운반하는 자는 백미 3두(斗) 씩을 준다 하였더니 당일 내에 전부가 사내(寺內)에 이적되는지라, 그것은 운반비를 후히 지급한 까닭이더라.

각 동네에 알리기를 동학당이라 칭하고 금전을 강제 징수하거나 행패하는 자가 있을 때에는 급히 보고하라 하였다. 그리고 고발되는 대로 군대를 보내 체포하여다가 무기가 있는 자는 무기를 빼앗은 후에 곤장 태장으로 엄히 죄를 다스리고, 무기 없이 행패만 부리는 자도 엄중히 다스리니 주위 사방이 안도하고 인심이 안정되더라.

---

4)   의려(義旅)는 의군(義軍), 의병(義兵)과 같은 뜻임. 의려소는 의군이 결집한 곳이란 뜻.
5)   동구는 동네 어귀를 뜻하나, 사찰을 가리킬 때는 절로 들어가는 산문(山門)의 어귀를 말함.

매일 군인들로 하여금 실탄 연습과 전술을 가르치며 초현문(招賢文)을 배포한 후에 나는 길 안내자를 앞에 세우고 구월산 내외에 지감(知鑑)[6]이 있다는 인사를 조사하여 단신 도보로 방문한다. 그중에 월정동(月精洞) 송종호(宋宗鎬) 씨를 스승으로 섬기고자 인마를 보내어 산사에 모시고 고문을 받으니, 송씨는 일찍이 상해에 유력(遊歷 : 두루 돌아다님)하여 해외 사정도 정통하고, 사람됨이 기걸(奇傑)하고 영웅의 기풍이 있더라. 풍천군(豊川郡)으로부터는 허곤(許坤)이라는 명사가 와서 합류하니 허씨는 문필이 훌륭하고 시무(時務 : 현실적인 문제)를 잘 아는 인사더라.

그 절에서는 훌륭한 도승으로 그 명성이 경향 각지에 파다한 하은당(荷隱堂)[7]이라는 중이 일체의 절 사무를 관장하는데 제자와 학인(學人)을 합쳐 수백 명의 남녀 승도가 있더라. 나는 하은대사에게 도학설(道學說)을 배우며 간간 최고회의를 열고 장래 방침을 토의하기도 한다. 그때는 경군(京軍)과 일본 병사가 해주성을 점거하고 근방에 산재한 동학 기관을 소탕하며 점차 서진하여 옹진·강령(康翎) 등지를 평정하고 학령(鶴嶺)으로 넘어오고 있었다.

구월산 근방에 널리 퍼진 동학 중에 이동엽(李東燁)이란 접주가 대세력을 점하고 있었다. 그 무리 중에는 종종 패엽 부근 촌락에서 노략을 일삼다가 우리 군인에게 잡히어 와서 병기를 빼앗기고 형벌을 당하고 돌아간 자가 많다. 또 나의 부하들 가운데 간간 촌락에 가서 재물을 약탈하다 엄형을 받고서 이동엽의 부하가 되는 자 날로 늘고, 도적질을 하고 싶은 자는 밤 늦게 도주하여 이동엽의 부하로 돌아간즉 나의 세력이 날로 위축되는지라.

최고회의에서 될 수 있는 대로 기회를 보아 김창수는 동학접주의 감투는 벗기기로 하였다. —— 이는 병권을 빼앗자는 야심이 아니요, 나로 하여금

---

6)   지인지감(知人之鑑)의 줄임말. 사람을 알아보는 감식력.

7)   '하은당'은 백범이 훗날 인천 감옥에서 탈옥한 후 공주 마곡사에 갔을 때 중이 되라고 권유한 노승의 이름과 같음. 따라서 패엽사의 '하은당'과 마곡사의 '하은당'이 동일 인물이 아니라면, 이 중 한 사람은 백범의 착각일 것임.

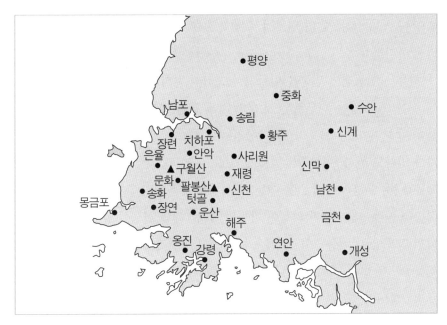

백범이 초기에 활동하던 황해도

몸을 보호케 할 방책이다 —— 허곤을 평양에 파송하여 장호민(張好民)의 소
개를 받게 한 뒤 황주 병사(兵使)[8]에게 양해를 얻어서 패엽에 있는 군대를
허곤에게 인도하기로 한다. 허곤은 송종호가 써 준 서신을 가지고 평양에 출
발하였다.

　이때는 19세인 갑오(甲午 : 1894) 납월(臘月 : 섣달) 경이라. 수일간 신열과
두통이 심하여 조실방(操室房 : 큰스님방)에 홀로 누워 치료 중이었다. 하은당
이 문병을 와서 자세히 보더니,

　"홍역도 못 하였던 대장이로구려."

하시더라. 대사는 영장(領長) 이용선(李龍善)에게 보고하여 문병하러 온 자라
도 나 있는 방에 출입을 금지시키고, 하은당이 치료를 담임하되 여승당(女僧

---

8)　　병사는 병마절도사(兵馬節度使)의 약칭. 고려 이후 생겨난 제도로서 각 도(道)에 한 사람씩
　　두었음. 도 단위 병사를 총지휘하던 무관임. 여기서는 동학 조직에 그 같은 계급을 둔 것으
　　로 생각됨.

堂 : 여승이 기거하는 방)의 연로한 수행자로 홍역에 경험있는 자를 택하여 조
리케 하더라.

하루는 이동엽이 전군을 이끌고 침공하여 온다는 급보가 있은 후 찰나간
에 총을 쏘고 칼을 휘두르는 자가 절내에 점점 많아지고 우리 군인들은 산
산이 흩어져 도망하는 자, 육박상전(肉薄相戰 : 몸과 몸을 부딪치며 싸움)하는
자가 있다고 한다. 이동엽이 호령하기를,

"김접주(김창수)에게 손을 대는 자는 사형에 처한다."

하였다. 이는 내가 밉지 않음이 아니다. 나는 해월 선생이 날인한 접주니 동
학의 정통이요, 이동엽의 접주는 제2세인데 임시적으로 임종현(林宗鉉)의 차
첩(差帖)⁹⁾을 받은 자이므로 나에게 박해를 가하였다가 후일 큰 화를 당할까
두려워함이라.

이동엽은 영장 이용선만 사형에 처하라 한다. 나는 그 말을 듣고 돌연 뛰
어나와 큰 소리로 외쳤다.

"이용선은 나의 명령을 받아서 일체를 시행한 것 뿐이니 만일 이용선이
가 죽을 죄가 있다면 이는 곧 나의 죄이니 나를 총살하라."

이동엽은 부하를 시켜 나의 수족을 꼭 껴안고 움직이지 못하게 한 뒤 이
용선만 끌고 나갔다. 조금 후 동구(洞口)에서 포성이 들리자 사내(寺內)에 있
던 이동엽 부하는 거의 다 퇴거하였고 이용선의 총살 보고가 있다.

내가 이 말을 듣고 즉각 동구에 달려가 본즉 과연 이용선은 총을 맞아 아
직 전신의 의복에 불이 붙는 중이라. 나는 머리를 끌어안고 통곡을 하다가
나의 저고리 —— 어머님이 남의 웃사람 노릇 한다고 근 20살에 처음으로 지
어 보내신 명주 저고리 —— 를 벗어 이용선의 머리를 싸매 주고 동네 사람
들에게 잘 매장케 부탁한다. 설중(雪中)에 맨몸으로 통곡하는 것을 본 주위
사람들이 의복을 갖다 주는지라.

9)   원 명칭은 차접(差帖). 아랫사람에게 업무를 위탁하거나 임명한 문서.

밤으로 부산동(釜山洞) 정덕현(鄭德鉉) 집에 가서 이동엽에게 당한 일을 설명한즉 정씨는 말하기를,

"이용선 군의 죽음은 불행이나 형은 지금부터는 일을 끝낸 장부이니 며칠간 홍진(紅疹 : 홍역) 여독이나 조리하여 가지고 나와 풍진(風塵 : 더럽혀진 속세)을 피하여 유람이나 떠납시다."

한다. 나는 이용선의 복구(復仇 : 원수를 갚음)를 말하였다. 정씨는,

"의리로서 당연하나 지금 구월산을 소탕하려는 경군과 왜가 아직 맹공을 퍼붓지 못하는 것은 산 밖에 이동엽의 형세가 크고, 산사(山寺)에 우리가 천험(天險 : 험난한 지형)을 의탁한데다 비교적 정병이기 때문입니다. 그동안 염탐만 하였으나 금일 소문을 듣고서는 즉각으로 이동엽을 섬멸하고 즉시 패엽을 점령하리니 복수를 하고 말고 할 여지가 없습니다."

라고 말한다.

이용선은 함경도 정평(定平) 출신으로 평시에 행상을 하며 황해도에 와서 거주하고 있었다. 수렵의 총술(銃術)이 있고 무식은 하나 어인지재(御人之才 : 사람을 부리는 재주)가 있어 화포영장(火砲領將 : 포대장)에 임명하였던 것이라. 그가 죽은 후에 그의 아들 조카들이 와서 정평 본향으로 이장을 하였다고 한다. 그때 그들이 동네 사람들에게 피살 당시의 정황을 듣고 시신을 꺼내다가 나의 저고리로 그 얼굴을 싼 것을 보고서 나에 대하여 악감을 품지 않고 가더라는 말을 들었다.

정씨 집에서 2, 3일을 요양한 후에 장연군(長淵郡) 몽금포(夢金浦) 주변 동네로 피란하여 3삭(3개월)을 은거하였다. 동쪽으로 전해지는 풍문을 들은즉 이동엽은 벌써 잡혀가서 사형을 당하고 해서 각 군의 동학은 거의 소탕되었다 한다.

정씨와 함께 텃골 본가에 와서 부모를 뵈옵고 매우 불안한즉 왜병이 죽천장(竹川場)에 진을 치고 부근 동학당을 수색하는 중이라. 부모께서는 도로 멀리 가서 피하라고 말씀한다.

다음 날 정씨는 청계동(淸溪洞) 안진사를 찾아가보자고 한다. 나는 주저하였다. 안씨가 용납한다 하여도 패군지장(敗軍之將 : 패배한 장수)인 나를 부로(俘虜 : 포로)와 같이 대우한다면 갔던 길이 후회될까 염려한다. 정씨는 안진사의 밀사 파송 진의가 원병적(援兵的) 술책이 아니요 진정한 형의 연소담대(年少膽大 : 어린 나이에 담력이 큼)한 재기(材器 : 재목이 될 만한 그릇)를 아낌이니 염려 말고 동행하자고 힘써 권한다.

나는 정씨와 동반하여 그날로 천봉산(千峰山)을 넘어 청계동 입구에 당도하였다. 그 동은 사방이 험준 수려한데 주밀(周密 : 빽빽함)치는 못하나 4, 50호 인가가 여기저기 있다. 동네 앞에 큰 냇물이 흐르고 바위에 안진사가 친필로 새긴 '청계동천(淸溪洞天)' 4자가 물소리를 따라 움직이는 것 같다.

동구에 작은 산이 하나 있는데 산 위에 포대(砲臺)가 보였다. 수병(守兵)에게 명자(名刺 : 명함)를 던진즉 의려장(義旅長 : 의려소의 장. 곧 안진사를 가리키는 듯함)의 허가가 났다 하고 위병이 인도한다. 위병을 따라 의려소(곧 안진사 댁)에 들어가면서 관찰한즉 문앞에 소규모의 연당(蓮塘 : 연못)을 파고 당 안에 한 칸 초정(草亭 : 풀로 지붕을 이은 정자)을 축조하였다. 그곳에서 안진사 육형제가 평일에 음주영시(飮酒詠詩)로 소일한다고 한다. 대청에 들어가니 벽 위에 안진사의 친필로 '의려소(義旅所)' 3자를 쓴 횡액(橫額 : 가로로 쓴 현판)을 붙였더라.

우리의 명자를 본 안진사는 정당(正堂 : 본채의 대청)에서 우리를 맞아 친절히 영접하고 수인사(修人事 : 예의를 갖추어 인사함) 후에 제일 첫 말이,

"김석사(金碩士)[10]가 패엽사에서 위험을 탈각(脫却 : 벗어남)한 후에 내가 심히 우려되어 애써서 계신 곳을 탐색하였으나 아직 행방을 모르던 터에 금일에 이처럼 찾아 주시니 감사합니다."

하고 다시 나를 향하여 묻는다.

---

10)   석사는 벼슬이 없는 선비를 일컫는 말.

"구경하(俱慶下 : 양친이 다 살아계심)라시던데 두 분은 어디 안접(安接 : 편안히 지냄)할 곳이 계십니까?"

"별로 안접할 곳이 없고 아직 본동에 계십니다."

안진사는 즉시로 오일선(吳日善)에게 30명의 총을 휴대한 군인을 붙여 주며 명령한다.

"당일로 텃골에 가 김석사 부모님을 모시고, 인근 동의 우마를 잡아 그 댁 가산 전부를 옮겨오거라"

인근의 한 가옥을 매입하여 당일로 청계동 거주를 시작하니 나의 20세 되던 을미년(乙未年 : 1895) 2월이라. 안진사는 친절히 부탁한다.

"날마다 사랑에 와서 내가 없는 사이라도 나의 동생들과도 놀고 사랑에 모이는 친구들과도 담화를 하든지 서적을 보든지 마음대로 안심하여 지내십시오."

안진사 6형제의 장형은 태진(泰鎭), 둘째는 태현(泰鉉)이고, 안진사 태훈(泰勳)은 셋째 항렬이요, 넷째 태건(泰健), 다섯째 태민(泰民), 여섯째 태순(泰純)이다. 거의 다 학식이 높고 인격이 상당한 중에 안진사가 학식으로나 기량으로나 탁월하더라. 안진사는 나에게 종종 시험적으로 질의도 하고 담론도 하나 실지로 나는 유치한 행동이 많은 때라.

하루는 춘기 화창한 때라, 포군(砲軍)들을 데리고 주효(酒肴 : 술과 안주)를 갖추어 유쾌하게 노는 때에 각희(脚戱 : 씨름) 잘하는 자를 모집하여 각희를 시키었다. 최후 결승에서 양인이 용맹스럽게 씨름을 하는데 재용(才勇 : 재주와 용기)이 서로 비슷하여 쉽게 승부를 결정치 못하더라. 안진사는 나에게,

"창수가 보기에는 어느 사람이 이길 듯한가?"

하고 묻는다.

"키가 크고 힘 있어 보이는 사람이 좀 작은 사람에게 질 줄 생각합니다."

진사는 그렇게 보여지는 이유를 묻는다.

"내가 보는 바로는 아까 씨름할 때에 키 큰 사람의 바지가 찢어져 그 볼

기(엉덩이)가 드러나면서 기운을 다 쓰지 못하는 빛이 있으니 나는 단연코 그 사람이 질 줄 압니다."

말이 그치기도 전에 과연 그 사람이 지는 것을 본 진사는 나를 더욱 사랑하더라.

진사의 자식 3인에 장자는 중근(重根)이니 당년 16세에 상투를 쪼졌고, 자주(紫紬 : 붉은 명주) 수건으로 머리를 동이고 돔방총 —— 보통 장총이 아니고 메고 다니기에 편리하도록 만든 것 —— 을 메고 노인당(老人堂)과 신상동(薪上洞)으로 날마다 수렵을 일삼더라. 영기(英氣 : 총명한 기운)가 뛰어나 여러 군인들 중에도 사격술이 제1위라고 하더라. 사냥할 때에도 비금(飛禽 : 날짐승) 주수(走獸 : 들짐승)를 백발백중하는 재주라 하여 태건씨와 숙질(叔侄)이 늘 동행하는데, 어떤 때는 하루에 노루, 고라니를 여러 마리 잡아다가 그것으로 군사들에게 먹였다. 진사의 6형제가 거의 다 호음주(好飮酒) 호독서(好讀書)하는지라, 짐승을 사냥하여 오면 자기 6형제는 반드시 한데 모였다. 그 밖에 오주부(吳主簿 : 오일선), 고산림(高山林 : 고능선), 최선달(崔先達) 등이 끼었고, 나는 음주영시에 아무 자격이 없으나 또한 부름을 받아 날짐승 들짐승에 진미를 같이 맛보고 지내었다.

진사가 자기 자질(子侄 : 자식과 조카)들을 위하여 서재를 설치하였는데 당시에 빨간 두루마기를 입고 머리를 땋아서 늘어친 8, 9세 정근(定根), 공근은 글을 읽어라 써라 독려하여도 장자 중근은 공부 않는다고 질책하는 것을 보지 못하였다.

진사 6형제는 다들 문사의 체격을 갖추었으나 유약하여 보이는 이는 하나도 없고, 그중 진사는 눈빛이 찌를 듯하여 압인지기(壓人之氣 : 남을 누르는 기운)가 있으므로 당시 조정 대관 중에서 필단(筆端 : 붓끝)으로나 면담을 통해 논쟁을 당하고 당장에는 안진사를 악평하던 자라도 직접 만나 보면 부지불식간에 공경의 태도를 가지게 된다고 한다. 내가 관찰한 바도 그러하며, 거기다가 퍽 소탈하여 무식한 하류들에게도 한 치 교만한 빛이 없이 친절하고 정성스러우므로 상류로부터 하류까지 모두가 그와 더불어 일하기를 좋아하더라.

면모가 심이 청수하나 주량이 과도하므로 비홍증(鼻紅症 : 코끝이 빨개지는 증세)이 있는 것이 결점으로 보이더라. 당시 시객(詩客)들이 안진사 율(律)[11]의 명작을 전송(傳誦 : 외워 읊음)하는 것을 많이 들었고, 자기도 종종 나를 대하여 득의작(得意作 : 만족스럽게 여기는 작품)을 많이 들려주었으나 기억의 잔존으로는 동학당이 창궐하던 시에 지었다는,

曉蝎求生無跡去　夕蚊寧死有聲來(효할구생무적거 석문녕사유성래 : 새벽 굼 벵이는 죽을까봐 자취도 없이 도망가고/ 저녁 모기는 죽음을 각오하고 소리내며 날아온다.)

만 생각난다. 황석공(黃石公)[12]의 『소서(素書)』[13]를 자필로 써서 벽장문에 붙이고 주흥(酒興)이 날 때면 늘 낭독하더라.

안진사 조부 인수(仁壽)씨는 대대로 12, 3세(世)나 해주부에 살다가 자기가 진해 현감을 역임한 뒤에 남은 자산을 가까운 친지에게 분배하여 주고 자기는 3백여 석 추수(秋收)의 자본을 남겨 가지고 청계동이 산수만 수려할 뿐아니라 족히 피란지가 되겠다고 생각하고 장손 중근이 2세 때에 청계동으로 이주하였다. 안진사는 거자(擧子 : 과거보는 사람)로 경성 김종한(金宗漢) 집에 다년간 머물며 과시(科試)에 참가하였고, 급기야 소성(小成)[14]에 합격한

---

11) 율은 율시(律詩)의 약칭. 한시(漢詩)의 구성 형식 중 하나로서 8구로 이루어짐. 오언율시와 칠언율시가 있음.

12) 중국 진(秦)나라 때의 은자. 『태공병법(太公兵法:黃石公三略)』을 편찬함. 한(漢)나라 장량(張良)에게 이 책을 물려주었다고 함.

13) 서명. 1권. 황석공의 찬(撰)이라 함. 도(道)・덕(德)・인(仁)・의(義)・예(禮)의 다섯 가지에 대해 주로 논의했음. 송나라 사람 장상영(張商英)이 주를 달았음.

14) 과거시험 가운데 소과(小科) 중의 초시(初試) 또는 종시(終試)에 합격하는 일.

것도 김종한이 시관(試官)인 때라 한다. 그리하여 안진사는 김종한의 문객이니 식구니 하는 당시의 소문이 있었다.

나는 날마다 그 사랑에 다니며 노는데, 거기에 오는 노인 한 분이 있다. 나이 50여 세나 되어 보이고 기골이 장대하고 의관이 심히 검소했다. 그분이 종종 사랑에 들어오면 안진사는 지극히 공경하여 제일 상석에 영접하였다. 하루는 진사가 나에게 소개하여 그분에게 배알을 시킨 후에 자기는 나의 약력을 그분에게 고한다. 그분은 즉 고능선(高能善)이라는 학자이나 사람들이 고산림(高山林), 고산림 부르더라.

고능선은 해주 석문 밖 비동(飛洞)에 집안 대대로 거주하였고, 유중암(柳重庵) 중교(重敎)[15] 씨의 제자요, 유인석(柳麟錫)[16] 의암(毅庵)과는 동문(同門) 사람으로서 당시 해서에서 유명한 학자이다. 안진사가 동학에 대응하여 창의(倡義 : 국난을 바로잡기 위하여 의병을 모음)하던 초기에 고능선을 모사(謀師)로 모셔오고 그의 집안 전체를 옮겨 청계동에 거주하던 터이라. 하루는 역시 안진사 사랑에서 고씨를 뵙고 종일 논 후 헤어져 갈 즈음에 고씨는 나에게 이러한 말을 한다.

"창수, 내 사랑 구경은 좀 아니하겠나."

나는 감심(感心 : 마음에 감동함)하여,

"선생님 사랑에도 가서 놀겠습니다."

하였다. 다음 날 고선생 댁을 방문하였다. 고선생은 노안(老顔)에 희색을 띠고 친절히 영접한다. 장자 원명(元明)을 불러 나와 인사를 시킨다. 원명은 나이가 30이 넘었고, 영민하게는 보였으나 웅위관후(雄偉寬厚 : 비범하고 관대 ·

---

15) 조선 고종 때의 유학자(1821~1893). 자는 치근(致根), 호는 성재(省齋). 어려서 이항로(李恒老), 김평묵(金平默)에게 배운 후 설악산에 들어가 나오지 않음. 스승 이항로의 설에 따라 주리설(主理說)을 주장하다 나중에는 한원진(韓元震)의 호론(湖論)을 지지함.

16) 조선 말기의 의병장(1842~1915). 자는 여성(汝聖), 호는 의암(毅庵). 병자수호조약이 체결되자 제자를 이끌고 상소하여 반대했으며, 의병을 일으켜 활약함. 그 후 만주로 가서 항일 투쟁을 계속함.

후덕함)한 그 부친은 따라가지 못하리라고 보이더라. 차자(次子 : 둘째 아들)는 성인이 되어 사망하고 과부 며느리만 데리고 살았다. 원명은 15, 6세 된 장녀와 4, 5세 된 딸까지 두 여식(女息 : 딸자식)을 두었고, 아직 아들은 없다고 하더라.

고선생이 거처하는 사랑은 작은 방인데 방 안에 쌓인 것은 거의가 서적이며 네 벽에는 고대 명현(名賢 : 현명한 사람) 달사(達士 : 뛰어난 사람)의 좌우명과 자기 심득서(心得書 : 마음 깊이 깨달은 글) 등을 돌려 붙였다. 고선생은 염슬단좌(斂膝端坐 : 무릎을 개고 단정히 앉음)하여 수양하기도 하고 간간 『손무자(孫武子)』와 『삼략(三略)』 외에 병서도 열람하더라. 고선생이 나를 대하여 담화를 하는 중에,

"자네가 매일 진사 사랑에를 다니며 놀지마는 내가 보기에는 자네에게 절실히 유익될 정신수양에는 효익이 없을 듯하니 매일 내 사랑에서 나와 같이 세사(世事)도 담론하고 문자도 토론함이 어떠한가?"

나는 황공감사하였다.

"선생님이 이처럼 후용(厚容 : 후히 받아들임)하시나 소생이 어찌 감당할 만한 재질이 있습니까?"

고선생은 미소를 띠고 명백히 설명은 아니하나 나에게 대하여 사랑하는 마음이 충만한 것을 엿볼 수 있더라.

나의 그때 심리상태를 말하면, 제일 먼저 과장에서 비관을 품었다가 희망을 『상서』 공부로 옮기었고, 자기 상격(相格)이 너무도 못생긴 것을 비탄하다가 호심인(好心人)이 되리라는 결심을 하였고, 호심인이 되는 방법이 묘연하던 차에 동학의 수양을 받아 가지고 신국가 신국민을 꿈꾸었으나 이에 와서 보면 그도 역시 포풍(捕風 : 바람잡기)이고, 이제 패군지장(敗軍之將)의 신세로 안진사의 후의를 입어서 생명만은 편안히 보존하지마는, 장래를 생각하면 어떤 곳에다가 발을 붙이고 진로를 취함이 가할까 하는 데는 가슴이 답답함을 느끼던 즈음이라. 고선생이 저처럼 나를 사랑하는 빛이 보이지마는

참으로 내가 저러한 고명한 선생의 사랑을 바로 받을 만한 소질이 있는가?

내가 그이의 과분한 사랑을 받는다 하여도 종전에 과거니 관상이니 동학이니 하던 것과 같이 효과를 내지 못할 지경이면 나의 자신이 타락됨은 둘째요, 고선생과 같이 순결하여 보이는 양반에게 누를 끼칠까 두려움이 생겼다. 나는 고선생에게 마음을 툭 털어놓고 말하였다.

"선생님, 선생님은 저를 명찰하여 가르쳐 주셔요. 저는 불과 20살에 일생 진로에 대하여 자기자오(自欺自誤 : 자신을 속이고 잘못 행동함)로 많은 실패를 경험하고 지금에 이르러서는 참으로 민망합니다. 선생님이 저의 자격과 품성을 밝히 보시고 장차 이룰 바가 있어 보이시거든 사랑도 하여 주시고 교훈도 하여 주시려니와, 만일 좋은 사람 될 조짐이 없을진대 저는 고사하고 선생님 고덕(高德 : 높은 덕)에 누를 끼침을 원치 아니하나이다."

모르는 결에 유루영광(流淚盈眶 : 눈물이 눈언저리에 가득 고임)하여진다.

고선생은 나의 마음에 고통이 있음을 극히 동정하는 말로,

"사람이 자기를 알기도 용이한 일이 아니어든, 항차 타인을 밝히 알 수 있는가. 그러므로 성현을 목표하고 성현의 발자취를 밟아 가는 중에 고래(古來)로 성현의 지위까지 도달한 자도 있고, 좀 미치지 못하는 자도 있고, 성현되기까지는 아주 요원하다 하여 중도에 옆길로 빠지거나 또한 자포자기하여 짐승과 다름없이 되는 자도 있느니라. 자네가 호심인 되려는 본의를 가진 이상에 몇 번 길을 잘못 들어서 실패나 곤란을 겪었을지라도, 본심만 변치 말고 개지불이(改之不已 : 끊임없이 고쳐나감) 진지불이(進之不已 : 끊임없이 정진함) 하노라면 목적지에 달하는 날이 필시 있으리니 지금 마음에 고통을 가지는 것보다는 역행(力行)을 해야 할 것 아닌가? 실패는 성공의 모(母)요, 고민은 쾌락의 본(本)이니 자네는 상심 말게. 나 같은 노부(老夫)도 자네의 앞날에 혹시 보탬이 있다면 노부도 영광이 아닌가."

한다. 나는 고선생의 말씀을 듣고서 위안만 될 뿐 아니라 젖을 주리던 어린아이가 모유를 빠는 것과 같았다. 나는 고선생에게 다시 물었다.

"그러시면 전도(前途 : 앞날)에 대한 일체를 선생님 보여지는 대로 교훈하여 주시면 진심으로 받들어 행하겠습니다."

"자네가 그같이 결심하면 나의 안광(眼光 : 눈빛)이 미치는 데까지 자네 역량이 있는 대로 내게 있느니만큼은 자네를 위하여 진심(盡心 : 마음을 다 기울여 씀)할 터이니 젊은 사람이 너무 상심 말고 매일 나와 같이 놀세. 갑갑할 때는 우리 원명이와 산 구경도 다니며 놀게."

그날부터는 밥을 안 먹어도 배고픈 줄을 모르겠고 고선생이 죽으라면 죽을 생각도 난다. 그 다음부터는 매일 고선생 사랑에 가서 놀았다.

선생은 고금 위인들을 비평하여 주고 자기가 연구하여 깨달은 요지를 말하여 주고 『화서아언(華西雅言)』[17]이나 『주자백선(朱子百選)』[18] 중의 긴요한 구절을 가르쳤다. 주로 의리가 어떻다는 것과, 사람이 초군(超群 : 무리 중에서 뛰어남)의 재주와 능력이 있을지라도 의리에 벗어나면 그 재능이 도리어 화근이 된다는 말이든지, 사람의 처세는 마땅히 먼저 의리에 기본하며, 일을 하는 데는 판단, 실행, 계속의 3단계로 사업을 성취한다는 종종의 금언(金言)을 들려주는데, 가만히 보면 어느 때든지 나에게 보여주기 위하여 책장을 접어 두었다가 들춰 보이는 것을 보아도 온 정력을 경주하여 가르치심을 알겠더라.

그런즉 고선생 생각에 경서(經書)를 순서대로 가르침보다 나의 정신 여하와 재능을 보아 가지고, 비유하면 뚫어진 곳을 기워 주고 빈 구석을 채워 주는 구전심수(口傳心受 : 말로 전하고 마음으로 받아들임)의 첩경(捷徑) 교습법이라 하겠더라.

고선생이 나를 지내 보고 가장 결점으로 생각한 것은 과단력의 부족이

---

17)   조선 말의 학자 이항로(李恒老)의 저서. 12권 3책. 천지와 인간의 이치, 군주의 정치와 덕, 인간의 처세, 가정생활의 도리 등 성리학과 생활철학 방면의 글이 실려 있다. 화서(華西)는 이항로의 호.
18)   중국 송(宋)대의 철학자 주희(朱熹 : 朱子)의 글 중 100편을 모아 엮은 책.

아니었나 한다. 매번 훈사(訓辭 : 훈계의 말)를 하면서, '무슨 일이나 바로 보고 잘 판단하여 놓고도 실행의 출발점에 과단이 없으면 다 쓸데 없다'는 말을 할 때에는,

得樹攀枝無足奇　懸崖撒手丈夫兒(득수반지무족기 현애살수장부아 : 가지를 잡고 오르는 것은 기이하다 할 게 못 된다 / 벼랑에서 잡은 가지마저 놓을 수 있는 사람이 가히 장부로다.)

의 구를 힘있게 설명하더라. 그리하기를 수삭(數朔 : 수개월)을 경과하는데, 안진사도 종종 고선생을 방문하여 3인이 함께 자리한 중에 진사와 고선생 서로 주거니 받거니 고금사(古今事 : 고금의 일) 강론함을 방청하는 취미가 비교할 데 없더라.

　그런데 내가 청계동에 거주하며 처음에는 갈 곳도, 아는 사람도 없으므로 안진사 사랑에를 가서 노는데, 안진사가 자리에 없으면 포군자(砲軍者 : 의려소를 드나들던 군인)들이 나를 향하여 들으라는 듯,

　"저 자 —— 나를 가리켜 —— 는 진사님만 아니더면 벌써 썩어졌을 것이다. 아직도 '접주님!' 하고 여러 사람들에게 대접받던 생각이 날 걸!"

　또는 내가 듣는 줄 알면서,

　"그렇고 말고. 저 자가 우리같은 포군들 보기를 초개(草芥)같이 볼 걸!"

　혹자는 입을 삐죽하며,

　"여보게, —— 저의 동료를 향하여 —— 그러게들 말게. 귀에 담아 두었다가 후일에 동학이 다시 득세하는 날에는 보원(報冤 : 원한을 갚음)할지 알겠나?" 하는 것이었다.

　이런 말을 들을 제는 즉시로 청계동 생활을 면하고 싶은 생각이 불꽃과 같으나 주장인 안진사가 그같이 후대하는데 무식한 병졸의 하는 짓을 탓함이 도리어 용렬타 생각하고 모른 척 참고 지내었다.

    그러나 진사는 매번 사랑에서 연음(宴飮 : 술자리)을 할 때나 흥취있게 놀 때는 고선생을 반드시 모시고, 나는 술로나 글로나 나이로나 또한 외화(外華 : 겉보기의 화려함)로나 좌석에 광채를 감소시킬 것밖에 없지만, 내가 초대를 받아 조금만 지각이 되어도 군인이나 하인을 분부하여,

    "너 속히 돼지골 가서 창수 김서방님 모셔 오너라."
한다. 자연 포군들만 나에게 대하여 공손한 태도가 생길 뿐 아니라 안진사 친동생들도 처음 만나서 수작(酬酌 : 말을 주고 받음)을 하여 본즉 별로 볼 것이 없었을 것이 사실이겠고, 자기 사랑에서 군인들이 나를 대하여 하는 농 섞인 언행을 들을 때에도 그 군인들에게 주의를 시키는 빛도 보이지 않았는지 그건 모르겠다. 그들이 자기 형님인 진사가 없을 때에 군인들의 언동을 듣고 진사에게 보고하여서 진사는 무식한 군인들을 직접 질책하는 것이 도리어 내게 이롭지 못하겠다 생각하고 나를 그처럼 특별대우를 하는지?

    어떻든지 군인들이 점차 태도가 공손하여지고, 더욱이 고선생이 친근히 접대함을 본 동네 여러 사람들의 태도까지도 차차 달라지더라.

    나는 허리 신경통이 몇 년 전부터 시작되어 종종 고생을 한다. 그때에도 통증이 생겨 안진사 사랑에 늘 다니는 오주부(吳主簿)에게 증세를 말한즉 사삼(沙蔘 : 더덕)을 많이 먹으면 뿌리가 뽑힌다고 하더라. 그러므로 고선생댁에서 놀다가는 원명(元明)과 약초 캐는 괭이를 둘러 메고 뒷산에 올라가 사삼도 캐고 바위에 앉아서 원명과 정담도 하며 세월을 보내는데, 3개월 사삼을 장기 복용했더니 과연 신경통이 뿌리째 뽑히더라.

    그 소문을 들은 당시 신천군수 모(某)는 안진사에게 청하여 안진사가 다시 나에게 청하므로 사삼 한 구럭(망태기)을 캐어 보낸 일도 있다.

    매양 고선생 댁에서 놀다가는 밥도 선생과 같이 먹고, 밤이 깊어 인적이 드물 때는 국사(國事)를 의논한다. 고선생은 이런 생각을 말씀하셨다.

    "만고천하에 흥해 보지 못한 나라 없고 망해 보지 못한 나라 없다. 그러나 이전의 망국이라 함은 토지와 인민은 가만 두고 그 군위(君位)만 탈(奪)하

는 것으로 흥이라 망이라 하였다. 지금은 불연(不然 : 그렇지 않음)하여 토지와 인민과 주권을 병탄(倂呑 : 한데 아울러 집어삼킴)하는 것이다. 우리 나라도 반드시 망하게 되었는데 필경은 왜놈에게 멸망을 당케 되었다. 소위 조정대관들이 전부가 미외사상(媚外思想 : 다른 나라에 아첨하거나 영합하려는 생각)을 가지고 아(俄 : 러시아)를 친하여 자기 지위를 보전할까, 영미(英·美)를, 불(佛 : 프랑스)을, 왜를 친하면 자기 지위가 공고할까 순전히 이 생각뿐인즉, 나라는 망하는데 국내의 최고 학식을 가졌다는 산림학자(山林學者 : 벼슬을 하지 않는 재야 학자)들도 세태를 돌탄(咄嘆 : 혀를 차며 탄식함)할 뿐이지 어떠한 구국의 경륜이 있는 자 보이지 않음이 큰 유감일세. 나라 망하는데도 신성하게 망함과 더럽게 망함이 있는데 우리나라는 더럽게 망하게 되겠네."

나는 놀라서 그 망함에 대해 질문하였다. 선생은 대답한다.

"나라가 신성하게 망한다 함은 일반 백성이 옳음을 위해 끝까지 싸우다가 적에게 복몰(覆沒 : 배가 엎어지듯 아주 기울어 망함)을 당하여 망함이요, 더럽게 망한다 함은 일반 백성이 적에게 아부하다가 적의 술수에 떨어져 항복하고 망함일세. 지금 왜놈의 세력이 전국에 횡일(橫溢)하고, 궐내(闕內 : 조정 궁궐 안)까지 침입하여 대신을 제 마음대로 출척(黜陟 : 내어 쫓고 들어 씀)하고, 모든 시정(施政)이 제2 왜국이 아닌가. 만고천하에 무장존불망지국(無長存不亡之國 : 오래 가서 망하지 않는 나라가 없음)이요, 만고천하에 무장생불사지인(無長生不死之人 : 오래 살아 죽지 않는 사람이 없음)인즉 자네나 나는 일사보국(一死報國 : 한 번 죽음으로써 나라에 충성함)의 한 가지 일만 남았네."

선생은 슬퍼하는 면색으로 나를 본다. 나도 울었다. 나는 또 물었다.

"그런데 망할 것으로 하여금 망치 않게 할 방법은 없습니까?"

"자네 말이 옳으네. 기왕에 망할 나라라도 망치 않게 힘써 보는 것도 백성의 의무이지. 우리는 현 조정 대관들 모양으로 아첨을 하지 말고 상호 협조적으로 청국과 결탁은 할 필요가 있지. 작년에 청일전쟁에 청국이 패하여 언제나 청국이 복수 전쟁은 한번 할 터이니, 상당한 인재가 있으면 이제 청

국에 가서 사정도 조사하고 인물도 사귀었다가 후일에 동성상응(同聲相應 :
한 목소리로 서로 동조함)하면 절대 필요하니 자네 한번 가 보려나?"

"저같은 연소몰각(年少沒覺 : 나이 어리고 지각이 없음)으로 간들 무슨 효과
를 얻으리잇가?"

고선생은 반쯤 웃는 태도로 이런 말을 하더라.

"그거야 그렇지. 자네만으로 생각하면 그렇지마는, 우리 동지자들이 많
다면 청국 정계나 학계나 상계(商界)나 각 방면에 들어가서 활동을 할 때이
지. 그러나 그런 뜻을 가진 사람을 알 수 있나. 자네 한 사람이라도 그렇게
하는 것이 후일 유익하다고 생각한다면 실행하여 보는 것 뿐이니."

나는 쾌락하였다.

"마음이 항상 울적하니 먼 곳 바람도 쏘일 겸 떠나보겠습니다."

고선생은 심히 만족하여,

"자네가 떠난 후에는 자네 부모 내외가 고적할 터이니 자네 아버지와 내
가 역시 우리 사랑에 모여서 이야기나 하고 놀겠네."

나는 고맙게 생각하였다. 나는 또 물었다.

"안진사와도 상의를 하면 어떻습니까?"

고선생은 이런 말을 한다.

"내가 안진사의 의향을 짐작하는바 천주학을 하여 볼 마음이 있으니, 만
일 양이(洋夷 : 서양 오랑캐)에게 의탁할 심사가 있다면 대의에 위반된 행동이
라. 안진사에 대한 태도는 후일에 결정할 날이 있으니 아직 출국에 대한 문
제는 말을 마는 것이 좋겠고, 안진사는 확실한 인재니 후일에 자네가 청국
에 다녀온 결과 좋은 계기가 있으면 그때에 상의하여도 늦지 않을 것이라.
이번 일은 비밀에 부치고 떠나는 것이 합당할까 하노라."

나는 옳다고 여기고 출발을 준비하던 중이라.

청국시찰

　　하루는 안진사 사랑에를 갔다가 참빗 장수 한 사람을 보았다. 가만히 그 언어와 거동을 본즉 보통 돌아다니는 참빗 장수와는 달라 보인다. 인사를 청하였다. 그 사람은 남원군(南原郡) 이동(耳洞)에 사는 김형진(金亨鎭)이라 한다. 나와 동적(同籍 : 성의 본이 같음)이요 나이로는 나보다 8, 9세 위이라.

　　그 사람에게 청하였다.

　　"내 집에서 참빗을 살 터이니 같이 가서 팔라."

고 한즉, '그러마' 하고 집에를 따라온다. 하룻밤 동숙하며 문답한 결과 그는 단순히 참빗 장사를 목적함이 아니라 삼남에서도 신천 청계동 안진사는 당세 대문장 대영웅의 소문이 있기로 한번 심방(審訪)코자 함이라 한다.

　　인격이 그다지 출중하고 학식이 넉넉지는 못하나 시국에 대하여 불평을 품고 무슨 일을 하여 보겠다는 결심은 있어 보이더라. 다음 날 동반하여 고선생 댁을 방문하고 김형진의 인격을 감정케 하였다. 고선생도 담화하여 보더니,

　　"우두머리 인물은 못되나 인인성사(因人成事 : 남의 힘으로 일을 이룸)에 소질은 있어 보인다."

한다.

집에서 부리던 말 한 필을 팔아 2백 냥의 여비를 마련하여 가지고 김형진과 동반하여 청국으로 출발하였다. 노정으로는 먼저 백두산이나 답파하고 중국 동삼성(東三省)[1]으로, 최후는 북경까지를 목적하고 출발하였다. 평양까지를 무사히 도착하여 여행 방법을 협의한 결과 김형진이 기왕에 참빗장수로 행세하니 동일한 방법으로 하기로 하였다. 여비 전부로 참빗과 필묵(筆墨)과 기타 산중에서 요긴한 물품을 구입하여 두 사람이 한 짐씩 지고 모란봉, 을밀대를 잠시 구경하고 강동(江東)·양덕(陽德)·맹산(孟山)으로, 다시 고원(高原)·정평(定平)을 지나 함흥 감영(監營)에 도착하였다.

평양서부터 함흥에 도착하는 사이 겪은 일 가운데 아직까지 기억나는 것은, 강동 어떤 시장에서 숙박을 하다가 70쯤 된 술주정뱅이 노인에게 억울하게 매를 맞은 일이다. 그러나 원대한 목적을 품고 멀리 여행하는 처지로서 사소한 횡조(橫遭 : 뜻밖에 만난 재앙)에 마음 쓸 바 아니라 하여 김형진과 한신(韓信)이 회음(淮陰) 소년에게 당하던 일[2]을 담화하고 서로 위로하였다.

홍원군 함관령(咸關嶺)[3] 위에서 이태조(李太祖 : 이성계)의 승전비(말갈족과의 전쟁에서 이긴 내용을 담은 비)를 구경하고, 홍원(洪原) 신포(新浦)의 경치와 북어잡이 하는 광경과, 어떤 튼튼한 여자가 광주리에 꽂게 한 마리를 힘껏 이고 가는데 게 다리 한 개가 나의 팔뚝보다 굵은 것을 보았다. 함경도의 교육제도가 양서(兩西 : 황해·평안도)보다 일찍 발달된 점으로는, 아무리 가난하여 게딱지만한 가옥(보통으로도 양서지방에 비하면 구조가 정제하다)을 짓고 사는 동네일지라도 서재는 반드시 기와집으로 지었고, 그 외에 도청(都廳)이 있는 것이라. 도청은 동리의 공용가옥으로서 비교적 크고 화려하게 지어 그 집에 모여 놀기도 하고 소설책도 보고 짚신도 삼았다. 동네 뉘 집에서나 손

---

1) 중국의 가장 동쪽에 위치한 세 성(省). 곧 길림성, 요녕성, 흑룡강성을 일컬음.
2) 동네 개구쟁이 소년이 어린 한신에게 '길을 지나가려면 내 가랑이 밑으로 기어서 통과하라'고 하자 한신은 꾹 참고 그 밑을 기어서 갔다고 한다. 이 내용은 큰 뜻을 품은 사람은 눈앞의 작은 일에 구애받지 않는다는 교훈을 준다. 회음은 강소성 청강(淸江) 서부에 위치.
3) 함관령은 홍원군에 속해 있음. 고원군이라고 한 것은 백범의 착각인 듯함.

님이 오면 식사를 대접하여 도청에서 헐숙(歇宿 : 쉬고 묵음)케 하며, 무전객(無錢客)이 헐숙을 청하면 그 도청의 공관(公款 : 공금)으로 음식을 대접하는 규례가 있다. 오락기구로는 북, 장구, 꽹과리, 퉁소 등을 도청에 비치하여 두고 동네 사람들이 종종 모여 즐기기도 하고 손님 위로도 하는 미속(美俗 : 아름다운 풍습)이 있더라.

홍원(洪原) 어떤 큰 동네 서재(서당)를 방문한즉 건축이 굉장한데, 교사 3인이 있으니 고등교사 한 사람은 학생 중 경서반(經書班)을 맡아 교수하고, 그 다음은 중등과를, 그 다음은 유치반을 분담 교수하였다. 대청 좌우에 북과 꽹과리를 걸어 북을 치면 학생들이 독서를 시작하고, 꽹과리를 치면 독서를 파하는 아름다운 규례를 보았다.

함흥에 도착하여 목교(木橋)로는 조선에서 제일 크다는 남대천(南大川) 다리[4]를 지나는데, 수심은 물이 불을 때가 아니면 늘 옷을 걷고 건널 만하고, 물이 흐르는 너비로는 그 다리와 같이 약 5리의 거리이라.

김병연(金炳燕)[5]의 남대천 시에,

山疑野窄超超立 水恐舟行淺淺流(산의야착초초립 수공주행천천류 : 산은 들이 좁아할까 봐 듬성듬성 들어서 있고/ 강물은 배가 무서워할까 봐 천천히 흐르네.)[6]

등의 구를 명작이라 한다.

그 다리를 지나니 조선 4대물의 하나인 장승 4개가 좌우 길 옆에 마주 서

---

4)   함흥의 성천강에 걸린 만세교를 말하는 것같음.

5)   조선 철종 때의 방랑시인(1807~63). 자는 성심(性深), 호는 난고(蘭皐). 조부인 선천부사 김익순이 홍경래의 난 때 항복하여 멸문이 된 것에 굴욕을 느껴, 머리에 삿갓을 쓰고 죽장을 짚고 각지를 떠돌아 다니며 풍자시를 많이 남김. 속칭 김삿갓. '燕'은 '淵'이 맞음.

6)   이 시구는 김병연(김삿갓)이 함흥 구천각(九天閣)에 올라가 성천강을 바라보며 읊은 시에 들어 있음. 또 '窄超超'는 '狹遠遠'으로, '恐'은 '罡'로 되어 있음. 그러므로 원래 시구대로 하면 '산은 들이 좁아할까 봐 멀찌감치 서 있고/ 강물은 배가 두려워할까 봐 천천히 흐르네'로 해석할 수 있음.

있다. 나무로 만든 인물상인데 머리에 사모(紗帽)⁷⁾를 쓰고 얼굴은 적색으로 칠하고 눈을 부릅떠 위엄있는 형상이다. 조선 4대물이란 것은 경주 인경 (鍾 : 봉덕사종), 은진미륵[石佛], 연산철[連山鐵 ―釜], 함흥 장승 이것들이다.

이태조의 유물이라는 함흥의 낙민루(樂民樓)도 구경하였다.

북청(北靑)에 가 보니 그 읍이 산중의 거읍(巨邑)이요, 읍내 인사들은 옛날부터 과거에 열심한 결과 군(郡)내에 생존하는 진사가 30여 명이요, 생존하는 급제(及第)⁸⁾가 7인이라 한다. 남대천 좌우에 솔때 ―― 진사를 한 사람은 큰 나무기둥에 용의 형상을 그리고, 나무 끝에는 날아가는 용의 모양을 목각하여 씌운 것 ―― 가 늘어선 것을 보았다. 가히 문화향(文華鄕 : 글로 흥성한 고을)이라 일컬을 만하더라.

단천(端川) 마운령(摩雲嶺)을 넘어 갑산군(甲山郡)에 이르니 을미(乙未 : 1895) 7월 경이라. 그 읍 역시 산중 거읍이요, 이상한 것은 성 안팎으로 관사 (官舍)를 제외하고는 지붕 끝에 푸른 풀이 무성하여 얼른 보기에는 황폐한 무인고도(無人古都 : 사람이 살지 않는 옛 도읍)의 감이 있다. 그것은 거기 말로 봇껍질로 지붕을 덮고 흙을 얹은 뒤, 거기에 풀씨를 받아 심어 풀을 무성케 한 것이니, 이렇게 하면 대우경분(大雨傾盆 : 동이를 뒤집어 엎을 만큼 큰 비가 옴)하여도 흙이 떨어지지 않는다고 한다. 그 봇나무를 본즉 양서에 있는 벗나무와 껍질 색깔이 판이하다. 벗나무는 적색인데 그 봇껍질은 희다. 또 탄력이 강하여 지붕을 덮을 때는 반드시 조약돌이나 흙으로 눌러 놓는데, 흙이나 돌로 만든 기와보다도 오래 간다고 한다. 그곳에서는 사람이 죽은 후 염습(殮襲 : 시신에 옷을 입히고 묶음)할 때 봇껍질로 싸면 땅속에서 만년 가도록 해골이 흩어지지 않는다고 한다.

혜산진(惠山鎭)에 도착하여 제천당(祭天堂)을 참관한즉 그 당은 백두산맥

---

7)   관복(官服)을 입을 때 머리에 쓰던 명주로 만든 예모. 지금은 흔히 구식 결혼식 때 신랑 신부가 이 모자를 씀.

8)   대과(大科)에 급제하여 조정 관원이 된 경우를 말함.

이 남으로 뻗어 우리 나라 산맥의 조종(祖宗)이 된 곳이라. 그 당의 주련(柱聯 : 기둥에 쓰인 시구)을 본즉,

六月雪色 山白頭而雲霧 萬古流聲 水鴨而泗湧(유월설색 산백두이운무 만고유성 수압이사용 : 눈 쌓인 유월의 백두산에 운무가 감돌고/ 만고에 끊이지 않고 흐르는 압록강은 용솟음치네.)

라고 쓰여 있다. 해마다 조정에서 관리를 보내 백두산 신에게 제례를 거행한다고 한다.

혜산진에서 압강(鴨江 : 압록강) 반대편의 중국 인가에 개짖는 소리가 들리는데, 바지를 걷어 올리고 강을 건너기도 하더라. 거기서 백두산 노정(路程)을 물은즉 서대령(西大嶺)을 넘어서 간다 하여 삼수군(三水郡)으로, 장진군(長津郡)으로, 후창군(厚昌郡)으로, 자성군(慈城郡) 중강(中江)을 건너 중국 지대인 모아산(帽兒山)에 도착하였다.

이상 몇 개 군을 경과함에는 험산준령 아닌 곳이 없고, 어떤 곳은 7, 80리나 무인지경(無人之境)이어서 아침에 점심밥을 싸 가지고 간 적도 있다. 산길이 극히 험악하나 맹수는 별로 없는데, 삼림이 빽빽하여 지척을 분별키 어렵고, 수목의 큰 것은 나무 한 개를 벤 밑동에서 7, 8인이 둘러 앉아서 밥을 먹는다고 하더라. 내가 보기에도 나무 한 개를 찍어 넘기고 그 나무를 절단하여 곡식 저장하는 통을 파는데, 장정이 도끼로 나무통 안에서 파내는 것을 보았다. 또는 이 산 꼭대기에 노목(老木)이 넘어져서 건너편 산꼭대기에 걸쳐 있는 것이 많은데, 행인은 깊은 골짜기로 가지 않고 그 나무다리를 타고 건너가게 되었더라. 우리도 나무를 타고 건너 보았다. 마치 신선의 행로인 듯 싶더라.

그곳 인심은 극히 순후하고, 먹을 것은 풍부하므로 손님이 오면 얼마든지 묵여 보내더라. 곡류는 대개가 귀리와 감자요, 산천에 이면수(임연수)라는

물고기가 많고 맛이 참 좋더라. 주민들이 짐승 가죽으로 의복을 만들어 입는 것을 보면 원시시대의 생활이 그대로 있는 것도 같더라. 삼수읍성 외성(外城) 내에 민가가 30여 호라 한다.

모아산에서 서북쪽을 향하여 노인치(老人峙)라는 고개를 넘고 또 넘어 서대령 가는 길을 따라 전진하는 중에 우리 사람을 백리에 2, 3인은 만나는데 —— 태반은 금을 캐는 광부 —— 한결같이 백두산행은 그치는 게 좋다고 말한다. 이유는, 서대령을 넘는 중도에 향적(嚮賊 : 嚮馬賊)이란 중국인 도적떼가 수림 중에 숨어 있다가 행인이 나타나면 총살한 후에 시체를 검열하여 휴대품을 가져가는데, 요새도 우리 사람이 그같이 피살되었다 한다. 그러므로 두 사람이 상의하여 백두산 배관(拜觀 : 공손한 마음으로 참관함)을 중지하고 통화현성(通化縣城)에 도착하였다.

그 현성은 건설이 오래지 않아 관사와 성루문(城樓門)의 연목(椽木 : 서까래)이 아직 흰 빛을 띠었다. 성 내외 거주하는 가호가 5백여 호라 하고 우리 동포는 단지 1호인데 남자주인은 우리식 편발에 중국식 복장으로 통화현 군대에서 복무하고 여자들은 온전히 한복이더라. 그 주인은 당시 명칭으로 호통사(胡通辭 : 현청의 통역사)이다.

부근 10리 남짓에 심(沈)생원이라는 동포를 방문한즉 정신없이 아편을 흡입하여 신체가 뼈다귀만 앙상하게 남았더라. 이곳 여러 군데를 두루 돌아다니는 중에 가장 증오스러운 사람은 호통사(胡通辭 : 중국 오랑캐를 상대로 통역하는 사람)라. 중국어를 몇 마디 배워 가지고는 중국 사람에게 붙어서 우리 사람들에게 별별 학대가 많다. 우리 사람들은 갑오난리(청일전쟁)를 피해 땅도 사람도 생소한 외국에 도착하여 사람이 살지 않는 깊은 산중에서 화전이나 일으키며 조[粟]와 강냉이 농사로 근근이 살고 있다. 호통사들은 여자의 정조를 유린하고 전곡(錢穀 : 돈과 곡식)을 탈취하는 등등의 차마 말로 하지 못할 악행이 허다하다.

한 곳에서는 중국 인가에 우리 한복을 하고 머리를 땋은 처녀가 있더라.

타인에게 물은즉 그 처녀의 부모가 사위감을 구하자 호통사는 중국 오랑캐에게 채무 상환을 못한 대신 그 처녀를 중매 서 주기로 하고 처녀의 부모를 위협하여 강제로 그 중국인에게로 보낸 것이라 한다.

내가 돌아다닌 곳은 통화현과 환인(桓仁), 관전(寬甸), 임강(臨江), 집안(輯安) 등 군(郡)인데 어디나 호통사의 폐해는 동일하더라. 그때에 수전(水田 : 논)은 보지 못하였으나 근본 토질이 비옥하여 잡곡은 무엇이나 비료를 주지 않아도 1인이 지어서 10인이 먹어도 족하겠고, 한갓 소금만이 제일 귀하더라. 그 지경에 들어가는 소금은 다 의주 방면으로부터 물길 따라 수천 리 수송하여 판매되더라.

곳곳에 2, 3호 내지 10여 호까지 산림을 개간하고 여두소옥(如斗小屋 : 콩 알만한 아주 작은 집)을 지어 살고 있으나, 인심이 극히 순후하여 거기 말로 압대나그네 —— 고국인이란 뜻 —— 가 왔다면 반가워서 한 동네를 들어가면 제각기 영접을 하고 남녀노소가 모여 고국 이야기를 하라고 조르고, 이 집 저 집에서 다투어 음식을 대접하더라.

그곳의 이주민은 대부분이 생활난을 위하여 간 자 많은데, 갑오 청일전쟁의 피란으로 건너간 주호(住戶)가 많고 극소수는 범죄 도주자 즉 각도 각군의 민요장두(民擾仗頭 : 민란의 우두머리)들과 공금흠포(公金欠逋 : 공금횡령)한 평안·함경 양도의 이속들도 혹시 있더라.

지세로 말하면 파저강(婆猪江 : 중국에서 압록강 중류로 흘러드는 강. 지금의 渾江) 좌우에 설인귀(薛仁貴)[9] 천개소문(泉蓋蘇文)[10]의 관루(管壘 : 일종의 보루) 터가 있고 도처마다 한 사람이 서서 막아도 만 사람이 뚫지 못하는 천험(天

---

9) 중국 당 고종(高宗) 때의 장수. 당이 고구려를 멸망시키고 평양에 설치한 안동도호부(安東都護府)의 도호로 부임함. 당나라 사람이지만 통일신라는 그의 사후에 적성현(積城縣)의 산신으로 삼을 만큼 그에 대한 신망이 두터웠음.

10) 고구려 장수 연개소문(淵蓋蘇文)의 중국식 표현. 중국에서는 당 고조(高祖)의 이름이 '淵'이었으므로 글을 기록할 때 '淵'자를 피했음. 이 때문에 연개소문도 '淵'을 피하여 '泉'으로 고쳐 썼는데, 우리의 『삼국사기』에서도 중국 기록을 따른 듯 '泉蓋蘇文'으로 표기하였음.

險 : 천혜의 요새)이 있다. 여진(女眞), 금(金), 요(遼), 고구려의 발상지라 한다.

지명은 관전(寬甸)인 듯하다. 한 곳에는 비각이 있는데, 비문에 '삼국충신임경업지비(三國忠臣林慶業之碑)'[11]라고 한 것이 있고, 근처 중국인들 중에 병이 있는 자는 그 비에 와서 제사를 드리는 풍속이 있다.[12]

그 지방을 돌아다니며 탐문한즉 벽동(碧潼 : 평안북도 벽동군) 사람 김이언(金利彦)이 용력(勇力)이 대단하고 학식이 풍부하여, 일찍이 심양자사(瀋陽刺史)[13]가 그의 용력을 가상히 여겨 준마 한 필과 『삼국지(三國志)』 한 부를 주었고, 청국 고급 장령(將領)들도 그에게 융숭한 대우를 하는데, 그는 지금 청국의 원조를 받아 가지고 의병을 일으킬 계획을 하고 있다 하는지라. 하여간 찾아가 만나 보기로 상의하고 우리 두 사람이 함께, 혹은 길을 달리하여 김이언의 비밀 주소를 알아냈다.

강계군(江界郡) 서문(西門 : 仁風樓) 밖으로 80리를 가서 압록강을 건넜다. 주민들이 통칭 황성(皇城)이라고 하는 곳을 지나 다시 십여 리 삼도구(三道溝)라는 곳에를 갔다. 김이언을 찾아갈 때에 우리 두 사람은 서로 모르는 사람인 것처럼 따로 떨어져 가기로 하였다. 김이언의 인격을 알아보고 참말 의병을 일으켜 거사할 심리인가, 혹시 무슨 술책이나 가지고 백성을 현혹하는 사람은 아닌가 각자 살피자는 것이었다. 며칠 먼저 김형진을 유람하는 인사의 행색으로 출발케 하고 나는 참빗장수의 행색으로 4, 5일 뒤에 출발 남진(南進)하는 터이라.

하루는 행로 중 압록강을 한 백여 리 앞에 둔 도중에 홀연 청국 무관(武官) 한 사람이 궁둥이에 관인(官印)을 새긴 말을 타고 머리에는 마락이(滿淸軍帽 : 만주족 청나라의 군대 모자)에 옥로(玉鷺 : 모자에 다는 옥장식)를 꽂고 홍사(紅

---

11)   임경업(1594~1646)은 조선 인조 때의 장군. 병자호란 때 명(明)과 합세하여 청나라와 싸움. 김자점의 모함으로 옥사함.

12)   우리나라에서는 '임경업신(神)'이라 하여 민간 무속에서 임경업을 신처럼 모셔 사당을 짓고 제사드렸는데, 이 풍습이 중국에까지 전파된 것으로 보임.

13)   자사는 중국의 지방 관리. 정무(政務) 감찰관으로서 주(州)의 지사(知事)에 해당함.

絲)를 늘어뜨린 것을 쓰고 지나가는 자를 만났다.

나는 덮어놓고 앞으로 나아가서 말머리를 잡았다. 그 무관은 곧 말에서 내렸다. 나는 청나라 말을 못하기 때문에 품속에 취지서 한 장을 써서 지녔다가 청인 중 문자를 해독하는 자에게 그 취지서를 내놓아 보게 하려던 것이다.

무관에게 그 글을 보여 주었더니 반쯤 읽고는 홀연히 노상에 털썩 주저앉으며 방성대곡하는지라, 나 역시 놀라서 붙들고 이유를 묻는다. 그 무관이 글 중,

痛彼倭敵與我不共戴天之讎(통피왜적여아불공대천지수 : 아프다, 저 왜적은 나와 더불어 하늘 아래 함께 살 수 없는 원수로다.)

의 구절을 짚으며 다시 나를 붙들고 통곡한다.

이에 나는 휴대하였던 필통을 꺼내어 필담(筆談)을 시작하였다. 그 사람이 묻는다.

"왜는 어찌하여 그대의 원수이뇨?"

"우리나라는 임진(壬辰 : 임진왜란을 가리킴)으로부터 대대로 나라의 원수일 뿐 아니라 지난 달에 왜가 우리 국모(國母 : 명성황후 閔妃)[14]를 분살하였음이라."

내가 반문한다.

"군(君 : 그대)이 초면에 이와 같이 통곡함은 어떤 이유이오."

"나는 갑오(甲午 : 청일전쟁)에 평양에서 전사한 서옥생(徐玉生)의 아들 —— 이름은 잊었음 —— 이다. 강계 관찰사에 조회하여 부친의 시체를 찾아 달라 하였더니 회신에서 부친 시체를 찾아 놓았으니 와서 운구하라 하였기로, 가서 본즉 부친의 시체가 아니기에 빈손으로 돌아와 여기에 이르렀노라."

자기 집은 금주(錦州)인데, 집에서 천오백 명의 병사를 양성하는 중에 부친이 천 명을 이끌고 출전하였다가 전멸하였다 한다. 현재 자기 집을 수호

---

14)   1895년 8월 일본공사 미우라가 대원군을 받들고 경복궁에 들어가 명성황후 민비를 살해함. 이를 을미사변(乙未事變)이라 함.

하는 군인 오백 명이 있고, 자산은 풍족하고, 자기는 30여 세요 처는 몇 살이요 자녀는 몇 명이라고 상세히 고한다.

나는 전에 평양 보통 들판에서 '서옥생전망처(徐玉生戰亡處)'란 목비(木碑 : 나무로 만들어 세운 비)를 본 것을 말하였다. 그것은 일본인이 세운 것이다.

서군(徐君)은 나의 나이가 자기 아래이므로 나를 부르기를 '디디(弟弟 : 아우란 뜻의 중국어)'라 하고 자기더러는 '가가(哥哥 : 형이라는 뜻)'로 부르라고 글로 써 보이었다. 곧 나의 짊어진 봇짐을 자기 말안장에 달아매고 나를 말 등에 올려 태우고 금주를 향하여 말 채찍을 가하면서 언제든 원수 갚을 시기가 올 때까지 자기 집에서 동거하자 한다.

나는 미안하여 같이 걸어가기를 청한즉 서군 왈,

"심려하지 말라. 불과 십리에 관마(官馬)를 잡아 탈 터이라."

한다. 나는 말 위에서 곰곰 생각했다. 서군 뜻을 보면 장래 교제에 좋은 길이 되겠으니 가서 같이 지내는 것은 극히 좋겠으나, 앞서 간 김형진에게 사실을 통지할 길도 없고, 또는 김이언이가 창의(倡義 : 의병을 일으킴)를 한다는데 그 내용을 알고 싶은 생각에 기한이 없이 서군 집에 두류(逗留 : 객지에 머무름)할 마음이 없는지라, 말에서 내려 서군을 향하여,

"여보, 가가(형), 내가 고국 부모를 이별한 지 근 일년에 소식을 알지 못하고 황실 변란 후에 정치현상도 어찌 됨을 모르니 제(弟)가 일차 회국(回國)하여서 부모에게 승낙을 얻어가지고 와서 가가와 항상 동거하여 장래를 경영함이 어떠하오?"

한즉 서군은 대단히 섭섭해하면서,

"디디의 사정이 그렇다 하면 속히 고국 부모를 뵈온 후 와서 만나자."

고 재삼 눈물로 부탁하고 서로 작별하였다.

5, 6일 후에 삼도구에 도착하여 이 집 저 집 방문하면서 참빗장수로 행세하며 김이언의 동정과 그 부하를 살피는 중이라. 먼저 김이언은 일 벌이기를 좋아하는 성격인 만큼 자신감이 지나쳐 남의 의견을 잘 받아들이지 않을

듯해 보이고, 힘은 월등하여 당년 50여 세에 심양의 500근 대포(火砲)를 앉은 자리에서 양손으로 들었다 놓았다 하였다 하나, 나의 관찰로는 심용(心勇: 마음의 용기)이 부족할까 하였고, 김이언보다는 그 동지로 초산(楚山)에서 이방(吏房)을 지낸 김규현(金奎鉉)이란 인사가 의리와 예절도 있고 지략도 능하여 보이더라.

김이언은 창의의 수령이 되어 가지고 압록강을 새에 두고 이쪽 편으로는 초산, 강계, 위원(渭原), 벽동 등에 포수를 빽빽이 모집하고, 저쪽 편으로는 청나라의 강을 낀 지역 일대에 이주민 포수—— 집집마다 반수 이상 엽총을 지녔음——를 모집한 수가 근 300이라. 의병을 일으킬 명분은 국모가 왜구에게 피살됨이 국민 대부분의 큰 치욕이니 좌인(坐忍: 앉아서 참음)할 수 없다는 것으로 정했다. 글을 잘 쓰는 김규현이 이 같은 내용으로 격문을 지어 널리 배포하고, 기병(起兵) 모의에 우리 양인도 참가하였다. 나는 비밀히 강계성에 들어가서 화약을 매입하여 등에 짊어지고 압록강을 건너고 초산, 위원 등지에 잠행하여 포군을 모집하여 갔다.

거사한 때는 을미(1895) 11월 초이다. 압록강은 대부분 빙판으로 이루어져 삼도구에서 행군하여 얼음판 위로 강계성까지 곧장 갈 계획이라. 나는 위원에서 일을 마치고 홀로 삼도구로 돌아가다가 엷은 얼음판을 밟아 몸이 강속에 빠졌다. 겨우 머리와 양팔만 빙판에 남아 있을 때에 사력으로 솟아올라 육지에 달했으나 의복이 삽시간에 얼음덩어리로 변하여 한 발자국의 움직임도 어려웠다. 익사는 모면하였으나 동사(凍死)가 편각(片刻: 짧은 시간)에 놓여 있을 때에 고함을 들은 산골 계곡의 주민이 나와서 자기 집으로 데리고 가 겨우 살아났다.

김이언에게 강계 진공책(進攻策)을 물은즉 이미 강계 병영(兵營)의 장교들과 내통했으니 입성은 문제가 없다 한다.

"그러면 그 장교들이 순전한 애국심으로 내응하는 것인가, 기타 이유가 있는가?"

김이언은 이와 같이 답한다.

"내가 이미 심양에 가서 인명(仁明) 어른과 가까이 하고 말까지 하사받는 일을 그 장교들이 알고서, 언제든 청나라 군대의 응원을 받아오면 자기 네가 다 향응한다고 서로 약속하였으니, 이런 까닭에 입성은 용이하오."

나는 또 물었다.

"그러면 청병(淸兵)을 이번에 다소간이라도 사용하게 되오?"

"금번은 못 되나 우리가 거사하여 강계라도 점령하면 청나라 원병이 올 것이오."

그리고 모집한 포수들의 복장 문제가 나와서 나는 이런 의견을 주장하였다.

"포군(포수) 중에는 청어(淸語)를 잘하는 자 많으니 기십 명은 청병 장군의 복장을 하여 청국 장교 혹 대장이라 가장하고, 그 나머지는 한복을 입어 후방을 따르고, 선두는 그대가 하사받은 말을 타게 하고, 장검을 찬 청나라 복장 군인이 선두 입성함이 득책(得策 : 좋은 계책)일까 한다."

나는 그 이유를 다음과 같이 말하였다.

"강계성 장교들의 소위 내응이란 것을 완전히 믿기는 어렵다. 그자들은 단지 청병이 온다면 내응하겠다는 것이지 의리상 내응이 아니다. 더구나 청병의 그림자도 없으면 형세상 부득이 적한테 돌아설 것이다."

나는 또 먼저 고산진(高山鎭)을 쳐서 군기를 탈취하여 가지고 다음에 강계를 치기로 한 데 대하여서도 불가(不可)를 역설하였다. 그 이유로는, 지금에 300여 명의 포수가 있은즉 이것만 가지고 질풍뇌우(疾風雷雨)의 형세로 달려들어가면 선발대가 비록 수효가 많지 않아도 우리의 후방 인원이 얼마인지를 몰라 적이 크게 동요할 것이라는 점을 말하였다. 김규현, 백진사(경성 사람) 등은 다 나의 의견에 찬동하나 독단적인 김이언은 다음과 같은 이유를 들어 반대한다.

"첫째 청나라 복장과 청군 장교 행세는 불가하니, 우리가 당당하게 국모에 대한 복수를 격문으로 전한 이상 백의(白衣) 군인으로 입성함이 마땅하고,

둘째 아직 군인은 있으나 병기가 부족하니 먼저 고산진 —— 거기 말로 고사리 —— 을 쳐서 군기를 탈취하여 가지고 다음 날 강계를 점령함이 가하다.”

우리 두 사람은 김이언이 고집하고 나가는 데 대하여 결렬의 태도는 취하지 말고 따라가 보자는 데 의견을 같이하였다. 먼저 고산진을 야간에 침입하여 군기를 꺼내 맨손으로 종군하는 자에게 분배하고, 다음 날 강계로 진군하였다. 삼경(三更 : 밤 11시-새벽 1시) 야반에 빙판길을 건너 인풍루(仁風樓) 밖 십여리에 선두가 도착하자 강 남쪽 송림 속에 수많은 화승총(火繩銃 : 화승불로 터지게 하는 구식 총) 불빛이 반짝거린다. 그 사이로 강계성 군대의 몇몇 장교가 나와 맞이하며 김이언에게 맨 먼저 하는 말이,

“이번 오는 중에 청병(淸兵)이 있는가.”

묻는다. 김이언은,

“우선 강계를 점령하고 통지하면 곧 청병이 온다.”

고 답하였다. 그 장교들이 고개를 저으며 돌아가자마자 송림 중으로부터 포성이 울리며 탄환이 비오듯 한다. 좌우 산계곡이 험준한 빙판 상에 근 천 명의 인마가 대혼잡을 연출하여 물밀듯이 밀려 나갔다. 벌써 총탄을 맞고 죽는 자, 상처를 입고 울부짖는 자가 있다.

나는 김형진과 몇 보를 후퇴하면서 상의한다.

“김이언의 이번 실패는 영구 실패요. 다시 수습을 못할 터이니 우리가 같이 퇴각한대야 아무 필요가 없고, 생소한 행색으로 체포되기 쉬운즉 강계성 부근에서 화를 피했다가 고향으로 감만 못하오.”

산속으로 피하여 강계성과 지척 거리에 있는 촌락에 들어간즉 동네가 전부 피란하고 집집마다 사람이 없다. 한 집에 들어간즉 사립문과 방문을 잠그지 아니하였으나 주인을 불러야 역시 한 사람도 없는 빈집이라. 안방에 들어간즉 방 한 구석에 화덕 —— 산 마을 주민들은 방 구석에 굿배기(붙박이) 화로를 놓아 난로로 대용하였다 —— 이 있고 불이 일억일억한다.

우리 두 사람이 화덕 옆에 앉아 수족을 녹이고 있노라니 방 안에서 기름

냄새와 술 냄새가 있다. 선반의 광주리를 꺼내어 본즉 온갖 고기가 가득하였다. 우선 닭다리와 돼지갈비를 숯불에 쪼여 먹을 즈음에 포건(布巾 : 베로 만든 건)을 쓴 사람이 문을 가만히 열고 방 안을 들여다본다.

나는 거짓 책망을 한다.

"웬 사람인데 야반에 남의 집에를 문의도 없이 침입하는가?"

그 사람이 두려운 빛을 띠고 하는 말이,

"이것은 내 집인데요."

하고 머뭇거린다.

"누가 주인이든지, 추운 설야(雪夜)에 들어와 몸이나 녹이시오."

그 사람이 들어온다. 나는 물었다.

"그대가 이 집 주인이라면 집을 비우고 어디를 간 게요. 내가 보기에 주인같아 보이지 않으나 추울 터이니 고기나 자시오."

그 사람도 하도 어이가 없어 이야기를 한다.

"오늘이 나의 어머니 대상(大祥 : 두 돌 제사)입니다. 각처 조객이 와서 제사를 행하려던 즈음에 동구에서 포성이 진동하므로 조객이 산산이 도망하고 나도 식구들을 산중에 갖다가 두고 잠시 왔던 길이오."

나는 일변 실례를 말하고 일변 안심을 시킨다.

"우리도 장사차 막 성내에 당도하였다가 난리가 났다고 소동을 하기로 한적한 마을에서 피란을 할까 하고 와 본즉 음식물이 있어 요기를 하던 중이오. 난리 때는 이런 일도 있는 법이니 용서하시오."

주인은 그제야 안심을 한다. 그리고 주인을 권하여 산중에 숨은 식구를 데려오라고 하였다. 주인은 겁이 나서 말한다.

"지금도 본즉 동구 밖에 군대들이 밀려가던데요."

"군대가 무슨 일로 출발한다는지 들으셨소?"

주인 왈.

"강 건너—청나라를 가리킴——에서 의병이 밀려와서 강계를 치려다가

백범의 청국 시찰

군대에게 되밀려간다고 하나 멀리서 자꾸 포성이 들린즉 알 수 있습니까. 승부가 어찌 될지 압니까?"

우리는 이렇게 말한다.

"의병이 오나 군대가 오나 촌민에게야 무슨 관계가 있겠소. 처자들이 눈 속에서 밤을 지낸다니 무슨 위험이 있을지 모르니 속히 집으로 돌아오게 하시오."

주인 왈,

"내 집 식구뿐만 아니라 온 마을이 거의 다 산에서 밤을 지낼 준비를 하였은즉 손님을 과히 염려치 마시고 기왕 내 집에 오셨으니 집이나 지켜 주시오. 나는 산 속의 식구들을 가서 보고 오리다."

한다. 그 집——인풍루 밖 길가 첫 동네——에서 하루를 지내고 다음 날 아침 일찍 출발하여 강계를 떠나서 적유령(狄踰嶺)을 넘어 수일 만에 신천(信川)에 도착하였다. 청계동을 향해 가는 길에서 물은즉 고선생의 집에 호열자병(콜레라)이 들어서 원명과 그의 처가 일시에 함께 죽었다는 놀라운 얘기를 들었다.

동구에 들어서서 먼저 고선생 댁에를 가서 위문하였다. 고선생은 도리어 태연한 빛이 있으나 나는 가슴이 막혀 무슨 말을 할 수가 없었다. 부모 계신 집으로 가려 하직을 할 때에 고선생은 무슨 뜻인지 알기 어려운 말씀을 하신다.

"곧 성례를 하게 하세!"

그 말만 듣고 집에 가서 부모님과 이야기하는 중에,

"네가 떠난 후에 고선생 손녀(원명의 장녀)와 너와 약혼이 되었다."

는 말씀을 듣고 그제야 비로소 고선생이 말씀하던 것을 깨닫겠더라. 아버님과 어머님은 번갈아 가며 약혼하던 경과를 설명하신다. 아버님 말씀.

"네가 떠나간 후에 고선생이 집에 찾아오셔서 '요새는 아들도 없고 매우 고적하실 터이니 내 사랑에 오셔서 이야기나 하고 놀읍시다' 하더구나. 감사하여 그 사랑에 가서 노는데 고선생은 네가 어렸을 때 행동하던 것을 세밀히 묻더라. 그래서 나는 너의 어렸을 때에 공부를 열심히 하던 것과, 해주 과장(科場)에서 극단의 비관을 품고 돌아와 『상서』를 보다가 낙심하던 말과, 호심인(好心人)이 될 길을 찾아서 동학에 입도하던 말과, 이웃 동네의 강·이씨들은 조골(祖骨 : 조상의 뼈)을 매매하는 사적(死的) 양반이나 너는 마음의 수양과 몸의 실행으로 생적(生的) 양반이 되겠다는 말을 하였다."

어머님 말씀.

"어느 날에 고선생이 우리 집에를 오셔서 나더러도 너의 자랄 때 하던 거동을 물으시기에, 네가 강령(康翎)서 큰 칼을 가지고 신풍 이생원 집 아이들을 죽이러 갔다가 칼도 빼앗기고 매만 맞고 왔던 것과, 돈 20냥을 허리에 차고 떡 사먹으러 갔다가 저의 부친에게 매를 맞던 말과, 내가 사서 둔 청색

홍색 염료를 전부 가져다가 개천에 풀어 놓아 때려주던 일이며, 아침에 울기를 시작하면 종일토록 울던 이야기를 하였다."

아버님 말씀.

"하루는 고선생 댁에 가서 노는데 선생이 홀연 '노형, 우리 집과 혼인하였으면 어떻습니까' 한다. 나는 무어라고 대답할지를 몰랐다. 선생은 다시 말씀을 한다. '내가 청계동에 와서 있은 후로 무수한 청년을 다 시험하여 왔으나 당신 아들만한 사람을 아직 보지 못하였고, 불행히 아들 며느리 다 죽어 나의 심신을 전부 의탁할 사람을 생각한즉 노형 아들과 내 장손녀와 혼인을 하고 나까지 창수에게 의탁하면 어떻소?' 나는 황공하여 선생에게 대하여 '선생께서 그처럼 미거(未擧 : 철이 안 나서 아둔함)한 자식을 사랑하시는 것이 감사하나, 반상(班常 : 양반과 상인)의 구별로나 덕행으로나 제 집의 형편으로나 자식의 처지로 감당할 수 없습니다. 제 자식이 내심은 어떤지 모르나 저도 자인(自認)함과 같이 외모도 하도 못나서 선생 가문에 욕이 될까 두렵습니다' 하였다. 그러자 고선생은 이런 말을 하더라. '지자막여부(知子莫如父 : 자식을 아는 데는 아버지가 제일이다)라고 하나, 내가 노형보다 좀 더 아는지 알겠소? 아들에게 대하여 못생겼다고 그다지 근심은 마시오. 내가 보건대 창수는 호상(虎相 : 범의 상)입니다. 인중(人中 : 코와 입 사이 오목하게 파인 곳)이 짧은 것이라든지, 이마가 두툼한 것이나, 걸음걸이를 보면, 장래 두고 보시오. 범의 냄새도 풍기고, 범의 소리도 질러서 세상을 경동케 할는지 알겠소? 그러그러(그렇고 그래서) 약혼을 하였다."

나는 고선생이 그같이 나에게 촉망(囑望 : 잘 되기를 바람)하고 자원하여 손녀를 허락함에 대하여 책임이 중하고 성의를 감당키 어려운 감이 있으나 그 규수의 자품(姿稟 : 성품)이나 상당한 가정교육을 받은 점으로나 만족스런 마음도 있다. 그 후는 고선생 댁에를 가면 여자들도 인정하는 빛이 보이고 둘째 손녀 6, 7세는 나더러 아저씨라고 부르고 안아 주오 업어 주오 한다. 그 규수는 조부 식상(食床 : 밥상)에 나의 밥도 차린 상을 들고 내가 앉은 자리에도 들어온다. 나는 마음에 퍽 기뻤다.

원명 부부의 장례도 내가 거들어 지내었다. 고선생에게 청국 다녀온 일을 처음부터 끝까지 일일이 보고하는 중에 압록강과 두만강 건너편 토지의 비옥함과, 지형의 험준함, 인심 상태, 서옥생의 아들과 의형제 맺은 일, 돌아오는 길에 김이언을 만나서 거사에 동참하였다가 실패한 일 등을 말씀하고 장차 북방에 가서 활동할 지대, 즉 용무지지(用武之地 : 군대를 움직일 만한 곳)인 것을 상세히 보고하였다.

마침 그때에 단발령(斷髮令)[15]이 나는 즈음이라. 군대와 경찰은 거의가 단발되고, 문관(文官)도 각 군의 면장까지 실시하는 중이라. 고선생과 나는 안진사와 의병을 일으킬 문제를 가지고 회의하였다. 안진사는 아무 승산이 없이 일어나면 실패할 것밖에 없은즉 아직 거사할 생각이 없고, 당분간 천주교나 받들어 행하다가 후일에 기회를 보아 창의(倡義)를 하겠으나 지금은 머리를 깎게 되면 깎기까지라도 할 의향을 가지노라고 한다.

고선생은 두말 아니하고,

"진사 오늘부터 끊네 —— 옛날부터 선비가 절교하는 표시 ——."

로 말을 마치고 자리를 물러가는 때에 나의 심사도 매우 저어(齟齬 : 뒤틀림)하여진다. 안진사의 인격이 어떠함을 떠나 자국 내에 일어난 동학은 토벌하고 서양 오랑캐가 하는 서학(西學 : 천주교)을 한다는 말이 심히 괴이하였다. 또 의리 있는 인사라면 머리는 벨 수 있을지언정 머리털은 자를 수 없다(寧爲地下無頭鬼 不作人間斷髮人 : 차라리 지하에서 머리 없는 귀신이 될지언정 사람 사는 곳에서 머리를 깎이고 살지는 않는다)는 의로운 주장을 펴는 이때에 안진사가 단발할 의향까지 보임은 의롭지 못함이 아닌가. 이런 생각을 하고 고선생과 상의하기를 속히 성혼이나 하고서 청계동을 떠나기로 결정하였다.

부모님은 다른 자녀가 없고 단지 나 하나이므로, 또는 고선생과 같은 홀

---

15)   1895년 11월에 머리를 깎도록 명을 내려, 종래의 상투의 풍속을 폐하게 한 명령.

륭한 가문 출신 며느리를 맞게 됨이 무엇보다도 기뻐서 전력을 다하여 혼수와 혼구(婚具)를 준비하기에 분주한 중이라. 어찌 뜻하였으랴. 호사다마(好事多魔)로 괴이한 일이 생긴다. 하루는 십여 리 해주 검단(檢丹) 등지의 친구 집에 가서 일을 보고 날이 저물어 그 집에서 자고 겨우 아침에 일어날 때에 고선생이 나를 찾아왔다.

천만낙심하여 하는 말이,

"자네가 어렸을 제 뉘의 집과 약혼을 하였다가 얼마 안 있어 파혼하였다고 하던 것이 지금 와서 문제가 되네그려. 내가 어제 사랑에 앉았노라니 성이 김가라고 하는 사람이 찾아와서 '당신이 고(高) 아무개냐' 묻기로 그렇다한즉 내 앞에다가 칼을 내놓고 하는 말이, '들으니 당신 손녀를 김창수에게 허혼(許婚 : 혼인시키기로 허락함)하였다 하니 첩으로 주는 것이오 정실이오?' 하고 묻지 않겠나. 하도 괴상하여 김가를 책하며 '초면에 그게 무슨 무례한 말이냐?' 한즉 김가는 노기가 등등하여 하는 말이 '김창수의 정처(正妻)는 곧 나의 딸인데 이제 들으니 당신 손녀와 결혼을 한다 하기로 첩이라면 가하나 정실이라면 이 칼로 생사를 결정짓겠다' 하더구만. 나는 '김창수가 종전에 약혼한 곳이 있었으나 이미 파혼된 줄로 알고 허혼을 하였으나 이제 그대의 말을 듣건대 여전히 약혼 중이라 하니 내가 김창수와 만나 해결할 터이니 그대는 물러가라' 하여 돌려보냈네. 이를 어찌 하나? 우리 집안 여자들은 대소동이 났네."

나는 이 말을 듣고 시초(始初)가 재미없이 된 것을 알고 고선생에게 말씀한다.

"제가 선생님을 믿고 받든 본뜻은 손서(孫壻 : 손자사위)나 됨에 있지 않고 친히 정성스럽게 가르치시는 교훈을 마음 깊이 새기고 종신토록 그 가르침을 받들어 행하기로 맹세함에 있습니다. 그런 만큼 혼인을 하고 안 하고가 무슨 상관이 있습니까. 혼사 문제는 서로 단념하고 의리로만 선생님을 받들겠습니다."

말을 할 적에 일이 이미 순조롭게 못 될 줄 알고 요점만 잘라 말하였으나 내심에는 매우 섭섭하였다.

고선생은 나의 말을 듣고 눈물을 흘리며 탄식한다.

"나의 장래에 몸과 마음을 의탁할 만한 사람을 물색하기에 많은 심력을 소비하여 자네를 만났고, 더욱이 미혼이므로 혼사까지를 성약(成約)한 것인데 이런 괴변이 어디 있겠나. 그러면 혼사는 다시 거론하지 않기일세. 그러나 지금 관리가 단발한 후에는 평민에게도 실행할 터이니 자네는 시급히 몸을 피해 발화(髮禍 : 머리를 깎이는 화)를 면하게. 이 노부(老夫)는 발화가 미치면 죽기로 작정하네."

하더라.

여기서 기왕 지나온 일에 제외하였던 한 사건을 진술한다. 내 나이가 4, 5세 때에 아버님이 어떤 주점에서 함경도 정평 사람 김치경(金致景)이란 함지박 장수를 상봉하여 취중에 이런저런 말을 주고받다가 김치경의 8, 9세 여아가 있음을 알고 농담같이 청혼하였다. 김치경은 혼사를 승낙하였다. 사주까지 보내었다. 그 후에는 아버님이 그 여아를 집에 종종 데려온다. 나는 서당에 다닐 때인데 동네 아이들이 조롱한다.

"너는 함지박 장수의 사위다. 너의 집에 데려온 처녀가 곱더냐?"

이런 조롱을 받을 때의 심사가 불쾌한 데다가 하루는 추운 겨울 빙판에서 팽이를 돌리며 노는데 그 여아가 나의 곁에 와서 구경하다가 자기도 팽이 한 개를 깎아 달라는 말을 하는 것이다. 나는 그 말을 듣고 극단의 염증을 느껴 어머님에게 졸라서 그 여아를 도로 보내었으나 혼약을 해제한 것은 아니다. 그랬다가 갑오년 청일전쟁이 일어나자 일반 인심에 자녀를 가진 자는 혼인시키는 것이 급선무로 알았다. 당시 동학 접주를 하여 동분서주하는 판에 하루는 집에 들어온즉 술을 빚고 떡을 만들며 일체 혼례 준비를 하는 중이라.

나는 한사코 장가를 가지 않기로 부모님에게 청하였다. 부모님도 할 수

없이 김치경에게,

　"자식이 절대로 원치 않으니 혼약을 해제하고, 그대의 딸도 다른 곳에 출가시키라."

고 한즉 김치경도 무방하다고 하였다. 김치경은 청계동에서 십여 리 떨어진 신천 수유령(水踰嶺)으로 이사하여 술 파는 일을 하였다. 그때 김치경이 고선생 댁과의 혼약 소문을 듣고서 방해를 하면 돈이나 좀 줄 것으로 생각하고 짐짓 방해한 것이다.

　아버님이 분기탱천하여 곧 김치경의 집에 가서 싸움을 하였으나 이왕지사(已往之事 : 이미 지난 일)요, 김치경 내심에는 벌써 자기 딸은 이웃 동네에 돈을 받고 혼약하였다 한다.

　고선생은 비동(飛洞)으로, 우리 집은 텃골로 이사하고 나는 시급히 청나라 금주(錦州) 서옥생의 집으로 가기로 하였다. 김형진은 자기 본향으로 가기로 되어 동행을 못한다.

　단신으로 출발하였다. 평양에 도착하니 관찰(觀察)[16] 이하 전부가 단발하고 길목을 막고 행인을 붙들어 머리를 깎인다. 혹은 촌으로 혹은 산군(山郡 : 산고을)으로 피란하는 인민의 원성이 길에 가득 찬 것을 목격한 나는 머리 끝까지 분기가 가득하였다. 안주(安州)에 도착하여 게시판을 본즉 단발정지령이더라. 소문을 들은즉 경성에서는 종로에서 시민들 머리를 깎다가 대소동이 일어나 일인(日人)의 가옥을 부수고 일인을 다수 때려 죽이는 등 변란이 나고, 당시 정부 당국자에 대변동이 생겼다 한다[17]. 그런즉 장차 국내에 많은 변고가 생길 것이니 구태여 출국할 것이 없다. 또 삼남 방면에 의

---

16)　관찰사(觀察使)를 일컬음. 관찰사는 지방의 무관으로서 종2품 벼슬을 했음. 지금의 도지사에 해당함.

17)　1896년 2월의 조정 내 대변혁을 일컬음. 고종의 러시아 공사관 피신[俄館播遷]이 있은 후 수구파들이 러시아의 세력을 등에 업고서 친일파 총리대신 김홍집(金弘集)을 살해하고, 친일 개혁세력을 몰아냄. 이때 정병하(鄭秉夏)도 피살되고 유길준(俞吉濬) 등은 일본으로 망명함. 이어 같은 달 친러 내각이 성립됨.

병이 봉기한다 하니 도로 돌아가 시세(時勢)를 관찰하리라 결심하였다.

발길을 돌려 용강군(龍岡郡)에서 안악군(安岳郡) 치하포(鴟河浦 ― 안악읍에서 동북 40여리 대동강 하구)까지 배를 타고 가는 중이었다. 그때는 병신(丙申 : 1896) 2월 하순이라. 강 위에 빙산이 떠다녀 15, 6인의 남녀 승객이 그 빙산에 포위되어 진남포 하류까지 내려갔다가 조수를 따라서 다시 상류까지 오르락내리락 하였다. 승객은 물론 선원들까지 빙혼(氷魂)이 될 줄 알고 겁이 나서 어쩔 줄 모르는 것이라.

나도 해마다 결빙기와 해빙기에 이곳 나루터에서 빙산의 포위로 종종 참사가 있는 것을 아는바 금일에 불행히 위급한 지경에 빠진지라. 배 안의 사람들이 모두 호천호모(呼天呼母 : 하느님을 찾고 어머니를 찾음)하여 우는 소리가 진동하더라. 나는 생로(生路)를 연구한다. 그 배 안에는 식량이 없어 동사보다 먼저 아사할 터인데 다행히 당나귀 한 필이 배 안에 있는지라. 빙산 포위가 며칠을 계속할 터이면 15, 6인의 생명을 보전하기 어려운즉 잔인하나마 부득불 당나귀를 도살할 수밖에 없다고 생각하였다.

또 한갓 우는 것만이 생명을 구하는 방책이 아닌즉 선원에게만 일을 맡길 것이 아니고 온 승객이 일제히 힘을 써 빙산을 밀어내면 일거에 빙산이 퇴각하지 않을지라도 신체운동만으로도 유익하다는 주장을 맹렬히 펴자 승객 선원이 일제히 응하는지라. 나는 힘껏 빙산에 올라 그 빙산 덩치들의 결성(結成) 모습을 살펴보고 큰 빙산에 기대어 작은 빙산을 밀어내기에 노력하던 중에 홀연히 생로를 얻은 것이라.

원 목적지인 치하포에는 도달하지 못하고 5리 밖 강안에 오르니 서산에 지는 달이 아직 여광(餘光 : 남은 빛)이 있더라. 치하포구 주인의 집에 들어서니 풍랑으로 인하여 유숙하는 객인 등이 세 칸 여관방에 가득한지라. 시간이 자정이 넘은 고로 방방에서 코 고는 소리만 들리더라. 우리 함께 고생했던 동행인들도 방 세 칸에 나누어 헐숙(歇宿 : 쉬고 묵음)한다. 잠이 들자마자 행객들이 떠들며 오늘은 일기가 순하니 배를 태워 달라고 야단들이다.

국모보수(國母報讐)

조금 있다가 아랫방에서부터 아침 식사가 시작되어 중방(中房 : 가운뎃방)으로 상방(上房 : 윗방)까지 밥상이 들어온다. 그때 중방에는 단발머리에 한복을 입은 자가 옆 자리의 행객과 인사를 하는데, 성은 정(鄭)이라 하고 거주지는 장연(長淵 : 그때의 황해도에는 장연이 제일 먼저 단발되어 평민들도 단발한 자가 가끔 있었다)이라 한다. 어조는 장연 말이 아니고 경성 말인데 촌 노인들은 참조선인으로 알고 이야기를 하나, 내가 듣기에는 분명 왜놈이라. 자세히 살펴보니 흰 두루마기 밑으로 칼지갑이 보인다. 행선지를 물은즉 진남포로 간다 한다.

나는 그놈의 행색에 대하여 연구한다. 이곳은 진남포와 마주한 대안(對岸)이므로 매일 수 명의 왜가 왜의 본색으로 통행하는 곳이라. 저놈이 보통 상왜(商倭 : 일본 상인)나 공왜(工倭 : 일본 공인) 같으면 왜의 복장을 할 것이다. 지금 경성의 분란으로 인하여 민후(閔后 : 민비)를 살해한 삼포(三浦梧樓 : 미우라)가 몸을 피해 이곳으로 잠도(潛逃 : 몰래 도망함)함이 아닌가. 만일에 저 왜가 삼포가 아니라도 삼포의 공범일 것 같고, 하여튼지 검을 차고 밀항하는 왜놈이라면 우리 국가 민족의 독균(毒菌)일 것은 명백한지라. 저놈 한 명을 죽여서라도 국가의 치욕을 설(雪 : 씻음)하리라.

주위 분위기를 살펴보건대 방 세 칸 총 투숙객의 수가 40여 명이요, 저놈의 심복이 몇 명 섞였는지는 알 수 없으나 나이 17, 8세 총각이 옆에서 무슨 말을 한다. 나는 단신(單身)에 적수(赤手 : 맨손)가 아닌가. 섣불리 행동을 하다가 죽이지도 못하고 내 목숨만 저놈의 칼 아래 끊어 보내지 않을까. 그리 된다면 나의 의지와 목적도 세상에 펼쳐 보이지 못하고 도적놈에게 일개 시체만 남겨주고 영원의 길을 갈 것 아닌가. 또는 내가 적수로 한 번에 죽일 수는 없고, 죽을 결심을 하고 손을 휘두른다손 치더라도 방 안의 사람들이 만류할 것이요, 만류할 때는 저놈 칼이 내 몸에 들어올 것이니 아무리 생각해도 불가능의 일이다. 이런 생각을 할 때에 가슴이 울렁거린다.

심신이 자못 혼란한 상태에 빠져 고민하던 중에 홀연히 한 가닥 광선이 머릿골에 뻗친다. 그것은 별게 아니라, 고후조(高後凋 : 고능선의 호) 선생의 교훈 중에 득수반장무족기 현애살수장부아(得樹攀枝無足奇 懸崖撒手丈夫兒)라는 구절이다. 곧 자문자답을 한다.

"네가 보기에 저 왜를 가히 죽여 가히 치욕을 씻을〔可殺可雪〕 상대로 확신하느냐?"

"그러하다."

"네가 어려서부터 호심인(好心人) 되기가 지극한 소원 아니더냐."

"그러하다."

"그러나 지금 치욕을 씻을 원수 왜를 죽이다가 성공을 못하고 반대로 왜의 칼에 죽는다면 다만 도적놈의 주검만 세상에 남길 것이라고 걱정하니, 그렇다면 너는 호심인 될 소원은 거짓이고 호신호명인(好身好名人 : 몸체와 이름만 드러내는 사람)이 될 소원을 가진 사람 아니던가."

이렇게 하여 죽을 마음을 작정하자 흉해(胸海 : 마음의 바다)에 풍정낭식(風定浪息 : 바람이 가라앉고 풍랑이 멈춤)하여 백 가지 계책이 꼬리를 물고 이어진다. 내가 방 안 40여 명 투숙인, 동네 사람 수백 명을 무형의 노끈으로 꽁꽁 동여서 움직이지 못하게 하고, 저 왜에게는 불안한 상태를 보이면 방어할 준비를 할 터이니 그놈도 안심시키고 나 일개인만 자유자재로 연극을 펼치리라는 방법을 편다.

제 일착으로 밥상을 받아 아랫방에서 먼저 숟가락을 들기 시작한 사람들이 자던 입에 새벽밥이라 삼분의 일도 못 먹었을 적에, 나중에 상을 받은 나는 4, 5 숟가락에 한 끼 밥을 다 먹었다. 기립하여 주인을 호출한즉 골격이 준수하고 나이 약 37, 8세나 됨직한 사람이 문전에 와서,

"어느 손님이 불렀소?"

한다.

"네, 내가 좀 청했습니다. 다름 아니라 내가 오늘날 700여 리나 되는 산길을 답파할 터인데 아침을 더 먹고 갈 터이니 밥 7상(즉 7인분)만 더 차려다 주시오."

주인은 아무 대답이 없이 나를 보기만 하더니 내 말에는 대답도 아니하고 방 안에 아직 밥을 먹는 객들을 보고서 하는 말이,

"젊은 사람이 불쌍도 하다. 미친 놈이군!"

한마디 하고서는 안방으로 들어가 버렸다.

나는 한편에 드러누워서 방 안 물의(物議 : 여러 사람의 논쟁)와 분위기를 보면서 왜놈의 동정을 살펴본다. 방 안에는 양파로 나뉘어 쟁론이 생긴다. 식자(識者) 청년들 중에는 주인 말과 같이 나를 미친 사람이라거니, 긴 담뱃대를 식후 제일미(第一味)로 붙여 물고 앉은 노인들은 그 청년을 책하는 말로,

"여보게, 말을 함부로 말게. 지금인들 이인(異人 : 비범한 사람)이 없으란 법 있겠나. 이런 말세에 마땅히 이인이 날 때지!"

청년들 말이,

"이인이 없을 리가 없겠지만 저 사람 생긴 꼴을 보세요. 무슨 이인이 저렇겠어요."

한다.

그 왜놈은 별로 주의를 하는 빛이 없이 식사를 마치고 중문(中門) 밖에 서서 문기둥을 의지하고 방 안을 들여다보면서 총각 아이의 음식값 지불하는 것을 살펴보고 있더라. 나는 서서히 몸을 일으켜 대호일성(大呼一聲 : 크게 한 번 소리지름)에 그 왜놈을 발길로 차서 거의 한 길이나 되는 계단 아래에 추락시키고 쫓아 내려가며 왜놈의 목을 한 번 밟았다.

세 칸 객방에 앞쪽 출입문이 모두 네 개라. 아랫방에 한 개, 가운뎃방에 쌍문[分合門] 두 개, 윗방에 한 개인데 그 방문 네 개가 일시에 열리자 그 문에서 사람의 머리가 일시에 나왔다. 나는 몰려나오는 군중을 향하여 간단한 한마디로 선언한다.

"누구든지 이 왜놈 위하여 내게 범하는 자는 모두 죽이리라."

선언을 끝마치기 전에 발에 채이고 밟혔던 왜놈은 새벽 달빛에 검광을 번쩍이며 나에게 달려든다. 나는 면상에 내려지는 검을 피하면서 발길로 왜놈의 옆구리를 차서 거꾸러치고 칼 잡은 손목을 힘껏 밟았다. 칼이 저절로 땅에 떨어진다. 그 왜검으로 왜놈을 머리부터 발까지 점점이 난도를 친다.

2월의 날씨라 마당에는 빙판이다. 혈여용천(血如湧泉 : 피가 샘처럼 솟음)하여 마당에 흐른다. 나는 손으로 왜혈을 움켜 마시고 왜혈로 얼굴을 처바르고 피가 뚝뚝 떨어지는 검을 들고 방 안으로 들어간다.

"아까 왜놈을 위하여 나에게 범코자 하던 놈이 누구냐?"
하자 방 안의 손님들 가운데 미처 도주하지 못한 자는 대부분 포복하고,

"장군님, 살려주시오. 나는 그놈이 왜놈인 줄 모르고 보통 싸움으로만 알고 말리려고 나가던 것입니다."

혹은 왈,

"나는 어제 강 속에서 장군님과 같이 고생하던 상인(商人)입니다. 왜놈과 같이 오지도 않았습니다."
하였다. 그중에 노인들은 겁이 나서 벌벌 떨면서도 아까 청년들을 책하여 나를 두둔한 것으로 가슴이 나와서 하는 말이라.

"장군님, 아직 지각이 없는 청년들을 용서하십시오."

그런 중에 주인 이화보(李和甫) 선달(先達)[1]이 감히 방 안에도 못 들어오고 문밖에 궤복(跪伏 : 무릎 꿇고 엎드림)하여 왈,

"소인이 유목무주(有目無珠 : 눈은 있어도 눈동자가 없음)하여 장군님을 멸시하였사오니 죄는 사무여한(死無餘恨 : 죽어도 한이 없음)이올시다. 그러하오나 왜놈에게는 다만 밥 팔아먹은 죄밖에 없습니다. 아까 장군님을 능욕하였사온즉 죽어 마땅합니다."

한다. 나는 방 안에 포복하여 떨고 있는 사람들을 향하여,

"내가 알아 할 터이니 일어나라."

고 명하고 주인 이화보에게 묻는다.

"네가 그놈이 왜놈인 것은 어떻게 알았느냐?"

"소인이 포구에서 객주(客主)[2]를 하는 탓으로 진남포로 내왕하는 왜가 종종 제 집에서 자고 다닙니다. 그러나 한복을 하고 있는 왜는 금번 처음 보는 것이올시다."

"이 왜놈은 복장만 아니고 우리말이 능한데 네 어찌 왜로 알았느냐."

"몇 시간 전에 황주(黃州)에서 온 목선 한 척이 포구에 들어왔는데, 뱃사람들의 말이 일본 영감 한 분을 태워 왔다고 하기에 알았습니다."

"그 목선이 아직 포구에 매어 있느냐?"

"그렇습니다."

나는 그 뱃사람을 대령하라 하였다.

이와 같이 문답하는 즈음에 약빠른 이화보는 일변 세면기구를 들여오고 그 후로는 밥 일곱 그릇을 한 상에 놓고 또 한 상에 반찬을 들여다놓고 먹기를 청하는지라. 나는 세면을 하고 밥을 먹게 되었다. 밥 한 그릇을 먹은 지

1) 무과에 급제하였으나 아직 벼슬하지 아니한 사람.
2) 조선시대에, 물건을 위탁받아 팔거나 흥정을 붙여 주며, 또 그 장사치들을 재워 주던 영업, 또는 그런 일을 하던 사람.

가 십분밖에 안 되었으나 과격한 운동을 하였으므로 한두 그릇은 더 먹을 수 있지만 일곱 그릇씩은 먹을 수 없는지라. 그러나 당초에 일곱 그릇을 더 요구한 것을 거짓말로 알게 해서는 재미없는 일이라, 큰 양푼[3] 한 개를 청하여 밥과 반찬을 쏟아 붓고 숟갈 한 개를 더 청하여 숟갈 두 개를 겹쳐 들고 밥 한 덩이가 사발통만큼씩, 곁에서 보는 사람이 몇 번에 그 밥을 다 먹겠다고 생각하도록 보기 좋게 한두 그릇 분량을 먹다가 숟갈을 던지며 혼잣말로,

"오늘은 먹고 싶었던 원수의 피를 많이 먹었더니 밥이 들어가지를 않는구나."

하고 식사를 마치고 일처리에 착수하였다.

왜놈을 싣고 온 뱃사람 7명이 문전에 엎드려 청죄(請罪 : 죄에 대하여 벌을 내리도록 청함)한다.

"소인들은 황주에 사는 선인(船人)이옵더니, 왜를 싣고 진남포까지 뱃삯을 받기로 하고 가던 죄밖에 없습니다."

뱃사람들에게 명령하여 왜놈의 소지품 전부를 들여다가 조사한 결과 왜놈 이름은 토전양량[土田讓亮 : 쓰치다]이고, 직위는 육군 중위요, 소지한 돈이 엽전 8백 여 냥이더라. 그 금액 일부로 배삯을 계산하고 이화보에게 동네 동장을 부른즉 이화보 왈,

"소인이 동장 명색(名色 : 명목으로 부르는 이름)이올시다."

한다. 동네의 극빈한 가정에 그 남은 금액을 나누어 주라고 명령하고, 왜놈 시체를 어찌하오리까 함에 대하여는 이렇게 분부한다.

"왜놈, 우리 조선의 사람만 원수가 아닌즉 바다 속에 던져서 어별(魚鼈 : 물고기와 자라)까지 즐겁게 뜯어 먹도록 하여라."

이화보를 불러서 '필기구를 대령하라' 하여 몇 줄의 포고문을 썼다.

---

3)   음식을 담거나 데우는 데 쓰는 놋그릇. 반찬그릇인 반병두리와 같으나 이보다는 더 큼.

'국모보수(國母報讐 : 국모의 원수를 갚음)의 목적으로 이 왜를 타살(打殺) 하노라.'

하고, 끝줄에 '해주 백운방 텃골 김창수'라 써서 통로의 벽 위에 붙였다.

다시 이화보에게 명령한다.

"네가 본 동 동장인즉 곧 안악군수에게 사건의 전말을 보고하여라. 나는 내 집에 가서 하회(下回 : 윗사람이 아랫사람에게 내리는 회답)를 보겠다. 그런데 기념으로 왜놈의 검은 내가 가지고 간다."

출발코자 한즉 온몸 의복이 백의(白衣)가 홍의(紅衣)가 되었으나 다행히 벗어 걸었던 주의(周衣 : 두루마기)가 있으므로 허리에 검을 차고 느긋한 태도로 행객과 동네 사람 수백 명이 모여 지켜보는 가운데 길을 떠났다. 내심에는 심히 조급하다. 동네 사람들이 앞을 막아서, "네가 복수를 하였든지 무엇을 하였든지 내 동리에서 살인을 하였은즉 네가 남아서 일을 감당하고 가라" 하면 —— 이것은 내 생각뿐이지 나에게 그런 이유를 달 자는 없을 것이다 —— 사실 설명할 여가도 없이 왜놈들이 와서 죽일 것이라.

빨리 가야 할 발길을 일부러 천천히 걸어서 산봉우리에 올라섰다. 곁눈으로 치하포를 내려다본즉 아직도 사람들이 모여 서서 나의 가는 것을 구경하더라.

시간으로 치면 아침 해가 어느 정도 올라왔더라. 고개를 넘어서서는 빨리 걸어 신천읍에 도착하니 그 날은 신천읍 시일(市日 : 장날)이라. 시중의 이곳 저곳서 치하포 이야기가 난다.

"오늘 새벽에 치포(치하포) 나루에 장사가 나타나서 일인(日人)을 한 주먹으로 때려죽였다지."

"그래. 그 장사하고 같이 용강(龍江)서부터 배를 타고 왔다는 사람을 만났는데, 그 장사가 나이는 20도 못 되어 보이는 소년이지만, 강 위에 빙산이 몰려 와서 배가 그 사이에 끼여 다 죽게 되었을 때 그 소년 장사가 빙산을 손으로 밀어 내고 사람을 다 살렸다더라."

"거기다가 그 장사는 밥 일곱 그릇을 눈깜짝할 새 다 먹더라는 걸."

이런 말을 듣다가 신천 서부에 사는 유해순(柳海純 : 앞서의 동학 친구)을 찾아갔다. 유씨가 한참 후에 내 몸에서 피비린내가 난다며 자세히 보더니,

"형의 의복에 웬 피가 저다지 묻었소?"
한다.

"길에 오다가 왜가리 한 마리를 잡아먹었더니 피가 묻었소이다."

"그 칼은 웬 것이오?"

"여보, 노형이 동학 접주 노릇할 적에 남의 돈을 많이 강탈하여 두었다는 말을 듣고 강도질을 하러 왔소."

유씨 왈,

"동학 접주가 아니고서 그런 말을 하여야 믿지요. 어서 진실을 말해 보시오!"
라고 조른다.

나는 치하포 사건을 대강 말하였다. 유해각(柳海珏), 유해순 형제는 놀라면서,

"과연 쾌남아(快男兒)가 할 만한 일이라."
하고, 본댁으로 가지를 말고 다른 곳으로 피신을 하라고 강권한다. 나는 절대 불가라고 말한다.

"사람의 일은 광명(光明 : 밝게 드러남)하여야 사나 죽으나 값이 있지 세상을 속이고 구차히 살기만 도모하는 것은 장부의 일이 아니라."
하고 곧 집에 돌아와 아버님께 지난 일을 일일이 보고한즉 부모님 역시 피신을 역권(力勸 : 힘주어 권함)한다. 나는,

"금번 왜를 죽임은 개인 감정의 이유가 아니요, 국가 대치(大恥 : 큰 치욕)를 위한 행동인즉 구구히 피신할 마음이 있다면 당초에 그런 일을 하지 않았을 것입니다. 이미 실행한 이상에는 자연히 법사(法司)[4]의 조치가 있을 터

이니 그때 가서 일신(一身 : 한 몸)을 희생하여 만인을 교훈하면 수사유영(雖死猶榮 : 비록 죽어도 영광됨)이옵니다. 자식 소견에는 집에 앉아서 당할 대로 당하는 것이 의로움에 지극히 가당(可當)할 줄 생각합니다."

하였다. 아버님도 다시 강권을 아니 하시고 이런 말씀을 하셨다.

"내 집이 흥하든 망하든 네가 알아 하여라."

4)   조선시대 형조(刑曹)와 한성부(漢城府)의 총칭. 여기서는 사법 당국을 뜻함.

투옥(投獄)

　　그럭저럭 3삭(朔)여에 아무 소식이 없더니 병신(丙申 : 1896) 5월 11일 아직 잠자리에서 일어도 나기 전인데 어머님이 급히 사랑문을 열고,

　　"이얘! 우리 집 앞뒤로 무수히 보지 못하던 사람들이 둘러싸누나."

하신다. 말씀이 끝나자 수십 명이 철편(鐵鞭 : 채찍), 철퇴를 가지고 달려들며,

　　"네가 김창수냐?"

묻는다.

　　"나는 그렇거니와 그대들은 무슨 사람인데 이같이 요란하게 인가에 침입하느냐?"

　　그제야 내무부령[1](內務部令)을 등인(等因)[2]한 체포장을 보이고 해주로 압송의 길을 떠난다. 순검(巡檢 : 경찰)과 사령(使令 : 관청의 심부름꾼)이 도합 30명이요, 나의 몸을 쇠사슬로 여러 겹 묶어 일부는 앞뒤에서 쇠사슬 끝을 잡고, 나머지는 나를 에워싸고 간다. 동네는 20여 호 전부가 집안 사람들이나

---

1)　　조선 말기의 관아의 하나. 통리군국사무아문을 의정부에 합쳤다가 뒤에 다시 이 이름으로 고침. 1894년에 이조와 합하여 내무아문이 되고, 1895년에는 내부(內府)로 바뀜.

2)　　'서면으로 알려 준 사실에 의한다'는 뜻으로, 회답하는 공문의 첫머리에 쓰던 말.

두려워 한 명도 감히 내다보지를 못하더라. 이웃 동네 강·이씨들은 김창수가 동학한 죄로 체포되는 줄 알고 수군거리더라.

2일 만에 해주옥에 입감되었다. 어머님과 아버님이 다 해주로 오셔서, 어머님은 밥을 빌어다가 먹여 주시는 속칭 옥바라지를 하시고, 아버님은 당신께서 전에 자주 하셨던 사령청, 영리청 계방을 통하여 풀려나기를 도모하지만 시세가 전보다 달라지고 사건이 하도 중대하므로 아무 효과가 없었다.

옥살이를 한 지 한 달 조금 지나 신문이 개시된다. 옥에서 쓰던 대전목(大全木 : 크고 두꺼운 널) 칼을 목에 걸고 선화당(宣化堂) 뜰에 들어갔다. 감사(監使) 민영철(閔泳喆)이 문(問) 왈,

"네가 안악 치하포에서 일인을 살해하고 도적질을 하였다니 사실이냐?"

"그런 일 없소."

"네 행적의 증거가 명백한데 부인을 하느냐."

형을 집행하라는 호령이 나자 사령들이 나의 두 발과 두 무릎을 한데 찬찬 동이고 다리 사이에 주장(朱杖)[3] 두 개를 들이밀었다. 한 놈이 한 개씩 잡아 좌우를 힘껏 누르니 단번에 정강이뼈가 허옇게 노출되었다. 나의 왼다리 정강이 마루의 큰 흉터가 곧 이것이다. 나는 함구하고 말하지 않다가 마침내 기절하였다.

형을 중지하고 얼굴에 냉수를 뿌려서 회생시키고는 다시 묻는다. 나는 감사를 보고 말한다.

"본인의 체포장으로 보면 '내무부 훈령 등인'이라 하였은즉 본 관찰부(觀察府)[4]에서 처리할 수 없는 사건이니 내무부에 보고만 하여 주시오."

한즉 다시는 아무 말이 없이 도로 하옥하였다.

근 2삭(朔)을 경과하여 7월 초에 인천으로 옮겨지게 되었다. 인천 감리영

---

3)　　주리를 트는 데 쓰는 긴 막대기. 붉은 칠을 하였음. 주장대.

4)　　관찰사가 직무를 보는 관아.

(監理營)⁵⁾으로부터 4, 5명의 순검이 해주로 와서 영거(領去 : 데리고 감)한다. 사태가 이 지경이 된즉 아버님은 집과 가산을 팔아 인천이든지 서울이든지 내가 가는 대로 따라가서 상부의 조처를 지켜본다며 일단 본향에 가시고, 어머님만 나를 따라서 인천으로 동행을 하신다.

당일로 연안읍(지금의 황해도 연안군 연안읍)에서 일박하고, 다음 날은 나진포(羅津浦 : 연안읍 남방 5킬로 해안. 강화도 최북단에서 북녘으로 마주보이는 포구)를 향하는 도중 연안읍에서 약 5리 떨어진 길 옆 묘지에서 날씨가 찌는 듯 더우므로 순검들이 오이를 사서 먹으며 앉아 쉰다. 그 묘 옆에 세운 한 비문을 본즉 '효자 이창매(李昌梅)의 묘'라 하였고, 묘비 뒷면에 새겨진 글자를 본즉 어느 임금이 이창매의 효성을 기려 효자정문(孝子旌門)⁶⁾을 사(賜)하였다고 하였다.

이창매 묘 옆에 그 부친의 묘라고 있는데, 이창매는 본시 연안 지방의 통인(通引 : 잔심부름하던 하급 관리)으로 그 부친의 장례를 모신 후에 사시(四時)로 풍우불철(風雨不撤 : 비바람에 아랑곳않음)하고 묘를 지성으로 모셔서 묘 앞에 신을 벗은 자리부터 한 걸음 한 걸음 절하는 곳까지 걸어간 발자국, 두 무릎을 꿇은 자국과 향로 향합(香盒 : 향 담는 통)을 놓았던 자리에는 영영 초목이 자라지 못하였고, 만일 사람이 그 움숙움숙 파인 자리를 흙으로 메우면 즉시로 뇌성이 진동하며 큰비가 내려 메운 흙을 씻어낸다는 말을 근처 사람과 순검들이 이야기를 한다.

눈으로 그 비문을 보고 귀로 그 이야기를 듣는 나는 순검들이 알세라 어머님이 알세라 피가 섞인 눈물을 흘리며 이창매에게 대죄(待罪 : 죄인이 처벌을 기다림)를 한다. 다 같은 사람의 자식으로 이창매는 부모가 죽은 후까지 저러한 효도의 자취가 있으니, 그 부모 생전에 부모에게 어떻게 대하였을

---

5) 일명 감리서(監理署). 1883년 부산 인천 원산의 3개 개항장에 설치한 관아. 지역 행정과 대외 관계 업무를 주로 보았으며, 이 밖에 치안 유지, 재판 업무까지 관여하였음. 1906년 폐지됨. 인천 감리서는 현재의 인천시 중구 내동 83번지에 있었으며, 그 영내에 인천감옥이 있었음.

6) 정문은 충신·효자·열녀 등을 표창하기 위하여 그 집 앞에 세운 붉은 문. 홍문.

것인가 알 만하다.

　나의 뒤를 혼비백산하여 허둥지둥 따라와서 내 곁에 앉아서 하염없이 한숨을 짓고 계신 어머님을 볼 수 없고, 이창매는 묘중으로부터 부활하여 나를 향하여, "네가 수욕정이풍부지(樹欲靜而風不止)[7]의 구(句)를 읽지 못하였느냐?"고 책망하는 듯싶었다. 몸을 일으켜 출발할 때에 나는 이창매 무덤을 다시금 돌아보며 수없는 심배(心拜 : 마음으로 절을 올림)를 하였다.

　육지 길은 나진포까지 끝나고 배를 탔다. 병신 7월 25일 달빛이 없이 천지가 캄캄하고 물조차 소리뿐이다. 강화도를 지나던 즈음에 종일 땡볕을 쐬며 걸었던 순검들이 방심하고 다 잠을 든 것을 보시고 어머님은 뱃사공도 듣지 못할 입안엣말씀으로 나에게 말씀을 한다.

　"이얘! 네가 이제 가서는 왜놈 손에 죽을 터이니 맑고 맑은 물에 너와 나와 같이 죽어서 귀신이라도 모자(母子) 같이 다니자."

　이 말씀을 하시고는 내 손을 끄시고 뱃전으로 가까이 나가신다. 나는 황송무지(惶悚無地 : 두렵고 무서워 몸둘 바를 모름)한 중에 어머님을 위안한다.

　"어머님은 자식이 이번에 가서 죽는 줄 아십니까? 결코 죽지 않습니다. 자식이 국가를 위하여 하늘에 사무치게 정성을 다하여 원수를 죽였은즉 하늘이 도우실 테지요. 분명히 죽지 않습니다."

　어머님은 자기를 위안하는 말씀으로 들으시고 또 다시 손을 끄시는 것을, 자식의 말을 왜 안 믿으시냐고 담대히 주장하는 말에 투강(投江)할 결심을 중지하시고 다시 말씀을 하신다.

　"너의 부친과도 약속하였다. 네가 죽는 날이면 양주(兩主 : 바깥주인과 안주인, 곧 부부) 같이 죽자고."

　어머님은 내가 죽지 않는다는 말씀을 어느 정도 믿으시므로 하늘을 향하

7)　『한시외전(韓詩外傳)』에 나오는 구절. 원문은 '樹欲靜而風不止 子欲養而親不待'(나무는 잠잠하고자 하나 바람이 그치지 않고, 자식은 효도하고자 하나 이미 어버이는 살아계시지 아니한다)로 부모 살아계실 제 효도하지 못함을 탄식한 시구임. 풍수지탄(風樹之嘆).

여 두 손을 비비시면서 알아듣지 못할 낮은 음성으로 축원을 하는 모양이더라.

인천옥(獄)에 들어갔다. 내가 인천으로 이감된 원인은 갑오경장(甲午更張)[8] 이후에 외국인 관계 사건을 재판하는 특별재판소가 거기에 있던 것이더라. 옥의 위치는 내리(內里) 마루에 감리서(監理署)가 있고, 좌익에 경무청이고, 우익에 순검청이요, 순검청 앞으로 감옥이 있고, 그 앞에 도로를 통제하는 2층 문루(門樓 : 문 위에 지은 다락집)가 있다. 옥은 바깥 주위로 담을 높이 쌓고 담 안에 평옥(平屋) 몇 간이 있는데 반으로 나누어 한편에는 징역수와 강도 절도 살인 등의 죄수를 수용하고, 다른 편에는 소위 잡수(雜囚 : 잡범) 즉 민사소송과 위경범(違警凡 : 가벼운 범죄자) 등을 수용하더라. 형사피고의 기결수는 청색 수의를 입고 웃옷 등판에 강도, 살인, 절도 등의 죄명을 먹글씨로 썼는데, 옥외로 나가 사역을 할 때는 좌우 어깨팔을 쇠사슬로 동이고, 2인 1조로 등에 자물쇠를 채우고 압뢰(押牢 : 간수)가 인솔하여 다니더라. 옥에 들어간 즉시로 나는 적수(賊囚 : 절도범) 방의 9인용 장곡(長梏 : 긴 차꼬)[9] 가운데에 가두어진다.

치하포에서는 이화보를 1삭(朔) 전에 체포 압송하여 인천옥에 가둔 것이라. 이화보가 나를 보고서 매우 반긴다. 그는 내가 자기의 무죄한 증거를 제출할 줄 앎일네라. 이화보의 집 벽 위에 써붙인 포고문은 왜놈이 가서 조사할 제 (왜놈이) 떼어 감추고 순전히 살인강도로 본 것이더라.

어머님은 옥문 밖까지 따라와 내가 옥문 안으로 들어가는 것을 보시고는 눈물을 흘리시고 서 계셨는데, 나는 거기까지만 잠시 고개를 돌려서 보았다. 어머님이 비록 시골 농촌에서 생장하셨으나 무슨 일이든 다 해낼 만하시고 더욱 바느질에 능하신지라 무슨 일이 손에 걸렸으랴마는, 자식의 명을

---

8) 1894년(갑오)에 개화당이 집권하여 구식 제도를 진보적인 서양식으로 개혁한 일. 일본 측의 강요에 의한 것으로, 대원군을 앞세워 민씨 세력을 몰아낸 뒤 김홍집 내각을 조직하고 군국기무처를 설치하여 정치·경제·사회 전반에 걸쳐 개혁을 단행하였음.

9) 차꼬는 옛 형구(刑具)의 한 가지. 기다란 두 개의 토막 나무 틈에 가로 구멍을 파서 죄인의 두 발목을 그 구멍에 넣고 자물쇠로 채우게 되어 있음.

구하기 위하여 감리서 삼문(三門)[10] 밖 개성 사람 박영문(朴永文)의 집에를 들어가서 사연을 잠시 이야기하고, 그 집에 동자꾼(밥짓는 일을 하는 여자 하인)으로 일하기를 청하였다.

그 집은 당시 인천항 내의 유명한 물상객주(物商客主)라 안방에 밥짓는 일과 의복 바느질이 매우 많은 탓으로 고용되었고, 조건은 하루 세 번 옥에 밥 한 그릇씩을 갖다주기로 한 것이다. 압뢰가 밥을 빼앗아 들여주면서,

"네 모친도 의지할 곳이 생겼고, 네 밥도 매일 세 차례 들여줄 터이니 안심하라."

고 한다. 동료 죄수들도 매우 부러워하더라.

고인 운(云), 애애부모 생아구로(哀哀父母生我劬勞 : 슬프도다 부모께서 나를 낳으시고 고생하셨다)[11]라 하였으나 나의 부모는 나를 나으실 때도 특히 구로(劬勞 : 고생)하셨고 먹여 살리는 데는 천겹만겹의 구로를 맛보시도다. 불서(佛書)에 운(云), 부모와 자녀는 천 번 태어나고 백겁(百劫)을 지나도 은혜와 사랑의 인연[12]이라고 한 말이 헛된 말이 아니로다.

옥 안이 극히 불결하고 아직 뜨거운 여름이라, 나는 장질부사(장티푸스)에 걸려 고통이 극도에 달하였다. 좁은 소견으로 자살을 생각하여 동료 죄수들이 잠든 때를 타서 이마에 손톱으로 '충(忠)'자를 새기고 허리띠로 목을 매 드디어 절식(絕息 : 숨이 끊어짐)되었다. 절식된 그 짧은 시간에 나는 고향에 가서 평시에 친애(親愛)하던 사촌동생 창학(昌學 : 지금 이름은 泰運)이와 놀았다.

고시(古詩)의 고원장재목 혼거불수초(故園長在目 魂去不須招 : 고향이 항상 눈앞에 아른하니/ 굳이 부르지 않아도 혼백은 이미 가 있도다)가 실로 헛된 말이 아니로다. 홀연 정신이 회복되니 동료 죄수들이 고함하여 죽는다고 소동을 한다. 그 자들이 나의 죽음을 위하여 그리하는 것이 아니라 내가 절식될 때에

10)   대궐이나 관청, 사당 등의 건물 앞에 세운 세 문. 곧 정문, 동협문(東夾門), 서협문(西夾門).
11)   『시경(詩經)』의 「소아(小雅)」편 「육아(蓼莪)」에 나오는 구절.
12)   원문은 '父母子女는 千生百劫에 恩愛所遺住'로 되어 있음.

무슨 격렬한 요동이 있었던 것이더라. 그 후로는 여러 사람의 주의로 자살할 여가도 없으려니와, 병마가 죽여서 죽든지 원수가 죽여서 죽든지 죽여져서 죽는 것은 어쩔 수 없어도 자살은 부당하다고 생각하였다.

그런 사이에 발한(發汗 : 병을 다스리기 위하여 땀을 냄)은 되었으나 15일 동안에 음식은 입에 대어 보지를 못하였다. 그때에 마침 신문(訊問)한다는 기별이 있다. 나는 생각을 한다.

'내가 해주에서 다리뼈까지 드러나는 악형을 당하고 죽는 데까지 이르면서도 사실을 부인한 것은 내무부에까지 가서 대관들에게 대고 발설하자는 본의이나 불행히 병으로 죽게 되었으니 부득불 이곳에서라도 왜놈 죽인 취지나 말을 하고 죽으리라.'

이렇게 마음을 작정하고 압뢰의 등에 업혀 경무청으로 들어갔다. 업혀 들어가며 살펴본즉 도적 신문하는 형구를 삼엄하게 설비하였더라. 압뢰가 업어다가 문밖에 앉히자 나의 그런 모습을 본 당시 경무관 김윤정(金潤晶 ― 尹致昊의 장인)[13]이,

"어찌하여 저 죄수의 모습이 저렇게 되었느냐?"
고 물은즉 열병으로 그리 되었다고 압뢰가 보고하더라.

김윤정은 내게 묻는다.

"네가 정신이 있어 족히 묻는 말을 대답할 수 있느냐?"

"정신은 있으나 성대가 말라붙어서 말이 나오지 않으니 물을 한 잔 주면 마시고 말을 하겠소."

곧 청직(廳直 : 청지기)이더러 물을 가져오게 하여 먹여 주더라.

김윤정이 정상(庭上)에 앉아 순서대로 성명, 주소, 연령을 묻고 사실신문에 들어가,

"네가 안악 치하포에서 모월 모일에 일인을 살해한 사실이 있느냐?"

---

13)   김윤정은 조선 말기의 정치가 윤치호의 장인이었으며, 한일합병 직후 인천부윤, 경성부 참여관을 지낸 친일 인물임.

고 물었다.

"본인이 그날 그곳에서 국모의 보수(報讐)를 하기 위하여 왜구 한 명을 때려 죽인 일이 있소."

나의 이 대답을 들은 경무관, 총순(總巡), 권임(權任)[14] 등이 서로 얼굴을 마주 볼 따름이요 정내(庭內)는 비상히 침묵하여진다.

나의 옆으로 의자에 걸터 앉아서 신문의 방청인지 감시인지 하고 있던 도변(渡邊 : 와타나베) 순사 왜놈이 신문 벽두에 정내가 침묵하여진 것을 이상히 여겨 통역으로 질문하는 것을 "이놈!" 한마디로 사력을 다하여 호령한다.

"지금 소위 만국공법(萬國公法)이니 국제공법이니 하는 조규(條規 : 규약) 가운데 나라와 나라가 통상화친 조약을 체결한 후에 그 나라 임금을 살해하는 조문이 있느냐? 개 같은 왜놈아, 너희는 어찌하여 우리 국모를 살해하였느냐. 내가 죽으면 신(神)으로, 살면 몸으로 네 임금을 죽이고 왜놈을 씨도 없이 다 죽여서 우리 국가의 치욕을 설(雪)하리라."

통매(痛罵 : 심히 꾸짖음)하는 것이 두려웠는지 도변(와타나베) 이놈이 '칙소(畜生 : 짐승이란 뜻의 일본어 욕), 칙소' 하며 대청 후면으로 피한다. 정내는 공기가 긴장하여진다. 총순인지 주사(主事)인지 김윤정에게 말을 한다.

"사건이 하도 중대하니 감리(監理) 영감께 말씀하여, 친히 주신(主訊 : 신문을 주관함)토록 하여야겠다."

고 하더니, 몇 분 후 감리사 이재정(李在正)이가 들어와 주석에 앉는다.

김윤정은 신문하던 진상를 보고하더라. 그때 정내에서 참관하는 관리와 청속(廳屬 : 관청에서 근무하는 사람들)들이 분부 없이도 찻물을 갖다가 마시워준다. 나는 법정을 주재하는 이재정에게 묻기 시작한다.

"본인은 시골의 일개 천생(賤生 : 천한 출신)이나, 신민(臣民 : 백성)의 한 사람 된 의리로 국가 기치(奇恥 : 해괴한 치욕)를 당하고 백일청천(白日靑天 : 밝은

---

14) 총순은 조선 말기에 경무청에 두었던 판임(判任) 벼슬. 경무관 바로 아래 지위로 32명의 정원을 두었음. 권임은 순검의 우두머리.

태양과 푸른 하늘) 하에 나의 영자(影子 : 그림자)가 부끄러워서 한 명 왜구라도 죽였거니와, 내가 아직 우리 사람으로 왜황(倭皇)을 죽여 복수를 하였단 말을 듣지 못하였거늘, 지금 당신들이 몽백(蒙白 : 국상으로 흰 갓을 쓰고 소복을 입는 것)을 하였으니 춘추대의(春秋大義)[15]에 군부(君父)의 원수를 갚지 못하면 몽백을 아니한다는 구절도 읽어 보지 못하고 한갓 부귀영화와 봉록을 도적질하는 더러운 마음으로 인군을 섬기느냐?"

이재정·김윤정을 위시하여 수십 명의 참석한 관리들이 내 말을 듣는 광경을 본즉 각각 면상(面上)에 홍당무의 빛을 띠우더라. 이재정이 마치 내게 하소연하는 말로,

"창수의 지금 하는 말을 들은즉 그 충의와 용감을 흠모하는 반면에 내 황괴(惶愧 : 황송하고 부끄러움)한 마음도 비할 데 없소이다. 그러나 상부의 명령대로 신문하여 보고하려는 것뿐인즉 사실이나 상세히 공술하여 주시오."

김윤정은 나의 병세가 아직 위험함을 보고 감리와 무슨 말을 소곤소곤하고서는 압뢰를 명하여 도로 하옥시켰다.

어머님이 신문한다는 소문을 들으시고 경무청 문 밖에서 기다리다 내가 압뢰의 등에 업히어 들어감을 보시고 신병이 저 지경이 되었으니 무슨 말을 잘못 대답하여 당장에나 죽지를 아니할까 하는 근심이 가득하였을 것이다. 그러던 중 신문 벽두부터 관리 전부가 떠들기 시작하고, 벌써 감리영 부근 인사들은 희귀한 사건이라고 구경을 함에 정내는 발디딜 틈이 없고 문밖까지 둘러서서,

"참말 별인(別人)이다."

"아직 아이인데, 사건이 무엇이냐."

하였고, 압뢰와 순검들은 보고 들은 대로,

---

15) 『춘추(春秋)』는 공자가 엮은 춘추시대 노나라의 역사서. 엄정한 비판의식으로 역사를 기록하였다 하여 '춘추필법'이라는 말이 나왔음. '춘추대의'는 『춘추』에서 보여주고자 한 올바른 역사 인식, 인간의 행동양식을 말함.

"해주 김창수라는 소년인데, 민(閔) 중전마마의 복구(復仇 : 복수)차로 왜놈을 타살하였다나. 그리고 아까 감리사도(監理使道)를 책망하는데 사도도 아무 대답을 잘 못하던 걸."

이런 이야기가 낭자하더라. 내가 압뢰의 등에 업혀 나가면서 어머님의 면색을 살펴본즉 약간의 희색을 띠는 것은, 여러 사람들이 구경한 이야기를 들으신 까닭인 듯한데, 나를 업고 가는 압뢰도 어머님을 대하여,

"당신 안심하시오. 어쩌면 이런 호랑이 같은 아들을 두셨소."
하더라.

내가 감옥에 들어가 옥중에서도 일대 소동을 일으켰다. 다름이 아니라 나를 다시 적수방에다가 차꼬를 채워 두는데 대하여 나는 크게 분개하였다. 소리를 벽력같이 지르며 관리를 꾸짖는다.

"전일에 내가 아무 의사를 발표 아니한 때는 대우를 강도로 하나 무엇으로 하나 함묵(緘默 : 함구)하였다마는 금일은 정당히 의지를 밝혔거늘 아직도 나를 이다지 홀대하느냐. 나는 땅에 금을 그어 이것이 감옥이라 하여도 그 금을 넘을 사람이 아니다.[16] 내가 당초에 도망할 마음이 있었다면 왜놈을 죽이고 주소 성명을 갖추어 포고를 하고 내 집에 와서 3삭이나 체포를 기다리고 있었겠느냐. 너희 관리배가 왜놈을 기쁘게 하기 위하여 내게 이런 박대를 하느냐?"

이런 말을 하면서 어찌나 요동을 하였던지, 한 차꼬 구멍에 같이 발목을 넣고 있는 자가 좌우로 합 9인인데, 좌우에 있는 수인들이 말을 보태어서, 내가 한 다리로 좌우 8명과 차꼬 전부를 들고 일어서는 바람에 저희들의 발목은 다 부러졌다고 고함고함 야단이다.

김윤정이가 즉시 옥내에 들어와 광경을 보고 애꿎은 압뢰를 책한다.

"그 사람은 남과는 자별(自別 : 본디부터 다름)한데 왜 적수와 함께 섞어 두

---

16)   원문은 '劃地爲獄이라도 義不出일라'임

느냐. 하물며 중병이 있지 않느냐. 즉각 좋은 방으로 옮기고 신체에 대하여 구속은 조금도 말고 너희들이 잘 보호하여 드려라."

그때부터는 옥중 왕이 되었다. 그러자 어머님이 옥문 밖에서 면회를 오시는데 초췌한 얼굴에도 희색이 돈다. 어머님 말씀이,

"아까 네가 신문받고 나온 뒤에 경무관이 돈 일백오십냥 —— 지금 3원 —— 을 보내고 네 보약을 먹이라고 하더라. 오늘부터는 주인 내외는 물론이요, 사랑 손님들도 나에게 매우 존경하며 '옥중에 있는 아드님이 무슨 음식을 자시고자 하거든 말만 하면 다 해 주겠다'고 한다. 일전에는 어떤 뚜쟁이 할미가 와서 '당신이 아들을 위하여 이곳에서 고용살이하는 것보다는 내가 중매를 서서 돈 많고 권력도 많은 남편을 얻어 줄 터이니 그리 가서 옥에 밥도 맘대로 해 가져가고 일도 주선하여 속히 나오도록 하여 주는 것이 어떠냐' 하기로 나는 남편이 있어 일간(며칠 후)에 이곳에 온다고 말한 일도 있다."

그 말씀을 들으니 천지가 아득하다.

"그것이 다 이놈의 죄올시다."
하였다.

이화보는 불려 가서 신문당할 때나 옥중에서나 '김창수는 지용(智勇)을 겸비하여 누구도 당해낼 수가 없으며, 하루 칠백리를 걷고 한 끼에 일곱 그릇 밥을 먹는다'고 선전을 하고, 내가 감옥에서 야단을 할 때나 죄수들이 소동할 때나 이화보 자기가 앞서 한 말이 부합이나 되는 것처럼 떠든다. 그것은 그가 자기 집에서 살인을 하는데 방관하고 있었으며, 살인 후라도 살인자를 결박하여 놓고 관청에 고발을 할 것 아니냐고 신문을 당한 까닭이더라.

다음 날부터는 옥문 앞에 지면면회(知面面會 : 처음 만나 인사하기 위한 면회)를 청하는 인사들이 하나 둘 생기기 시작한다. 그것은 감리서·경무청·순검청·사령청 등 수백 명 직원이 각각 자기의 친한 사람들에게 '제물포 개항된 지 9년 즉 감리서가 설립된 후 처음 보는 희귀한 사건'이라 자랑 겸 선전을 한 까닭이더라.

항내(港內) 권력자와 노동자까지도 아는 관리에게 김창수 신문할 때는 알려 달라는 청촉(請囑 : 부탁)이 많다는 말을 듣던 차에 제2회 신문일을 당하였다. 그날도 역시 압뢰 등에 업혀 옥문 밖으로 나서면서 사면을 본즉 길에는 사람이 가득 찼고, 경무청 내는 각 청 관리와 항내 유력자들이 모인 모양이고, 담장 꼭대기와 지붕 위에까지 경무청 뜰이 보이는 곳은 사람들이 다 올라갔다.

정내에 들어가 앉으니 김윤정이 슬쩍 내 곁으로 지나가며,

"오늘도 왜놈이 왔으니 기운껏 호령을 하시오."

한다. 그때는 김윤정이 약간의 양심이 있는 듯하나, 오늘[이 글을 쓰는 1928년 무렵까지 소위 경성부 참여관(參與官) 노릇을 하고 있는 것을 보면, 그때 신문하던 법정을 한 연극장으로 생각하고 나를 배우의 한 명으로 삼아서 중인(衆人)에게 구경시킨 것이라고 해석할 듯도 하다. 그러나 무항배(無恒輩 : 심지가 곧지 못한 사람)의 행위로 그때는 의협심이 좀 생겼다가 날이 오래지는 대로 마음이 변한 것으로도 볼 수 있다.

다시 신문을 시작한 후는, 신문에 대하여는 '전일에 다 말하였으니 다시 할 말이 없다'고 말을 끝맺고, 뒤에 앉아서 나를 넘겨다보는 도변놈을 향하여 통매를 하였다. 다시 옥에 돌아온 후는 날마다 면회인 수가 증가된다. 와서는,

"나는 항내에 거주하는 아무개올시다. 당신의 의기를 사모하여 신문정(訊問庭)에서 얼굴을 뵈었소이다. 설마 오래 고생할라구요. 안심하고 지냅시고 출옥 후에 한자리에서 반가이 뵈옵시다."

그런 말들이다.

면회 올 때는 음식을 한 상씩 성대하게 차려 들여준다. 나는 그 사람들의 정에 감심(感心)하여 보는 데 몇 점씩 먹고는 적수방에 순차로 분배하여 준다. 그때의 감옥 제도는 구색은 갖추어 실시하는 모양이나 죄수들의 음식을 규칙적으로 날마다 분배하는 것이 아니라 징역수라도 짚신을 삼아서 압뢰

가 인솔하여 길에 나가 팔다가 죽이나 쑤어 먹는 판이라. 내게 가져오는 음식은 각기 준비하는 사람이 되도록 풍성히 차린 것이라 수도(囚徒 : 감옥에 갇혀 있는 죄수)도 수도이려니와 나도 처음 먹는 음식이 많은 터이라. 앉은 차례대로 내가 나오는 날까지 먹이었다.

제3차 신문은 감리서에서 하는데, 그날도 항내 거주자는 다 모이는 것같더라. 그날은 감리사 이재정이 친히 신문을 하는데 왜놈은 보이지 아니하더라. 감리가 매우 친절히 말을 묻고 끝날 때 신문서 꾸민 것을 열람케 하고 교정할 것은 교정하고 여백에 이름을 썼다. 신문은 끝이 났다.[17]

수일 후에는 왜놈들이 나를 사진을 박는다고 하여 경무청으로 또 업히어 들어갔다. 그 날도 정내 정외에 수많은 관중이 인산(人山)을 이루었다. 김윤정은 슬쩍 나의 귀에 들릴 만큼 말을 한다.

"오늘 저 사람들이 창수의 사진을 박으러 왔으니 주먹을 쥐고 눈을 부릅뜨고 사진을 찍히라."

그러자 '사진을 찍혀 가리 못 찍혀 가리'가 교섭의 문제가 되어 한참 동안 의론이 분분하다가 마침내 '청사에서는 허락치 못할 터이니 노상에서나 찍히라' 하고 나를 업어서 길 위에 앉힌다. 왜놈이 다시 청하기를 김창수에게 수갑을 채우든지 포승으로 얽든지 죄인된 표시를 내어 달라고 한다. 김윤정은 거절한다.

"이 죄수는 계하죄인(階下罪人 : 임금의 재가를 받은 죄인)인즉 대군주[18] 폐하께서 분부가 없는 이상에 그 몸에 형구를 댈 수 없다."

왜는 질문하기를,

"정부에서 형법을 정하여 사용하면 그것이 곧 대군주의 명령이 아니냐"

---

17) 백범에 대한 심문조서에 의하면, 심문은 1차 1896년 8월 31일, 2차 9월 10일에 이루어졌으며, 경무관도 김윤정이 아니라 김순근, 배석한 일본인도 와타나베(渡邊)가 아니라 가미야 기요시(神谷淸)로 되어 있음.
18) 고종 때 우리나라가 자주독립국임을 선포하면서 왕의 칭호를 대군주라 하였음.

한다. 김윤정은,

　　"갑오경장 이후에 형구는 폐하였다."

고 답한다. 왜는 다시 질문한다.

　　"귀국 감옥 죄수들이 쇠사슬 찬 것과 칼 쓴 것을 내가 보았다."

　　김윤정은 노하여 왜놈을 책한다.

　　"죄수의 사진을 찍는 것은 조약에 의한 의무는 없고 단지 상호간 참고 자료에 불과한 미세한 일로, 이같이 내정간섭을 하는 데는 응할 수 없다."

　　관중들은 경무관이 명관이라고 칭찬한다. 급기야에 노상에서 사진을 찍히게 된다. 왜놈이 다시 애걸하여 내가 앉은 옆에 포승을 놓아만 두고 사진을 찍는다.

　　나는 몇 날 전보다는 기운이 좀 돌아오는 때라 경무청이 들먹들먹하도록 소리를 질러 왜놈을 통매하고 일반 관중을 향하여 연설을 한다.

　　"이제 왜놈이 국모를 살해하였으니 전 국민의 대치욕일 뿐 아니라, 왜놈 독해가 궐내(闕內)에만 그치지 않고 당신들의 아들과 딸이 필경은 왜놈의 손에 다 죽을 터이니 나를 본받아서 왜놈을 보는 대로 만나는 대로 다 죽이라."

　　도변 왜놈이 직접 나에게 말을 한다.

　　"네가 그런 충의가 있을진댄 어찌 벼슬을 못 하였느냐?"

　　"나는 벼슬을 못 할 상놈이기 때문에 조그마한 놈이나 죽이거니와, 벼슬하는 양반들이야 너희 황제의 목을 베어 원수를 갚을 터이지!"

　　그러자 김윤정은 도변을 향하여,

　　"당신들이 수인(囚人)에게 직접 신문할 권리가 없으니 가라!"

고 하여 퇴송(退送 : 돌려보냄)하였다. 그런 후에 나는 김윤정에게 이화보 석방을 요구한다.

　　"이화보는 아무 관계가 없으니 금일로 방면시켜 주시오."

라고—.

　　"알아 처리할 터이니 과히 우려 마시오."

한다. 옥에 돌아와 얼마 못 되어 이화보가 호출되더니, 이화보는 옥문 밖에서 나를 면회하면서,

"당신이 말을 잘하여 무사 석방되었다."

고 치사하고 작별하였다.

이후로 옥중 생활의 대강을 열거하면,

1. 독 서

아버님이 오셔서 『대학(大學)』 한 질을 매입하여 주시므로 늘상 『대학』을 독송(讀誦)하였다. 그런데 당시는 그 항(인천항)이 처음으로 개항된 곳이므로 구미 각국인이 이곳에 거주하거나 여행하였고, 각 종교당도 설립하였다. 우리 사람으로도 간혹 외국에 유람, 상업을 하여 신문화의 취미를 아는 자도 약간 있었다. 감리서의 직원 중에서도 나를 대하여 담화한 후에는 나에게 신서적 구독을 권한다.

"우리나라의 폐문자수(閉門自守 : 개항하지 않고 쇄국정책을 씀)하던 구지식 구사상만으로는 구국할 수가 없으니, 세계 각국의 정치·문화·경제·도덕·교육·산업이 어떠한지를 연구하여 보고, 내 것이 남만 못하면 좋은 것은 수입하여 우리 것을 만들어 국계민생(國計民生 : 국가정책과 민생)에 유익케 하는 것이 식시무(識時務 : 시급한 일을 앎)하는 영웅의 사업이라. 한갓 배외(排外 : 외래문물을 배척함)사상만으로는 멸망을 구제치 못할 터인즉 창수와 같은 의기남자로는 마땅히 신지식을 가지면 장래 국가에 큰 사업을 할 터이라."

고 하며 『세계역사지지(世界歷史地誌)』 등 중국에서 발간된 책자와 국한문으로 번역한 것도 갖다 주며 열람을 권하는 이도 있다.

조문도 석사가의(朝聞道 夕死可矣 : 아침에 도를 깨달으면 저녁에 죽어도 좋다)[19] 격으로 내가 죽을 날을 당하는 때까지 글이나 실컷 보리라 하고 수불

---

19)　출전은 『논어(論語)』 「이인(里仁)」편. 공자(孔子)의 말임.

석권(手不釋卷 : 손에서 책을 떼지 않음)한다. 감리서 직원들이 종종 와서 신서적을 열심히 읽는 것을 보고 매우 좋아하는 빛이 보인다. 신서적을 보고 새로 깨달아지는 것은 고선생이 전일 조상에 제사를 지낼 때 '유세차(維歲次) 영력(永曆) 이백 몇 해'라고 축문을 쓴 것이나, 양학을 한다고 하여 안진사와 절교하던 것이 그리 달관한 것같아 보이지 않는다는 점이었다. 의리는 학자에게 배우고 일체 문화와 제도는 세계 각국에서 채택하여 적용하면 국가에 복리가 되겠다고 생각된다.

지난날 청계동에서 단순히 고선생을 신인(神人)처럼 숭배할 때는 나도 척왜척양(斥倭斥洋)이 우리 사람의 당연한 천직이요, 이에 반대하면 비인(非人)이요, 즉 금수(禽獸)라고 생각하였다. 고선생 말씀에 우리 사람에게만 일선양맥(一線陽脈 : 한 가닥 밝은 맥)이 잔존하였고, 세계 각국이 거개 피발좌임(被髮左衽)[20]한 오랑캐라는 말만 믿었더니, 『태서신사(泰西新史)』한 책만 보아도 그 눈이 깊고 코가 높아 원숭이와 다름없는 오랑캐들은 도리어 건국치민(建國治民)의 좋은 법규가 사람다운데, 아관박대(峨冠博帶)[21]로 선풍도골(仙風道骨 : 신선 도사의 풍채) 같은 우리나라 탐관오리는 오랑캐의 칭호를 피할 수 없다고 생각된다.

2. 교 육

당시 동수(同囚 : 함께 수감됨)한 자들이 평균 근 백 명씩 되는데 들락날락하는 민사소송 사건 외에 대다수 절도・강도・사주(私鑄 : 동전 위조)・약인(略人 : 약탈)・살인의 징역수이다. 십분지 구가 문맹이다. 내가 문자를 가르쳐 주마 한즉 그 수도(囚徒)들이 문자를 배워 자기가 후일에 긴히 사용할

---

20) 피발은 머리를 풀어뜨리는 것. 좌임은 오른쪽 섶(웃옷의 깃 아래에 달린 긴 헝겊)을 왼쪽 섶 위에 여미는 것. 모두 야만의 풍속을 뜻함. '피발좌임'은 『논어(論語)』「헌문(憲問)」편에 나옴.

21) 아관박대는 '높은 관과 넓은 요대'라는 뜻으로, 옛날 사대부 높은 벼슬을 한 사람의 의관을 가리키며, 이로부터 사대부를 일컫는 말로도 쓰였음.

마음보다 내게 잘못 보이면 날마다 진수성찬을 얻어먹을 수 없는 고로 배우는 체만 하는 자 많다. 화개동(花開洞 : 현재의 인천시 중구 선화동) 창기(娼妓) 서방으로 창기를 중국으로 팔아 보낸 죄로 십년 징역을 받은 조덕근(曺德根)은 『대학』을 배우는데 '인생팔세개입소학(人生八歲皆入小學)'을 고성대독(高聲大讀 : 큰소리로 읽음)하다가 '개입(皆入)' 두 글자를 잊고 '개아가리소학'이라고 읽는 것을 보고서 절도(絕倒 : 기절하여 넘어짐)하게 웃은 일도 있다.

당시 건양(建陽 : 고종의 연호) 2년(1897년 경) 쯤으로 「황성신문(皇城新聞)」이 창간된 때라. 어느 날 신문을 본즉 나의 사건을 간략히 게재하고 김창수가 인천옥에 들어온 후는 옥이 아니라 학교라고 한 기사를 보았다.[22]

3. 대서(代書)

그 시대에도 비리원굴(非理冤屈 : 까닭없이 누명을 씀)한 송사가 많은 때라. 내가 옥중에 수감된 자를 위하여 말을 자세히 들어보고서 소장(訴狀)을 지어주면 간혹 승소할 적이 있다. 수감된 처지로 옥외에 통신하여 대서소에 비용을 써 가면서도 곤란한 일이 허다하나, 대서자인 나와 상의하여 인찰지(인지)만 사다가 써서 보내는 것이 극히 편리도 하고, 비용 한 푼 없이 또는 내가 성심으로 소장을 지어주는 탓으로 옥내에서는 물론이고, 김창수의 쓴 소장은 모두 승소한다고 와전이 되어 심지어 관리의 대서까지도 하는 일이 있다. 대서만이 아니라 인민을 궁지에 빠뜨리고 금전을 강탈하는 사건이 있으면 상급관리에게 권계(勸戒 : 타이르도록 함)하여 파면시킨 일도 있으니 압뢰

---

22) 「황성신문」은 1898년 9월 5일에 창간되었으므로, 여기에서의 「황성신문」은 1896년 4월 7일에 창간된 「독립신문」을 말하는 듯함. 1896년 9월 22일자 「독립신문」 '잡보'에는 다음과 같은 내용이 실려 있음.
    '9월 16일 인천감리 리재정씨가 법부에 보고하였는데, 해주 김창수가 안악군 치하포에서 일본장사 토전양량을 때려 죽여 강물 속에 던지고 환도와 은전을 많이 뺏었기로 잡아서 공초를 올리니 조율 처판하여 달라고 하였더라.'

들이 나를 꺼리어 수인들을 학대하지 못하였다.

4. 성악(聲樂)

나는 향촌에서 나고 자랐으나 농군이 기심(김) 매는 소리나 '목동 갈가보
다'[23] 소리 한 마디도 불러 본 적이 없고 시나 풍월을 읊은 것밖에 없었다.
그 때 옥의 규칙은 낮잠을 허락하고 야간에는 죄수로 하여금 잠을 자지 못
하게 하여 밤새도록 소리(노래)나 옛이야기를 시키던 것이다. 이유는 야간에
잠을 재우면 잠든 틈을 타서 도주한다는 것이다. 그런 규칙을 나에게는 시행
을 아니하나 보통이 다 그러하니까 나도 자연 밤에 오래 놀다가 자게 된다.
그리하여 시조나 타령이나 남이 잘 하는 것을 들어 운치를 알게 되므로 조덕
근에게 온갖 시조에 여창지름[24], 남창지름, 적벽가[25], 가세타령[26], 개구리타
령[27] 등을 배워서 죄수들과 같이 화창(和唱 : 함께 부름)하며 지내었다.

---

23) 12잡가 중의 하나인 「평양가」의 앞부분 '갈가부다 타령'을 말함. 가사는 "갈까보다 갈까보
다/임을 따라 임과 둘이 갈까보다/잦은 밥을 다 못먹고 임을 따라 임과 둘이 갈까보다/부
모동생 다 이별하고 임을 따라 임과 둘이 갈까보다/……"으로 되어 있으며, 이 가사는 「춘
향가」 중 춘향이 이도령을 그리워하며 부르는 '춘향상사곡'에도 결합되어 있음.

24) '지름'은 우리나라 창에서 초장(初章)을 특별히 높게 소리내어 부르되, 초장 첫 장단은 지르
지 않고 가성으로 곱게 부르는 창법을 말함.

25) 중국 삼국시대 적벽전(赤壁戰)을 주제로 한 경기 12잡가의 하나, 적벽대전에서 패한 조조가
관우에게 목숨을 비는 대목을 그림.

26) 12잡가의 하나인 「선유가」를 말하며, 가사는 "가세가세 가네가세/가세가세 놀러가세/배를
타고 놀러 가세/지두덩기어라 둥게둥 덩덩지루 놀러가세/……"로 되어 있음.

27) 「춘향가」에서 파생된 남도민요로, 가사는 "도령님을 얻어보니 좋을호(好)자 절로난다/부용
모란화 탐화봉접에 좋을호자 절로난다/……"로 되어 있음.

사형선고

하루는 아침에 「황성신문」을 열람한즉 경성·대구·평양·인천에서 아무 날 —— 지금까지 기억되기는 (1897년) 7월 27일로 생각된다 —— 강도 누구누구, 살인 누구누구, 인천에는 살인강도 김창수를 처교(處絞 : 교수형에 처함)한다고 기재되었다.[1]

나는 그 기사를 보고 고의로라도 자약(태연자약)한 태도를 가지려고 할 터이지만, 어찌된 일인지 마음에 놀라는 동요가 생기지 않는다. 단명대(斷命臺 : 교수대)에 갈 시간이 반일(半日) 남았지만 음식과 독서며 남과 대화를 평상시처럼 하고 지낸다. 그것은 고선생(고능선)의 강의 말씀 중에 박태보(朴泰輔)[2]가 보습(쇠로 만든 농기구) 단근질 고문을 당할 때 '차철유냉갱자래(此鐵猶冷更煮來 : 이 쇠가 식었으니 다시 달구어 오라)' 하던 일화와 삼학사(三學士)[3]의

---

1) 백범의 사형선고 관련 내용을 「독립신문」 1896년 11월 7일자에 실려 있음. 당시 실제 사건 발생일과 신문 게재일 사이에는 7~10일 시차가 있음을 감안할 때, 백범의 사형선고일은 10월 말이나 11월 초로 추정됨.

2) 조선 숙종 때의 간관(諫官)(1654~89). 자는 사원(士元), 호는 정재산인(定齋散人). 숙종이 인현황후를 사저로 보낼 때에 그 부당함을 상소하다 왕의 노여움을 사 심한 고문을 받았음. 진도로 귀양가는 도중에 노량진에서 죽음.

역사를 힘있게 들었던 효험으로 안다.

　그 신문이 배포된 후로 감리서가 술렁하고 항내 인사들의 산[生] 조문이 옥문에 답지한다. 오는 인사들이 나를 면대하고,

　"막음(마지막) 보려 왔소."

하고는 무비낙루(無非落淚 : 모두 눈물을 흘림)라. 나는 도리어 그 사람들을 위로하여 보내고 『대학』을 외우고 있노라면 또 "아무 나리가 오셨소, 아무 영감께서 오셨소" 하여 나가본즉 그 사람들도 역시,

　"우리는 김석사가 살아 나와서 상면할 줄 알았더니 이것이 웬일이오?"

하고서 눈물이 비오듯 한다. 그런데 어머님이 오셔서 음식을 친히 들여 주시면서 평시와 조금도 다름이 없다. 주위에 있는 사람들이 모르게 한 것이다.

　인천옥에서 사형수 집행을 할 때는 항상 오후에 끌고 나가서 우각동(牛角洞)에서 교살하던 터이므로 아침밥 점심밥도 잘 먹고, 죽을 때에 어떻게 할 마음의 준비도 하기 싫어 그냥 있으나, 옥중 동수(同囚 : 동료 죄수)들의 하는 모양들이 차마 보기 싫다. 나에게 음식을 얻어먹던 적수(賊囚)들과 나에게 글을 배우던 옥제자들과 나에게 소송에 대한 지도를 받던 잡수들이 평소 제 부모 죽는데 그렇게 애통을 하였을는지가 의문이더라.

　그러자 끌려 나갈 시간은 되었다. 그때까지 성현(聖賢)의 말에 잠심(潛心 : 깊이 생각함)하다가 성현과 동행할 생각으로 『대학』만 읽고 앉았으나 아무 소식이 없어 그럭저럭 저녁밥을 먹었다. 여러 사람들이 창수는 특수(特囚 : 특별한 죄수)인즉 야간집행을 하는 것으로 알고 있다.

---

3)　병자호란 때 청국에 항복하는 것을 반대하다가 척화신(斥和臣)으로 청국에 붙잡혀 가서 끝끝내 굴하지 않다 살해당하였던 홍익한(洪翼漢), 윤집(尹集), 오달제(吳達濟)를 가리킴.

대사령친전정형

(大赦令親電停刑)[1]

 밤이 초경(初更)은 되어서 여러 사람의 잡답(雜沓 : 북적댐)하는 소리가 들리더니 옥문 열리는 소리가 난다. '옳지 지금이 그때로군' 하고 앉았는데 내 얼굴을 보는 동수(同囚)들은 자기나 죽이려는 것처럼 벌벌 떤다. 감방 안쪽 문을 열기도 전에 옥정(玉庭)에서,

 "창수 어느 방에 있소?"

하고는 나의 대답은 듣는지 마는지,

 "아이구, 이제는 창수 살았소. 아이구 우리는 감리영감, 전 서원(署員)과 각 청사 직원이 아침부터 지금까지 밥 한 술 먹지 못하고 '창수를 어찌 차마 우리 손으로 죽인단 말이냐' 하고 서로 얼굴만 바라보며 한탄하였더니, 지금에 대군주 폐하께옵서 대청(大廳 : 궁궐)에서 감리영감을 불러겝시고 김창수 사형은 정지하라신 친칙(親勅 : 친히 내리는 명령)을 내리시사 밤이라도 옥에 내려가 창수에게 전지(傳旨 : 임금의 명을 전함)하여 주라는 감리영감의 분

---

1)　　대 사면령이 친히 전화로 걸려와 형을 정지한다는 뜻.

부를 들고 왔소. 오늘 하루 얼마나 상심하였소?"

그때의 관청 수속 절차가 어떻던 것은 모르나, 나의 요량으로는 이재정이가 그 공문을 받고 상부 즉 법부(法部)²⁾에 전화로 교섭한 것 같다. 그러나 그 후에 대청에서 나오는 소식을 들으면, 사형은 형식으로라도 임금의 재가를 받아 집행하는 법인데 법부대신이 사형수 각자의 문건을 가지고 조회에 들어가서 상감 앞에 놓고 친감(親監 : 임금이 직접 봄)을 거친다고 한다. 그 때 입회하였던 승지 중 뉘가 각 죄수의 문건을 넘겨가며 보일 제 '국모보수(國母報讐)' 4자가 눈에 이상히 보여서 재가 수속을 거친 안건을 다시 빼어다가 임금에게 뵌즉 대군주가 즉시 어전회의를 열고 의결한 결과, 국제관계니 아직(일단) 생명이나 살리고 보자 하여 전화로 친칙하였다 한다.

어찌 되었든지 대군주[李太皇]가 친히 전화한 것만은 사실이다. 이상하게 생각되는 것은, 그때 경성부 내는 이미 전화 가설이 된 지 오래였으나 경성 이외에는 장도전화(장거리전화)가 인천까지가 처음이요, 인천까지의 전화 가설공사가 완공된 지 3일째 되는 날³⁾ —— 병신 8월 26일 —— 이라. 만일 전화 준공이 못 되었어도 사형 집행되었겠다고 한다.

감리서에서 내려온 주사(主事)는 이런 말을 하고 나간다.

"우리 관리뿐 아니라 오늘 전 항구의 32 객주들이 긴급회의를 하고 통문(通文 : 회람) 돌린 것을 보았는데, 항내 각 호에 몇 사람씩이든지 형편대로 우각현(牛角峴)⁴⁾의 김창수 처교하는 구경을 가되 각자 엽전 한 냥씩 마련하여 가지고 오면 그 모인 돈을 김창수의 몸값으로 하되 부족한 액수는 32 객주가 담당하여 창수를 살리려고까지 하던 일이 있으나, 지금은 천행으로 살

---

2) 법부(法部)는 고종 32년(1895)에 법무아문(法務衙門)을 개칭한 이름. 사법 행정을 맡고 각 재판소를 감독하였음.

3) 서울·인천 간 전화는 1902년에 공식 개통되었음. 따라서 일반 전화 개통 전에 관공서 간 행정전화가 먼저 개통되었거나 전신을 이용한 듯함.

4) 우각현은 현재의 인천시 남구 창영동 부근이며 당시 사형장은 현재의 남구 숭의동 예루살렘 교회 동서쪽 구릉지대에 있었음.

았고, 며칠 안 있어 궐내(闕內)에서 은명(恩命)이 계실 터이니 아무 염려 말고 계시오."

상설(霜雪)이 내리다가 갑자기 춘풍이 부는 듯한 밤에 옥문 열리는 소리를 듣고 벌벌 떨던 동수(同囚)들이 이 소식을 전하는 말을 듣고서 너무 좋아 죽을 지경이다. 신골방망이(짚신 삼을 때 쓰는 방망이)로 차꼬 등을 두드리며 온갖 노래를 부르면서 청바지 저고리짜리가 춤도 추고 우스운 짓도 하는 것이 마치 푸른 옷(죄수복) 배우들의 연희장인 것처럼 하여 하룻밤을 지냈다. 그리고 동수들부터 참말 이인(異人)으로 안다. 사형을 당할 날인데 평소와 똑같이 언어·음식·동작을 한 것이 자기가 죽지 않을 것을 미리 아는 듯하였다 한다. 관리들 중에도 그렇게 아는 사람이 있고, 누구보다도 어머님이 그날 밤에야 감리가 대군주 친전을 받고 어머님에게 전지(傳旨)를 하여 비로소 아시고 나를 이인으로 아신다.

당신께서 각구지(강화군 갑곶) 목을 지나올 때에 '강중에 같이 투신자살하자'고 하실 때에 '나는 결코 죽지 않는다'고 하던 일을 생각하시고, 내 아들은 (이로) 미루어 죽지 않을 줄을 알았다고 확신하시고, 내외분부터 그런 신념이 계시다. 대군주 친칙으로 김창수의 사형이 정지되었다는 소문이 전파됨에 전일에 와서 영결(永訣 : 영원히 이별함)하던 인사로부터 치하면회(축하면회)하러 오는 사람이 옥문에 답지하므로 옥문 내에 자리를 하고 앉아서 몇날 동안 응접을 하였다.

사형 정지 이전에 순전히 나의 연소한 의기를 애석히 여기고 뜨거운 동정을 하던 사람 이외에, 내가 불구에(머지않아) 대군주의 소명(김命 : 임금이 부르는 명령)을 입어서 귀하게 될 줄 알고 내가 세력을 얻으면 별수가 생기리라고 생각하고 와서 아첨하는 사람이 관리 중에 있고, 항내 인사 중에도 그런 빛이 보인다.

압뢰 중 수반인 최덕만(崔德萬)은 강화 읍내 김우후(金虞侯)[5] 집 비부(婢夫 : 계집종의 남편)로서, 상배(喪配 : 부인을 잃음)를 하고 인천으로 와서 경무청

사령을 다년 봉직하였으므로 사령의 두목이 된 것이라. 최덕만이가 강화에 가서 자기의 전 상전인 김우후를 보고 나의 이야기를 하였던 것이다.

하루는 감리서 주사가 의복 한 벌을 가지고 와서 주며 하는 말이,

"강화 김주경이란 사람이 이 의복을 지어다가 감리사도에게 드리고 김창수에게 하부(下付 : 분부)하여 입도록 하여 달라는 청원을 한 것인즉, 이 의복을 입고 김주경이란 친구가 면회하거든 보시오."

하고 간 후에 잠시 지나 옥문에 김주경이란 사람이 나이는 근 40 되어 보이고 면목이 단단해 보이는데 대면하여 별 말이 없고,

"고생이나 잘 하시오. 나는 김주경이오."

하고는 물러간다.

어머님이 저녁밥을 가지고 오셔서,

"아까 강화 계신 김우후라는 양반이 너의 아버지와 나를 찾아왔는데, 네 의복만 자기 집에서 지어 오고 우리 양주(兩主) 의복은 재료로 끊어 주시고, 돈 이백 냥을 주면서 용처에 쓰라고 하고는 즉시 가면서 십일 후에 다시 찾겠다고 하더라. 네가 보니 어떠하더냐? 밖에서 듣기에는 아주 훌륭한 사람이더라."

한다.

사람을 한 번 보고 어찌 잘 알 수 있을까마는 그 사람의 하는 일은 감사하다고 모자가 이야기를 하였다. 최덕만에게 김주경의 역사와 인격을 자세하게 알았다. 김주경(金周卿)은 자가 경득(卿得)이니 원래 강화 이속(吏屬)으로 병인양요(丙寅洋擾)[6] 이후에 운현(雲峴)[7]이 강화에 삼천 명의 별무사(別武士)[8]

---

5)   우후는 조선 시대의 무관직. 병마·수군절도사의 바로 아래 벼슬로 병마우후는 종3품, 수군 우후는 정4품이었음.

6)   대원군의 탄압으로 고종 3년(1866)에 프랑스 함대가 강화도를 침범한 사건. 병인 박해 때 탈출한 리델 신부가 중국 천진에 와 있던 로즈 제독에게 진상을 보고함으로써 일어남. 프랑스 군은 2개월 만에 후퇴함.

7)   흥선대원군을 일컫는 듯함.

를 양성하고 그 섬 주위에 석루를 높이 쌓고 국방영(國防營)으로 설비하던 때에 김주경은 포량고직(包糧庫直 : 砲糧庫直.강화 鎭撫營의 군수창고지기)을 맡았고, 사람됨이 젊어서부터 호방하여 초립동이[9] 때부터 독서는 아니하고 도박을 오로지 하였다. 그 부모가 징계하기 위하여 김경득을 곳간에 감금하였다.

김경득이 곳간에 들어가 있을 때에 투전(화투) 한 목을 가지고 들어가서 갇힌 동안에 묘법을 연구하여 가지고 나와서 서울로 올라가서 투전을 몇 만 개 제조할 때에 안표(眼票 : 슬쩍 알아볼 수 있게 표시함)하여 강화로 가져가 팔았다. 강화는 섬 지역이기 때문에 사방 포구에 어선이 빽빽한 곳이라. 김경득은 그 투전을 동료들에게 분배하여 각 어선에 들어가 방매(放賣)하여 놓고는 자기는 각 어선으로 돌아다니며 투전을 하여 돈을 수십만 냥 벌었다. 그리고는 각 관청 하속배(하급관리)를 전부 매수하여 자기 지휘명령을 받도록 하고 원근에 지용이 있다는 자는 거의 망라하여 자기 식구를 만들어 놓고는 어떤 양반이라도 비리의 행동만 보이면 간접 직접으로 보독(報毒 : 원한을 갚음)을 하던 터이라.

설사 경내에 도적이 나서 포교가 체포를 하여도 먼저 김경득에게 보고하여 잡아가라면 잡아가고, 내게 두고 가거라 하면 거역을 못하였다 한다. 당시 강화에 두 인물이 있는데 양반에 이건창(李健昌)[10]이요, 상놈에 김경득이라 한다. 운현(雲峴)이 김경득의 인격을 탐색하고 포량감(包糧監)의 중임을 맡겼다 한다.

최덕만의 말을 듣건대 김경득은 자기 집에 와서 음식을 먹으면서,

"김창수를 살려내어야 할 터인데 지금 정부 대관들은 눈에 동록(銅綠 : 동전에 끼는 푸른 녹)이 슬어서 돈밖에는 아무것도 보이지를 않으니 불가불 금력

8)   조선왕조 때 훈련도감 · 금위영 · 어영청에 속한 군인.
9)   초립은 옛날에 나이 어려서 관례(冠禮)한 남자가 쓰던 누른 풀로 결어 만든 갓. 초립동이는 초립을 쓴 젊은 사내를 뜻함.
10)   조선 말의 문장가(1852~98). 자는 봉조(鳳朝), 호는 영재(寧齋). 고종 때에 서장관이었으며, 철저한 척양주의자임. 저서로 『당의통략(黨議通略)』이 있음.

대사령친전정형(大赦令親電停刑)

을 사용치 아니하면 쉽게 방면을 못할 것이라."

하고 자기가 집에 가서 가산을 전부 팔아 김창수 부모를 모시고 경성에 가서 어느 때까지든지 석방시키도록 주선을 하겠다고 하면서 돌아갔다고 한다.

십여 일 후에 김경득이 과연 와서 부모 중의 한 분만 서울로 동행하자고 하여 어머님이 서울로 가시고 아버님은 인천에 머물러 계셨다. 김경득은 서울 가서 당시 법부대신 한규설(韓圭卨)[11]을 찾아보고,

"대감이 책임적으로 김창수의 충의를 표창하고 유설(縲絏 : 갇힌 몸)에서 조속히 방면을 하도록 하여야 옳지 않은가. 폐하께 밀주(密奏 : 비밀리에 아룀)라도 하여서 장래 많은 충의지사(忠義之士)가 생기도록 함이 대감 직책이 아닌가?"

한즉 한규설도 내심에는 경복하면서도,

"임권조(林權助 : 하야시) 일본 공사가 벌써 김창수의 사건이 국제문제로 화할까 우려하여 각 대신 중에 이 사건으로 폐하에게 상주하는 자만 있으면 별별 수단으로 위험한 지경에 빠뜨릴 독계(毒計)를 행할 줄 안즉 어찌 할 수가 없다."

한다. 김경득은 사관(舍館 : 여관)에서 분기탱천하여 대관들을 질욕(叱辱 : 꾸짖어 욕함)하고서,

"하여튼지 공식으로 소장(訴狀)이나 들이자."

하여 1차로 법부에 소지(訴紙)를 내자 제지(題旨 : 의견서)[12]에,

"원수를 갚았다는 말이 뜻은 가상하나 일이 중대한 만큼 여기서 마음대로 할 수 없다."[13]

---

11) 구한말의 대신(1856~1930). 자는 순우(舜佑). 의정부 참정(參政)을 지내다 을사조약에 반대하여 파면됨. 후에 중추원 고문 등을 지냈음. 한일합병 후 일본 정부로부터 남작(男爵)을 받았으나 거절함.

12) 일명 제사(題辭). 관청에서 백성의 소장(訴狀)·원서(願書)에 대하여 적절한 처리를 내리는 글.

13) 원문은 '報讐爲言이 其義可尙이나 事關重大하야 未可擅便向事'임.

라 하였다. 2차, 3차로 각 아문에 일일이 소장을 제출하였으나 이리 미루고 저리 미루어 〔此推彼推〕 결말이 나지를 아니한다.

소송에 전력하기를 7, 8삭 동안에 김경득의 금전은 전부가 소모된지라. 그동안에 아버님과 어머님이 번갈아 인천으로 경성으로 오르락내리락하다가 마침내 김경득이 소송을 정지하고 돌아와서 나에게 한 통 서신을 보내었다. 편지는 보통의 위문 말이고 단율일수(單律一首 : 두 구로 된 시 한 수)가 있다.

脫籠眞好鳥 拔扈豈常鱗 求忠必於孝 請看依閭人(탈농진호조 발호기상린 구충필어효 청간의여인 : 새장을 벗어나니 진정한 새요/ 힘껏 날뛰니 보통의 물고기 가 아니로다/ 충신은 반드시 효가 있는 집에서 찾을 수 있으니/ 청컨대 고생하시는 부모님을 바라보시오)[14]

이 시를 읽고 즉시 김주경에게, '그간 나를 위하여 몸과 마음으로 고생을 다함은 지극히 감사하나, 일시 구생(苟生 : 구차히 삶)을 위하여 생명보다 중한 광명을 버릴 수 없다. 과히 염려치 말라'는 뜻으로 회답을 하고서 그대로 옥중생활을 계속하며 구서적보다 신학문을 열심히 보고 있다.

김경득은 그 길로 집에 가 본즉 자산이 탕진되었는지라, 동지를 규합하여 가지고 그 당시에 관용선(官用船 : 輪船) 청룡환, 현익호, 해룡환 3척이 있는데 그중 어느 배를 탈취하여 가지고 대양에 떠서 해적을 할 준비를 하였다. 그러다가 당시 강화군수 아무개의 염탐에 들켜 도주할 때에 그 군수 상경하는 도중에서 실컷 두드려 주고 해삼위(海蔘威 : 블라디보스토크) 방면으로 갔다고도 하고, 어느 곳에 잠복하였다고도 하더라.

---

14) 　　마지막 구절 '依閭人'은 '倚閭人'과 통용되며, 고사성어 '의려지망(倚閭之望)'에서 따온 단어임. '문에 기대어 초조히 자식 돌아오기를 기다리는 어머님'이란 뜻. 이 시의 전체적인 내용은, 속박된 상태에서는 큰 일을 할 수 없으며, 또 진정한 충성은 효도에서 출발하니, 고생하시는 부모님을 생각하고 장래의 큰 일을 위하여 탈출을 도모하라는 것임.

그 후에 아버님이 경성에 가서 정소(呈訴 : 소장을 제출함)한 문서 전부를 가지고 강화 이건창(李健昌)에게 가서 뵙고 방책을 물은즉 이건창 역시 탄식만 하고 별 방법을 제시함이 없었다. 그때 옥중에 함께 고생하는 장기수로 조덕근(曹德根 — 10년), 양봉구(梁鳳求 — 3년), 김백석(金白石 — 10년)이 있고, 기타 종신수도 있다. 이 사람들이 내게 대하여는 감히 발언을 못하나, 내가 하려는 마음이 없어 그렇지 만일 자기네들을 살리려는 마음만 있으면 자기들을 한 손에 몇 명씩 쥐고 공중에 날아가서라도 족히 구하여 줄 재주가 있는 것처럼 믿고 종종 조용할 때면 그런 기미를 비친다.

　　어느날 조덕근이가 나를 대하여,

　　"김서방님은 상감께서 어느 날이든지 특전을 베풀어 나가서 귀하게 되려니와, 나 같은 놈은 김서방을 모시고 근 2년이나 고생을 하였는데 김서방만 특전을 입어 나가시는 날이면 압뢰의 학대가 비할 데 없이 심할 터이니, 어찌 십년 기한을 채우고 살아나갈 수가 있습니까? 김서방 우리들이 불쌍치 않습니까? 그간 가르치심을 받아 국문 한 자 모르던 것이 국한문 편지를 쓰게 되었으니, 만일 살아 세상에 나간다면 종신보패(終身寶佩 : 종신의 보물)가 되겠으나 여기서 죽는다면 공부한 것을 무엇합니까?"

하며 낙루(落淚)를 한다. 나는 엄숙한 태도로,

　　"나는 옥수(獄囚)가 아니냐. 피차에 어느 날이고 동시 출옥이 안 되면 그 섭섭할 마음이야 어찌 말로 하기를 기다리리요."

하자 조(曹)가 말한다.

　　"그러나 김서방은 아직은 우리 더러운 놈들과 같이 계시지마는 내일이라도 영광스럽게 옥을 면하실 터인즉 저를 살려주시면 결초보은(結草報恩)하겠습니다."

　　말의 의미를 평평(平平 : 확연하지 않음)하게 한다. 어찌 들으면 내가 대군주의 특전을 입어서 나간 후에 권력으로 자기를 구해 달라는 것도 같고, 어찌 들으면 내가 나가기 전에 나에게 있는 용력(勇力)을 가지고 자기를 구해 달라는 말로도 들을 수 있다. 나는 말을 아니하고 말았다. 그때부터는 부지불식간에 나의 마음이 요동된다. 나를 무한정하고 놓아주지 않으면 내가 옥에서 죽는 것이 가하냐 불가하냐.

당초에 왜놈을 죽인 것을 우리 국법에서 범죄행위로 인정한 것은 아니다. 왜놈을 죽이고 내가 죽어도 한이 없다고 생각한 것은, 나의 힘이 부족하여 왜놈에게 죽든지, 나의 충의를 몰라주는 조선 관리들에게 죄인으로 몰려 죽더라도 한이 없다고 결심한 것이다. 지금 대군주가 나를 죽일 놈이 아니라고 한 것은 윤 8월 26일에 전칙(電勅 : 전화로 칙명을 내림)한 사형정지의 한 가지 일로 족히 증명할 수 있다.[15]

그리고 이곳 감리서로부터 경성 각 관아에 올린 제지(題旨 : 의견서)를 보아도 나를 죄인이라고 지적한 곳이 없고, 또는 김경득이 그같이 자기 가산을 탕진하며 내 한 목숨 살리려 하던 것과, 항내 인사들이 한 명도 내가 옥중에서 죽는 것을 원하는 사람이 없을 것을 확연히 아는 바, 다만 나를 죽이려 애쓰는 놈은 왜구인즉 왜놈을 즐겁게 하기 위하여 내가 옥에서 죽는 것은 아무 의미가 없는 일이 아닌가?

심사숙려하다가 파옥(破獄 : 감옥에서 탈출함)하기로 결심하였다.

---

15) 앞에서 밝힌 바와 같이 백범의 사형선고일은 1896년 10월 말에서 11월 초 사이로 추정되므로, 고종이 '윤 8월 26일'에 사형정지령을 내렸다는 것은 시기상으로 맞지 않음. 이것은 1895~1900년 사이의 윤년이 1895년(윤5월), 1898년(윤3월), 1900년(윤8월)인 것으로 보아도 일치하지 않음.

파옥(破獄)

✴

다음 날 조덕근을 보고 비밀히 묻는다.

"조서방이 꼭 내가 하라는 대로 한다면 살려줄 도리를 연구하여 보리다."

조는 감격하고 또 감격하여 무엇이나 하라는 대로 복종하겠다고 한다.

"그대네 집에서 밥 가지고 오는 하인 편에 집에 편지하여 돈 이백 냥만 가져다가 그대 몸에 감추어 두라."

고 하였더니 곧 그날로 백동전(白銅錢)[1]으로 가져왔다.

그때 옥의 죄수 중에 만기가 되어 가는 자는 죄수 감시를 하였으므로 큰 세력이 있었다. 강화 출생인 황순용(黃順用)이란 자는 절도로 3년을 다 살고 출옥일이 15일이 남았다. 황가가 옥중에서 그 일을 맡아 한다.

황가가 남색(男色)으로 지내는 김백석(金白石)이는 나이 17, 8세인데 절도 재범으로 십년 징역을 받은 지 몇 달이 못 된다. 조덕근에게 몰래 당부하였다.

"김백석으로 하여금 황가를 보고 살려 달라고 애원하도록 하라. 그러면 황가가 애정에 못 이겨 백석에게 살릴 방법을 물을 것이니, 그때 백석으로

---

1) 백통전. 구리·아연·니켈의 합금인 백통으로 만든 은빛의 주화.

하여금 '창수 김서방에게 애원하면 나의 명이 살 도리가 없지 아니하다'고 황가에게 조르게 하라."

황가가 백석의 애원을 듣고 함께 지내던 더러운 정에 못 이겨서 하루는 나를 비밀히 찾아와 백석이를 살려 달라고 간청한다. 나는 황가를 엄중히 책망하였다.

"네가 출옥될 기한도 멀지 않아 사회에 나가서 좋은 사람이 될 줄 알았더니 벌써 출옥도 전에 죄지을 생각을 하느냐. 백석이는 어린 것이 중역(重役)을 지게 되어 나도 아깝기는 하나, 피차 죄수의 처지로 무슨 도리가 있느냐?"

황가는 송구스러운 듯 물러갔다. 다시 조덕근으로 하여금 백석을 시켜서 재차 삼차라도 김서방님에게 '백석이 살려 주마'하는 허락을 얻어내라고 가르쳤다. 황가는 다음 날 눈물을 흘리면서 말한다.

"될 수만 있으면 백석의 징역을 대신이라도 하겠습니다. 김서방님은 하지 않을지언정 할 수 없는 것은 아니니, 백석이를 살려 주신다면 죽을 데라도 사양치 않겠습니다."

나는 다시 황가를 믿지 못하는 태도로 말을 한다.

"네가 백석이를 얼마나 사랑하는지 모르나, 너는 다만 더러운 정으로 백석이를 살렸으면 하는 생각이 있나보다. 그러나 그 어린 것이 필경 옥중혼(獄中魂 : 옥 내에 떠도는 혼백, 곧 옥에서 사망함을 뜻함)이 될 것을 불쌍히 여기는 나의 생각만 같을지가 의문이고, 내가 설사 백석이를 살려 주마 허락하고 스스로 실행을 한다면 너는 그것을 순검청에 고발하여 나를 망신이나 시킬까 한다. 네가 나와 근 2년이나 이곳에 있어 보는바, 이순보(李順甫)가 탈옥하였을 때 죄수 전부가 불려가 매를 맞으나 관리들이 내게 대하여 감히 말한마디 묻는 것을 보았느냐? 만일에 나의 백석이 불쌍히 여기는 마음으로 백석이를 살리려다가 오늘까지 관리들의 경애를 받아오던 것이 점잖치 못한 것만 드러나고, 백석이를 살리려다가 도리어 백석이를 죽일 터이니, 살고자 하는 백석이보다 살리려는 네 마음을 믿을 수 없다."

황가는 별별 맹세를 다 한다. 그리고 내가 같이 나가지는 않고 자기들만 옥문 밖에 내어놓을 생각인 줄 안다. 황가에게 절대 복종한다는 서약을 받고 쾌히 승낙하였다.

조덕근, 양봉구, 황순용, 김백석은 다 내가 자기네들을 옥문 밖에 내어놓을 줄 믿으나 무슨 방법으로 어떻게 할 것인지는 감히 묻지도 못하고, 자기들 생각에 나는 결코 도주하지 않을 줄 믿는 모양이다. 황가가 '우리가 가면 노자돈이 있어야지요' 하는 데 대하여도, 조덕근이 가지고 있는 것을 보았고 내게는 한 푼 돈이 없었다.

무술(戊戌 : 1898) 3월 9일[2] 하오에 아버님을 옥문 밖으로 오시게 하여 야장(冶匠 : 대장장이)에게 가서 한 자 길이의 삼릉창(三稜槍 : 모서리가 세 개인 창) 한 개를 제조하여서 새 의복 속에 싸 들여다 달라고 한다. 아버님도 무슨 동작을 하는 줄 아시고 즉시로 삼릉형으로 제조한 철창 한 개를 의복 속에 넣어 주시거늘 받아 품속에 감추었으나 조덕근 등은 알지 못한다. 어머님이 저녁밥을 갖다 주실 때에 나는,

"오늘 밤 옥에서 나가오니 아무 때나 찾아갈 때를 기다리시고 부모 두 분은 오늘 저녁으로 배를 타시고 고향으로 가십시오."

한다. 어머님은

"네가 나오겠니? 그럼 우리 둘이는 떠나마."

하시고 작별하였다.

그날 오후에 압뢰를 불러 돈 백오십 냥을 주고,

"내가 오늘은 죄수에게 한 턱을 낼 터이니 쌀과 고기와 모주(母酒 : 탁주) 한 통을 사다 주시오."

라고 부탁하였다. 별로 괴이할 것이 없는 것은, 종전에도 종종 그리 한 일이 있었다.

---

2)   이때는 백범이 1896년 7월 말 인천 감옥에 수용된 지 1년 8개월 되는 시기임. 나이는 23세.

"그대가 오늘 밤 당번이니 50전어치 연토(煙土 : 아편)를 사가지고 밤에 싫도록 먹으라."

하였다. 그때에는 매일 밤 압뢰 한 명씩 옥방에서 밤을 새는 것이 규칙이더라. 그자는 아편쟁이이고 성품과 행동이 불량하여 죄수에게 특별히 미움받던 자더라.

석식(夕食)에 50여 명의 징역수와 30여 명의 잡수까지 주렸던 창자를 고깃국에 모주로 실컷 채우고 울회(鬱懷 : 답답한 심정)가 일어날 즈음에 나는 김압뢰에게 청하였다. 적수 방에 가서 소리나 시키고 듣자고. 압뢰는 생색이나 쓰는 듯이,

"김서방님 듣게 너희들이 장기대로 노래를 부르라."

한다. 명령이 내리자 죄수들이 노래하느라고 야단이다. 김압뢰는 자기 방에서 아편을 실컷 빨고 혼미해져 곤히 떨어졌다. 나는 적수 방에서 잡수 방으로, 잡수 방에서 적수 방으로 왔다 갔다 하는 틈에 마루 속으로 들어가서 벽돌로 깐 구들을 창(삼릉창) 끝으로 들치고 땅 속을 파고 옥외(屋外)에 나섰다.

옥담을 넘을 줄사다리를 매어 놓고서 문득 딴생각이 난다.

'조덕근 등을 데려 내다가 무슨 변이 날지 모르니 이 길로 곧 가버렸으면 좋지 않을까? 그자들이 결코 동지는 아니다. 기필코 건져내면 무엇하리.'

또 한 생각은 그렇지 않다.

'사람이 현인군자의 죄인이 되어도 대천입지(戴天立地 : 하늘을 머리에 이고 땅에 섬, 곧 세상을 살아감)에 수치스런 마음을 감당할 수 없으려니와 저와 같은 더러운 죄인의 죄인이 되고서야 종신지치(終身之恥 : 종신토록 치욕스러움)를 어찌 견디랴.'

마침내 두 번째 생각이 이기게 되었다.

나오던 구멍으로 다시 들어가서 천연스럽게 내 자리에 앉아서 눈짓으로 네 명을 하나씩 다 내어보내고 다섯 번째 내가 또 나갔다. 나가서 본즉 먼저 내어보낸 4인이 옥담 밑에 앉아서 벌벌 떨고 감히 담을 넘지 못하더라. 내가

한 명씩 옥담 밖으로 다 내어보내고 내가 담을 넘으려 할 때, 먼저 나간 자들이 감리영과 옥을 통합하여 용동(龍洞) 마루를 송판으로 둘러 막은 데를 넘느라고 야간에 요란한 소리가 난즉, 벌써 경무청과 순검청에서 호각을 불어 비상소집이 되는 모양이다.

벌써 옥문 밖에 떠들썩한 소리가 들린다. 나는 아직 옥담 밑에 섰다. 내가 만일 옥방 안에만 있는 것 같으면 관계가 없으나 이미 옥담 밑에까지 나오고 본즉, 급히 탈주함만이 상책인데, 남을 넘겨주기는 용이하나 내가 혼자서 한 길 반이 넘는 담을 넘기가 극히 곤란하다. 시기가 급박치 않으면 줄사다리로나 넘어볼 터이나, 문밖에서는 벌써 옥문 여는 소리가 나고, 감방의 죄수도 떠들기를 시작한다. 곁에 약 한 길 쯤 되는 몽둥이 —— 죄수들이 물통을 마주 메는 것 ——를 가지고 몸을 솟아서 담꼭대기를 손으로 잡고 내려뛰었다. 그때는 최후 결심을 한 때라 누구든지 나의 가는 길을 막는 자 있으면 결투를 할 마음으로 철창을 손에 들고 바로 삼문(三門 : 정문)으로 나간다. 삼문의 파수 순검도 비상소집에 갔는지 인적이 없다.

탄탄대로로 나왔다. 봄날에 밤안개가 자욱한 데다가 연전(年前 : 몇 해 전)에 서울 구경을 하고 인천을 지난 적이 있으나 길이 생소하였다. 어디가 어디인지 지척을 분간 못할 흑야(黑夜)에 밤새도록 해변 모래사장을 헤매다가 동쪽 하늘이 훤해질 때에 급기야 와서 본즉 감리서 후방 용동 마루터기에 당도하였다. 벌써 수십 보 밖에 순검 한 명이 군도(軍刀)를 제그럭제그럭하며 달려온다. 또 죽었구나 하고 은신할 곳을 찾는데, 서울이나 인천의 길거리 상점에는 방문 밖에 아궁지를 내고 그 위에 긴 판자 한 개를 놓아 거기다가 신을 벗고 점방 출입을 하는 것이라, 선뜻 그 판자 밑에 들어가 누웠다.

순검의 흔들리는 칼집이 내 콧부리를 스치는 것같이 지나간다. 얼른 일어나 본즉 날은 밝아오고 천주교당 뾰족집[3]이 보인다. 그곳이 동쪽인 줄 알

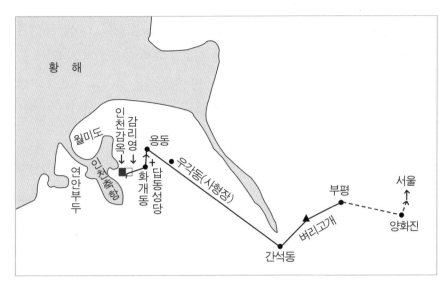

백범의 인천감옥 탈옥

고 걸어간다. 어떤 집에 가서 주인을 부른즉,

　"누구냐?"

묻기로,

　"아저씨 나와 보십시오."

하였다. 그 사람은 더욱 의심이 나서,

　"누구란 말이냐?"

한다.

　"내가 김창수인데, 감리가 비밀히 풀어주어 출옥하였으나 갑자기 갈 수가 없으니 댁에서 낮을 지내고 밤에 가면 어떻습니까?"

하였다. 주인은 불응한다.

　다시 화개동(花開洞)을 향하고 몇 보를 옮기노라니 어떤 모군꾼(공사판 품팔이 일꾼) 한 명이 입상투(상투만 틀고 관을 쓰지 아니한 모양) 바람에 두루마기만 입고 식전 막걸리집에를 가는 모양이다. 자던 성대로 노래를 부르며 간다. 나는 그 사람을 붙잡았다. 그 사람이 깜짝 놀라며 '누구시오' 한다. 나는 또 성명을 자백하고 옥에서 나오게 된 사유를 언급하고 길을 물은즉 그 사람은 반겨 승낙하고 이 골목 저 골목 후미진 곳 작은 길로만 가서 화개동 마루터기에 올라서고, 동쪽을 향하여 가리키며 저리로 가면 수원 가는 길이고, 저리로 가면 시흥으로 서울 가는 소로인즉 마음대로 행로를 취하라고 말을 마치고 작별하였다.

시기가 급박하여 성명도 묻지를 못하였다. 나는 시흥 가는 길을 취하여 서울로 갈 작정이다. 나의 행색으로 보면 누가 보든지 참 도적놈으로 보기 쉽다. 염병(장티푸스) 후에 머리털은 전부가 다 빠지고 새로 난 두발은 소위 솔잎상투(짧은 머리를 끌어올려 튼 상투)로 꼭대기만 노끈으로 졸라매고 수건으로 동이었다. 두루마기 없이 바지저고리 바람으로 의복만으로는 가난한 사람 차림이 아니지만 새로 입은 의복에 보기 흉하게 흙이 묻었고 아무리 스스로 살펴보아도 평범한 사람으로 보여지지 않는다.

인천항 5리 밖에서 아침 해가 올랐고 바람편에 들리는 소리는 호각 부는 소리요, 인천 근방의 산 위에도 사람이 희뜩희뜩 올랐다. 나의 이런 행색으로 길을 간다면 좋을 리 없고, 산중에 은신을 한다 하여도 산을 반드시 수색할 터인즉 그것도 불가하다. 생각한 결과 허즉실실즉허(虛卽實 實卽虛 : 허함이 곧 실함이요 실함이 곧 허함) 격으로 대로변에 숨으리라 하고 살펴보니 인천서 시흥 가는 대로변에 동송(童松 : 어린 소나무)을 길러 드문드문 방석솔 포기가 한 개씩 섰다. 나는 그 솔 포기 밑으로 두 다리를 들이밀고 반듯이 드러누워 본즉 얼굴만 드러났다. 얼굴은 솔가지를 꺾어 가리었다.

과연 순검과 압뢰가 떼를 지어 시흥대로로 달려간다. 주거니 받거니 의론이 분분하다.

"조덕근은 서울로, 양봉구는 윤선(輪船)으로, 김창수는 어디로 갔을까. 그중 김창수는 잡기가 제일 어려울 걸."

"과연 장사야. 창수만은 잘했지. 갇히어 있기만 하면 무엇하나."

바로 나를 들으라고 하는 말 같다. 부근 산록은 다 수색한 모양이더라.

해가 서산에 걸칠 즈음에 아침에 가던 순검들과 압뢰 김장석이 도로 몰려 바로 내 발부리 앞으로 지나간다. 그들이 인천으로 돌아가는 것을 보고서야 비로소 솔 포기 속에서 나왔다.

나오기는 하였으나 어제 저녁 해가 높아서 밥을 먹은 후에 밤에 파옥의 노력을 하고, 밤새껏 북성 고지 모래밭을 헤매고, 다시 황혼이 되도록 물 한 모금 못 먹고 있은즉 하늘 땅이 팽팽 돌고 정신을 차릴 수가 없다. 근처 동네에 들어가 한 집을 찾아가서,

"나는 서울 청파 사는 사람으로 황해도 연안에 가서 곡식을 사 싣고 오다가 간밤에 북성포(北城浦)에서 파선(破船)을 하고 서울로 가는 길입니다. 시장하니 밥을 좀 먹게 해 주시오."
라고 청하였다. 그 주인은 죽 한 그릇을 준다. 내게는 호주머니 속에 화류면경(花柳面鏡 : 꽃과 버들이 그려진 거울) 한 개가 있었다. 누가 정표로 준 것인데 그것을 꺼내서 그 집 아이를 주었다. 시가로 엽전 한 냥짜리 면경이다. 그것으로 밤을 자고 아침에 가겠다고 청하였으나 효력이 없은즉 죽 한 그릇을 스물 닷 냥 주고 사서 먹은 것이 되었다. 그 주인은 나의 모양을 보고 수상히 여긴 것이다.

"저기 저 집 사랑에는 행객이 더러 자고 다닌즉 그 사랑에나 가서 물어보시오."
하고 나가 달라고 청한다. 하릴없이 그 집에를 가서 하룻밤 숙박을 청하였으나 거절을 당하였다. 가만히 살펴본즉 동네에 발로 디디는 디딜방앗간이 있고 그 옆에는 짚단이 있다. 짚단을 안아다가 방앗간에 펴고 덮고 하룻밤 고등여실(高等旅室 : 고급 여관방)을 준비하였다.

짚단을 깔고 짚단을 덮고 짚단을 베고 누웠으니 인천 감옥 특별방에서 두 해 동안 지내던 연극의 일막이 닫혀졌고, 지금은 방앗간 잠에 제2막이 열리는구나 하는 회포가 생긴다. 『손무자』와 『삼략』을 낭독하였다. 동네 사람들이 수군거린다.

"거지도 글을 읽는다! 혹시 그것이 거지가 아닌가 본데, 아까 큰 사랑에 와서 하룻밤 자자고 하던 사람이다."

나는 흥이 돋았으나 장량(張良)의 종용보이상(從容步圯上 : 흙다리 위를 조용히 걸음)⁴⁾하던 데 비하여 보잘것없다고 생각을 하고 미친 사람 모양으로 욕설을 함부로 하다가 잠이 들었다.

새벽 일찍 깨어 소로를 택하여 경성으로 향한다. 벼리고개⁵⁾를 향하고 행보하다 아침밥을 걸식하는데 한 집의 문전에 당도하여 옛날 고향에서 있을 때 소위 활인소 걸인배(活人所乞人輩 : 활인소에 소속된 거지들)라고 10여 명씩 몰려다니며 집집에 가서 성난 목소리로 활발하게……⁶⁾ 그런 말과 같이 너출지게⁷⁾는 못하고 다만,

"밥 좀 주시오."

하는 말을 힘껏 질렀지만, 사람은 듣지를 못하고 그 집 개가 소개원(紹介員)의 직분으로 마구 짖는 서슬(날카로운 기세)에 주인이 머리를 내민다.

"[사 먹는 밥이라면 몰라도] 걸식을 할 터이면, 미리 시키지 않았으니 무슨 밥이 있느냐?"

"여보, 밥숭늉이라도 좀 주시오."

하였다. 하인이 갖다가 주는 밥숭늉 한 그릇을 먹고 떠났다.

대로를 피하여 매양 촌 동리로만 행로를 정한다. 이 동리에서 저 동리를

---

4) 　중국 진(秦)나라 말기의 명장 장량은 일찍이 하비(下邳)에 숨어 살 때, 이교(圯橋 : 흙다리)에서 황석공(黃石公)이 다리 밑에 떨어뜨린 신을 주워다가 그에게 신게 하고 병서(兵書)를 받았다 함.

5) 　중국의 사신들이 해로로 귀국할 때 이 고개 위에서 조선의 관리들과 이별하였다 하여 붙여진 '별이현(別離幌)'을 말하며, 현재 인천시 북구 부평3동에서 만수동으로 넘어가는 길임. 백제의 시조인 온조의 형 비류가 미추홀(인천)로 올 때 넘어온 고개라는 '비류고개'에서 연원한다고도 함.

6) 　이 부분은 백범이 무언가 글을 써 넣으려다 그만둔 흔적이 있음. 내용상으로는 걸인배들이 하던 말투가 들어가야 할 것 같음.

7) 　'넌출지다'의 고어로 '넌출(다래·칡과 같이 길게 뻗어나간 식물 줄기)이 길게 치렁치렁 늘어지다'는 뜻임.

가는 마을사람 모양으로 인천·부평 등 군을 지나간다. 2, 3년간 소천지(小天地) 소세계(小世界)의 생활을 하다가 넓은 세상에를 나와서 가고 싶은 곳을 활개를 쳐 가며 가노라니 심신이 상쾌하다. 감옥에서 배운 시조와 타령을 하면서 길을 간다. 그날로 양화도(楊花渡 : 지금의 서울 양화대교 남단) 나루를 당도하였다. 날도 이미 저물고 배도 고프고 나루 뱃삯 줄 돈도 없다.

동네 서당에를 들어가 선생과 지면(知面)을 청하였다. 선생은 내 나이가 어린 것과 의관을 상당하게 못한 것으로 보아 그랬던지 초면에 경어를 사용하지 않고 '누구라 하나'인 열등어(劣等語 : 낮춤말)를 사용한다. 나는 정색하고 선생을 책망한다.

"당신이 남의 사표(師表 : 학식과 덕행이 높아 남의 모범이 될 만한 사람)가 되어 가지고 남에게 교만하니 아동 교육에 잘못될 것 아닌가. 내가 일시 운수가 불길하여 행로 중에 봉적(逢賊 : 도적을 만남)하고 이 모양으로 선생을 대하나 결코 선생에게 열대(劣待)를 받을 사람은 아니오."

그 선생이 사과하고 내력을 묻는다.

"나는 경성 사는 아무개인데 인천에 볼일이 있어 갔던 차 돌아가는 길에 벼리고개에서 도적을 만나서 의관과 봇짐을 빼앗기고 집으로 가는 길에 날도 저물고 주리기도 하여 예절을 아실 만한 선생을 찾았노라."
고 하였다. 선생은 동처숙식(同處宿食 : 함께 숙식을 함)을 승낙하고 문자 토론으로 하룻밤을 지냈다. 조반을 먹은 후에 선생이 학동 한 명에게 편지를 주어 나루 주인에게 전하였다. 무료로 양화도를 건너 경성에 도착하였다.

서울로 가는 목적은 별것 없다. 인천옥에 있는 동안 각처 사람과 친하게 지낸 중에 경성 남영희궁(南永羲宮)[8] 청지기 노릇을 한 사람이 배오개[9] 유기

---

8) 영희궁(永禧宮) 혹은 남별궁(南別宮)을 말하는 듯함. 영희궁은 현재의 서울 중구 저동(苧洞) 중부경찰서 자리에 있던 궁궐이며, 이전 명칭은 남별전(南別殿)이었음. 남별궁은 지금의 소공동 조선호텔 자리에 있던 궁궐.

9) 지금의 종로 4가에서 퇴계로쪽으로 통하는 길.

장(유기 그릇을 만드는 기술자) 등 5, 6인과 결탁하여 인천 해상에 배를 띄우고 백동전을 몰래 주조하다가 전부 체포되어 인천옥에서 1년 여를 고생한 적이 있다. 그들이 출옥할 때에 자기들 말이 종신불망(終身不忘 : 종신토록 잊을 수 없음)의 은혜를 입었다며 출옥시에 부디 알려주면 자기들이 와서 만나보겠다고 간절히 부탁하였다.

출옥 후에 의관을 고쳐 줄 사람도 없으므로 그 사람들도 찾고 조덕근도 좀 만나보려는 작정이라. 남대문을 들어서서 남영희궁을 찾아간즉 날은 이미 어둑어둑하다. 청지기 방 문전에서 '이리 오너라' 불렀다. 청지기 방에서 누가 미닫이를 반쯤 열고 하는 말.

"어디서 편지를 가져왔으면 두고 가거라."

목소리를 들으니 진오위장(陳五衛將)[10]이라.

"네. 편지를 친히 받아주세요."

하고 뜰 안에 들어섰다. 진(陳)이 마루에 나와서 자세히 보더니,

"아이구머니, 이게 누구요?"

하고 버선발로 마당에 뛰어나와 내게 매어달린다. 자기 방에 들어가 곡절을 묻는다. 나는 바른대로 말을 하였다.

진오위장은 자기 방에 나를 앉히고 한편은 자기 식구들을 청하여 인사를 시키고, 다른 한편은 그때 공범들을 불러 모았다. 나의 행색이 수상함을 근심하여 백립(白笠 : 흰갓)을, 두루마기를, 망건을 제가끔 사다 주며 속히 관망(冠網 : 갓과 망건을 씀)을 하라고 한다. 3, 4년 만에 비로소 망건을 쓰니 어쩐 일인지 눈물이 떨어진다.

몇 날 동안 그 사람들과 잘 놀다 짬을 내어 청파(청파동) 조덕근의 집을 찾아갔다. 문 밖에서 '이리 오너라' 불렀다. 조덕근의 큰마누라가 내가 온 줄 알고 꺼리는 빛이 있다.

---

10)   오위장(五衛將)은 본래 오위(五衛)의 군사를 거느리는 장수로서 종2품의 높은 벼슬이나, 여기서는 문맥으로 보아 영희궁 청지기의 직분을 뜻하거나 그 사람의 별명으로 불린 듯함.

"우리 댁 선달님이 옥에서 나왔다고 인천집에서 기별은 있으나 이모댁에 나 와서 계신지, 내가 오늘 가 보고 내일 오시면 말씀하겠습니다."

혹시 그러려는가 여기고 돌아왔다가 다음날 또 갔다. 역시 모른다고 말을 하는 눈치가 조덕근과 상의한즉 나는 자기보다 중죄인이니 이미 출옥한 바에 다시 보아 이익이 없다고 생각하고 잡아떼는 수작이더라. 세상 내가 퍽도 어리석다. 파옥하고 내가 먼저 나와서 단신으로 쉽게 달아나려다가 그가 나에게 애걸하던 모습을 생각하고 이중의 험한 곳에 다시 들어가서 그자들을 위험지대는 다 면케 하여 준 것인데, 지금 내가 적수(赤手 : 맨손)로 자기를 찾았을 줄 알고 나를 보면 금전의 해가 있을까 거절하누나. 그 사람에 그 행실인즉 심히 책망할 것 없다 하고 돌아와서는 다시 가지 않는다.

수일을 두고 이 사람 저 사람들에게 성찬으로 잘 먹고 헐각(歇脚 : 다리를 쉼)도 하였다. 그 사람들에게 팔도강산 구경이나 한다고 작별을 한즉 또 노자를 추렴하여 한 짐을 지워 준다. 그날로 동적강(銅赤江)을 건너 삼남으로 향한다. 그때 심리가 매우 울적하여 승방(僧房) 뜰에서부터 폭음을 시작하여 밤낮 쉬지 않고 마셨다. 과천을 지나 겨우 수원, 오산장(烏山場)을 도착하자 한 짐을 지고 떠난 노자가 바닥이 났다.

오산장 서쪽으로 동명(洞名)은 잊었으나 김삼척(金三陟)[11]의 집이 있는데 주인 노인은 일찍이 삼척 영장(營將)[12]을 지내었고, 자식 여섯에 장자 아무개가 인천항에서 상업을 하다가 실패된 관계로 인천옥에서 한 달여 고생하는 동안 나를 몹시 사랑하여, 자기가 방면될 때에도 차마 잡았던 손을 놓지 못하며 후일 상면하기를 굳게 약속한 터이라. 그 집에를 찾아가서 자기네 육형제와 같이 술과 노래로 며칠을 보내고, 약간의 노자를 얻어 가지고 공주를 지나 은진 강경포 공종렬(孔鍾烈)의 집을 찾아 들어갔다.

---

11) 옛날에는 사람을 호칭할 때 이름 대신 출신지를 부르는 경우가 있었는데 본문의 '삼척'이란 이름도 그같은 예에 해당함.

12) 진영장(鎭營將)의 줄임말. 팔도의 감영이나 병영에 딸린 각 진영의 우두머리 벼슬.

공종렬도 역시 감옥 친구이니 당시는 자기 부친 공중군(孔中軍)[13]이 작고하여 상중인 몸이었다. 사람됨이 어린 나이에 영리하고 문자도 쉽게 깨우치더라. 일찍이 운현궁 청지기를 지냈고 당시는 조병식(趙秉式)[14]의 사음(舍音)[15]으로 강경포에서 물상객주(物商客主)를 경영하다가 금전관계로 소송을 당하여 몇 개월 인천옥에서 갇힌 동안 나와 극히 친하게 지내었다. 강경포에 들어가 공(孔)의 집에를 당도하여 본즉 가옥이 극히 광대하였다. 공종렬이가 나의 손을 끌고 일곱째 대문을 들어가서 자기 부인 방에 나를 유숙하도록 하고 공의 자당(慈堂 : 남의 어머니를 부르는 말)도 인천에서 알게 되었으므로 반가이 인사하였다.

공군이 나를 이같이 특대하는 것은 옥중 친구인 옛정도 있지만 그 포구가 인천과 조발석지(朝發夕至 : 아침에 떠나 저녁에 다다름)하는 곳이고, 자기 각사랑에 역시 동서남북인이 출입을 하는 고로 나의 비밀이 드러날까 두려워함이라.

며칠을 휴양하고 있던 중 어느 날 밤은 월색이 뜰에 가득한데 공군 자당의 방문 여닫는 소리가 들린다. 내가 가만히 일어나 앉아 창문 유리로 뜰을 내다본즉 홀연 검광이 번쩍한다. 자세히 살펴본즉 공종렬은 검을 들고 그자당은 창을 끌고 모자가 동병(動兵 : 병을 일으킴)을 한다. 의외의 변고가 있을까 하여 의복을 갖추어 입고 앉았노라니, 조금 지나 공군이 어떤 청년의 상투를 끌고 들어와서 하인을 소집하여 두레집 —— 두레를 매달기 위해 긴 나무 3개의 윗 부분을 묶고 밑을 넓게 벌려 놓은 것 —— 을 짓고, 그 청년을 거꾸로 매달아서 10세 내외의 동자 두 명을 호출하여 방망이 한 개씩을 주면서, '너희들의 원수니 너희들의 손으로 때려 죽이라'고 한다. 그러다가 공

---

13) 중군(中軍)은 각 군영(軍營)의 대장이나 사(使)의 버금이 되는 장관.
14) 구한말의 문신(1832~?). 자는 공훈(公訓). 양주 출신. 함경도 관찰사 때 방곡령(防穀令)을 내림. 충청도 관찰사 때 동학교도를 탄압하여 동학운동의 원인을 만듦. 그 후 의정부 찬성(贊成)으로 있을 때 황국협회(皇國協會)를 배후 조종하여 독립협회 타도의 선봉에 섬.
15) 지주의 위임을 받아 소작권을 관리하는 사람. 일명 마름.

군이 내 방에 들어와 형이 매우 놀랐을 터이니 미안하다고 한다.

"형과 나 사이에 무슨 숨김이 있겠나. 나의 누님 한 분이 과부로 살아 수절을 하다가 내 집 상노(床奴 : 밥상 나르고 잔심부름하는 아이)놈과 통간이 되어 일전에 해산을 하고 죽은 고로 놈을 불러, '네 자식을 데리고 먼 곳에 가서 기르고 내 앞에 보이지 말'고 하였더니 그놈이 천주학을 하며 신부의 세력을 믿고 내 집 곁에 유모를 두고 내 가문에 수치를 끼치는 거요. 그러니 형이 나가서 호령하여 저놈이 멀리 달아나도록 하여 주게."

나는 어디로 보든지 그만한 청을 안 들어 주지 못할 처지이라 승낙하였다. 나가서 달아맨 것을 풀어 앉히고 그자의 죄를 하나하나 꾸짖는다.

"네가 이 댁의 길러낸 은혜를 생각한들 주인의 면목을 그다지도 무시할 수 있느냐?"

호령을 하였다. 그자는 나를 슬쩍 보더니 크게 겁을 먹고,

"나으리 분부대로 하겠습니다. 살려주십시오."

한다. 공종렬이 그자를 향하여,

"네가 오늘 밤으로 네 자식을 내다 버리고 이 지방을 떠날 터이냐?"

하고 다그치자 그자는 그리 하겠다고 말하고 물러간다. 나는 공군에게 물었다.

"그자가 자식을 데리고 갈 곳이나 있느냐?"

"개천 건너 임피(臨陂 : 전북 옥구군 임피면) 땅에 제 형이 사니까 그리 가면 자식도 기를 수 있네."

"아까 그 두 동자는 누구냐?"

"그것이 내 생질(甥侄 : 누이의 자식)이야."

나는 다음 날 아침에 어느 곳으로 출발할 말을 하였다. 그 집 형편도 그렇고 또한 잠복하였던 내 본색이 탄로난지라. 공군 역시 그것이 좋겠다고 생각하고, 자기 매부 진선전(陳宣傳)[16]이 무주읍에 살고 있는데 부자인데다 그 읍이 후미지니 그리 가서 세월을 기다림이 좋을 것 같다며 소개 편지 한

장을 써 주었다. 다음 날 아침에 공군과 작별하고 무주행을 떠났다.

강경포를 채 벗어나지 못하여서 거리에 사람들이 웅성웅성한다. 지난 새벽에 갯가에서 어린아이 우는 소리가 들리다가 소리가 끊어진 지 오래이니 그 아이는 죽은 것이라고 야단이다. 나는 이 말을 들으매 천지가 아득하다.

'오늘날〔나는〕살인을 하고 가는 길이로구나. 그자가 밤에 나의 면목을 대할 때 심히 무서워하더니 공종렬의 말을 곧 나의 명령으로 생각하고 제 자식을 안아다가 강변에 버리고 도주한 것 아닌가?'

가뜩이나 흉중이 울적한 데다가 세상에 아무 죄 없는 유아를 치사케 한 것이 얼마나 큰 죄악이냐〔생각하니〕일생을 위하여 심히 비관된다. 급기야 무주읍 진선전(陳宣傳) 집에를 갔으나 구구히 한 곳에 두류(逗留 : 객지에 머무름)함이 우울한 마음만 한낱 더할 뿐이라.

드디어 무전여행을 떠났다. 내 걸음이 기왕 삼남에 유력(遊歷)하는 바에는 남원에 가서 김형진(金亨鎭)을 상봉하리라 하고. 평소에 들건대 전주 남문 내 한약국 주인 최군선(崔君善)은 김형진의 매형임을 알았으나, 먼저 남원 이동(耳洞)을 찾아가서 김형진을 물은즉 그 동네 사람들이 놀라며 김형진 찾는 이유를 묻는다. 나는 김형진을 경성에서 알아서, 지나는 길에 방문했다고 하였다.

동네 사람이 왈,

"김형진은 바로 이 동네에 대대로 살았으나 몇 해 전에 김형진이가 동학에 가입하였다가 난이 끝난 뒤에 철가도주(撤家逃走 : 집안 식구들을 데리고 도망감)하고는 다시 소식을 모른다."

한다. 나는 듣기에 좀 섭섭하다. 김형진이가 나와 청국까지 동행하며 크고 작은 위험을 같이 겪어 친형제보다 정이 두터운 처지에 나의 일생은 빠짐없이 자기가 다 알면서 자기의 내력은 이토록 숨김이 무슨 까닭일까. 여하튼

---

16)   선전은 선전관청(宣傳官廳)에 있던 무관(武官) 벼슬. 정3품부터 종9품까지 있었음. 일명 선전관.

지 전주까지 가서 행방을 탐지하리라.

전주읍 최군선을 찾아가 김형진의 친구임을 말하고 주소를 물은즉 최군선 역시 냉담한 어조로,

"김형진 말씀이요? 김형진은 나의 처남이 맞으나, 나에게 지기 어려운 무거운 짐을 지우고 자기는 벌써 황천객이 되었소."

한다. 천신만고 끝에 찾아간 나는 슬픔을 금키 어려운 중에, 최의 태도가 너무 불친절한 것을 보고서 다시 더 물어볼 생각이 없다. 곧 작별하고 그날이 전주 시일(市日 : 장날)이므로 시장에 나와서 구경을 한다.

이리저리 다니다가 백목전(白木廛 : 포목점)에 가서 포목 파는 광경을 보던 즈음에 농촌인의 자태가 보이는 청년 한 사람이 포목을 사는 것을 본즉 용모가 흡사한 김형진이다. 김형진보다는 연소하여 보이고, 김형진은 문사(文士)의 자태가 보이나 이 사람은 농군의 태도가 보일 뿐 언어와 거동이 꼭 김형진과 같다. 나는 그 사람이 장을 다 보고 돌아가려는 즈음을 타서,

"당신 김서방 아니시오?"

물었다.

"네, 그렇지라오마는 당신은 뉘시오니까."

"노형이 김형진씨 계씨(季氏 : 아우)가 아니오?

그 사람이 머뭇머뭇하고 말대답을 못한다. 나는,

"당신의 면모로 보아 김형진씨 계씨임을 짐작하거니와 나는 황해도 해주의 김창수요. 노형 백씨(伯氏 : 형) 생전에 혹시 내 이야기를 들은 적 있으시오?"

그 청년은 두 눈에 눈물을 흘리며 제대로 말을 잇지 못하고[17] 체읍(涕泣 : 흐느껴 울음)한다.

"과연 그렇습니까? 내 형 생전에 당신의 말씀을 들을 뿐 아니라 별세하실 때에도 '창수를 생전에 다시 못 보고 죽음을 유한(遺恨 : 한으로 남음)이라'

---

17)　원문은 '兩眼淚下에 語不能成說하고'임.

하였지라오. 제 집으로 가십시다."

금구 원평(金溝院坪 : 김제군 금구면)을 가서 조그마한 집에 들어가 이 사람이 자기 자당과 형수에게 내가 찾아온 것을 말하자 그 집에는 곡성이 진동한다. 김형진이 작고한 지 19일 후라 한다. 영연(靈筵 : 영정을 모신 곳, 궤연)에 들어가 조배(弔拜 : 절)하니 60 노모는 자기 아들의 생각, 30 상부(孀婦 : 청상과부)는 남편 생각, 아들 맹문(孟文)은 아직 8, 9세에 아무 철을 모르더라. 장터에서 상봉하던 사람은 즉 형진의 둘째 아우니, 아들 맹열(孟烈)이가 있고 농업을 하며 생활하더라.

수일을 쉬고 무안·목포를 향한다. 목포에 도착하니 신개항(新開港)으로 아직 관사 건축도 미처 못하고, 모든 것이 엉성하여 보이더라. 함께 파옥한 양봉구를 상봉하여 인천 소식을 물은즉 인천은 조덕근이가 서울서 잡혀 가서 눈 한 개가 빠진 데다 다리가 부러지고, 아편쟁이 압뢰인 김가는 아편 독이 몰려와서 죽었다 하고, 나에 관한 소문을 듣지를 못하였다고 한다. 그리고 인천과 목포 간에 순검들도 서로 내왕한즉 목포가 오래 머무를 땅이 아니라며 약간의 여비를 마련하여 주고 떠날 것을 청한다.

〔나는 목포를 떠나서 광주를 지나 함평에 이름난 육모정(六毛亭) 이진사 집에 과객으로 하룻밤을 잤다. 이진사는 부유한 사람은 아니었으나 육모정에는 언제나 빈객이 많았고, 손님들께 조석을 대접할 때에는 이진사도 손님들과 함께 상을 받았다. 식상은 주인이나 손님이나 일체 평등이요 조금도 차별이 없었고, 하인들이 손님들께 대하는 태도는 그 주인께 대하는 것과 꼭 같이 하였다. 이것은 주인 이진사의 인격의 표현이어서 참으로 놀라운 규모요 가풍이었다.

육모정은 이진사의 정자여니와 그 속에는 침실, 식당, 응접실, 독서실, 휴양실 등이 구비하였다. 그때에 글을 읽던 두 학동이 지금의 이재혁(李載爀), 이재승(李載昇) 형제다.

나는 하룻밤을 쉬어 떠나려 하였으나 이진사는 굳이 만류하여 얼마든지 더 묵어서 가라는 말에는 은근한 진정이 풍겨 있었다. 나는 주인의 정성에 감동되어 육모정에서 보름을 묵었다.

내가 내일은 이진사 집을 떠난다는 말을 듣고 자기 집으로 청한 사람이 있었다. 그는 나보다 다소 연장자인 장년의 한 선비로 내가 육모정에 묵는 동안 날마다 와서 담화하던 사람이다. 나는 그의 청을 물리칠 수가 없어서 저녁밥을 먹으러 그의 집으로 갔다. 집은 참말 게딱지와 같고 방은 단 한 칸뿐이었다. 그 부인이 개다리소반에 주인과 겸상으로 저녁상을 들어 왔다. 주발 뚜껑을 열고 보니 밥은 아니요 무엇인지 모를 것이었다. 한 숟가락을 떠서 입에 넣으니 맛이 쓰기가 곰의 쓸개와 같았다. 이것은 쌀겨와 팥으로 만든 겨범벅이었다. 주인은 내가 이진사 집에서 매일 흰 밥에 좋은 반찬을 먹는 것을 보았지마는 조금도 안 되었다는 말도 없고 미안하다는 빛도 없이 흔연히 저도 먹고 내게도 권하였다. 나는 그의 높은 뜻과 깊은 정에 감격하여 조금도 아니 남기고 다 먹었다.][18]

목포를 떠나서 해남 관두(關頭)[19]와 강진 고금도(古今島)와 완도 등처를 구경하고 장흥 · 보성 —— 송곡면, 곧 지금의 득량면 득량리 종씨 金廣彦 등의 집에서 40여 일 휴식. 떠날때 동네 양반 부인에게 필기함을 선물 받았음 —— 으로, 화순 동복(同福 : 지금의 동복면)으로, 순창 대명(大明)[20]으로, 하동 쌍계사로 칠불아자방(七佛亞字房)[21]도 구경하고 다시 충청도로 들어와 계

---

18) 이 부분은 친필 원본에는 없고, 국사원본 간행 때 백범이 추가한 글이라 판단됨. 그러나 '목포 → 광주 → 함평' 경로는 지리적으로 맞지 않으며, 김제 금구 김형진의 동생집에서 목포를 내려가며 광주 · 함평을 들렀을 것으로 추측됨. 그것은 뒤에 백범이 '목포 → 해남 → 강진 → 완도' 행로를 밝히고 있는 것으로 보아 백범의 착각일 듯함.

19) 현 해남군 화산면 관두산(館頭山) 일대를 가리키는 듯함. 관두가 갈림길이라는 설도 있음.

20) '대명'은 '담양'의 오류인 듯함. '대명'이라는 지명은 당시 전라도 지방에 없었음. 뒤에 이어지는 글에서는 '대명'에서 대나무밭을 보았다고 하였는데, 이로 미루어 백범은 대나무 산지인 '담양'을 착각한 듯함. 국사원간에서도 이 부분을 '담양'으로 기록했음.

21) 경남 하동군 화개면 쌍계사 칠불암 내의 亞자 형태로 된 온돌방. 현재 경남 유형문화재 144호로 지정되어 있음.

룡산 갑사에 도착하니 시기는 8, 9월이라. 사찰 부근에 감나무가 빽빽한데 붉은 감이 익어서 저절로 떨어지더라.

절에서 점심을 사 먹고 앉았더니 동학사로 와서 점심을 먹는 유산객(遊山客 : 산을 구경하며 놀러 다니는 사람) 한 명이 있다. 인사를 한즉 공주 사는 이서방이라 한다. 유산시(遊山詩)를 들려주는데 나이는 40이 넘은 사람으로 선비인데 시로나 말로나 퍽 비관(悲觀)을 품었다. 초면이라도 대화가 쉽게 접근된다. 그는 나의 행로를 묻기로 나도 개성에서 생장하여 상업에 실패하고 홧김에 강산 구경이나 하자고 떠나서 근 일년을 남도에서 지내고 지금은 고향으로 간다고 말하였다. 이서방은 다정히 나에게 청한다.

"노형이 기왕 구경을 떠난 바에는 여기서 40여 리를 가면 마곡사(麻谷寺)란 절이 있으니 그 절이나 같이 구경하고 가시는 것이 어떠하오?"

나는 마곡사란 말이 심히 의미있게 들린다.

아이 때부터 본바 우리 집에 『동국명현록(東國明賢錄)』 한 책이 있는데 서경덕(徐敬德)[22] 화담(花潭 : 서경덕의 호) 선생이 동지하례(冬至賀禮 : 동짓날 왕께 인사하는 예식)에 참석하여 크게 웃은즉 임금이 '경은 어인 일로 여러 사람 중에 홀로 웃느냐' 물은즉 화담이 아뢰되 '오늘 밤 마곡사 상좌승(上座僧 : 주지승)이 밤을 새워 팥죽을 끓이다가 졸음을 못이겨 죽솥에 빠져 죽었는데 여러 중들이 전혀 알지 못하고 죽을 퍼먹으며 희희낙락하는 것을 생각하니 우습습니다'[23] 하였다. 임금이 곧 파발말을 놓아 하루 낮밤 3백여 리 마곡사에 가서 조사한바 과연 그러했더라는 문구를 아버님이 소설(小說)로 이야기하시던 것이 연상된다.

22)   조선 초기의 학자(1489~1546). 자는 가구(可久), 호는 화담(花潭) 또는 복재(復齋). 당성(唐城) 출신. 벼슬을 하지 않고 도학(道學)에만 전념함. 저서 『대허설원(大虛說原)』, 『이기사생귀신론(理氣死生鬼神論)』. 그를 유명한 도사로 등장시켜 도술적 행각을 그린 허구소설 『서화담전』이 전해짐.
23)   원문은 '今夜 馬谷寺上座僧이 達夜煮粥이라가 不勝其眠하야 粥釜중에 溺死하였는데 衆僧이 全然不知하고 粥을 퍼먹으며 喜喜樂樂…'임

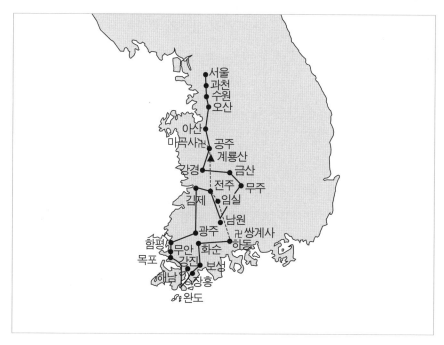

백범의 삼남 유력

승낙하고 이서방과 같이 마곡사를 향발한다. 만유(漫遊 : 한가하게 노님)는 여기까지 종막이 될 터인데 그 사이 문견(聞見 : 보고 들음)과 친력(親歷 : 친히 경험함)한 사실을 약거하건댄, 아산 배암밭 동리에 들어가 충무공 이순신의 기념비를 경람(敬覽 : 공경하는 마음으로 바라봄)하였고, 광주(廣州) 역말이란 동네에 들어간즉 촌 동리에 몇백 호인지는 모르나 동장이 9명이 일을 본다 하니 서북 지방에서 보지 못하던 일이다.

광주·나주·순천·대명[24] 등 도처의 죽림(竹林) 역시 서북에 없는 특산인데 내가 십여 세 때까지 대나무도 일년에 한 마디씩 자라는 줄은 알았으나 실제 보고 경험함은 처음이며, 장흥·보성 등 각 군에는 여름에 콩잎새를 따서 당장 국도 끓여 먹고 또 뜯어 말렸다가 삼동(三冬 : 겨울 석달)에 먹기

24)   원문에는 '光羅州順大明'으로 되어 있는 바, 順大明의 지명이 확실치 않음.

도 하는데, 말린 것이 시장에 나와 시장 상품의 대종이 되는 것을 보았다. 해남[25]의 이진사집 사랑에 며칠 머무르는 중 함께 있던 객이 5, 6명이라, 그 중에 그 집 손(손님)노릇한 지가 8, 9년 된 자가 있다. 손님이 노력하면 주인이 빈한하여진다는 미신이 있다 하여 일지부동(一指不動 : 손가락 하나 까딱 않음)하고 주인과 무차별의 대우를 받는다.

양반이 못 되면 대재산가라도 감히 사랑문을 밖으로 열지 못한다. 그런 고로 과객이 주인을 찾아 숙박을 청하면 첫 번에 묻는 말이 '간밤은 어디서 유숙하였소?' 한다. 만일 유숙한 집이 양반의 집이면 두 말이 없고, 중인의 집에서 잔 것 같으면 객을 권계(勸戒 : 타일러 훈계함. 여기서는 훈계하여 내보냄)하는 반면에, 과객으로 잠시 숙박한 상인(상놈)들은 양반이 사포사형(私捕私刑 : 사적으로 잡다가 형벌을 가함)하는 별별 괴악한 습속이 있다. 내가 친히 보지는 못하였으나, 그 지방 과객 중에서 유명한 자는 홍초립(洪草笠), 박도포(朴道袍) 등이라 한다. 홍가는 초립둥이(초립을 쓰는 동자) 시절부터 과객으로 종신(終身)하였고 박도포는 늘 도포만 입고 과객질을 한다는데, 그 자들이 어느 집에 투신하든지 주인이 응대를 조금 잘못하면 무수히 발악하였다 한다.

해남은 윤(尹)·이(李) 두 성이 가장 대양반 대세력을 점유하였는데 윤가 성의 사랑에서 유숙하노라니 저문 밤에 사랑문 앞 마주(馬柱 : 말 기둥)에 어떤 사람을 결박하고 혹형을 한다. 주인의 말이,

"너 이 죽일 놈, 양반이 작정하여 준 고가(雇價 : 품삯)대로 받는 것이 아니라 네 자의로 가봉(加捧 : 정한 액수 외에 더 받음)하느냐?"
고 추상같은 호령을 한다. 형벌을 받는 사람은 극구 사죄를 청한다. 나는 주인에게 물었다.

"양반이 작정한 고가는 얼마이고 상인이 자의로 가봉한 돈은 얼마인가?"
주인 왈,

---

25)   앞의 '육모정 이진사'의 내용으로 보아 해남이 아니라 함평일 듯함.

"내가 금년은 동네 고가를 년(여자)은 두 푼, 놈은 서 푼씩 정한 것인데, 저 놈이 어느 댁 일을 하고 한 푼을 더 받았기에 징치(懲治 : 징계하여 다스림)를 한다."

고 하더라. 나는 다시 물었다.

"노상 행인의 여점(旅店 : 음식점) 식대도 한 끼분 최하가 5, 6푼인데 하루 고가를 밥 한 상 값의 반액도 못 되면 독신생활도 유지키 어렵거든, 권속(眷屬 : 딸린 식구)을 데리고 어찌 생활을 하는가?"

주인 왈,

"가령 일가(一家)의 장정이 년놈하여 두 명이라 하면, 매일 한 명씩이라도 양반집 일을 않을 때는 없고, 일만 하는 날은 그 집 전 식구가 다 와서 먹으니, 고가를 많이 지불하여 상놈이 자기네 의식을 풍족하게 하면 자연 양반에게 공손치가 못하여 그같이 고가를 작정하여 준다."

나는 이 말을 듣고 깜짝 놀랐다.

내가 상놈으로 해주 서촌(西村)에 난 것을 늘 한(한탄)하였으나 이곳을 와서 보니 양반의 낙지(樂地 : 살기 좋은 곳)는 삼남이요, 상놈의 낙지는 서북이로다. 내가 해서 상놈이 된 것이 큰 행복이지, 만일 삼남 상놈이 되었던들 얼마나 불행하였을까.

경상도 지방의 반상(班常)의 특수한 형상은, 도우한(屠牛漢 : 소잡는 백정)은 삼남에서 망건을 쓰지 못하는 것이 상례로, 그냥 맨머리에 패랭이갓을 쓰고 출입하나, 경상도는 패랭이 밑에 죽환(竹丸 : 대나무 테)을 둘러대고 거기다가 끈을 맨 것이 백정놈인데, 백정은 길을 가다 사람을 만난즉 남녀노소를 불문하고 반드시 길 아래 내려서서 '소인 문안 드리오' 하고, 행인이 지나간 뒤에야 자기가 발짝을 떼는 것이다.

삼남 양반의 위세와 속박이 심하고 또 심한 중에도 약간의 미속(美俗)이 없지는 아니하다. 이앙(모내기) 시기에 김제 만경(萬頃)을 지나며 본즉 농군이 아침에 일을 나갈 때에 사명기(司命旗)[26]를 들고 쟁고(錚鼓 : 꽹과리와 북)를 울리며 야외에 나간다. 깃발을 세우고 모를 심을 때는 선소리꾼이 고(鼓)를 치고 농가(農歌)를 인도하면 남녀농군은 수무족도(手舞足蹈 : 손발을 흔들며 춤을 춤)하며 일을 한다. 주인은 탁주를 논두렁에 여기저기 동이로 놓아두고 마음껏 먹게 하고, 행인이 지나면 다투어 권한다. 농군이 음식을 먹을 때는 현직 감사나 수령이라도 말을 내려 예사(禮辭 : 예로서 하는 인사말)를 표한다.

대개 노동자들은 조직이 있어 농사짓는 주인이 일꾼을 고용할 시에 그 수령에게 교섭하는데, 의복, 품삯, 휴식, 질병 등에 대한 조건을 정하고 실제 일 감독은 그 수령〔有司, 廳首〕이 한다. 만일 일꾼이 태만하여도 주인이 자유 책벌을 못하고 그 수령에게 고발하여 징계한다. 반상의 구별이 그같이 심하지마는, 정월 초생(初生)과 8월 중추에는 동리와 동리 중간에 나무기둥이나 돌기둥을 세우고 그 몸체에 동아줄을 매 각기 자기 동리로 그 기둥 끝이 쓰러지도록 경경(競竟 : 동네싸움)을 하는 때는 남녀노소 반상의 구별이 없이 즐겁게 용기를 내어 논다고 한다.

고금도에서 충무공의 전적지와 금산에서 조중봉(趙重峯)[27]의 패적유지(敗績遺址 : 패전 유적, 곧 칠백의총)와 공주에서 승(僧) 영규(靈奎)[28]의 비를 보고 많은 느낌이 있었다. 임실에서 전주를 향하던 도중 당현(堂峴)[29]을 넘으려 할 즈음에 어떤 풍채가 부잣집 주인같이 보이는 40여 세 중노(中老) 한 사람이 나귀를 타고 가다가 고개 밑에 와서 나귀를 내려서 보행으로 가는데, 자연 동행되어 인사를 한즉 임실 읍내 문지래(文之來)라는 사람이다. 같이 이야기를 하여 가면서 산고개에 당도하였다. 고개마루에는 4, 5가(家)의 주점

26) 조선시대에 각 영(營)의 우두머리가 휘하의 군대를 지휘하던 기. 민속에서는, 무당 등이 신을 맞이하기 위해 쓰는 기. 여기서는 농악놀이에서 보듯 '農者天下之大本' 등을 쓴 농기(農旗)를 뜻함.
27) 조선 선조 때의 학자(1544~92). 중봉은 조헌(趙憲)의 호. 자는 여식(汝式). 임진왜란 때 옥천, 홍성에서 의병을 일으켜 금산에서 싸우다 700명 의병과 함께 전사함.
28) 조선시대의 승병장(?~1592). 휴정(休靜)의 제자로 무예가 뛰어났음. 임진왜란 때 승병을 규합하여 청주를 수복하고 금산에서 조헌(趙憲) 등 700명 의사와 함께 전사함.
29) 지금의 임실군 관산면 슬치재를 가리키는 듯함.

이 있고 주점 근방에는 그날이 전주 장날이므로 보부상 수십 명이 장에 갔다가 귀로에 거기서 휴식을 하더라.

문지래가 고개마루에 도착하자 주점 주인이 나와서 오위장(五衛將) 영감 오시느냐고 반가이 나와 영접을 하고 들어가 술이나 한 잔 자시라고 권하나, 문씨는 사양하더니 나에게 같이 쉬어감을 청한다. 문씨가 아는 사람이 없고, 동행하다가 술이나 한 잔씩 먹자고 청하면 사양할 바 없지마는, 그자가 지금 주점 주인에게 환대받을 모양이므로 나는 굳이 사양하고 고개마루를 넘는다. 그때는 일광(日光)이 서산에 바랑바랑하더라. 급히 걸어 상관(上關 : 완주군 상관면) 주점에 와서 들어가 석식을 먹고 앉아서 담배를 먹을 즈음에 급보가 온다.

금일 해가 바로 지기 전에 고개마루에 30여 명의 강도가 나타나서 행상의 재물을 약탈하고 문 오위장은 그 도적들을 대하여 취중에 호령을 하다가 도적 무리가 날카로운 도끼로 한 번 휘두름에 두골이 두 쪽이 되고 두 번 내려침에 머리와 몸이 세 쪽 난 참사가 생겼다고 한다.

그런즉 내가 문씨의 손에 끌려 주석에 동참하였다면 신명(身命)이 어찌 되었을까. 심히 놀랐다. 들은즉 문씨는 임실 이속(吏屬 : 관리)으로 자기 친제(親弟)가 민영준(閔泳駿)[30]의 신임받는 청지기로 권위를 가지고 부근의 인심을 잃은 탓으로 이런 화를 만났다 하더라.

전주에서 본 것은, 전주는 영리(營吏)와 사령(使令)이 서로 원수인 때문에 당시 진위대(鎭衛隊)[31] 병정을 모집함에 사령이 입영될까 두려워하여 영리의 자식 조카를 전부 병정으로 편입하였다는데, 머리에는 상투를 그대로 두고 병모(兵帽 : 신식 군인 모자)를 높직하게 만들어 썼더라.

---

30) 구한말의 정치가인 민영휘(閔泳徽)를 말함. 호는 하정(荷汀). 민씨 일족의 세도를 타고 84년 김옥균의 갑신정변을 진압. 평안도관찰사, 한성부판윤, 내무부 독판(督判) 등을 지냄. 동학혁명 때 청의 지원을 받아 혁명군을 진압함. 갑오경장 때 탐관오리로 지목되어 귀양가다 중국으로 도주. 한일합병 후 일본에 의해 자작(子爵)이 됨.

31) 대한제국 때의 군대 이름. 1895년에 지방대(地方隊)를 고쳐서 일컫다가 1907년에 폐지됨.

치도(緇徒)[1]

다시 먼저 내용으로 돌아가서, 공주 이서방과 갑사에서부터 동행하는 중에, 이서방은 자기가 환부(鰥夫 : 홀아비)로 몇 년간 글방 훈장을 하였는데, 지금은 마곡사로 가서 중이나 되어 일생을 편안하게 지내려는 생각이라며 나에게도 권한다. 나도 약간의 의향이 있으나 돌발한 문제이므로 속단할 수 없어 이야기만 하고 종일 걸었다. 마곡사 남쪽 산위에 오르니, 일색(日色)은 황혼인데 만산의 풍엽(楓葉 : 단풍)은 누릇누릇 불긋불긋하여 나그네의 마음을 스산하게 하는 데다가, 저녁 안개가 산 밑에 있는 마곡사를 둘러 막고 나처럼 온갖 풍진 속에서 찌든 자의 오족(汚足 : 더러운 발)을 거절하는 듯한데, 저녁 종소리가 안개를 헤치고 나와서 나의 귀에 와서 일체 번뇌를 해탈하고 입문하라는 권고를 하는 듯하다.

이서방은 결정적 의사를 묻는다.

"노형 어찌하시리오? 세상사를 다 잊고 중이 되십시다."

나는 이서방을 대하여,

---

1)　　검은 옷을 걸친 중이라는 뜻.

"이 자리에서 노형과 결정하면 무슨 필요가 있겠소. 절에 들어가 보아서 중이 되려는 자와 중을 만들 자 사이에 의견이 합하여야 될 것이 아니오."
하니 이서방 왈,

"그는 그렇겠소."
한다. 곧 몸을 일으켜 마곡을 향하여 안개를 헤치고 들어간다. 걸음걸음 들어간다. 한 발걸음씩 오탁(汚濁)세계에서 청량계(淸凉界)로, 지옥에서 극락으로, 세간(世間 : 속세)에서 걸음을 옮기어 출세간(出世間 : 속세를 벗어남)의 걸음을 걸어간다.

처음 도착한 곳이 매화당이고, 대성질호(大聲疾呼 : 큰 소리를 냄)하면서 산문(山門)으로 급하게 달리는 시냇물 위의 장목교(長木橋)를 지나서 심일당(尋釰堂)에를 들어간즉 독두(禿頭 : 대머리) 노승이 화폭을 펼쳐 보다가 우리를 보고 인사를 한다. 이서방은 숙면(熟面 : 구면)으로 인사를 하고 자기는 포봉당(抱鳳堂)이라 한다. 이서방은 나를 심일당에 앉히고 자기는 다른 방으로 가더라.

조금 있으니 나에게도 한 끼 객반(客飯 : 손님에게 주는 식사)이 나온다. 석식을 마치고 앉았으니 백발노승이 나와서 인사를 공손히 한다. 나는 개성 출생으로 조실부모하고 강근지친(强近之親 : 가까운 친척)이 없어 혈혈단신으로 강산 구경이나 하려고 나와서 만유(漫遊 : 유람) 중이라고 말하였다.

그 노승은 속성(속세의 성)이 소(蘇)씨요 익산 출신으로 삭발한 지가 4, 50년이 되었다고 하며 은근히 자기의 상좌(上佐 : 후계자)가 되기를 청한다. 나는 다소 겸양을 한다.

"나는 본래 학식이 나약하고 재질이 둔하여 노사(老師)[2]에게 누됨이 많을 것을 생각하여 자연 주저하나이다."

그 노승이 역권(力勸)하며,

"당신이 나의 상좌만 되면 고명한 대사에게 각종 불학(佛學)을 학습하여

---

2)   나이 많은 중의 존칭.

장래 대 강사(講師)[3]가 될 수 있으니 부디 결심하고 삭발하시오."
라고 한다.

밤을 지낸 뒤에 이서방은 계란두(鷄卵頭 : 삭발한 달걀머리)로 나와 문안을 한다.

"노형도 주저 마시고 곧 삭발을 하시오. 어제 찾아왔던 하은당(荷隱堂)은 이 절 중에 재산이 갑부인 보경대사(寶鏡大師)의 상좌인즉 후일에 노형이 공부를 하려 하여도 학자(學資 : 학비)의 염려가 없을 터이요. 내 노형의 말을 하였더니 자기가 나와 보고서 매우 마음에 든다고 나더러 권면하여 속히 결정하라고 하더이다."

나는 하룻밤 사이에 청정법계(淸淨法界 : 번뇌 없이 깨끗한 불도의 세계)에서 만념구회(萬念俱灰 : 만 가지 생각이 모두 재로 변함)라, 중이 되기로 승낙하였다.

조금 지나 사제(師弟)[4] 호덕삼(扈德三)이가 머리 깎는 칼을 가지고 냇가로 나가서 삭발진언(眞言 : 염불하는 주문)을 쏭알쏭알하더니 나의 상투가 모래 위에 뚝 떨어진다.

이미 결심을 하였지만 머리털과 함께 눈물이 뚝뚝 떨어진다. 법당에서는 종을 울리고, 향적실(香積室 : 주방)에서 공양주가 불공밥을 짓고, 각 암자에서 가사(袈裟 : 장삼위에 왼쪽 어깨에서 오른쪽 겨드랑이 밑으로 걸쳐 입는 승려복)를 입은 중들이 수백 명이 모인다. 나에게도 검은 장삼(長衫 : 길이가 길고 소매를 넓게 만든 승려복)과 붉은 가사를 입혀 대웅보전(대웅전)으로 인도한다. 곁에서 덕삼이가 배불(拜佛 : 불전에 절함)하는 것을 가르치고, 은사(恩師)[5] 하은당이 나의 승명을 원종(圓宗)이라 명명하여 불전에 고한다. 수계사(受戒師 : 계율을 가르치는 사람)는 용담(龍潭)이란 점잖은 화상(和尙 : 중)으로, 경문을 낭독하고 나에게 오계(五戒 : 승려의 다섯가지 계율)[6]를 준다.

---

3)   부처의 가르침을 전하는 스승.
4)   불가의 법계(法系)상 아우뻘 되는 사람.
5)   처음 중이 되고 나서 길러준 스님.

예불을 마친 후에는 노스님 보경당(寶鏡堂)을 위시하여 사내 연로 대사들에게 차례로 절하고, 승배(僧拜)를 연습하고 「진언집(眞言集)」과 「초발자경(初發自警)」 등 간단하고 쉬운 승려의 규칙을 배운다. 승행(僧行 : 불자가 되는 길)은 하심(下心 : 자신을 낮춤)이 제일이라 하여 인류는 물론이요 짐승 곤충에게까지 하심하지 않으면 지옥고(地獄苦)를 받는다고 하였다.

어제 밤에 교섭할 때는 지극히 공손하던 은사 하은당부터, "이애, 원종아"를 기탄없이 부르고,

"생기기를 미련스럽게 되어서 고명한 중은 되지 못하겠다. 얼굴은 저다지 밉게 생겼을까. 어서 나가서 물도 긷고 나무도 쪼개어라."
한다.

나는 깜짝 놀랐다. 내가 망명객이 되어 사방에 돌아다니면서도 영웅심도 있고 공명심도 있고, 평생의 한이던 상놈의 껍질을 벗고 보통 양반이 아니라 월등한 양반이 되어 평상(平常)한 양반에게 숙원을 갚고자 하는 생각도 흉중에 있었다. 중놈이 되고 보니 이상과 같은 허영적 야욕적 심리는 즉 악마라서 불씨(佛氏) 문중에는 한 치도 용납할 곳이 없고, 만일 이 같은 악념이 마음에 싹틀 때는 곧 호법선신(護法善神)을 의뢰하여 물리치지 않으면 아니될 터이라. 하도 많이 돌아다니더니 나중에는 별세계 생활을 다 하겠다며 자소자탄(自笑自歎 : 스스로 웃고 탄식함)을 마지 아니하나 순종하는 수밖에는 도리가 없다. 장작도 패고 물도 긷는다.

하루는 앞 냇가에 가서 물을 지고 오다가 물통 한 개를 깨쳤다. 은사가 어찌 몹시 야단을 하던지 노사주(老師主) 보경당이 한탄을 한다.

---

6) 승려가 지켜야 할 다섯가지 계율로, 곧 살생(殺生), 투도(偸盜 : 도적질), 사음(邪淫 : 사악하고 음탕함), 망어(妄語), 음주(飮酒)이며, 일명 오상(五常)이라고도 함.
7) 불경 중에서 불타의 말만을 추려 수록한 책.
8) 「초발심자경문(初發心自警文)」의 약칭. 처음 중이 된 사람이 배우는 책으로서 자신을 경계하는 내용이 들어 있음. 여기서는 그 책의 내용을 뜻함.
9) 일명 호법신(護法神). 불법을 수호하는 선신(善神)들.

"전에도 사람들은 괜찮은 것들을 데려다 상좌를 시켜주면 못견디게 굴어서 다 내쫓았는데, 금번 원종이도 잘 가르치면 장래에 제 앞쓸이는 하겠는 걸 또 저 모양을 하니 몇 날이나 붙어 있을까."

그 말에 좀 위로는 된다. 주간에 노역(勞役)을 하고 야간에는 보통 중의 본분인 예불절차와 「천수경(千手經)」 「심경(心經)」 등을 외우고 수계사(受戒師) 용담사주(龍潭師主)는 불학의 요집인 『보각서장(普覺書狀)』을 가르친다. 용담은 당시 마곡의 불가 학식뿐 아니라 유가 학문도 풍부한 터이고, 사람됨이 지대체(知大體 : 세상 일의 요체를 앎)의 숭배를 받는 고사(高師)더라.

용담을 모시는 상좌 혜명(慧明)이라는 청년 불자가 있는데 내게 동정이 깊고, 하은당네 가풍이 괴상한 것을 알고 글을 가르치다가는 종종 위로를 한다. 견월망지(見月忘指)[10]라는 오묘한 이치를 말하고 칼날 같은 마음을 품으라는 '인(忍)'자의 해석을 하여 준다.

세월은 벌써 반 년 광음(光陰)이 지나고 기해(己亥 : 1899년, 24세) 정월을 맞았다. 절 안의 백여 명 치도(緇徒 : 검은 옷을 걸친 중) 중에는 나를 매우 행복스럽게 생각하는 자도 있다.

"원종대사는 아직 고생을 하지마는 노사(老師)와 은사가 다 7, 80노인들인즉 그이들만 작고하는 날이면 거대한 재산이 원종대사의 차지가 되겠다."는 것이다. 내가 추수책(秋收冊)을 본즉 백미로 받는 것만 이백여 석인데, 그것은 전답 경작인이 해마다 갖다가 바치는 것이고, 금전으로나 기타 상품으로도 수십만 냥의 재산이 있다. 그러나 나는 진세숙연(塵世宿緣 : 티끌진 속세와의 깊은 인연)을 다 끊지를 못하였거나 망명객의 임시 은신책으로거나 하여튼지 간단히 청정적멸(淸淨寂滅 : 번뇌없이 깨끗한 열반의 세계)의 도법(道法 : 불교의 도)에만 일생을 희생할 마음은 생기지 아니한다.

작년 인천옥을 탈출하던 날 작별한 부모의 안부도 모르고, 나를 구출하

---

10)   달을 보면 그뿐이지, 그 달을 가리키는 손가락은 이무러면 어떠하냐는 뜻.

기 위하여 경가망신(傾家亡身 : 가산을 탕진하고 몸을 망침)을 한 김경득(金卿得)의 행방을 알고 싶으며, 해주 비동(飛洞) 고후조(高後凋 : 고능선) 선생도 보고 싶다. 또 당시에 천주학을 하겠다는 청계동 안진사를 대의(大義)의 반역으로 생각하고 불평하며 떠났는데, 다시 상봉하여 과거 오해를 사과할 생각도 난다. 이런 생각이 시시각각으로 마음에 오락가락하니 보경당의 재산에 집착을 할 마음은 꿈에도 없다.

하루는 보경노사에게 말을 한다.

"소승이 기왕 중이 된 이상에는 중으로서 마땅히 하여야 할 공부를 하여야 하겠사오니, 금강(금강산)으로 가서 경지(經旨 : 불경의 뜻)나 연구하고 일생을 충실한 불자가 되겠나이다."

보경 답.

"내가 벌써 추측하였다. 할 수 있느냐, 네 원이 그런데야."

즉시 하은을 불러 둘이 한참 다투더니 세간을 내어 준다. 백미 10두(斗)와 의발(衣鉢)[11]을 주어 큰방으로 내어 보낸다. 그날부터는 자유이다. 백미 10두를 내다 팔아 여비를 마련하여 가지고 서울로 출발하였다.

수일 후 경성에 도착하였으나 그때까지 중이 경성문 안을 투족(投足 : 발을 들여놓음)치 못하는 국금(國禁 : 나라에서 금하는 것) 중이라 성곽 밖으로 이절 저 절을 다니다가 서문 밖 새절[12]에 가서 하루를 머무르는 중에 사형(師兄)[13] 혜명을 상봉하였다. 혜명은 나더러 묻는다.

"종대사(宗大師), 어쩐 일로 이곳에 왔소?"

"사형은 어찌하여 이곳에를 왔소?"

"내 은사가 장단의 화장사(華藏寺)에 있기로 찾아뵈옵고 얼마 지내려고

---

11)   가사(袈裟)와 바리때(나무로 만든 중의 밥그릇).

12)   서울시 서대문구 봉원동에 있는 봉원사의 딴이름. 조선 영조 때 지금의 연세대학교 자리에서 현 위치로 옮기면서 '새절'이란 별칭을 갖게 되었다고 함.

13)   불교에서, 한 스승 밑에서 불법을 배우는 사람으로서 자기보다 먼저 그 스승의 제자가 된 자. 나이나 학덕이 자기보다 높은 사람을 높여 부르는 말.

오는 길이오."

"나는 금강산으로 공부 가는 길이오."

하고 작별을 하였다. 거기서 경상도 풍기의 혜정(慧定)이란 중을 상봉하니 평양 강산이 좋다기에 구경을 간다고 한다.

"그러면 나와 동행하자."

고 약조하고 서로 임진강을 건너 송도를 구경하고, 해주 감영부터 구경하고 평양으로 가기로 하고 수양산(首陽山)에 들어갔다. 신광사(神光寺) 부근 북암(北庵)에 머무르며 혜정에게 약간의 사정을 말하였다.

"텃골 본가에 가서 부모를 비밀 방문하여 안부만 알고, 나의 부모님에게 나의 몸이 건재함만 말하여 주시오."

어느 곳에 있는 것까지는 아직 말을 말라고 부탁하여 보내고 혜정승의 회보만 기다리던 차 4월 29일 석양에 혜정승의 뒤를 따라 부모 두 분이 북암으로 들어오신다.

부모는 혜정이가 전하는 자식의 안부를 듣자,

"네가 내 아들이 있는 곳을 알고 왔을 터이니 너를 따라갈 것 같으면 내 자식을 볼 것이라."

하시고 중을 따라 떠난 것이라. 급기야에 와서 만나니 돌중놈이라. 세 식구가 서로 붙들고 희비교감(喜悲交感)의 눈물을 흘리었다. 북암에서 5일 동안 휴식하고 중의 행색을 그대로 하여 부모를 모시고 혜정과 같이 평양으로 구경을 떠났다.

행로 중에 과거에 부모께서 겪으신 일을 말씀한다. 무술 3월 9일(백범이 파옥한 날)에 인천 집에 도착하자마자 인천 순검이 곧 뒤를 따라와서 체포되셨다. 3월 13일에 부모 두 분이 다 인천옥에 수감되어 태형을 당하신 후에 어머님은 곧 석방되고 아버님은 3개월 후에 석방되어 내외분이 같이 고향에 돌아오셨다.

"집에서 2년 동안이나 너의 생사존망을 모르고 매일매일 고대하는 중에

흉한 꿈만 꾸어도 종일 음식을 먹지 못하고 기다리고 있다가 혜정이가 와서 우리의 안부를 알고만 간다 하기로 따라왔다."

5월 4일 평양성에 도착하여 여관에서 밤을 지내고 다음 날 단오일에는 모란봉 추천(鞦韆 : 그네타기) 구경하고 돌아오던 길에 관동(貫洞) 골목을 지나며 본즉 한 집에서 머리에 지포관(紙布冠 : 선비들이 쓰던 관)을 쓰고 심수의(深袖衣 : 소매끝이 길게 늘어진 옷)를 입은 학자가 염슬위좌(斂膝危坐 : 무릎을 거두고 옷을 당겨 단정히 앉음)한 것을 보았다. 수작(酬酌 : 말을 주고 받음)을 좀 하리라 하고,

"소승 문안드리오."

하였다. 그 학자는 한참 바라보다가 들어와 앉으라고 청한다. 방안에 들어가 담화를 개시하였다.

그 학자의 성명은 최재학(崔在學)이요, 호는 극암(克菴)인데 전우(田愚)[14] 씨 간재(艮齋)의 제자이더라.

"소승은 마곡 한승(寒僧)으로 금번 서행(西行) 길에 천안 금곡(金谷)에 가서 간재 선생을 배방(拜訪)코자 하였으나 마침 전선생이 부재이므로 만나보지 못했더니[15], 금에 선생을 만나 뵈고 인사한즉 심히 반갑습니다."

하고 도리(道理)에 관해 다소간 문답이 있었다. 그때 최재학과 함께 자리한 노인 한 분이 있으니 길고 보기 좋은 수염에 위풍이 늠름하더라. 최재학은 나를 소개하여 이 영감에게 뵈이라 한다. 나는 합장배례하였다. 그 노인은 전효순(全孝淳)이니 당시 평양 진위대 영관(領官)이요 그 후에 개천(价川) 군수라. 최재학이 전효순에게 청한다.

---

14) 조선 말기의 학자(1841~1922). 호는 간재(艮齋). 이이와 송시열의 사상을 신봉하였으나 후에 이이의 주리(主理) · 주기(主氣) 양설을 배척하여 절충적 경향을 취했음.

15) 원문은 '未免題鳳이더니'임. '鳳'은 파자(破字)하면 '凡鳥'이며 '비범하지 못한 인물'이란 뜻. '題鳳'은 지인(知人)을 찾아 갔다가 만나지 못하고 그 집 대문에 '鳳' 자를 쓰는 것으로 대신했다는 고사에서 나온 말임(출전은 『세설신어(世說新語)』). 여기서는 '평범한 사람으로서 감히 훌륭한 학자를 찾아 뵈었다가 만나지 못함'이라는 뜻이 내포되어 있음.

"이 대사는 도리가 고상한 중이오니 영천사(靈泉寺) 방주(房主 : 절의 주지)를 내어 주시면 당신 자제와 외손주 등의 공부에 매우 유익하겠습니다."

전씨는 쾌락한다.

"내가 지금 옆에서 듣는 바에도 대사의 고명함을 흠앙불이(欽仰不已 : 흠모하고 추앙하여 마지않음)하였소. 대사, 어찌하려나. 내가 최선생님에게 나의 자식과 외손자놈들을 부탁하여 영천사란 절에 가서 공부를 시키는 중인데 주지승이 성행이 불량하여 취주(醉酒) 방랑에 음식 절차에 곤란 막심하니 대사가 최선생님을 보좌하여 나의 자손 등의 공부를 도와주면 은혜가 막대하오."

한다. 나는 겸양하였다.

"소승의 방랑이 원승(原僧 : 전임 방주)보다 심할지 어찌 아십니까."

최재학은 전효순에게 즉각으로 당시 평양 서윤(庶尹)[16] 홍순욱(洪淳旭)에게 교섭하여 영천사 방주 차첩(差帖 : 명령서)을 맡아 달라고 간청한다.

전효순은 그 길로 홍순욱을 방문하고 승려 원종으로 영천사 방주를 차정(差定 : 임무를 맡김)한다는 첩지를 가지고 와서 즉일 취임을 청한다. 나의 생각에 만족한 것은, 부모를 모시고 행걸(行乞)하기도 황송하고, 기왕 학자와 동거하면 학식상에도 많은 도움에 되겠고, 의식주에 대한 당면문제도 근심이 없겠고, 망명의 본의에도 방해가 없을 터이라. 이런 생각으로 승낙을 하고 우선은 혜정과 동반하여 최재학을 따라 평양 서쪽 대보산 영천암에 가서 대강 사무(寺務)를 정돈하고 한 군데 방을 정하여 부모를 모시고 지낸다.

학생은 전효순의 아들 병헌(炳憲), 석만(錫萬)이고, 전씨 사위 김윤문(金允文)의 아들 형제, 장손 중손[寬浩]이고 그 밖에 몇 명의 학생이 있다. 전효순은 진수성찬으로 격일씩 그 절에 가져 오고, 산 아래 신흥동(新興洞)의 육고(肉庫 : 관청에 딸린 푸줏간)를 영천암 용달소(배달처)로 하여 매일 나는 육고

---

16)   벼슬명. 조선시대 한성부와 평양부에 두었던 종4품 벼슬.

에 가서 고기를 한 짐씩 져다가 승복을 입은 대로 터놓고 고기를 먹는다. 염불하는 대신 시를 외우고 종종 평양성의 최재학과 동반하여 사숭재(四崇齋) 황경환(黃景煥) 등 시객들과 율(律 : 한시)을 짓고 밤에는 대동문 옆에 가서 첫 번은 점주(店主)의 주는 대로 소면(素麪)을 먹다가 나중에는 육면(肉麪 : 고기가 들어 있는 국수)을 그대로 먹는다. 불가에서 일컫는바 '수파저두 구송성경(手把猪頭 口誦聖經 : 손에는 돼지머리 고기를 들고 입으로는 불경을 낭송함)'의 구절과 근사하게 되어 가는 중이고, 평양성에서 그때 말로 걸시승(乞詩僧)이라 한다.

하루는 최재학과 학자들은 평양을 가고 나 혼자 있노라니 대보산(大寶山) 앞 태평(太平) 시내촌의 글방 훈장 한 사람이 학동 수십인과 시인(詩人) 수명과 동반하여 영사시회(靈寺詩會 : 절에서 시를 읊는 모임)를 차리고 술과 안주를 준비하여 가지고 절에 집합한다. 벽두에 방주승(房主僧) 호출령이 난다. 나는 공손히 합장 배례하였다. 한 시객(詩客)이 오만한 태도로,

"너 이 중놈, 선배님들이 오시는데 행동이 어찌 이리 태만한가!"

한다.

"녜, 소승이 선배님들 오시는 줄을 알지 못하여 산 밖에 나가서 봉영(逢迎 : 맞이함)을 못한 것이 매우 죄송하올시다."

"이놈, 그뿐이냐! 네가 이 절의 방주가 된 지는 얼마냐?"

"3, 4삭 전에 왔습니다."

"그러면 그 사이에 가까운 동리에 계신 양반들을 배후(拜候 : 방문하여 인사함)치 않음은 죄가 아니냐?"

"녜, 소승이 임무를 맡은 초기에 사무(寺務) 정리를 위하여 아직 이웃에 계신 양반들 못 찾아 뵈인 것이 죄 막대언(莫大焉 : 막대함)이나 용서하심을 바라나이다."

소위 항자불살(降者不殺 : 항복하는 자는 죽이지 않음) 격으로 훈장이 한편으로 나를 책하고 한편으로 그 선배를 타일러 근근 평화로 해결되었다. 나는 다

시 죄책이 생길까 두려워 당일 시중을 여공불급(如恭不及 : 아주 공손함)하게 들었다.

술들이 거나해지자 훈장 김우석(金愚石)으로부터 순서대로 시인들이 풍축(風軸 : 두루마리 書紙)을 펼치고 작자 서자(作者書者)가 고성으로 낭송하는 것을, 술 부어 드리고 물 떠다 바치는 틈에 주시한즉 글씨부터 촌냄새가 나는데, 소위 절창이니 득의작(得意作)이니 하고 떠드는 것을 본즉 노리고 고린 수작이 많다. 내가 일찍이 시에 전공이 없었고 최재학을 만난 후에 종종 산사에서 노호정(盧湖亭) 동항(東恒)의 시축(詩軸 : 시를 적은 두루마리) 글씨와 황경환(黃景煥) 왕파(汪波)와 김성석(金醒石) 등 당시 평양의 일류 명사들과 몇 달을 함께 지내 시나 글씨에 대해 약간의 이해가 있음이다. 훈장에게 청하였다.

"소승의 글도 더럽다 않으시고 축말(軸末 : 두루마리 끝)에 그려주실 수 있습니까?"

훈장은 특별히 허락한다.

"네가 시를 지을 줄 아느냐?"

"녜, 소승이 금일 여러 선배님들에게 불공(不恭)한 죄가 많으니 겨우 운자나 채워서 사죄코자 하나이다."

처음과 끝은 잊어버렸고, 연구(聯句)에,

儒傳千歲佛千勢 我亦一般君一般(유전천세불천세 아역일반군일반 : 유가도 천년 이어지고 불가도 천년 이어진다/ 나도 평범한 사람이요 그대들도 평범한 사람이로다.)

이 있다. 훈장과 시객이 서로 얼굴을 돌아보며 중놈이 참으로 오만하다고 생각하고 각기 불만스런 얼굴빛이 드러나는 즈음에 최재학 일행 수 명의 명류(名流 : 시문의 명사)가 당도한다. 촌객들의 풍축을 구경하다가 말단에 봉연승(奉硯僧 : 먹과 벼루를 바친 승려, 곧 백범을 일컬음) 원종의 글에 와서 '유전

천세(儒傳千歲)'에 이르러서는 마치 여럿이 합창하듯이 일동이 손발을 흔들어가며 산사가 들썩하도록 걸작이니 절창이니 야단하는 바람에 촌객들은 당당하던 호기가 쑥 들어갔다. 이 소식이 평양에 전파되어 기생들 노래 곡조로 불리었다 한다. 이런 까닭에 평양에서는 '걸시승 원종'이란 별명이 있었다.

어느 날 평양성 내 전효순(全孝舜)의 편지를 맡아 가지고 평양 서쪽 6, 70리의 갈골〔葛谷〕에 당시 고명하기로 평안도에 유명한 김강재(金强齋) 선생을 찾아간다. 갈골을 못미처 십여 리 가량에 있는 주점을 통과하더니 홀연 주점 안에서,

'이놈, 중놈!'

의 호령이 난다. 고개를 돌려 본즉 봉두난발(蓬頭亂髮 : 쑥대강이처럼 마구 흐트러진 머리)을 한 동리 사람 십여 명이 거나하게 취해 한창 흥을 내던 즈음이라. 문전에 가서 합장배례하였다. 한 자가 썩 나서더니,

"이 중놈 어디 사느냐?"

한다.

"녜, 소승은 충청도 마곡에 있습니다."

"이놈, 충청도 중놈의 버릇은 그러냐? 양반님들 앞에 앉아 계신 데를 인사도 없이 그저 지나가고. 애— 고얀 중놈이로군."

"녜, 소승이 대단 잘못했습니다. 소승이 갈길이 바빠서 미처 생각을 못하고 그저 지났습니다. 용서하여 주십시오."

"이놈, 지금 어디를 가는 길이야?"

"녜, 갈골을 찾아갑니다."

"갈골 뉘집에?"

"김강재댁으로 갑니다."

"네가 김선생을 알더냐?"

"녜. 본 적은 없고 성내 전효순씨 서간을 가지고 갑니다."

이 자가 말을 듣더니 두리번두리번하고 말을 잘 못한다. 방안에 앉은 자들도 얼굴만 서로 바라본다.

한 중재원이 나오더니 시비하던 자를 책한다.

"이 사람, 내가 보기에는 저 대사가 잘못한 것이 없네. 길 가는 중이 점(店)마다 다 찾아 인사를 하려면 길을 어찌 가겠나 ─. 자네 취하였네. 대사어서 가게."

한다. 내가 본즉 전효순이 진위대 영관(領官)임을 알고 겁이 나는 모양이다. 나는 한 번 묻는다.

"저 양반 ── 나를 시비하던 자 ── 의 택호(宅號)가 뉘신지요?"

중재 왈,

"저 양반은 이 안마을 이군노(李軍奴) 댁 서방님이라네. 물을 것 없이 어서 가게."

한다. 속으로 웃으면서 몇 걸음 와서 황혼에 소를 끌고 돌아가는 농부에게 이군노댁을 물었다. 농부는 손을 들어 산기슭의 한 집을 가리킨다. 나는 또 물었다.

"이군노 양반이 지금 계신가요?"

농부 답.

"아니, 이군노는 죽고, 지금은 그 손자가 당가(當家 : 주인)라네."

나는 대단히 우습기도 하고 한심도 하다고 생각하면서 강재 선생을 찾아가서 하룻밤 대화하며 보냈다. 강재는 그 후에 강동군수가 된 관보(官報)를 볼 뿐 다시 상면이 없었다.

그 절까지 같이 와서 지내는 혜정승은 나의 불심이 쇠약하고 속심(俗心)이 점점 커감을 보고 환향의 의사가 있으나, 나를 떠나기가 심히 애처로워 날마다 산 입구까지 송별을 하다가 차마 떠나지를 못하고 다시 울며 돌아온다. 한 달여 후에 마침내 약간의 여비를 준비하여 혜정을 경상도로 돌아가게 하였다.

중의 행색으로 서도(西道)에 내려온 후로는 아버님이 다시는 삭발을 불허하기 까닭에 장발승이 되었다. 9, 10월 경에 치마다래[17]로 상투를 틀고 신사(紳士)의 의관으로 차린 후 부모를 모시고 고향인 해주 텃골로 돌아왔다.

근방의 양반들과 친척들은 이제 김창수가 돌아왔으니 이후로는 무슨 일이 다시 발생하지 않을까 한다. 계부(季父 : 작은아버지) 준영(俊永)씨는 그간 과거를 회개하고 둘째 형인 아버님을 공경히 모시지만 나에 대하여는 일호의 동정이 없는 것은, 식자우환(識字憂患 : 아는 것이 근심을 낳음)이라고 집안 농삿일에 무성의함을 증오하고 난봉기가 있는 줄 앎이라. 부모 내외께 힘써 권하기를, 농사를 열심히 지으면 자기가 맡아 장가도 보내 주고 살림도 차려 준다고 하지만, 아버님은 나의 원대한 뜻을 짐작하시는지라, 이제는 제가 장성하였으니 자임(自任 : 스스로에게 맡김)할 밖에 없다고 하신다. 그러나 계부는 부모님에게,

"형님 내외분이 창수놈을 글공부시킨 죄로 둘도 없는 고생을 하신 것을 아직 깨닫지 못하신다."
고 한다.

계부의 관찰이 실은 바로 본 것이라. 만일 문맹으로 있었으면 동학 두령이나 또는 인천 사건이 없겠고, 순전한 텃골의 한 농부로 경전식착정음(耕田食鑿井飮 : 밭을 갈아 음식을 먹고, 우물을 파 물을 마심)하고 세상을 요란케 할 일이 없었을 것은 명백하도다.

경자(庚子 : 1900년) 2월 경에 계부가 농사일을 개시하고 매일 새벽이면 와서 단잠을 깨워다가 밥을 먹이고 가래질을 시킨다. 며칠을 순종하다가 홀연히 강화로 몰래 떠났다. 고선생이나 안진사를 먼저 찾을 일이지만 아직도 번듯이 나서서 방문하기는 이르다고 생각된다.

그리하여 낯모를 생소한 방면으로, 이름을 바꾸어 김두래(金斗來)라 하고

---

17)　　치마머리. 머리털이 적은 사나이가 상투를 짜는데, 본 머리에 덧둘러서 감는 딴 머리.

강화에 도착하였다. 김경득(金卿得)의 집을 찾아 남문 안에 들어간즉 김경득의 소식은 묘연하고 그 셋째 동생 진경(鎭卿)이가 접대한다. 나더러 묻기를,

"어디서 왔소? 또 사형(舍兄 : 자기 형을 남에게 낮추어 부르는 말)을 전부터 친숙히 아시오?"

한다.

"나는 연안에 살고, 댁의 백씨(伯氏 : 형님)와는 막역한 동지인데, 수년간 소식을 몰라 궁금하기로 방문하였소."

진경도 그럴 만하다고 여기고,

"사백(舍伯 : 남 앞에서 자신의 맏형을 이르는 말)이 출가한 지 벌써 3, 4년에 글 한 줄 소식이 없고 집안 일을 어찌 할 수 없어 형님 댁과 합쳐 형수를 모시고 조카를 맡아 기른다."

는 말을 자세히 한다.

가옥은 비록 초가일망정 처음에는 극히 화려하고 걸출하게 지은 것이나, 해가 지나면서 수리를 아니하여 황폐해졌다. 그러나 김경득이 앉았던 포단(蒲團 : 둥근 방석)과 동지 중의 신의에 위배하는 자는 친히 징벌하던 목봉(木棒)이 아직도 벽 위에 걸린 것을 진경이가 직접 가리키면서 지나간 일을 이야기한다. 사랑에 나와서 노는 7세 아동의 윤태(潤泰)가 현 김경득의 아들이라.

천신만고로 찾아간 김경득은 소식도 모르니 부득이 돌아갈 수밖에 없는데, 진경에게 과거의 일을 사실대로 말할 수는 없고 차마 그 집을 떠나기는 섭섭하다. 진경에게 이런 말을 했다.

"내가 백씨의 소식을 모르고 가기가 극히 섭섭한즉 사랑에서 윤태를 글자나 가르치고 지내며 백씨의 소식을 같이 기다리고 있음이 어떤가?"

진경은 감격무지하여,

"형장(兄丈 : 동연배를 높여 부르는 말)이 그같이 생각하여 주시면 오죽 감사하오리까. 윤태뿐 아니라 중형(둘째 형) 무경(武卿)의 두 아이가 다 학령에 달하였으나 촌에서 그대로 놀린답니다. 그러시면 중형께 통지하여 조카들을

데려다가 같이 공부를 시키겠습니다."

하고 자기가 이웃 마을 무경에게 가서 전후를 설명하였다. 무경이 두 아이를 데리고 진경을 따라 그날로 와서 반가히 상면하고, 그날부터 학구(學究)를 개시하였다.

윤태는 『동몽선습(童蒙先習)』을, 무경의 한 아들은 『사략』 초권을, 다른 아들은 천자문을 심혈을 다하여 가르친다. 그 사랑에 내왕하는 주경(周卿)의 친구와 진경의 친구들이 나의 열심히 가르치는 것을 지켜보고서 진경에게 청하여 제각기 아이들을 데려온다. 1삭이 못 되어 그 크나큰 삼칸 사랑에 30여 명의 아동이 모인다. 나도 무한한 흥미를 가지고 가르치게 된다.

개학 후 3삭이 지난 하루에 주인 진경은 어떤 서울서 온 서간 한 장을 보면서 혼잣말로 탄식을 한다.

"이 사람은 알도 못하는 나에게 편지만 하니 어찌하란 말이야? 이런 사실이 없다고 답장을 한데도 불구하고 또 그 사람을 파송(派送)해—."

혼잣말로 중얼거린다. 나는 물었다.

"그 무엇을 그러는가?"

진경은 대답한다.

"부평 유씨의 유인무(柳仁茂) 혹 완무(完茂)라고 하는 양반이 몇 년 전에 본 도(島)의 30여리 촌에 상신(喪身 : 부모의 상 중에 있는 사람)으로 한 3년 동안 살다 갔는데, 여기 살 때에 자기는 양반이지만 우리 백형을 문수산성(文殊山城)으로 청하여 가지고 며칠 동숙(同宿)하면서 대화가 있었고, 그 후는 우리 사형이 그 집에 방문한 일도 있었지요. 그런 후 재작년에 해주 사람 김창수란 청년이 왜놈을 죽이고 인천 감리서에 수감되었는데, 압뢰 중에 전에 우리 집 비부(婢夫 : 노비)였던 최덕만이란 놈이 사형(舍兄)께 말하길 김창수가 인항(인천항)을 떠들었다 놓았고, 감리나 경무관이 꿈적을 못하게 호령을 하였고, 그러다 교형(絞刑 : 교수형)까지 하게 된 것을 상감이 살려 주어서 죽지는 않고 있다고 하였습니다. 사형은 그 말을 듣고 우리 집 재산을 있는 대로

톡톡 털어 가지고 근 1년 서울 가서 김창수를 살리려고 애를 쓰나 될 수 있는가요? 금전만 소모하고 형님은 돌아오신 후 무슨 다른 사건으로 피신을 하였습니다. 그 후에 들은즉 김창수는 파옥 도주하였다고 하는데, 지금 유완무는 벌써 여러 번 지면(知面)도 없는 나에게로 해주 김창수가 오거든 자기께 급보하여 달라고 편지를 하기에 그런 사람이 왔던 일이 없다고 회답을 하였는데, 사형이 평소에 친하던 통진(通津) 사는 이춘백(李春伯)이란 양반은 유씨와도 친한 모양이에요. 유씨 편지에 이춘백을 보내니 의심 말고 자세히 알게 하여 달라는 부탁입니다."

나는 듣건대 모골(毛骨 : 머리털과 뼈마디)이 송연(悚然 : 두려워서 몸을 웅숭그림)하기도 하고 여러 가지로 의아심이 생긴다.

나는 진경에게 물었다.

"김창수란 사람이 와서 다녀는 갔는가?"

진경 답.

"형장(兄丈)은 생각하여 보시오. 여기서 인천이 지척인데요, 그도 사형이 집에 계신 터이면 비밀히 올지도 모르지요. 사형도 아니 계신데 그런 사람이 왔다손, 내 형님의 존부(存否 : 존재 여부)나 비밀히 조사하여 보고 집에 안 계신 줄 알면 내 집에 들어올 리가 있는가요? 그 양반이 아무 맥도 모르고 그러는 것이지요."

나는 또 말을 한다.

"그것은 현제(賢弟 : 아우뻘 되는 사람을 부르는 말)의 말이 옳은데, 그러면 어떤 왜놈의 부탁이나 현 관리의 촉탁을 받고 정탐하려는 것이지?"

진경 답.

"그는 결코 아닐 줄 믿습니다. 내 유완무 그 양반을 상면한 적은 없으나, 지금 보통 입조(入朝 : 벼슬아치가 조정 조회에 들어감)하는 양반과는 판이하다던데요. 유씨는 학자의 기풍이 있고 사형이 의기남아라며 자기가 조금도 반상(班常)의 구별을 차리지 않고 극히 존대하더라는데요."

나는 곰곰 생각하니 화색(火色 : 얼굴에 나타나는 광채)이 박두한 것도 같고, 유완무란 사람의 본의를 알고 싶기도 하다. 그러나 진경에게 수상스럽게 더 물을 수도 없다. 외모로는 극히 평상(平常)한 태도를 가지나 내심에는 심히 산란하다.

밤을 지내고 다음날 아침 식사 후인데 어떤 기골이 장대하고 얼금얼금 손티(얼굴이 약간 얽은 모습)가 있는, 나이는 30여 세나 됨직한 인사가 서슴없이 들어와 내 앞에서 공부하는 윤태를 보고서,

"이놈 윤태야. 그새 퍽 컸구나. 안에 들어가 작은아버지 좀 나오시래라. 내가 왔다고—."

한다. 윤태는 곧 안방에 들어가 진경을 앞세우고 나온다. 그 사람은 진경과 한훤(寒暄 : 날씨의 춥고 더움, 곧 안부 인사)을 마치고 첫째로 묻는 말.

"아직 백씨의 소식을 못 들었지?"

진경 답.

"아직 소식이 없습니다."

"하! 걱정이로군. 유완무의 편지 보았겠지?"

"네. 어제 받았습니다."

그 말을 하고서 진경은 내가 앉은 앞의 방을 미닫이로 간격하고 둘이만 이야기를 한다. 나는 학동들이 글을 읽을 때 '하늘천 따지'를 '하늘소 따갑'이라고 오독하여도 그것을 교정하여 줄 성의는 반점도 없고 웃방에서 이춘백이와 진경이가 이야기하는 말만 듣고 있다.

진경 문.

"유완무란 양반이 지각이 없지 않아요? 김창수가 사형도 안 계신데 내 집을 왜 오리라고 생각하고 그렇게 여러 번 편지를 하십니까?"

이(李) 왈.

"자네 말이 옳지만 우리가 1년 넘어를 김창수 때문에 별별 애를 다 썼네. 유완무는 남도로 이사를 하고 서울 다니러 왔다가 자네 형님이 김창수

를 구출하려고 전 가산을 탕진하고 종말에 피신까지 한 것을 알았다네. 그래서 그자가 우리 몇 사람을 모으고 김창수를 기어이 구출하여야겠다는 생각으로 법률적 혹은 상투적 뇌물 등으로는 다 하여 보았으나, 결국 강제 탈취할 방법 외에 없다고 하여 용감한 청년 13명을 모았는데 그중에 나도 들었네. 13명 모험대를 조직하여 가지고 인천항 요해처(要害處 : 요충지)에 밤중에 석유 한 통씩을 가지고 들어가 7, 8처에 불을 지르고, 감옥을 깨치고 김창수를 구출하자는 방침을 정하였네. 유씨가 나더러 두 사람을 데리고 인천항에 들어가 요해처와 감옥의 형편과 김창수의 근황을 조사하라 하기로 내가 가지 않았겠나. 급기야 인항에 가서 감옥 형편을 조사한즉 3일 전에 김창수가 4인 죄수와 같이 파옥 도주를 하였데그려. 그리고 돌아가 유씨와 김창수의 종적을 탐지할 길을 연구하는데, 한 길은 해주 본향(本鄕)이나, 기필코 고향에 갈 리도 없고 그 부모에게는 설혹 통지가 있다손 결코 발설을 않을 터요, 잘못 탐지하다가는 도리어 그 부모에게 경동(警動 : 놀라 동요함)만 시킬 터이니, 제외하고는 자네의 집인데, 자기가 몸소 오기는 극난하나 어느 곳에서 편지하였던 일이 없는가?"

진경 답.

"편지도 없습니다. 편지를 하고 회답을 요할 것 같으면 차라리 자기가 와서 조사할 터이지요."

두 사람의 이야기는 거기서 그치고, 진경 문.

"언제나 서울을 가시료?"

이(李) 답.

"오늘 친구나 좀 찾고 내일은 곧 상경할 터일세."

다음 날 아침 작별을 기하고 이춘백은 물러간다. 두 사람의 하는 말을 들은즉 유완무란 사람이 참으로 내게 대하여 그같이 성의를 썼다면 곧 만나주어야 하겠는데, 만약 탐정의 작용이라 하면 기계역묘(其計亦妙 : 그 계책이 또한 교묘하다)라. 그러나 믿음이 있는 것은, 이춘백이가 진경을 대하여 하는 말은 진정한 동지로 알고 숨김 없이 하는 말이 분명하고, 또 유씨가 주경(김주경)의 실패를 뒤이어 모험적 운동을 계속하였다는 것도 믿을 만하다.

군자가기이방(君子可欺以方 : 군자는 그럴 듯한 방법이면 알고도 속을 수 있음)[18]이란 말과 같이 내가 이만치 알고 끝내 자취를 감춤은 그 또한 불의(不義)라 하여 그 밤은 그대로 자고 다음 날 아침에 진경과 함께 밥을 먹을 시에 진경에게 묻는다.

"어제 왔던 사람 이춘백인가?"

"녜, 그렇습니다."

"언제 또 오는가?"

"아침에 와서 작별하고 서울로 간다니까 조금 후에 오겠지요."

"이춘백이 오거든 내게 인사 소개나 하여 주게. 백씨와 평소 친한 동지라니 나도 반가운 마음이 있네."

"그럽시요."

내가 또 말을 한다.

"진경 자네를 금일 작별케 되고 윤태 종형제와도 아울러 작별일세. 섭섭한 것은 말로 다 할 수 없네."

나의 눈에 반드시 눈물이 괴었을 것이다. 진경이 이 말을 듣고 대경실색한다.

"형님, 이게 무슨 말씀이야요? 제가 무슨 잘못한 일이 있습니까? 졸연히 작별 말씀이 웬 말씀이에요. 제야 미거(未擧 : 철이 나지 않아 사리에 어두움)한 것인즉 사형을 생각하시고 저를 용서도 하시고 책망도 하여 주셔요."

"내가 곧 김창수일세. 유완무란 친구의 추측이 바로 맞았네. 내가 작일(昨日 : 어제)에 자네가 이춘백과 이야기하는 말을 다 들었네. 자네 생각에 정탐의 유인책만 아닌 줄 믿거든 나를 놓아 주어 유완무란 친구를 가서 만나

---

18)　『맹자(孟子)』「만장 상(萬章上)」에 나오는 구절.

도록 하여 주게."

진경은 이 말을 듣고 깜짝 놀란다.

"형님이 과연 그러시면 제가 만류를 어찌 합니까? 최덕만은 작년에 사망하였다 하오나 이곳에서 감리서에 주사 다니는 자도 있고 순검 다니는 자도 있어 종종 내왕이 있습니다."

일변 학동에게 선포하기를,

"선생님이 금일 본댁에 다녀오실 터이니 너희들은 집으로 돌아가라."

하였다. 조금 지나서 이춘백이 진경에게 고별차로 왔다. 진경은 이춘백을 영접한 후에 나와 인사를 붙인다. 나는 이씨를 보고 나도 서울 갈 일이 있으니 동행하여 주기를 청하였다. 이(李)는 보통으로,

"심심한데 이야기나 하면서 동행하시면 좋겠습니다."

한다. 진경은 이의 소매를 끌고 뒷방에 들어가 두어 말을 수군거리다가 나와서 곧 출발한다. 학동 30여 명과 그 부형이 몰려와서 남문통 길이 메이도록 집합하여 전별(餞別 : 서운한 이별)을 한다. 내가 정성을 다하여 교수도 하지마는 한 푼의 훈료(訓料)를 요구하지 않았다. 그러므로 동정이 더 두터운 것이더라.

그날로 서울 공덕리 박진사 태병(台秉)의 집을 도착하였다. 이춘백군이 먼저 안사랑에 들어가서 무슨 말을 하는지 키가 중키 이하요 얼굴이 태양에 그을어 가무잡잡하게 되었고 망건에 흑립(黑笠)을 쓰고 의복은 검소하게 입은 생원님 한 분이 나와 맞아 방안에 들어가서는,

"나는 유완무요. 오시기 수고하셨소. 남아하처불상봉(男兒何處不相逢 : 남아가 어디에선들 다시 만나지 못하랴)이 오는 창수형에게 비유한 말인가 보오."

유는 이춘백을 보고,

"무슨 일이고 한두 번 실패를 한다손 낙심할 것이 아니고 끝내 구하면 필득(必得)할 날이 있다고 내 전일 말하지 않던가?"

하니 이는 곧 나를 만났다는 의미로, 자기네들이 평소에 하던 일이 무엇인

가를 말함일러라.

나는 유완무에게 대하여 말한다.

"내가 강화 김(金 : 김주경)댁에 있다가 선생이 나같은 사람을 위하여 많은 고생을 하신 것을 알고 금일 존안(尊顔)을 뵈옵거니와, 세상은 침소봉대(針小棒大 : 작은 일을 크게 불리어 말함)의 허전(虛傳 : 헛소문)이 많은 탓으로 들으시던 말과 실물이 용두사미(龍頭蛇尾)이온즉 매우 낙심될 것을 예상하여 두십시오."

유는 빙그레 웃으면서,

"뱀의 꼬리를 붙들고 올라가면 용의 머리를 볼 터이지요."
하고 주객(主客)이 다 웃었다. 주인 박태병은 유씨의 동서라 한다. 석식 후에 성내(城內) 자기 유숙처로 들어가서 자고 며칠간 쉬면서 더러는 요리집에 가서 음식도 사 먹고 구경도 다녔다. 유씨는 한 통 서신과 노자를 주며 충청도 연산(連山) 광이다리 앞에 침림리(枕林里) 이천경(李天敬)에게로 가라고 부탁한다.

즉일 길을 떠나 이천경의 집에를 가서 서신을 전한즉 반가이 영접하여 날마다 살계위서(殺鷄爲黍)[19]하여 잘 대접하고 한담설화(閑談屑話 : 한가한 잡담)로 1삭을 경과하였다.

하루는 이천경이 편지 한 장을 써 주며 무주 읍내 삼포업(蔘圃業 : 인삼재배업)을 하는 이시발(李時發)에게로 가라고 한다. 또한 이시발을 찾아가서 서신을 전한즉 영접하여 하룻밤을 유숙하였다. 익일에 이시발이 또한 편지 한 통을 주며 지례군(知禮郡) 천곡(川谷)이란 동리 성태영(成泰英)에게로 보낸다. 또 성태영의 집을 찾아가니 댁호가 성원주(成原州) 집인데 태영의 조부가 원주목사를 지냈다 한다. 사랑에 들어간즉 수청방(守廳房 : 청지기방), 상노방(床奴房 : 심부름꾼방)에 하인이 수십 명이고 사랑에 앉은 사람은 거개 귀족의 풍

---

19)   한 노인이 공자의 제자 자로(子路)를 집에 묵게 하고, 닭을 잡고 기장밥을 지어 대접한 고사에서 나온 말. 손님을 극진히 대접한다는 뜻. 줄임말은 계서(鷄黍).

치도(緇徒) —

181

도(風度)가 있더라.

　주인 성태영이 서간을 보고 환영하여 상객으로 대우하매 상노(床奴)의 무리들이 더욱 존경하더라. 매일 성태영 자 능하(能下), 호 일주(一舟)와 등산채채 임수관어(登山採菜 臨水觀魚 : 산에서 나물을 캐고 물에서 물고기를 감상함)의 취미있는 생활을 하여 가며 고금의 일을 난의문답(難疑問答 : 어렵고 의심스런 것을 서로 묻고 대답함)하며 또 1삭여를 지냈다. 하루는 유완무가 성씨의 집에 와서 상봉하였다. 다음 날 아침에 자기 이주하는 무주읍내로 함께 가서 그 집에서 숙식한다. 유씨는 장성한 딸은 이충구(李忠求)의 질부(姪婦 : 조카며느리)로 성혼하고, 아들 형제 한경(漢卿) 등 두 명이 있고, 당시 무주군수 이탁(李倬)과도 인척관계인 듯하더라. 유완무는 나를 대하여 이런 말을 한다.

　"창수는 경성으로부터 이곳에 도착하는 동안 심히 의아하셨지요. 실정을 말하리다."

　〔유완무의 말을 잇기에 앞서〕 조금 누락된 것이 있다. 창수라는 이름이 드러내놓고 쓰기에는 심히 불편하다 하여 성태영과 유완무가 이름을 개작하여 준다. 김구(金龜)라 하고 호 연하(蓮下), 자는 연상(蓮上)이라 행세하기로 하였다.

　"연산 이천경이나 지례 성태영이 다 나의 동지인데, 새로 동지가 생길 적에는 반드시 몇 곳으로 돌아 1개월씩 함께 거처하며 각기 관찰한 바와 시험한 것을 모아 어떤 사업에 적합한가 자격을 판정한 후에 사환(仕宦 : 벼슬살이)에 적당한 자는 사환을 하도록 주선하고, 상농(商農)에 적당한 인재는 상농으로 인도하여 종사하도록 하는 것이 우리 동지들의 규약인데, 연하(蓮下)는 동지들이 시험한 결과에 아직 학식이 얕은즉 공부를 더하되 경성 방면의 동지들이 맡아 성격(成格 : 자격이 이루어짐)되도록 할 터이고, 연하의 출처가 상인 계급에 있은즉 불가불 신분부터 양반에게 눌리지 말게 할 것을 급선무로 생각하여 현재 연산 이천경의 가택 · 전답 · 가구 전부를 그대로 연하 부모 생활에 제공하리다. 그 고을 대성(大姓 : 가문이 높은 성씨) 몇몇에게만 단속하면 족히 양반의 생활을 할 수 있을 것이외다. 연하는 경성에 유학하다가 간간 근친(觀親 : 찾아가 부모를 뵘)이나 하게 할 터이니 곧 고향으로 가서 명년 2월에 부모님 몸만 모시고 서울까지만 오면 서울서 연산까지의 행로는 이 유완무가 알아서 하겠습니다."

둘이 서울로 동행하였다. 서울에 와서 유완무의 제자인 강화 장곶(長串 —버드러지) 주(朱)진사 윤호(潤鎬—형 이름은 潤彰)를 찾아갔다. 김경득의 집에 들어가기는 여러 가지 염려되어 비밀히 주진사 집을 내왕하였다. 주진사가 백동전 4천냥을 유씨에게 보내는 것을 온몸에 둘러 감고 서울에 왔다. 주진사 집은 해변이므로 11월에 아직 감나무에 감이 달려 있었다. 또한 어산(魚産)이 풍족한 곳이므로 몇 날을 잘 지내고 왔다.

그 돈으로 노자를 하여 환향의 길을 떠났다. 철로가 아직 부설되지 못하여 육로로 출발한다. 출발하기 전날 꿈에 아버님이 나에게 '황천(黃天)' 2자를 쓰라고 하신 꿈을 꾸고 유씨와 꿈이야기를 하였다. 봄에 병환이 계시다좀 나으신 것을 보고 떠나서 우편으로 탕약보제(湯藥補劑)도 지어 보내고 마음을 놓지 못하였다가 흉몽(凶夢)을 꾸고 그날로 떠나 동짓달 날씨에 송도를 일찍 도착하였다. 익일에도 급한 걸음으로 4일 만에 해주 비동(飛洞)을 지나다가 고선생 보고 싶은 마음에 찾아 들어갔다. 산허리 소옥(小屋)에서 선생을 배알하니 5, 6년간에 그다지 쇠약하지는 않았으나 돋보기 안경을 쓰지 않고는 글을 못 보는 모양이더라.

내가 고선생을 배알하고 앉아서 두어 말을 시작할 때에 사랑 안쪽문이 방긋이 열리더니 10여 살 먹은 처녀가,

"아이구, 아저씨 왔구나."

하고 뛰어들어온다. 본즉 청계동에 살 적에 고선생 사랑에를 가면 늘 나와서 내게 매어달리고 업어 달래다가 고선생에게 책망을 듣던 원명(元明)의 차녀이다. 원명의 장녀와 나와의 혼약이 성립된 후는 자연 거리감이 없게 되고 고선생이 전과 같이 책망을 아니할 뿐 아니라, 나를 가리켜 아저씨라고

부르란 명령을 받고서는 한층 기탄없이 내게 매어달리고 온갖 응석을 하던 아이였다. 내심에는 극히 반갑고, 또 부모가 없이 숙모의 손에 자라는 것을 잘 아는 나로는 퍽 불쌍도 하여 보인다. 그러나 아저씨의 칭호를 받고서 알은 척하기는 매우 미안한 일이다. 그 광경을 보시는 고선생도 흉중에 감회가 있는지 침묵하고 담벽만 건너다보고 앉았고, 나도 아무 말대답을 못하고 눈으로만 그 처녀를 보고 반가운 표정을 하였을 뿐이다.

고선생이 전에 나와 혼약을 파기하고 돌아가서 당장 청계동의 미미한 농부인 김사집(金士集)이란 사람의 아들, 역시 농군인 떡거머리 총각에게 자청하여 그 날로 혼약을 결정하였다 한다. 과부인 차자부(次子婦 : 둘째 며느리)가 간청하며 '아무 댁과 혼인을 하십시다.' 또 '아무 댁 자제가 학문도 상당하고 문벌도 비슷하고 재산도 유족하니 거기다 통혼을 합시다.' '김창수는 상놈이고 게다가 가산이 적빈(赤貧 : 아주 가난함)한데 더구나 전 혼처에서 그같이 괴악을 부리니 김창수에게 딸을 주다가는 집안이 망하겠다.'고 떠드는데 화증(火症)이 났던 듯하다.

한참 동안이나 고선생과 나는 서로 말이 없이 각기 과거 혼사 문제를 추억한 모양이다. 고선생은 서서히 말을 한다.

"나는 그간에 자네의 살왜거의(殺倭擧義 : 왜인을 죽인 의거)를 듣고 자네를 평소 기대하던 나머지 매우 경복(敬服)하였네. 내가 유의암(柳懿庵 : 유인석)선생에게 말씀하였더니 선생이 저작한『소의신편속편(昭義新編續編)』에 '김창수는 의기남아'라고 찬(讚 : 칭찬하여 적음)한 것도 보았네. 자네가 인천으로 간 후 의암이 의병에 실패하고 평산(平山)으로 와서 서로 만나서 장래 방침을 의논할 때에 내가 몇해 전에 자네가 서간도 시찰한 보고의 내용을 선생께 보이고, 지금 형세로는 양서(兩西)에 발붙일 땅이 없으니 속히 압록강을 건너서 적당한 지역을 택하여 장래를 도모함이 상책이라 한즉, 의암도 심히 좋게 여겨 나도 동행하여 전에 자네가 말하던 곳을 탐사하였네. 그곳에 의암이 머물러 일변으로 공자의 성상(聖像 : 성인의 초상)을 봉안(奉安 : 받들어 모심)하여 제자(諸子)의 모성심(慕聖心 : 성인 공자를 숭모하는 마음)을 증진케 하고 일변은 내지에서 종군하던 무사를 소집 훈련하는 중이니 자네도 선생께로 가서 장래 대계를 함께 도모함이 어떠한가?”

나는 내가 그 사이에 깨달은 바 세계 사정이라든지 또는 선생님 평소에 교훈하시던 존중화 양이적(尊中華 攘夷狄 : 중국을 받들고 오랑캐를 멀리함)의 주의가 정당한 주의가 아닌 것과, 눈이 깊고 코가 뾰족하면 덮어놓고 오랑캐라고 배척하는 것이 적당하지 않음을 말씀드렸다.

“어느 나라를 막론하고 그 나라 사람의 경국대강(經國大綱 : 국가를 다스리는 큰 요체)을 보아서 오랑캐의 행실이 있으면 오랑캐로 대우하고 사람의 행실이 있으면 사람으로 대우함이 가하고, 우리 나라 탐관오리가 사람의 면목(面目)을 가졌으나 금수의 행실이 많으니 그것이 참으로 오랑캐요, 지금은 임금이 스스로 벼슬값을 매기고 매관(賣官 : 관직을 팔아먹음)을 하니 곧 오랑캐 임금인즉, 내 나라 오랑캐도 배척을 못하면서 저 대양을 건너 사는 각 나라를 오랑캐 오랑캐 하고 배척만 한다면 무슨 필요가 있겠습니까. 그들 나라는 공맹(孔孟 : 공자와 맹자)의 그림자도 보지 못하였지만 공맹의 법도 이상으로 국가제도와 문명이 발달되었습니다. 제 소견에는 오랑캐에게서 배울 것이 많고 공맹에게는 버릴 것이 많다고 생각합니다.”

고선생은,

“자네 개화꾼과 많이 상종하였지? 나도 몇몇 개화꾼을 만나 보니까 자네 말과 같데.”

하신다.

“그런즉 선생님의 보시는바 장래 국가대계는 어떠하신지 가르쳐 주세요.”

“선왕(先王)의 법이 아니고 선왕의 도가 아닌 것은 거론할 필요가 없네. 잘못하면 피발좌임(被髮左袵 : 머리를 풀어뜨리고 옷 섶을 달리 맴, 즉 오랑캐의 풍속)의 오랑캐가 될 것 뿐이니.”

“선생님이 피발좌임을 말씀하시니 말씀이외다. 머리털은 즉 혈여(血餘)[20]

치도(緇徒)

요, 피는 즉 음식이 소화된 정액(精液)이니 음식을 먹지 않으면 머리털도 자랄 수 없고요, 설사 장발이 천장(丈)이나 되어 위대한 상투를 머리 위에 얹었다 하였기로 왜놈이나 양놈이 그 상투를 무서워하지 않는데 어찌합니까. 두루마기 복건(幞巾 : 머리에 쓰는 건)을 아무리 훌륭하게 입었다 하여도 왜양놈이 그것으로는 무릎을 굽혀 숭배하지 아니할 것입니다. 학문 도덕을 공부한 상류 인물이 인민을 잔학하게 다루는 데 최상의 칼잡이요, 진실되고 허물없는 자는 전국 인민이 거의 다 일자무식이니, 사람의 이(利)를 좇음이 물이 아래로 흐르는 것과 같은즉 인민이 몽매하고 보니 자기의 권리 의무는 모르고 탐관오리 토호의 능학(凌虐 : 포학한 행동을 함)을 받으면서도 의당 받는 것으로 알게 됩니다. 탐관오리 토호들이 자기 백성에게 능학함과 같이 왜와 양을 능학한다면 왜양은 멸종되고 그네들은 천하를 호령하겠지마는, 그이들이 나의 백성의 피를 빨아다가 왜양놈에게 아첨을 하면서 자기가 백성을 해치는 칼잡이의 기능이 출중한 것을 자랑하게 되니 나라는 망하고야 말지라. 세계 문명 각국의 교육제도를 모방하여 학교를 설립하고, 전국 인민의 자녀를 교육하여 2세 건전한 국민을 양성하고, 애국지사를 규합하여 전 국민에게 망국의 고통이 어떤 것과 흥국의 복락(福樂)이 어떤 것을 알도록 하는 것이 멸망에서 벗어나는 도리라고 제자는 생각하나이다."

고선생 말씀.

"박영효(朴泳孝)[21], 서광범(徐光範)[22] 역적이 주장하던 것을 자네가 말하네그려. 만고천하에 한없이 존속하는 나라가 없고 만고천하에 한없이 사는 사람이 없나니, 우리나라도 망할 운명이 다한 바에 어찌하겠나? 구망지도

---

20)   한방에서, 사람의 머리털이나 수염을 이르는 말.

21)   조선 말의 친일 정치가(1861~1939). 자는 자순(子純). 김옥균과 독립당을 결성하고 1884년 갑신정변을 꾀하였으나 실패하고 일본으로 건너감. 1894년 청일전쟁 때 귀국하여 내무대신이 됨. 국권침탈 이후는 일본의 귀족원 의원, 후작이 됨.

22)   조선 말기의 정치가(1859~?). 자는 서구(敍九), 호는 위산(緯山). 갑신정변을 일으켰다가 실패하고 일본으로 망명. 갑오경장 후 법부대신을 거쳐 주미공사로 부임했으나 현지에서 사망.

(救亡之道 : 멸망에서 구하는 방도)라고 하여 왜놈도 배우고 양인(洋人)도 배우다가 구망도 못하고 절의(節義 : 절개와 의리)까지 배반하고 죽어 지하에 가면 선왕선현(先王先賢)을 무슨 면목으로 대하겠나?"

대화중에 자연 신구(新舊)의 충돌이 생겼다. 그러나 고선생의 가정에는 외국 물건은 당성냥 한 가치(개비) 쓰지 않는 것 보면 고상하게도 보인다.

하룻밤을 동숙하고 익일에 배사이퇴(拜辭而退 : 하직인사를 하고 물러남)하였다. 어찌 뜻하였으리요, 이때의 인사가 즉 영결(永訣 : 죽어서 영원히 이별함)이었던 것을. 그 후에 들은즉 고선생은 제천 동문(同門)의 집에서 객사하였다 한다. 오호통의(嗚呼痛矣 : 아 슬프도다)라. 이 말을 기록하는 금일까지 30여 년에 나의 그간 처심행사(處心行事 : 마음 씀과 행동함)에 만에 하나라도 좋은 점이 있다면 그것은 온전히 당시 청계동에서 고선생이 나를 특히 사랑하여 심혈을 다 기울여 구전심수(口傳心授 : 말로 전하고 마음으로 가르침)한 가르침의 덕택일 것이다. 다시 이 세상에서 그같이 사랑하시던 장엄한 얼굴을 뵈옵고 참되고 거룩한 사랑을 다시 받지 못하겠으니 오호통의라.

당일로 텃골 본가에 당도하니 황혼이라. 안마당에 들어선즉 부엌에서 어머님이 나오시며 하시는 말씀.

"너의 아버지가 병세 위중한데 아까 '이 애는 왔으면 들어오지 않고 뒤뜰에 서서 있느냐' 하기로 헛소리로 알았더니 네가 정말 오는구나."

나는 급히 들어가 뵈온즉 심히 반가워하시나 병세는 과연 위중하시더라. 약간의 시탕(侍湯 : 약시중을 드는 일)으로 약효를 내지 못하여 14일 동안을 나의 무릎에 베고 계시다가 경자(庚子 : 1900년, 25세) 12월 9일에 힘써 나의 손을 잡은 힘이 풀리시며 먼 나라로 길을 떠나신다. 운명되시기 전날에 나의 생각으로는 평생 지기(知己)인 유완무, 성태영 등을 만나 가지고 그네들의 주선으로 연산으로 옮겼으면 우선에 백발이 성성한 아버님이 이웃 마을 강·이씨에게 상놈 대우의 철골지통(徹骨之痛 : 뼈에 사무치는 아픔)은 족히 면하게 해 드릴 텐데, 아주 먼 길을 떠나시게 됨은 천고의 한이다.

치도(緇徒)

187

산촌 빈한한 집에 고명한 의사를 모시거나 기사회생의 명약을 복용하기는 힘이 허락지 않는 바라, 우리 할머님 임종시에 아버님이 단지(斷指 : 손가락을 자름)를 하심도 이런 절박한 지경에서 행한 일이니, 내가 단지를 할 것 같으면 어머님의 마음이 상하실 터이니 나는 할고(割股 : 허벅지 살을 베어냄)를 하리라 하고, 어머님이 안 계신 때를 타서 왼쪽 허벅지에서 살코기 한 점을 떼어서 고기는 불에 구워서 약 삼아 잡수시게 하고, 흐른 피는 마시워 드린다. 분량이 적은 듯하여 다시 칼을 대어 그보다 크게 살코기를 떼려고 할 때에 처음보다 천백 배의 용기를 내어 살을 베지만 살조각이 떨어지지를 않고 고통만 심한지라, 두 번째는 다리 살을 썰어 놓기만 하고 손톱만치도 떼어내지 못하였다. 스스로 탄식하였다. 단지나 할고는 진정한 효자가 하는 것이지 나 같은 불효로 어찌 효자가 되랴.

초종(初終)²³⁾을 마치고 성복일(成服日)²⁴⁾에 원근에서 조객이 온다. 설한풍(雪寒風)이 뼛속을 엄습하는 때 뜰에 상청(喪廳 : 혼백이나 신주를 모셔 놓은 곳)을 설치하고 조문을 받는데 독신 상주라 잠시도 상청을 비울 수는 없고, 썰어만 놓고 떼어내지도 못한 다리는 통증이 심한지라. 어머님께 알려드릴 수도 없고, 조객 오는 것이 괴롭고, 할고한 것을 후회하는 생각까지 나더라. 유완무와 성태영에게는 부고(訃告 : 사망소식을 알림)를 하고 이사 중지를 표명하였다. 경성에 체류 중이던 성태영은 500여 리 길을 말을 타고 와 조문하여 준다. 인마는 돌려보내고 성군은 며칠 휴식 후에 구월산 구경이나 시켜 보내기 위하여 나귀에 태우고 월정동 송종서(宋鍾瑞) 옛 친구의 집을 찾아가서 부산동 정덕현(鄭德鉉)을 불러 살계위서(殺鷄爲黍 : 닭을 잡고 기장밥을 해주며 잘 대접함)하였다. 백악(白嶽 : 구월산의 별칭)의 좋은 경치를 구경하고 성군은 돌아갔다.

---

23) 초상난 날부터 졸곡(卒哭 : 삼우제가 지나고 첫 丁日이나 亥日에 지내는 제사)까지를 일 컬음.

24) 초상나서 사흘이나 닷새 뒤에 처음으로 상복을 입는 일.

아버님 장지는 텃골 오른쪽 기슭에 직접 터를 잡아 안장했다. 상칩(喪蟄 : 상중에 외부 출입을 금하는 일) 중에 어디를 가지 않고 준영 계부(季父)의 농사를 돕고 있으니까 계부는 심히 다행하게 생각하고 자기가 (처녀의 몸값으로) 200냥을 주겠으니 이웃 어떤 상놈의 딸에게 결혼하라고 한다. 나는 고사하였다. 나는 상놈의 딸은 고사하고 정승의 딸이라도 재물을 따지는 결혼은 맹세코 하지 않으리라 하였다. 계부의 생각에는 형님도 없는 조카에게 자기가 힘써 결혼을 시킴이 당연한 의무요 영광으로도 알았다. 그런데 내가 고사함을 보고 대로(大怒)하여 낫을 들고 나를 향하여 달려드는 것을 어머님이 가로막는다. 나는 그 틈에 도주하였다.

임인(壬寅 : 1902년, 27세) 정월을 당하여 여기저기 세배를 다니다가 장연 무산(茂山) 면 친척 댁에를 갔다. 친척 조모는 나의 나이 근 30에 장가를 못 간 것을 매우 염려한다. 나는 그 할머니를 대하여,

"제 중매는 할 사람도 쉽지 못하고, 저에게 딸을 주고 싶은 사람이 있을 것도 의문이요, 설혹 있다 하여도 제가 장가를 들 마음이 생길 만한 낭자가 있을지도 의문이외다."

라고 말씀드렸다. 그 할머님은 웃으면서 물으신다.

"자네가 뜻이 맞는 낭자는 어떤 것을 희망하는가?"

내 대답.

"첫째 불논재(不論財 : 재물을 따지지 않음), 둘째 낭자 유학식(有學識 : 학식이 있을 것), 셋째 상면논심가합(相面論心可合 : 서로 만나 마음을 떠본 후 일치함)인즉 결혼이올시다."

그 할머님은 첫째, 둘째에는 의문이 없고, 셋째는 심히 난색을 보인다. 내 묻기를,

"할머님이 어디 혼처가 있습니까?"

하였다. 답.

"나의 본가 당질녀(堂姪女 : 사촌 형제의 딸)가 당년 17세에 과댁(寡宅 : 과

부) 어머니를 모시고 지내는바 약간 학식은 있고 아주 가난하나, 재물을 논하지 않는 조건으로 적당한 남자에게 배필을 허락하겠다는데, 내 그 형님의 말을 들었으나 그러나 어떤 표준으로 남자를 택하는지는 알 수 없으니 내가 일차 문의코자 한 것이네. 그러나 자네의 말대로 직접 만나 마음을 떠보는 것은 가장 어려운 문제일까 하네."

"그다지 난제로 생각을 한다면 나와 혼인할 자격이 없겠지요."

담화간에 그 할머님 하시는 말씀.

"우리 형님에게 자네의 인격을 일찍이 언급한 바 있는데, 내 형님 말씀이 자네를 한 번 데리고 자기 집에 와 달라는 부탁이 있었으니 일차 동행함이 어떤가?

"오늘 가서 처녀 면회를 시킨다면 가 봅시다."

동행하여 장연 속내(束內) 텃골 조그마한 오막살이 집에 도달하였다. 그 집 과댁은 연로하여 아들이 없고 다만 4명의 딸을 두었는데, 위로 셋은 이미 출가시키고 막내 여옥(如玉)을 데리고 세월을 보내며 문자는 근근이 국문을 가르쳤을 뿐 바느질을 주로 가르쳤더라. 나를 맞아 안방에 앉히고 저녁을 먹은 후에 할머님의 소개로 늙은 과댁에게 절하였다. 그 전에 주방에서 세 사람이 회의를 하는 모양이다. 듣지 못하였으나 나의 일가 할머님이 나의 구혼 조건을 제출한 모양이다. 이야기가 착실히 많은 모양인데 할머님이 단도직입으로 혼인문제를 제출한다. 할머님 말씀.

"자네 말대로 거의 되겠으나, 규중(閨中) 처녀가 어찌 모르는 남자와 대면을 하겠나? 병신이 아닌 것은 내가 담보할 터이니 좀 면(免)하여 주게."

나의 대답.

"면대는 꼭 하여야겠고, 대화 뿐아니라 혼인할 생각이 계시면 또 조건 한 가지가 있습니다.

할머님은 웃으시면서,

"조건이 또 있어? 들어 보세."

하신다.

"다른 것이 아니구요, 지금 약혼을 한다 하여도 내가 해상(解喪 : 3년상을 마침) 후에 성례할 터이니 그 기한 이내는 낭자가 나를 선생님이라고 하고 한문 공부를 정성껏 하다가 해상 후에 성례할 조건을 이행한대야 됩니다."

할머님.

"여보게 혼인하여야 데려다가 공부를 시키든지 무엇을 하든지 자네 마음 대로 할 것 아닌가?"

"근 1년 동안의 세월을 허송할 필요가 있습니까?"

노댁(老宅)과 할머님이 빙긋이 웃고 무슨 말을 하더니 낭자를 청한다.

한 번 두 번 부를 때는 아무 소식이 없더니 노댁이 친히 부른다. 처자(處子 : 처녀)는 가만가만히 걸음을 걸어서 자기 모친 뒤에 들어와 앉는다. 내가 인사를 먼저 하였으나 처녀는 아무 대답을 못하고 있다. 나는 다시 묻는다.

"당신이 나와 혼인할 마음이 있으며, 또는 성례하기 전에는 나에게 학문을 배울 생각이 있는가?"

할머님 말씀은 성례 후에 공부를 시키든지 마음대로 하라고 하시지만 지금 세상에는 여자라도 무식하고서는 사회에 용납할 수 없고 여자의 공부는 20세 이내에 적당한데 1년 동안이라도 그저 허송함이 불가하다는 이유를 설명하였다. 그 처자의 말소리가 내 귀에는 들리지 않으나 할머니와 그 모친은 처자가 그리하겠다는 대답을 한다고 한다.

밤을 지내고 다음 날 아침에 집으로 돌아와서 어머님과 계부에게 약혼보고를 하였다. 계부 준영씨는 처음에는 믿지 않고 어머님에게 친히 가서 낭자도 보고 약혼 여부를 알아보라고 하여, 어머님이 친히 다녀오신 뒤에야 믿으셨다. 계부의 말은 이 세상에서 참으로 어수룩한 사람도 있다고 한다.

나는 곧 여자독본(女子讀本)처럼 책자를 초(草 : 초고를 작성함)하여 지필묵까지 준비하여 가지고 가서 미혼처(未婚妻)를 가르친다. 그 집에만 오래 있어 가르칠 형편이 되지 못하고 가사도 돌보고 해상(解喪) 후는 교육에 헌신할 결심을 가졌기 때문에 문화(文化)의 우종서(禹鍾瑞) 목사와 송종호(宋鍾鎬)와 당시 김선생, 은율 김태성(金泰聲)과 장연 장의택(張義澤), 오인형(吳寅炯), 정창극(鄭昌極) 등과 신교육 실시를 협의하기 위하여 각처로 돌아다니다가 틈만 있으면 처가로 가서 가르쳤다.

당시 김선생은 본 성명이 손경하(孫景夏)니 원산 사람인데 박영효의 동지라. 일본에 다년 체류하다가 귀국 후에 정부에서 체포령을 당하고 구월산으로 망명하여 우종서, 송종호 등의 보호로 일시 잠적한 인사인데 그 후 박영효가 귀국하는 날부터 손영곤(孫泳坤)으로 지금껏 행세한다.

장의택은 장연 선비 집안이고 구학식도 풍부하며 신학문의 포부도 해서의 제1위이다. 장자 응진(膺震)을 경성으로, 일본으로, 미주(美洲)에 유학시키고 신교육에 노력하는 뜻있는 선비이므로 구식 양반들에게는 무쌍한 비난을 받는다. 장씨는 신학문이 국민의 지식보급의 급무로 생각하였으나, 평안도는 물론이고 황해도에도 신교육의 풍조가 야소교(耶蘇敎 : 예수교)로부터 일어나고, 신문화 발전을 도모하는 자는 대부분 야소교에 투신하여 폐관자수(閉關自守 : 문을 걸어 잠그고 지킴)하던 자들이 겨우 서양 선교사들의 혀끝으로 문밖 사정을 알게 되었다.

야소교를 신봉하는 사람이 대부분 중류 이하이나 실제 학문으로 배우지를 못하고, 우부우부(愚夫愚婦 : 어리석은 백성)들이 단순히 선교사의 숙달치도 못한 반벙어리 말이라도, 그들이 문명족이기 때문에, 그 말을 많이 들은 자는 종교신앙심 외에 애국사상도 갖게 되었다. 그 같은 사상을 가진 대다수가 이 야소교 신봉자임은 숨기지 못할 사실이다. 우종서는 당시 야소교의 전도조사(傳道助事)라. 나와 오랜 친교를 맺었기 때문에 야소교 신봉을 힘써 권하였다. 나도 해상 후에 야소도 믿고 신교육을 장려하기로 결심하고 있었다.

계묘(癸卯 : 1903년, 28세) 2월에 담사(禫祀)[25]를 마치고 즉시 혼례 준비를, 더욱 어머님이 열심히 주선하신다. 그 해 정초에 또한 무산 먼 친척 할머니

댁에 세배를 갔다. 세배한 후에 앉아서 담화를 하던 즈음에 장연 텃골 미혼 처가에서 급보가 왔다. 낭자의 병세가 위중하니 김상주(金喪主 : 백범을 가리킴)에게 통지하라는 기별이 왔다. 나는 깜짝 놀라 즉시로 처가에를 갔다. 방문을 열고 들어간즉 낭자는 병세가 위중한 중에도 나를 심히 반가워한다. 병은 장감(長感 : 가래 감기가 오래 되어 생기는 병)인데 의약을 쉽게 구하기 어려운 산중이라 2, 3일 후에 드디어 사망하는지라. 내 손으로 친히 염습(殮襲 : 죽은 사람의 몸을 씻긴 뒤 옷을 입히고 염포로 묶음)하여 남산에 안장하고 묘 앞에서 영별(永別)하였다.

장모는 금동(金洞) 김윤오(金允五) 집으로 인도하여 야소교를 신봉케 하고, 돌아오다가 놀라운 소식을 듣고서 오시는 어머님을 모시고 도로 집에 돌아왔다.

---

25)   두 돌 되는 제사(大祥)를 마치고 그 다음다음 달에 지내는 제사.

야소교(耶蘇敎)와
교육자

본년(本年 : 1903) 2월에 장련읍 사직동으로 이사하였다. 장련읍의 오진사 인형(寅炯)이 자기가 매입한 사직동 가옥과 산림과수(山林果樹)와 20여 두락(마지기)의 전답을 〔나에게〕 오로지 맡겨 내가 집안 일에 신경을 쓰지 않고 공공사업에만 전력케 한 것이라.

해주 본향에서 종형(사촌형) 태수(泰洙) 부부를 데려다가 집안 일을 맡게 하고, 나는 오진사 집 큰 사랑에 학교를 마련하여 오진사 장녀 신애(信愛)와 아들 기수(基秀)와 오봉형(吳鳳炯)의 두 아들과 오면형(吳勉炯)의 자녀와 오순형(吳舜炯)의 두 딸을 주된 학도(학생)로 하고 그 외에 학교 설립에 뜻을 같이 하는 자의 자녀 몇 명을 모집한다.

방 중간을 병풍으로 간격하여 남녀 자리를 나누었다. 그리고 인형의 셋째 아우 순형이 극히 너그럽고 후한 성격에다 검소하기도 한데, 나와 같이 야교(예수교)를 행하며 교육에 전력하기로 뜻이 일치하여 학생을 가르치며 야교를 선전하였다. 1년 내에 교회 방면으로도 흥성하고 학교도 점차 진보된다. 당시 장련읍에서 주색을 좇아 방랑하던 백남훈(白南薰)을 인도하여 야교를 신봉케 한 후에 백남훈은 봉양(鳳陽)학교 교원이 되었고, 나는 공립학교 교원이 되어 공사교(公私校)를 발전 유지케 한다.

황해도에 학교라는 명칭이 공립으로는 해주와 장련에 설립되었는데, 해주에서는 아직 사서삼경의 구학문이나 교수하였고, 강사가 칠판 앞에 서서 산술, 역사, 지지(地誌) 등을 가르치는 곳은 유독 장련 공교(公校)이다. 그 학교 설립 시초의 교원이 허곤(許坤)이요, 장의택, 임국승(任國承)과 내가 교원으로 시무(視務)하였다.

평양에서 야교 주최로 소위 선생공부 즉 사범(師範)강습이라고 하여 여름에 각지 교회 학교 직원과 교원들이 강습할 시기에 나도 선생공부를 갔다. 평양 방(邦)목사 기창(基昌) 집에서 유숙하는 즈음에 최광옥(崔光玉)은 당시 숭실중학생으로 교육과 애국의 열성이 학계와 종교계와 일반 사회에 명성이 쟁쟁한 동지라. 최군과 친밀히 교제하며 장래 일을 의논하던 중에 최군은 나의 취처(娶妻 : 결혼) 여부를 묻기로 과거 여러 차례 실패를 간략히 말하였다.

최군은 안신호(安信浩) 양과 결혼할 권고를 한다. 신호는 즉 안창호(安昌浩) 사매(舍妹 : 친 누이동생)요, 당년 20여 세요, 위인(爲人 : 사람됨)이 극히 활발하고 당시 처녀 중의 명성(明星 : 샛별)이라고 한다. 면회하여 보고 피차에 뜻이 맞으면 성혼하기로 하여 이석관(李錫寬) — 즉 안도산(安島山 : 안창호의 호)의 장인이라 — 집으로 안신호를 오게 하였다. 최광옥, 이석관과 모여 앉아 신호를 면대하여 몇 마디의 의사 교환을 하고 사관(舍館 : 하숙집, 여기서는 邦목사 집)으로 돌아왔더니 최군이 쫓아와서 의향을 묻는다. 나는 합의(合意 : 마음에 듦)를 표시하였다. 최군 역시 신호의 합의를 전하고 내일은 아주 약혼을 하고 환향하라고 부탁한다.

어찌 뜻하였으랴. 다음 날 이른 아침에 이석관, 최군이 달려와서 말하길,

"신호가 어젯밤에 한 통 서신을 받고 밤새껏 고통으로 마음에 큰 풍파가 생겼는데, 다름이 아니라 안도산이 몇 해 전 도미(渡美)할 때에 상해를 거쳐 가며 상해 모 중학에 재학 중인 양주삼(梁柱三)[1] 군에게 자기 매씨(妹氏 : 누이

동생 곧 안신호를 가리킴)와 혼인하라는 부탁이 있었는데, 그때에 양군이 아직 재학 중인즉 혼사에 대한 확실한 생각이 없으나 학업을 마친 후에 결정하겠다는 말이 있었던바, 어제 형과 면회하고 돌아간즉 마침 양군이 자기는 학업을 마쳤으니 혼인 허락 여부를 통지하라는 편지이라. 양손에 떡을 쥔 신호가 어찌 할 줄을 모르고 애를 쓰는 모양이니, (신호가) 다시 결정하는 의사를 듣고서 길을 떠나라."

고 말한다.

조식 후에 최광옥은 다시 와서 신호의 결정한 바를 말한다. 신호 자기 처지로서 양주삼이나 김구 두 사람 중에 일취일사(一取一捨 : 누구는 취하고 누구는 버림)는 의리로 보아 불가한즉 양쪽을 다 버리고, 어렸을 때부터 한 동리에서 같이 성장한 김성택(金聖澤)은 이미 청혼을 하였으나 그이의 신체가 약함을 꺼리어 허락하지 않았던 바 지금에 이르러서는 김, 양 양인은 사절하고 김성택에게로 결심하였다 한다. 그러하더라도 사세(事勢 : 일의 추세)나 정리(情理) 상에는 매우 섭섭하였다. 얼마 후에 신호는 나를 찾아왔다.

"나는 지금부터 당신을 오라버님으로 섬기겠습니다. 매우 미안하외다. 나의 사정이 그리 된 것이오니 너무 섭섭히 생각 마십시오."

한다. 나는 신호의 쾌활하고 명쾌하게 결단하는 도량을 보고서 더욱 흠모하나 이미 지나간 일이다.

다시 장련에 돌아와 교육과 종교에 종사하고 있던 중이다. 하루는 군수 윤구영(尹龜榮)의 청첩이 왔다. 가서 본즉 윤군수의 말이,

"지금 정부에서 잠업(蠶業)을 장려할 목적으로 해주로 뽕나무 묘목을 내려 보내 각 군에 분배하라는 공문이 도착한 바, 우리 군 내에는 오직 그대가 이 일을 맡으면 성적이 좋을 것이라고 하니 해주에 가서 묘목을 가져오라."

1)   기독교 목사(1879~?). 서울 양잠전습소를 거쳐 미국 밴더빌 대학 신학과 졸업. 일제 하에서 국민총력조선연맹 평의원, 감리교 감독, 경성기독교연합회 평의원을 지냈으며, 해방 후 1949년 대한적십자사 총재로 있다가 6·25 때 납북당함.

고 한다. 그것은 장련군의 토반(土班 : 토박이 양반)들이 영예직이라 하여 앞을 다투어 따내려는 일이나 〔윤군수가〕 수리(首吏 : 이방에 속한 아전) 정창극(鄭昌極)의 말을 듣고 나에게 지목하여 하는 말이라. 민생 산업에 관계가 막중함을 알고 승낙하였더니 정창극이 200냥 여비를 내주며,

"해주에 가면 관찰부(觀察府)에 농상공부(農商工部)[2] 주사들이 묘목을 가져왔을 터이니 그이들을 일차 청하여 연회나 베풀어 주고 부족액은 돌아온 후에 다시 청구하라."

한다.

"잘 알겠습니다."

하고 길을 떠난다. 말이건 가마건 마음대로 타고 가라는 분부를 받고 나서 보행으로 해주에 갔다.

관찰부에 공문을 제출하고 사관(舍館 : 여관)에 돌아왔다. 다음 날 아침에 관찰부 부름에 의하여 관찰부로 들어간즉 농부(農部)에서 특파한 주사가 장련 몫으로 분배하는 묘목 수천 그루를 가져가라고 준다. 내가 묘목을 검사하여 본즉 묘목이 다 말랐다. 나는 그 주사에게 가져가지 않겠다는 뜻을 말하였다. 그 주사는 발끈 노하여 상부명령에 불복한다는 말을 붙여 가지고 위협을 한다. 나는 대로하여,

"주사는 경성에 살으므로 장련이 산골 군(郡)임을 알지 못하느냐! 장련군에는 땔감 연료가 풍족하여 다른 군에서 얻어 땔 필요가 없거늘, 〔하물며 나는〕 먼 경성까지 땔감을 구하러 온 길이 아니라."

고 말하고,

"그대가 본부(本部 : 農部)에서 뽕나무 묘목을 가지고 오는 사명이 묘목의 생명을 보호하여 분배하고 심게 함이어늘 이같이 묘목을 말라 죽게 하여 가지고 위협하며 분배를 하니 책임소재를 알고자 한다."

---

2) 1895년 농무아문과 공부아문을 합쳐 만든 관아. 농업과 상업, 공업에 관한 일을 맡아 다스렸음. 1910년 폐지됨.

하고 나는 관찰사에게 이 사유를 보고하고 그저 돌아가겠다고 언명하였다. 그 주사는 두려워하며 내 기분을 달랜다.

"장련에 갈 묘목은 귀하가 산 묘목으로만 직접 골라서 수효대로 골라가 달라."

나는 전체 뽕나무 묘목에서 산 것으로만 골라 가지고 사관에 돌아와 물을 뿌리고 보호하여 말에 실어서 본군에 돌아왔다.

정창극에게 여비 계산을 하여 130냥여 남은 금액을 반납하였다. 정창극이 여비용 기록을 보다가 초혜(草鞋 : 짚신) 한 켤레에 얼마, 냉면 한 끼에 얼마, 떡 한 그릇에 얼마, 말 빌린 삯, 음식값을 합하여 도합 70냥이란 것을 보고 경탄하였다.

"우리 나라도 관리가 다 김선생 같으면 백성의 질고(疾苦)가 없겠다. 박(朴)가나 신(申)가가 갔다 왔으면 적어도 기백냥은 더 청구하였으리라."

고 한다. 정창극은 비록 수리(首吏 : 관리의 우두머리)이나 극히 검소하여 누덕누덕 기운 의복을 입고 관이 정한 액수 외에는 한 푼도 함부로 쓰는 법이 없는 고로 군수가 감히 탐학을 못한다. 전국에 제일의 전주(全州) 이속(吏屬)은 천한 직업의 이름으로 창고지기 재상의 권도를 가졌고, 각도 이속이 모두 호가호위(狐假虎威 : 여우가 범의 위세를 빌려 함부로 날뜀)로 양반을 등에 업고 양민의 피를 빨아먹는 시대에 정창극은 구우일모(九牛一毛 : 아주 많은 가운데 특히 도드라진 하나)의 귀(貴)라 하겠더라.

며칠 후 농부(農部)에서 나를 종상위원(種桑委員 : 뽕나무재배 위원)에 임명한다는 임명서가 왔다. 이 소문이 전파된 후로는 군(郡)의 하인들과 노동자들은 내 지나는 곳마다 담뱃대를 감추어 치경(致敬 : 경의를 표함)하는 자가 있더라.

오진사는 어선업을 개시한 지 2년 만에 가산을 다 날리고 우울증으로 병을 얻어 작고하는지라. 내가 살던 사직동 가옥을 유족에게 돌려주었다. 그때 가사를 맡아 보던 종형 태수가 어려서부터 목불식정(目不識丁 : 낫 놓고 기역자도 모름)이었으나 나를 따라와서 같이 야교를 신봉한 후 국문을 능통하여 종교서적을 능히 보고 강단에서 교리를 강의 전파하게 되므로 나의 장래에도 많은 도움을 받을 줄 믿었더니 뜻밖에 뇌출혈로 교당에서 예배하다가 졸연 사망하는지라. 형수는 자기 본가로 보내 재혼하게 하고 나는 사직동에서 떠나 장련읍내로 이주하였다.

사직동에서 근 2년을 거주하는 사이에 경과한 것을 약거(略擧)하면, 유완무가 주(朱)진사 윤호(潤鎬)와 함께 친히 방문하여 수일을 머물렀다. 자기는 종전에 북간도에 가서 관리사 서상무(徐相茂)와 그곳의 장래 발전을 계획하고 잠시 국내에 돌아와 동지들과 방침을 협의한 후 곧 북간도로 가겠다고 하였다. 며칠을 쉬는데 어머님이 밤을 삶고 닭을 삶아서 갖다가 주시면 유완무, 주윤호와 3인이 밤도 까서 먹고 닭고기도 먹어 가면서 연일 밤을 새워 가며 대소사를 토의하였다. 강화 김주경의 소식을 물은즉 경운(曔雲) —— 유완무의 당시 통용하던 별호이고 북간도에서는 백초(白樵)로 사용하였다 —— 이 탄식하고 하는 말이,

"김주경은 강화를 출발한 후 10여 년에 붓장사를 하여 수만 원의 금전을 저축하여 자기 몸에다 숨겨 가지고 다니다가 작년에 연안(延安)에서 불행히 객사를 하였는데 그 아들이 알고 찾아가서 주인을 걸어 송사까지 하였으나 별 효과가 없었소. 김주경이 그같이 부모 친척에게도 알리지 않고 비밀행상으로 거액의 금전을 모은 것이 그 심중에 어떠한 큰 계획이 있던 것이나 이제는 다시 세상에서 김주경의 포부와 위략(偉略 : 뛰어난 꾀)을 알 길이 없소." 하면서 그 셋째 동생 김진경도 전라도에서 객사하고 그 집안은 말못할 형편이라고 한다.

신천(信川) 사평동 야소교회의 책임자 양성칙(梁聖則)이 그 교회 여생(女生) 최준례(崔遵禮)와 결혼하라는 권유가 있다. 최준례는 그때에 그 동에 거주하는 의사 신창희(申昌熙)의 처제이니, 준례의 모친 김부인은 경성 태생으로 젊어서 과부가 되어 두 딸을 기르며 야소교를 신봉하고, 제중원(濟衆

院)[3]이 임시로 동현(銅峴 : 구릿재. 지금의 을지로 입구 부근)에 세워졌을 때 그곳에 살면서 일도 해 주다가 신창희를 큰사위로 맞았다. 신창희가 제중원 의과생(醫科生)이 되어 일을 하다가 생업을 위하여 사평으로 이사하게 됨에 준례 8세 때에 그 모친과 같이 신창희를 따라와서 같이 살았다.

그 모친이 차녀(최준례)로 하여금 이웃 동리의 청년 강성모에게 허혼(許婚 : 혼인을 허락함)하였던 것이라. 급기야 준례가 장성한 후는 모친의 명을 순종치 않고 그 혼약을 부인하므로 교회 내에서 큰 문제가 되어 선교사 한위염(韓衛廉), 군예빈(君芮彬) 등이 준례를 달래 강성모에게 출가케 하다가 준례의 항의에 해결을 못하였다. 최준례는 당시 18세인데 뜻 맞는 남자를 택하여 자유결혼하기를 원하므로 〔양성칙이〕 나에게 의향이 있는지 묻는다. 나는 당시에 조혼으로 인하여 생겨나는 여러 가지 폐해를 절감하던 터이라 준례에게 대하여 극히 동정심이 생긴다.

사평동에 가서 준례를 대면한 후 혼약이 성립되게 됨에, 강성모 측에서 선교사에게 고발하여 교회에서 나에게 혼약을 그치도록 권하고 친우 중에 만류하는 자 많음에도 불구하고, 그때에 또한 신창희가 은율읍에 거주하면서 〔준례를〕 사직동 나의 집으로 데려다가 혼약을 굳게 작정하고 준례는 경성 경신(敬信)학교에 유학을 보냈다. 처음에는 교회의 권고를 듣지 않았다 하여 교회에서 책벌(責罰)을 선언하였으나, 끝내 불복할 뿐 아니라 구식 조혼을 인정하고 개인의 자유를 무시함이 교회로서 잘못이고, 사회 악풍을 조장함이라 항의하였더니 군예빈이 혼례서를 작성하여 주고 책벌을 해제하였다.

을사(乙巳 : 1905년, 30세)에 소위 신조약(을사보호조약)이 체결되었다. 사방에서 지사들이 구국의 방도를 외치며 산림학자(벼슬을 하지 않는 儒林)들이 의병을 일으켜 경기, 충청, 경상, 황해, 강원 등지에서 전쟁이 동패서기(東敗西起 : 동쪽에서 패하면 서쪽에서 일어남)하나 허위(許蔿), 이강년(李康秊), 최익현

---

3) 구한말에 일반 사람의 병을 치료하기 위해 관청에서 설치한 병원. 고종 22년(1885) 지금의 서울 재동에 광혜원(廣惠院)을 열고, 곧 이 제중원으로 이름을 고쳤다가 동 31년 폐지함.

(崔益鉉), 신돌석(申乭石), 연기우(延起羽), 홍범도(洪範圖), 이범윤(李範允), 강기동(姜基同), 민긍호(閔肯鎬), 유인석(柳麟錫), 이진용(李震龍), 우동선(禹東善) 등이 군사지식이 없고 단지 하늘을 찌를 듯한 의분심만 가지고 거사하여 도처에서 실패하던 때라.

나는 진남포 의법청년회(懿法〔에벳〕靑年會)의 총무 직책을 맡고 청년회 대표로 경성에 파견된지라 경성 상동(尙洞)에 가서 에벳청년회의 대표 위임장을 제출하였다.

그때 각 도의 청년회 대표가 모여 겉으로는 교회사업을 토의하나 이면에는 순전히 애국운동이라. 먼저 기의(起義)한 산림학자들을 구사상이라 하면 야소교인들은 신사상이라 하겠다. 그때 상동에 모인 인물로 말하면 전덕기(全德基), 정순만(鄭淳萬), 이준(李儁), 이석(李石 — 李東寧), 최재학(崔在學 — 평양인), 계명륙(桂明陸), 김인집(金仁戢), 옥관빈(玉觀彬), 이승길(李承吉), 차병수(車炳修), 신상민(申尙敏), 김태연(金泰淵 — 지금의 鴻作), 표영각(表永珏), 조성환(曺成煥), 서상팔(徐相八), 이항직(李恒稙), 이희간(李僖侃), 기산도(奇山壽), 전병헌(全炳憲—지금의 王三德), 유두환(柳斗煥), 김기홍(金基弘), 김구(金龜) 등이다.

이들이 회의한 결과 상소하기로 하고, 상소문을 이준이 작성하였다. 제1회 소수(疏首 : 상소의 대표자, 疏頭)는 최재학이고 그 외 4인을 더하여 5인 신민(臣民) 대표의 명의로 서명한 것은 1회, 2회로 계속할 작정인 때문이라.

정순만의 인도로 교회당에서 맹세기도를 하고 대한문 앞에 일제히 나아가서 서명한 5인만 문 밖에서 형식상으로 개회하고 상소를 의결하였으나 솟장은 벌써 별감들의 내응(內應)으로 상감께 들어가 열람된지라.

홀연 왜(倭) 순사대가 달려와서 간섭하는지라 5인이 일시에 왜순사에게 달려들어 내정간섭의 부당성을 공박하다가 즉각 대한문 앞에 왜놈의 검광이 번쩍번쩍하자 5인 지사의 도수전(徒手戰 : 맨주먹 싸움)이 개시되었다. 부근에서 호위하던 우리는 소리를 벽력같이 지르며, '왜놈이 국권을 강탈하고 조약을 억지로 체결하는데 우리 인민은 원수의 노예가 되어 생호사호(生乎死乎 : 살아야 하오 죽어야 하오)'의 격분한 연설을 곳곳에서 하매 인심은 흉흉하고 5지사는 경무청에 감금되었다.

당초 5인만 한 것은 상소만 하면 필연 사형될 터이요, 사형되거든 다시 5인씩 몇 번이든지 계속하기로 함이나, 맨 앞의 5지사를 경무청에 감금하고 심문하는 것이 필경 훈계 방면할 모양이다. 재차(再次)로는 상소를 그만두고 종로에서 공개연설을 하다가 막거든 대대적으로 육박전을 하기로 하고 연설을 한즉 왜순사가 칼을 빼드는지라, 연설하던 청년이 맨손으로 달려들어 발로 차서 왜순사를 땅에 거꾸러치자 왜놈들이 총을 쏘아댄다. 그때 마침 어전도가(魚廛都家 : 수산물 시장)가 화재를 당한 후라 기왓장이 산더미처럼 쌓여 있는데 우리는 몇몇이 기왓장으로 왜순사대를 향하여 던져 접전이 개시된다. 왜순사놈들이 중국인 상점에 침입 잠복하고 총을 발사하는지라, 군중이 기왓장을 들고 중국점포에 던지자 왜보병 1중대가 포위 공격하여 인산인해의 군중은 흩어지고 왜놈들이 한인을 잡히는 대로 포박하여 수십 명이 체포되었다.

그날에 민영환(閔泳煥)[4]이 칼로 자결한지라, 그 보도를 접하고 몇몇 동지들과 같이 민댁에 가서 조문을 마치고 돌아서 대로에 나오니 어떤 나이가 40 좌우 됨직한 한 사람으로 흰 명주저고리에 관망(冠網 : 갓과 망건)도 없이 맨상투 바람에 의복에 핏자국이 얼룩얼룩한 이를 여러 사람이 호위하여 인력거에 태워 가는데 대호대곡(大呼大哭 : 마구 울부짖음)하더라. 누구냐 물은즉 참찬(參贊) 이상설(李相卨)[5]이 자살미수하였다. 그이도 국사일비(國事日

4)　고종 때의 문신(1861~1905). 영국·독일·러시아 등 각국의 특명공사 역임. 1905년 을사보호조약 폐기 상소를 올렸다가 받아들여지지 않자 국민과 각국 공사에게 고하는 유서를 남기고 자결함. 시호는 충정(忠正). 통칭 민충정공(閔忠正公).

5)　고종 때의 문신(1871~1917). 자는 순오(舜五), 호는 부재(傅齋). 의정부 참찬을 지냄. 우국지사로서 이등박문의 정책에 반대하였고, 1907년 헤이그 만국평화회의 밀사로 갔다가 실패한 후 블라디보스토크에서 객사함.

非 : 나라 일이 날로 잘못 되어 감)함을 보고 의분을 못이겨 자살하려던 것이다.

당초 상동 회의에서는 5, 6인이 1조로 몇 차례든지 앞의 사람들이 죽으면 다음 사람들이 이어서 계속하기로 하였으나 상소로 체포된 지사들을 기십일 구류에 처하고 말 형국인즉 계속할 필요가 없고, 아무리 급박하여도 국가 흥망에 대한 절실한 각오가 적은 민중과 더불어 무슨 일이나 실효 있이 할 수 없다. 바꾸어 말하면 애국사상이 박약함이라. 7년 병에 3년 묵은 쑥을 구한다는 격으로 늦었으나마 인민의 애국사상을 고취하여 인민으로 하여금 국가가 즉 자기 집인 줄을 깨닫고 왜놈이 곧 자기 생명 재산을 빼앗고 자기 자손을 노예로 삼을 줄을 분명히 깨닫도록 하는 외에 최선책이 없다고 생각하고, 그때 모였던 동지들이 사방으로 헤어져서 애국사상을 고취하고 신교육을 실시하기로 하여, 나도 다시 황해도로 돌아와 교육에 종사하였다.

장련에서 내 나이 33세 때 무신(戊申 : 1908년) 9월 9일에 떠나서 문화(文化) 초리면(草里面) 종산(鍾山)에 거주하며 그 동리 사립 서명의숙(西明義塾)[6]의 교사가 되어서 농촌 아동을 가르치다가 그 이듬해 정월 안악읍으로 이사하였다. 그 읍에 새로 설립하는 사립 양산(楊山)학교의 교사가 되어 시무한다. 장련에서 종산으로는 교사 우종서의 간청으로 갔지만 서명의숙이 산촌에 있어 발전성이 보이지 않던 차에 안악 김용제(金庸濟)[7] 등 몇몇 지우(知友)의 초청에 응하여 안악읍에 옮겨 가게 되었다.

서명의숙에서 시무할 때에 의병장 우동선이 10리 밖 내동(內洞 : 안골)에 진을 쳤다가 왜병의 야습을 당하여 17명의 의병 시체가 달천(達泉) 부근 내동 동구밖 길에 내동댕이쳐졌다는 보도를 들었다. 그때에 마침 왜병 3명이 총기를 휴대하고 종산동(鍾山洞)에 들어와 동장을 호출하여 계란과 닭을 집

---

6) 의숙은 공익을 위하여 의연금으로 설치한 교육기관.

7) 황해도 안악 출신(1878~1931). 1906년 신민회 가담. 면학회를 조직, 신학문을 전파함. 1911년 105인 사건에 연루되어 투옥되었다가 무죄 석방됨. 1921년 임정 연통제의 안악군 참사(參事)로 활동함.

집마다 토색(討索 : 억지로 달라며 뒤져댐)한다고 동장이 놀란 눈으로 겁을 먹고 와서 상의하더라.

나는 동장 우창제(禹昌濟)의 집에 같이 간즉 왜병이 산 닭과 계란을 여지없는 험악한 위세로 무조건 뒤지더라. 나는 그 왜병에게 필담으로 질문한다.

"군대에서 물품을 징발하느냐 매수하느냐?"

한즉 매수한다고 한다.

"만일 매수한다면 달천시에서 가능하거늘 어찌 이처럼 촌민을 압박하느냐?"

한즉 왜병이 그 말은 대답이 없고 반문한다.

"당신 사람이 문화군수냐?"

하기로 나는 서명의숙 교사라 하였다. 한 놈이 나와 문답을 하는 사이에 나머지 왜병은 밖으로 나가 앞집 뒷집에서 닭을 쫓아다니며 안마당까지 뛰어들어 부인 어린애들이 놀라 외치는 소리가 들린다. 나는 동장을 호령하였다.

"그대가 동임(洞任 : 동리에서 공무를 맡는 사람)이 되어 도적이 집집에 돌입한다는데 가서 실지 시찰도 않는가?"

한즉 나와 문답하던 왜병이 호각을 불고, 외출하였던 놈들이 닭을 한 손에 2~3마리씩 가지고 들어온다. 그놈들이 무슨 말을 하더니 강탈한 닭을 내버리고 떠나간다. 그 후로 왜병이 아랫동리 집집에서 닭을 쳐서 몇 짐을 져 갔다고 동리 사람들이 후환을 꺼리기로 내가 맡아 처리한다고 하였다.

종산에서 첫 아기로 여아를 낳은 후 며칠 만에 모녀를 교자(轎子 : 작은 가마)에 태워 왔더니 찬 기운을 쐬었던지 안악에 도착한 후에 곧 여아는 사망하였다.

안악군에는 당시 십수 명의 유지가 있으니 김용제, 김용진, 김홍량, 이시복, 이상진, 최재원, 장윤근, 김종원, 최명식, 김형종, 김기형, 표치정, 장명선, 차승용, 한필호, 염도선, 전승근, 함덕희, 장응선, 원인상, 원정부, 송영서, 송종서, 김용승, 김용필, 한응조 등은 중년 및 청년이요, 김효영, 이인배, 최용화, 박남병, 박도병, 송한익 선배 등은 그 군내 중견 인물인데 여기 기록한 인원은 직접 나와 일에 관계가 있는 사람만을 계수(計數 : 수효를 헤아림)한 것이다.

신교육의 필요를 절감하여 김홍량(金鴻亮)[8], 최재원 외 몇몇 청년은 경성과 일본에 유학하고, 선배 등은 교육 발달에 정성과 힘을 다하여 그 읍내의 야소교회로 제1차 안신(安新)학교가 설립되고, 다음 사립 양산(楊山)학교가 설립되고 그 후에 공립보통학교가 설립되고, 동창(東倉)에 배영(培英)학교, 용순(龍順)에 유신(維新)학교 등 교육기관이 연이어 설립되었다. 황해, 평안 양도의 교육계로나 학생계로나 평양의 최광옥(崔光玉)이 제일 신망을 가진 청년이므로 최광옥을 연빙(延聘 : 예로써 초빙함)하여 양산학교에서 하기 사범 강습을 개설함에 황해도에서 교육에 종사하는 인사라면 촌 동리 글방 훈장까지 소집하고 남북 평안의 유지 교육자들과 경기, 충청도에서까지 강습생이 와서 400여 명에 달하였다. 강사로는 김홍량, 이시복, 이상진, 한필호, 이보경 —— 지금의 李光洙 ——, 김낙영, 최재원, 도인권 외 몇 사람과 여교사는 김낙희, 방신영이요, 강습생에는 강구봉, 박혜명 등 승도(僧徒)까지 있었다.

〔마곡사에서 함께 생활한〕박혜명은 몇 해 전 나와 경성 영도사(永道寺)에서 피차에 승려의 몸으로 이별한 사형(師兄 : 선배 중)인데 당시 패엽사(貝葉寺) 주지승으로 우연 상봉되었다.[9] 나는 심히 반가워서 양산교 사무실에를 인도하고 여러 교사들에게 내 형님이라고 소개하였다. 교사들은 의아한다. 나이도 나보다 적어보일 뿐 아니라 내가 여동생도 없는 독신임을 아는 까닭이다. 나는 자초지종을 설명하고 나의 친형으로 알아달라 하였다. 그리고

---

8) 황해도 안악 출신(1885~1950). 1906년 양산학교 설립. 1911년 안명근 사건에 연루되어 15년 형을 언도받고 복역중 1919년 석방. 백범, 김좌진 장군에게 독립운동을 위한 경제적인 지원을 꾸준히 함.

9) 영도사는 서울 성북구 안암동의 개운사를 말하는데, 백범은 앞에서 마곡사를 나와 금강산으로 가는 중에 서울 새절(봉원사)에서 혜명을 만나 헤어졌다고 한 바 있음.

승속(僧俗 : 불가와 속세)을 불문하고 교육이 급선무임을 힘주어 말한 결과 혜명대사도 자기부터 사범학을 공부하여 가지고 곧 패엽사에 학교를 설립하고 승속(僧俗)의 학생을 분할 모집하여 교육을 하였다. 혜명은 나에게 과거를 이야기한다.

"우리 형제가 영도사에서 이별한 후에 나는 본사인 마곡에 돌아간즉 종스님——나를 가리킴——의 노스님 보경당과 스님 하은당 두 늙은이가 석유 한 초롱을 사가지고서 기름이 잘 타는지 시험키 위하여 불이 붙은 막대기 끝을 석유통에 넣자 통이 폭발하여 그 집 안의 보경, 하은, 포봉 3인이 일시에 사망하였소. 그런즉 재산관리를 하여서 가성(家聲 : 집안의 명성)을 잇게 할 자 오직 종스님이라고 절내의 논의에서 두루 결정되어 덕삼으로 하여금 종스님을 금강산까지 보내어 탐문하다가 종적을 알지 못하고 그 거대한 재산은 사중(寺中)의 공유(公有)로 하고 말았소."

당시 칠순이 넘은 김효영 선생은 즉 김홍량의 조부이니, 소시에 한학을 연구하다가 가세가 빈곤하여 상업을 경영할 새 본도(本道) 소산인 포목을 사들여 직접 어깨에 메고 강계, 초산 등지로 팔러 다니면서 배고픔이 심할 때는 요대(腰帶)를 더욱 졸라 매고 극히 절약 검소하여 자수치부(自手致富 : 자기 힘으로 부자가 됨)하였다 한다. 내가 뵙고 인사할 때는 노선생이 비록 기골이 장대하고 용모가 탈속(脫俗 : 보통을 뛰어넘음)하나 허리가 굽어 ㄱ자 형체에 지팡이를 의지하고 다니더라. 구식 인물이나 두뇌가 명석하여 시세(時勢 : 그 시대의 세상 돌아가는 추세)의 관찰력이 당시의 신청년으로도 더불어 의논할 만한 자격을 가진 자가 희소하더라. 그 군(郡) 내에 안신학교를 신설하고 직원들이 경비 곤란으로 회의를 할 때에 투함(投函 : 모금함)에 '무명씨(無名氏) 정조(正租 : 벼) 1백석 의연(義捐)'이 들어왔다. 후일에 김효영 선생이 자기 자손에게도 알림이 없이 암자의투(暗自義投 : 남몰래 의롭게 던짐)한 것을 알았다.

장손 홍량을 일본 유학케 함으로 선생의 교육의 각오(깨달음)는 증명된다. 선생이 기주(棋酒 : 바둑과 술)의 취미가 있어 원근에 몇 명 기우(棋友)와 함께 자기 사랑에서 술과 바둑으로 노년행락을 삼으시더라. 내가 볼 때 해주 서촌 강경희는 본시 우리 고향 침산(砧山) 강씨이고 옛부터 이어오는 거부(巨富)로 젊어서 방랑으로 재산을 들어먹은 자인데 선생의 바둑친구 중 한 사람이라. 하루는 선생을 문안코자 사랑에 갔다. 그 강씨는 내가 어렸을 적부터 보고 알던 노인이요, 나의 선조를 멸시 압박하던 양반이나 아버님과 친분이 비교적 두텁던 옛 정을 회상하면서 절을 하였다. 며칠 후에 시중들던 용진군에게 물은즉 전날 자기 부친과 강노인이 바둑을 두다가 두 노인이 언쟁이 되었는데, 바둑 두던 중에 강노인이 자기 부친에게 이런 말을 하였다 한다.

"노형은 팔자가 좋아서 노년에 가산도 풍족하고 자손이 번성하고 또 효순(孝順)하다."

자기 부친이 일문지하(一聞之下 : 한 번 듣자마자)에 분기 대발하여 바둑판을 들어 문밖에 버리고 강씨를 크게 책하여 왈,

"그대의 지금 말은 결코 나를 위하는 말이 아니다. 칠십 노구(老軀)가 며칠 후 왜놈의 노적(奴籍 : 노비대장)에 편입할 악운명을 가진 놈을 가리켜 팔자 좋은 것이 무엇이냐?"

고함고함 하시는데, 자손된 처지로 강씨를 대하여 미안하고, 부친이 그같이 국사를 우려하시는 것을 볼 때 황송도 하고 울분도 하여 오늘 아침에 노자를 후히 하여 강씨를 환향케 하였다고 한다.

나는 그 말을 들으매 혈루영광(血淚盈眶 : 피눈물이 눈동자에 가득 참)함을 금치 못하였다. 나는 비록 자기 자손과 같은 연배요 학식으로나 인품으로나 선생의 종애(鍾愛 : 사랑을 한쪽으로 기울임)를 받을 자격이 없으나 지팡이를 짚고 몇 날에 일차 씩은 반드시 문전에 와서 '선생님 평안하시오?' 하는 말씀을 하고 가신다. 그는 사마골오백금(死馬骨五百金 : 죽은 말의 뼈를 오백 금을 주고 삼)[10] 격만 아니고 제2세 국민을 교양하는 중대한 임무 자체를 존대하는

지극한 정성에서 나옴일네라. 나에게뿐 아니라 애국자라면 뉘에게든지 뜨거운 동정을 가지는 것을 보았다.

나는 장련에 머물러 살 때 해주 본향에 성묘차로 갔다. 계부 준영씨에게, 장련에서 종형제가 한집에 모여 살면서 형은 농업과 집안일 전부를 맡아 보고 나는 교육에 종사하여 생활이 안정되고 집안이 화목하다고 보고하였다. 계부는 의아한다.

"너 같은 난봉을 누가 도와주어서 그렇게 사느냐?"

"저의 난봉은 계부 보시기에 위험시하지마는 난봉이 아니라고 보는 사람도 더러 있는 게지요."

대답을 하고 웃었다. 계부는 다시 묻는다.

"네가 적수(赤手 : 맨손)로 가고 네 종형도 뒤미처 가고 이용근(李用根) 즉 네 종매부의 식구까지 너를 따라가서 동거한다니 생활의 근거는 어떻게 하고 사느냐?"

"제가 그 군에 오래 전부터 아는 사람이 몇 명 있어서 그들이 오라 하여 이주하였고, 친구 중 오진사 인형(寅炯)군이 종전 그 군 갑부인 오경승(吳慶勝) 진사의 장손이요 아직 유산을 가지고 가난하지 않은 처지에 있는바, 인형군이 특별히 천여 냥의 가치(價値)로 가옥 한 채와 전답·과수원을 마련하여 주면서 '언제든지 살아가는 동안에는 내 물건과 같이 사용하여 의식주의 근거를 마련하라' 하며 농우(農牛) 1필까지 사주고 집안 쓸 물건은 수시로 인형군에게 청구하여 쓰라 하였습니다."

이렇게 여러 식구가 살아가는 내용을 일일이 보고하였다.

계부는 듣고 나서,

"이 세상에 어찌 그렇게 후덕한 사람도 있느냐."

10) 『전국책(戰國策)』에 나오는 고사. 천리마를 구한다는 뜻을 널리 알리기 위해 죽은 천리마의 뼈이지만 거금 5백금을 주고 샀다는 내용. 여기서는 자신처럼 뛰어나지 않은 사람에게 교육의 대의를 생각하여 과분한 대우를 한다는 뜻으로 쓴 듯함.

하지마는, 계부의 생각에는 내가 무슨 협잡이나 하지 않는가 의심하는 것이다. 평일 숙질(叔侄) 사이에 정의(情義)가 가깝지 못한 것은, 계부의 눈에는 인근 부호의 자제들이 왜놈에게 돈 백냥을 차용할 시에는 증서에는 천 냥이라고 써 주어서 왜놈이 돈을 받을 제는 천 냥을 다 받는데, 그 사람에게 가산이 부족하면 족징(族徵 : 친척에게서 징수함)하는 것을 자주 보고, 내가 서울도 가고 남도에도 내왕하는데 왜놈의 돈이나 얻어 쓰고 다니지를 않는가 하여 어디를 간다면 야단을 하기 때문에 어디 갈 때는 조용히 나가 버리던 것이다.

그 해 가을에 계부는 장련에를 오셨다. 사직동 집이 집만 좋을 뿐 아니라 추수한 곡물도 당신의 댁 살림보다 나을 것이다. 자기는 심히 만족하다기보다 예상 외이다. 오진사를 찾아가서 보고서는 어머님을 대하여,

"조카가 남에게 그같이 신망을 받을 줄은 생각 못하였다."

고 한다. 계부가 나에게 대한 오해가 풀린 후는 심히 사랑하신다.

안악에 이주한 후에도 교무를 담임하다가 휴가에 성묘차로 본향(해주 텃골)에를 갔다. 여러 해 만에 어렸을 때부터 공부도 하고 놀기도 하던 고토(故土 : 고향땅)를 방문한즉 감구지회(感舊之懷 : 옛날을 회상하며 느끼는 감회)가 형언할 수 없다. 당시에 나를 안아주고 사랑해 주던 노인들은 태반이나 보이지를 않고 내가 볼 때의 어린아이들은 거의 장성하였다. 성장한 청년 중에 쓸 만한 인재가 있는가 고찰하여 보아도 모양만 상놈이 아니고 정신까지 상놈이 되고 말았다. 그이들에게는 민족이 무엇인지 국가가 무엇인지 일호의 각성이 없이 곡충(穀蟲 : 곡식먹는 벌레)에 불과하다. 젊은 사람들에게 교육을 말한즉 신학문은 야소교 천주교로 안다.

이웃 동리의 양반 강진사 집을 찾아갔다. 그 양반들에게 전과 같이 절할 자에게 절하고 구경(口敬 : 말로 경의를 표함)하던 자에게는 입인사로 예전과 똑같이 상놈의 신분으로 대접하면서 그 양반들의 태도를 살펴보았다. 그같이 교만하던 양반들이 나에게 대하여 경대(敬待)도 아니요 하대도 아닌 말로

나의 그같이 지극한 공경을 감당하기 어렵다는 태도를 보인다. 생각컨대 작년에 강경희 노인이 안악 김효영 선생과 바둑을 둘 때에 효영 노선생이 몸을 일으켜 나를 영접하는 것과, 그때에 양산학교의 사범생이 4, 5백 명 모인 중에 내가 여러 가지 일을 주선하는 것을 보고 가서 자기 집안 사람들에게 이야기한 것 같다. 하여튼지 양반의 세력이 쇠퇴한 것은 사실이다. 당당한 그 양반들로서 초초(草草 : 구차하고 보잘것없음)한 상놈 하나를 대접하기에 부쳐서 애를 쓰는 것을 볼 때에 더욱 가련하게 생각된다.

나라가 죽게 되니까 국내의 중견세력을 가지고 온갖 못된 위세를 부리던 양반부터 저 꼴이 된 것이 아닌가. 만일 양반이 있음으로 국가가 독립할 수 있다면 나는 양반의 학대를 좀 더 받아도 나라만 살아났으면 좋겠다는 생각이 난다.

평시 재사(才士)라고 자인하며 호기를 부리던 강성춘(姜成春)에게 구국의 도를 물었다. 강군은 망국의 책임이 당국자에 있고 자기와 같은 야로(野老 : 시골 늙은이)는 관계가 없는 것처럼 조심하여 대답을 한다. 나의 집안 상놈의 상놈이나 그대의 양반인 상놈이나 상놈이기는 매한가지라고 생각된다. 자제를 교육하라고 권한즉 단발(斷髮)이 문제라고 한다. 교육이 단발하는 것이 목적이 아니고, 인재를 양성하여 자기 나라로 하여금 변약위강(變弱爲强 : 약한 것을 강하게 함)하고 회암방광(回暗放光 : 어둠에서 벗어나 광명을 찾음)케 함에 있다 하나 그이의 귀에는 천주학이나 하라는 줄 알고 자기 가문 중에 야소에 참가한 사람이 있다고 하며 담화를 회피한다.

저주하리로다, 해주 서촌 양반들이여. 자기네가 충신 자손이니 공신 자손이니 하며 평민을 우마시(牛馬視 : 소나 말처럼 대우함)하고 노예시하던 기염(氣焰 : 대단한 기세)이 금일 어디로 갔는가. 저주하리로다, 해주 서촌 상놈들이여. 5백 년 기나긴 세월에 양반 앞에서 담배 한 대와 큰 기침 한 번을 마음 놓고 못하다가 이제는 재래의 썩은 양반보다 신선한 신식 양반이 될 수 있지 않은가. 구식 양반은 군주 일개인에게 대한 충신으로도 자자손손이 그

덕을 입었거니와, 신식 양반은 삼천리 강토의 이천만 민중에게 충성을 다하여 자기 자손과 이천만 민중의 자손에게 만세장래에 복된 덕을 끼칠지라. 그 얼마나 훌륭한 양반일까보냐. '양반도 깨어라, 상놈도 깨어라'고 절규한 것은 본향에 갈 때 환등기구(幻燈器具)를 가지고 가서 인근의 양반 상놈을 다 모아놓고 환등회 석상에서 한 말이다.

안악에서 사범강습을 마치고 양산학교를 확장하여 중학부와 소학부를 두고 김홍량이 교주(校主) 겸 교장이 되어 교무를 관장하고 나는 최광옥 등 교육자와 합력하여 해서(海西)교육총회를 조직하고 그 회의 학무총감을 맡았다. 전 도내 교육기관을 설립 운영하는 책임을 가지고 각 군에 순행할새, 배천[白川] 군수 전봉훈(全鳳薰)의 청에 의하여 배천읍에 당도한즉 전군수가 각 면에 훈령하여 면내 두민(頭民 : 동네에서 나이 많고 식견이 높은 사람)과 신사(紳士 : 벼슬하지 않는 선비)를 오리정(五里亭)에 소집하고 기다리다가 군수가 수창(首唱)하여 '김구 선생 만세'를 부르자 군중이 제창한다. 나는 전군수의 입을 막고 망발이라고 말하였다. 나는 그때까지 '만세' 두 글자는 황제에게만 사용하는 축사(祝辭)요, 황태자에게는 '천세'를 부르는 것만 알았다. 전군수는 내 손을 잡으며,

"김선생 안심하시오. 내가 선생을 환영하며 만세를 부름이 통례(通例)요 망발이 아닙니다. 친구 상호간에도 보내고 맞이함에 만세를 부르는 터인즉 안심하고 영접하는 여러 사람과 인사나 하시오."

한다. 배천읍에서 전군수 사저에 머무르며 각 면 유지를 회동(會同)하고 교육시설 방침을 협의 진행하였다.

배천군수 전봉훈은 본시 재령의 이속(吏屬)으로 해주읍에서 총순(摠巡)으로 다년 시무하였다. 이때 교육을 장려하여 해주에 정내(正內)학교를 설립하며 야학을 권장할새 시내의 각 점포 중에서 사환을 야학에 보내지 않는 점포 주인은 처벌하는 등 별별 수단을 사용하여 교육의 큰 업적이 많았다. 그 후에 배천군수가 되어서 그 군내의 교육을 열심히 장려하였다. 전군수는 독

자(獨子)가 일찍 죽고 장손 무길(武吉)이 5, 6세더라. 당시 왜수비대 헌병대가 각 군(郡)에 주둔하여 관아를 빼앗김이 군마다 똑같으나 유독 배천은 전군수가 조목조목 이유를 따져 강력히 거부하므로 빼앗기지 않았다. 왜가 전군수를 안중정(眼中釘 : 눈엣가시)으로 생각하여 종종 곤란한 교섭이 많으나 전씨의 본의가 군수를 화직(華職 : 화려한 직책)으로 알아서가 아니요 군수의 권리를 가지고 교육을 독려함일러라.

최광옥을 청빙하여 사범강습소를 개설하고 청년을 모집하여 애국심을 고취하기에 전력하더라. 최광옥은 마침내 배천읍에서 강연하다가 피를 토하고 사망하였다. 원근 인사가 최씨 같은 고심(苦心) 열성인 청년 지사가 중도 사망함을 애련히 여겨 임시로 배천읍 남산(南山) 위 학교 운동장 옆에 입장(入葬)하고, 양서(兩西) 인사가 최선생의 성충(誠忠)을 영원히 기념하기 위하여 장지는 사리원 정거장 근변에 정하고 비석은 평양 정거장의 이등박문(伊藤博文 : 이토 히로부미)의 기념비보다 낫게 세워 내왕하는 사람들에게 영원한 인상을 주기로 하고 안태국(安泰國)[11]에게 비석의 형태까지 정하여 평양에서 제조하도록 하였으나, 합병조약이 체결되어 그 또한 이루지 못하고 아직 배천에 그대로 묻혀 있느니라.

재령 양원(養元)학교에서 유림(儒林 : 儒道를 닦는 사람들)을 소집하고 교육에 대한 방침을 토의하고 장연(長淵)에 간즉 그 군수 이씨가 영접 후에 자기 관할 각 면에 훈령을 발하고 김구 선생의 교육방침을 성심복종하라고 하였다. 각 면을 순행하여 달라는 군수의 간청을 물리치지 못하여 읍내에서 일차 환등대회를 개최함에 수천 명의 남녀노소가 모여 성황리에 끝마쳤다. 후에 순택(蓴澤), 신화(薪化) 등 면을 순회하고 안악학교의 급박한 사무로 발길을 돌렸다.

---

11) 평남 중화(中和) 출신(1874~1920). 안창호의 평양대성학교 교장으로 재직. 신민회 가담. 청년학우회 조직. 서간도 이주자를 모집하기 위해 양기탁, 임치정(林蚩正) 등과 회합한 것이 총독 암살모의로 몰려 옥살이를 함(105인 사건).

송화군 수교시(水橋市)에 도착하여 시내 유력자인 감승무(甘乘武) 등 몇몇 유지의 청구에 의하여 부근 5, 6처 소학교를 소집하고 환등회를 개최하였다. 끝나고 떠날 즈음에 송화군수 성낙영(成樂英)이 대표를 보내 말하기를 '초면인 장연군수는 인사만을 하고도 각 면을 순회 강연까지 하여 주고 숙친한 자기는 찾아주지 않고 지나가려느냐'고 간청한다. 그 군 세무소장인 구자록(具滋祿) 군도 교육에 열심인 탓으로 친숙한 터이니까 구(具)군의 청구까지 받고 부득이 송화군 읍내로 향하였다.

이 소문을 접한 성낙영은 즉시 각 면에 십여 곳 학교와 군내 유지 인사와 부인 아동까지 소집하였다. 나는 수년 만에 송화읍의 광경을 본즉 해서의병(海西義兵)을 토벌하던 요처이므로 읍내 관사(官舍)는 거의 다 왜가 점령하였다. 수비대 · 헌병대 · 경찰서 · 우편국 등 기관이 다 들어찼고, 소위 군청이란 것이 사가(私家)에서 시무하는 광경을 보고 분한 마음이 머리끝까지 치솟는다.

환등회를 열고 태황제(고종황제) 진영(眞影 : 사진)이 나오자 일동에게 기립국궁(起立鞠躬 : 일어나 고개숙여 경의를 표함)을 명한즉 한인 관 · 민은 물론이고 왜사령과 경관 무리까지 국궁을 시킨 후에 '한인(韓人)의 배일(排日)하는 이유 하재(何在 : 어디에 있는가)오'하는 연제 하에,

"과거 러일, 중일 전쟁 시에도 한인의 일본에 대한 감정이 극히 중후(重厚 : 후하고 두터움)하였다. 그 후에 강압조약이 체결됨에 따라 점점 악감이 격증하였다. 내가 몇 해 전에 문화(文化)의 종산(鍾山)에서 친히 경험한 사실에 일병이 촌려에서 약탈을 감행하는 것을 목도하였으니, 일본의 나쁜 행동이 곧 한인의 배일하는 원인이라."

고 대성질호(大聲疾呼 : 큰 소리로 외침)하면서 자리에 함께한 성낙영, 구자록을 본즉 면여토색(面如土色 : 얼굴이 황토빛과 같음)이고 왜놈들은 노기가 등등하더라.

재차투옥
(하얼빈사건)

홀연 경찰이 환등회를 해산하고 나는 경찰서로 데려간다. 군중은 노불감 언(怒不敢言 : 격노하면서도 감히 말을 하지 못함)하고 매우 격앙한 기분이 보이 더라. 나를 경찰서에 데리고 가서 한인 감독 순사의 직실(直室 : 숙직실)에서 동숙(同宿 : 함께 잠)하게 한다. 그러자 각 학교에서 학생이 위문대를 조직하 여 번갈아 연속 위문한다. 하룻밤을 자고 다음날에는 중국 하얼빈 전보로 이등박문(이토 히로부미)이 한인 은치안[1] —— '은치안' 3자가 당시 신문에 게 재된 것은 안응칠(安應七)이니 즉 안중근의 자(字)가 응칠임이라 —— 에게 피 살되었다는 신문을 보았다.[2]

은치안을 몰라서 매우 궁금하더니 다음날 아침에 안응칠 즉 안중근으로 명백하게 신문에 게재되었다. 그때에야 나는 어슴푸레하게 나의 구류당하 는 원인을 깨달아 알았다. 그날 저녁 환등회에서 일본놈을 질욕(叱辱 : 꾸짖 어 욕함)하였으나 그만한 질욕은 도처에 있는 일인데 하필 송화 경찰이 나에

---

1) '은치안'은 '안응칠'의 성과 자를 바꾸어 쓰면서 중국어로 표기한 것임.
2) 안중근 의사가 이등박문을 살해한 날짜는 1909년 10월 26일임.

게 손을 댄 것을 이상히 알았고, 구류를 당한댔자 며칠 후 훈계 방면될 것으로 알았는데, 하얼빈 사건의 혐의라면 좀 길게 고생하리라고 생각된다.

며칠 후에 예사로운 몇 마디를 질문하고 유치장에서 1개월을 지나 해주 지방재판소로 압송한다. 수교시(水橋市) 감승무 집에서 점심을 먹을새 시내 학교 직원과 시의 두민(頭民) 등이 일제히 모여들어 호송하는 왜순사에게 청구한다.

"김구 선생은 우리 교육계 사표(師表)인즉 위로연을 베풀고 일차 대접하게 해 달라."

고 한다. 후일 해주 다녀온 후에 실컷 위로하라며 당일은 거절한다. 급기야 해주에 도착한즉 즉시 감옥에 투옥되었다. 하룻밤을 경과하고 검사가 안중근과의 관계 유무를 질문하나 종전 세의(世誼 : 대대로 사귀어 온 정의)의 관계뿐이고 금번 하얼빈 사건과 아무 관련이 없는 것을 알고, 나에게 지방에서 일본 관헌과 반목하는 증거인 '김구'라고 쓴 백여 쪽의 책자 하나를 내놓고 신문한다. 내용은 전부가 나의 수년간 각처에서 행동하는 것을 경찰이 보고한 것을 집성(集成)한 것이더라.

결국은 불기소로 방면되었다. 행장을 챙겨 가지고 박창진(朴昌鎭)의 책사(冊肆 : 책방)에 간즉 마침 박군을 상봉하여 〔이번 일의〕 경과를 이야기할 시에 옆에 있던 유훈영(柳薰永)군이 인사를 하고 자기 부친의 생신연에 동참하여 달라고 한다. 요청에 응하여 수연(壽筵 : 회갑연)에 참석하니 수옹(壽翁 : 회갑을 맞은 당사자)은 즉 해주 부호의 한 사람인 유장단(柳長湍)이더라. 연회를 파한 후에도 송화 경찰서에서 나의 호송에 따랐던 한·일 순사 중 한인 순사들은 나에게 동정하는 자이므로 사건의 진행을 알고 싶어하여 아직 떠나지 않았더라.

순사 전부를 음식점으로 초청하여 경과를 말하고 돌아가게 하였다. 그리고 나서는 이승준, 김영택, 양낙주 제군을 방문할 즈음에 안악 친구들이 한정교(韓貞敎)를 파송하였더라. 동지들의 우려를 위하여 하루라도 빨리 한정교를 따라 안악으로 돌아갔다. 당시 안악 양산학교에는 중·소 두 학부를 설치하였는데 최초에는 이인배(李仁培)가 교장이었고 그 후는 김홍량이 교주(校主) 겸 교장이 되었다. 나는 그곳 소학부의 유년(幼年)을 맡아 가르치고, 재령 북률면(北栗面) 무상동(武尙洞)의 보강(保强)학교장 임무를 겸하여 그 학교 유지 발전을 위하여 종종 왕래하였다.

보강학교는 최초 노동자들의 주동으로 설립되었으나 부근 동리의 유지들이 돌보아 가면서 학교 진흥책으로 나를 교장으로 뽑은 것이다. 전승근(田承根)으로 주임교사를 임명하고, 장덕준(張德俊)은 가르침 반 배움 반의 목적으로 친동생 덕수(德秀)를 데리고 교내에 숙식하며 교감 허정삼(許貞三) 등의 협력으로 교무를 발전시켜 나갔다.

교사(校舍)는 신건축으로 아직 지붕을 얹지 못하고 우선 대충 얽은 대로 개교하여 가르치던 터이다. 학교가 무상동에서 떨어져 야외에 홀로 서 있는지라 종종 귀화(鬼火 : 도깨비불)가 발생하여 불을 끈다는 보고가 있다. 나는 교직원 1인에게 비밀히 주의를 주었다.

"학교의 화재가 매번 한밤중에 일어난다 하니, 3일 기한으로 은밀한 곳에서 학교의 인적 유무를 주목하다가 만일 인적이 있거든 가만히 추적하여 행동을 살펴보라."

과연 제2일에 급보가 왔다. 학교에 중대 사고가 있으니 교장이 출석하여 달라고. 즉시로 길을 떠나 학교에 도착한즉 숙직하던 직원이 방화범 1명을 포박하고 교내에서 죽이자 살리자 소동이 났다. 범인을 친히 심문한즉 그 동리에 거주하는 글방 훈장으로서, 내가 동리 안의 부로(父老 : 나이 많은 어른)를 청하여 신교육의 필요를 설명함에 자기가 가르치던 아동 4, 5명이 전부 학교에 입학하게 되자 자기는 고역(苦役)인 농사일밖에 생활 방도가 없게 된 것이라. 이를 한(恨)하여 의롭지 못한 수단으로 학교사업을 방해코자 방화한 것이라고 자백하였다.

내가 일찍이 학교 사무원을 불러 학교에 화재 나는 진상을 물은즉 그이들은 확실히 귀화라고 한다. 교사 부근에 그 동리에서 해마다 제사지내던 소위 부군당(府君堂)[3]이 있고 그 당 주위에는 아름드리 고목이 늘어섰는데, 교사를 건축한 후에 그 고목을 베어 교사 땔감으로 사용하였다. 이런 까닭으로 동리 백성이 도깨비불이 확실하다며 학교에서 그 부군당에 제사를 지내지 않으면 화재를 면치 못한다는 미신설이 분분하다는 것이더라. 이런 탓에 교직원에게 몰래 당부하였던 것이라.

당시 직원 보고에 의하면, 2차 화재가 난 후에 매일 밤 교사 부근에 은신하고 살피던 둘쨋날 야반에 무상동 쪽으로부터 학교로 가는 통로 상에 인적이 있으므로 가만가만 뒤를 따라가며 본즉, 어떤 사람이 홀연 급히 교사로 달려가서 교정에 서서 강당의 지붕 위와 반대편 사무실 지붕에 무슨 물건을 던지는지라. 강당 지붕에서는 벌써 화염이 일어나고 사무실 지붕에서는 형화(螢火 : 반딧불)와 같이 반짝반짝만 하고 아직 발화되지 않음을 보고 나서 그 사람은 막 도주하려다가 직원에게 붙잡혔다.

직원은 일변 결박하고 일변 동민을 큰 소리로 불러 진화하면서 나에게 급히 보고한 것이다. 그 범인을 신문한즉 하나하나 자백하는지라. 과연 학교가 설립됨에 따라 자기 생활에 손해가 미치기로 방화를 한 것이요, 그 방화한 방법으로는 손가락 크기의 화약 심지 끝에 당성냥 한 줌을 화약만 뭉쳐 매달고 한쪽에는 돌을 달아매어 지붕에 던져 불을 냈다는 것이다. 그 같은 행위를 자백받은 후에 경찰에게 고발을 아니하고 조용히 그 동리로부터 이사를 명하였다.

그 후로는 학교 업무를 발전시켰다. 안악에서 보강학교까지 20리 떨어져 있으므로 1주에 한 번씩 그 학교에 나간다. 안악읍에서 신환포(新換浦) 하류를 건너 학교를 가는데 여름에 학교에 가면서 나루터를 향하고 가노라면 학교에서는 소학생들이 나를 바라보고 영접하느라고 몰려 나오고 직원들도

---

3)   각 관아에서 신령을 모시던 집. 신당.

뒤를 이어 나온다. 내가 나루에 도착하여 본즉 건너편에 이미 나온 소학생 전부가 의복을 척척 벗고 강 속으로 뛰어들어간다. 나는 대경(大驚)하여 고함한즉 직원들은 강변에서 웃으면서 안심하라고 답한다. 나룻배에 올라 강 가운데로 나아가자 가뭇가뭇한 학생들의 머리가 물 속에서 나타나서 뱃전에 매달리는 것이 마치 쳇바퀴에 개미 떼 붙듯 하더라. 나는 장래에 해군을 모집하게 되면 연해(沿海) 촌락에서 모집함이 편리하겠다고 생각하였다.

무상동 역시 재령 여물평(餘物坪)의 한 동리이다. 평내에는 특별히 거부는 없으나 보통으로는 그다지 빈곤치 않은 곳이니 토지가 거개 궁장(宮庄 : 각 궁에 소속된 논밭. 宮田)이고 극히 비옥한 까닭이라. 인품이 명민(明敏) 준수하여 시대 변천에 순응할 줄 안다. 학교로는 운수(雲水), 진초(進礎), 보강(保强), 기독(基督) 등이 설립되어 자제를 교육하고 농무회(農務會)를 조직하여 농업발달을 꾀하는 등 공익사업에 눈을 돌림이 실로 눈여겨볼 만하더라.

나석주(羅錫疇)[4] 의사는 당시 묘령(妙齡)의 청년으로 국세일비(國勢日非)함을 분히 여겨 그 평내에서 남녀소아 8, 9명을 배에 싣고 비밀히 중국에 도주하여 철망 밖을 벗어나서 배우고자 출발하다가 장연 오리포의 왜경에게 발각되어 여러 달의 옥고를 치르고, 출옥 후에는 겉으로 상농(商農)에 종사하면서 속으로는 독립의 사상을 고취하며 직접 간접으로 교육에 열성을 다하여 그 평내 청년의 수뇌로 신임을 받더라. 나도 종종 여물평에를 내왕하게 되었다.

노백린(盧伯麟)[5]이 군직(軍職)을 벗어던지고 풍천(豊川 : 황해도 송화군 풍천면) 자택에서 교육사업에 종사하던 때라. 하루는 경성 가는 도중에 안악에서

---

4)　　독립열사(1892~1926). 황해도 재령군 북률면 남지리 출생. 1913년 간도로 건너가 무관양성소를 나옴. 의열단장 김원봉(金元鳳)과 손잡고 항일 투쟁의 결의함. 1926년 중국 천진에서 서울로 잠입하여 그해 12월 28일 동양척식회사와 식산은행(殖産銀行)에 폭탄을 투척하고 자결함.

5)　　독립운동가(1875~1925). 황해도 풍천(豊川) 출신. 호는 계원(桂園). 일본 육군군관학교 졸업. 구한말 육군무관교장 등 군의 요직을 지냄. 합방 후 신민회에 관여하고 해서교육총회장으로 있으면서 교육사업에 전념. 상해 임시정부의 군무총장을 지냄.

상봉하여 여물평 진초동(進礎洞)의 교육가인 김정홍(金正洪) 군의 집에서 동숙할새 진초학교 직원들과 음주하던 즈음에 홀연히 동리에서 소동하는 소리가 난다. 진초학교장 김정홍이 놀라 어찌 할 바를 모르며 사실을 말한다. 그 학교의 여교사 오인성(吳仁星)은 이재명(李在明)의 부인인데, 이군이 자기 부인에게 무슨 요구를 강경히 하였던지 단총(短銃)으로 위협하는 바람에 오여사는 놀라 겁을 먹은 중에 학교 수업을 못하겠다고 사정을 말한 후 이웃집에 숨었고, 이군은 미치광이 행동 모양으로 동네 어귀에서 총을 쏘며 매국노를 일일이 총살하겠노라고 떠들어댄즉 온 동리가 소동한다고 한다. 노백린과 상의하여 이군을 오게 청하였다. 누가 알았으랴. 며칠 후에 조선 천지를 진동하게 하던, 경성 이현(泥峴)⁶⁾에서 군밤장사로 가장하여 하늘을 찌를 듯한 의기를 지니고 이완용을 저격할새 먼저 차부(車夫)를 죽이고 이완용의 생명은 다 빼앗지 못하고 체포되어 순국하신 이재명 의사인 줄을.

　청한 바에 응하여 나이 24세의 청년이 눈썹 언저리에 분기를 띠고 집에 들어오는지라. 우리 두 사람이 차례로 인사를 한즉 자기는 이재명이고 수월 전에 미주(美洲)로부터 귀국하여 평양 오인성 여자와 청혼하여 지내는바 자기 부인의 가정이 과댁(寡宅 : 과부) 장모가 여자 3명을 데리고 지내는데, 가세는 풍족하여 딸들을 교육은 시키나 국가대사에 몸을 바칠 용기가 없고 단지 구차히 편안함에만 집착하여 나의 의기와 충성을 이해치 못함에 나의 부부 간에도 혹시 다툼거리가 생겨 학교에 손해가 될까 우려한다는 말을 기탄없이 한다.

　계원(桂園 : 노백린의 호)형과 나는 이재명에게 장래에 목적하는 일과 과거 경력과 학식을 일일이 물은즉 자기는 어려서 포와(包蛙 : 하와이)에 건너가 공부를 하다가 조국이 섬나라 왜(倭)에게 강점이 된다는 말을 듣고 귀국하였으며, 금(今)에 하려는 일은 매국노 이완용으로 위시하여 몇 놈을 살해코자 준

─────────────────

6)　　퇴계로 세종호텔에서 충무로 2가 중국대사관 뒤편으로 통하는 길. 비만 오면 진흙길이 되었으므로 붙여졌음. 일명 진고개. 역사 기록에는 이의사의 의거 장소가 종현(鍾峴)으로 되어 있기도 함. 종현은 이현에서 북쪽으로 한 블록 건너에 있음.

비 중이라는데, 단도 한 자루, 단총 한 자루와 이완용 등의 사진 몇 장을 품속에서 내어놓는다. 계원과 내가 동일한 눈으로 보건대 시류의 격변으로 허망한 열정을 품은 청년으로 보여진다. 계원이 이재명의 손을 잡고 간곡히 말을 한다.

"그대가 나라 일에 비분하여 용기적으로 활동함이 극히 가상하나 큰 일을 도모하는 남아로서 총기로 자기 부인을 위협하고 동리 안에서 총을 함부로 쏘아 민심을 요란케 하는 것은 의지가 확고치 못한 징표이니, 지금은 칼과 총을 나(桂園)에게 맡기고 의지도 더욱 강인하게 수양하고 동지자도 더 교득(交得 : 사귀어 얻음)하여 가지고 실행기에 내게 와서 (총을) 찾아 실행함이 어떠하오?"

의사는 계원과 나를 자세히 눈여겨 보다가 총과 칼을 계원을 주나 안색에는 기쁜 빛 없음이 드러나더라. 작별하고 사리원역에서 차가 막 떠나려 할 시에 이재명은 홀연히 나타나 계원에게 그 물품의 반환을 요구한다. 계원은 웃으면서,

"경성 와서 찾으시오."

하자 기차가 떠났다. 그리한 지 1삭이 못 되어 의사 이재명은 동지 몇 명과 함께 경성에 도착하였다. 이현에서 이의사가 군밤장사로 가장하고 길에서 밤을 팔다가 이완용을 칼로 찔러서 이완용은 생명이 위험하고, 이의사와 김정익(金貞益), 김용문(金龍文), 전태선(全泰善) 등은 체포된 사건이 신문에 게재된다.[7] 나는 깜짝 놀랐다. 이의사가 단총을 사용하였으면 역적 이완용의 생명 결말이 확실할 것인데, 사람을 볼 줄 모르는 우리가 간섭하여 무기를 탈취하였기 때문에 충분한 성공을 못함이로다. 한탄과 후회가 그칠 줄 몰랐다.

기록의 선후가 전도되었다. 오호라, 국가는 병합된 후이다. 국가가 합병의 치욕을 당한 당시 인정은 심히 흉흉하다. 원로 대신들 중에 자살하는 자들과 내외 관인(官人) 중에도 자살하는 자 거다(居多)하고 교육계에는 배일사

---

7)   이재명 의사의 거사 날짜는 1909년 12월 22일이며, 당시 이완용 등은 종현천주교당(지금의 명동성당)에서 벨기에 황제 레오폴드 2세의 추도식을 마치고 돌아오다 변을 당했음.

상이 극도에 달하고 오직 불문불식한 농민들 중에는 합병이 무엇인지, 망국이 무엇인지 모르고 있는 자도 많다. 나부터 망국의 치를 당하고 나라 없는 아픔을 느끼나, 사람이 사랑하는 자식을 잃었을 때 죽음을 슬퍼하면서도 곧 살아날 것 같은 생각이 나옴과 같이 나라가 망하기는 하였으나 국민이 일치 분발하면 곧 국권이 회복될 것같이 생각된다. 그리하려면 후생(後生 : 후배)으로 하여금 애국심을 양성하여 장래에 광복케 할 도리 외에 다른 방법이 없으리라고 생각되어, 계속 양산학교를 확장하여 중소학부의 학생을 더 모집하고 교장의 임무를 충실히 하였다.

이에 앞서 국내 국외를 통하여 정치적 비밀결사가 조직되니 즉 신민회(新民會)[8]라. 안창호는 미주로부터 귀국하여 표면 사업으로 평양에 대성(大成)학교를 병설(倂設)하여 청년을 교육하고, 이면에서는 양기탁(梁起鐸)[9], 안태국(安泰國), 이승훈(李昇薰), 전덕기(全德基), 이동녕(李東寧), 주진수(朱鎭洙), 이갑(李甲), 이종호(李鐘浩), 최광옥(崔光玉), 김홍량 외 몇 사람이 중심인물이 되고 4백여 명 정예 인사로 조직된 단체 즉 신민회를 훈련 지도하다가 안창호는 용산헌병대에 체포 수감된 일도 있다.

합병된 후에는 소위 주의인물을 일망타진할 것을 예상함이었던지 (안창호는) 비밀히 장연 송천(松川)에서 위해위(威海衛 : 중국 산동반도에 위치한 도시)로 건너갔고 이종호, 이갑, 유동열(柳東說) 동지가 계속 도강(渡江 : 압록강을 건넘)한 후이라. 경성에서 양기탁 주최로 비밀회의를 연다는 통지를 받고 나도 회의에 참석하러 갔다. 양기탁의 집에 모인 사람은 양기탁, 이동녕, 안태국, 주진수, 이승훈, 김도희(金道熙), 김구(金龜) 등이다.

---

8) 1907년 안창호를 중심으로 설립된 비밀 결사. 평양에 대성학교를 세우고 각지에 태극서관(太極書館), 청년학우회를 설립, 민족의식과 독립사상을 고취시킴. 1911년 데라우치 총독 암살 모의(105인 사건)로 회원이 투옥되면서 해체됨.

9) 독립운동가, 언론인(1871~1938). 호는 운강(雲岡). 평양 사람. 1904년 영국인 베델과 「대한매일신보」를 창간했으며, 상해 임정 국무령으로 항일운동에 진력하다가 강소성 담양현에서 병사함.

비밀회의에서는 지금 왜가 경성에 소위 총독부를 설치하고 전국을 통치한즉 우리도 경성에 비밀히 도독부를 설치하여 전국을 치리(治理 : 다스림)하고, 만주에 이민계획을 실시함과 동시에 무관학교를 설립하여 장교를 양성하여 광복전쟁을 일으키자는 계획을 세웠다. 이동녕을 우선 만주에 파송하여 토지 매수, 가옥 건축과 기타 일반을 위임하고, 나머지 참석한 인원으로는 각 지방 대표를 선정하여 15일 내에 황해도에서 김구가 15만원, 평남의 안태국 15만원, 평북 이승훈 15만원, 강원의 주진수 10만원, 경기의 양기탁 20만원을 조달하여 〔각 지방대표를〕 이동녕의 뒤를 이어 파견하기로 의결하고 즉각 출발하니라.

경술(庚戌 : 1910년, 35세) 11월 20일 아침에 양기탁의 친동생 인탁(寅鐸)과 그 부인과 함께 사리원역에서 하차하고 인탁 부부는 재령으로 —— 인탁은 재령재판소 서기로 부임하는 길에 동행한 것뿐이고, 우리의 비밀계책을 알리지 않은 것은 기탁이 자기 친동생에게라도 일을 발설하지 말라고 우리에게 부탁한 것이다 —— 나는 안악으로 돌아와 김홍량과 협의하여 토지 가산을 팔기 시작하였다. 신천 유문형(柳文馨) 등 몇 명 외에 인군(隣郡 : 인접 군) 동지에게 장래 방침을 비밀히 알려 진행하던 중 장연 이명서(李明瑞)는 먼저 자기 모친과 친동생 명선(明善)을 서간도에 보내 후발 동지들의 편의를 제공하기로 하고 안악에 도착하였기로 함께 출발하도록 하였다 —— 이명서는 중국 남해로 건너갔다가 동지 15인을 인솔하고 국내에 잠입하여 은율군수를 사살하고 왜 수비대와 극렬히 싸우다가 적탄에 순국하였다.

안악에 돌아와 소문을 들으니 안명근(安明根)이 안악에 와서 누차 나를 방문하였으나 나의 경성행과 길이 엇갈려 만나지 못하였다. 홀연 야반에 명근이 양산학교로 내방한다. 나에게 온 이유를 물은즉 자기는 해서 각군 부호들을 다수 교섭한 결과 모두 독립운동자금을 내겠다고 허락하고도 속히 응하지 않은즉 안악읍 몇몇 집 부호를 총기로 위협하여 다른 지역에 영향을 미치게 할 작정이라며 응원 지도를 청한다. 나는 구체적으로 장래방침을 문

정본 백범일지 | 상권

222

한즉 왈,

"황해도 일대 부호들에게 금전을 모금하여 가지고 동지자를 모아 전신 전화를 단절하고 각군에 산재한 왜구는 각각 그 군(郡)에서 도살하라는 명령을 발포하면 왜병대대가 도착하기 전 5일간은 자유의 천지가 될 터이니 더 나아갈 능력은 없다 하여도 당장에 설분(雪忿 : 분함을 씻음)은 족하지 않겠느냐."

한다. 나는 명근을 붙잡고 만류하였다.

"형이 여순(旅順)사건[10]을 목도한 나머지 더욱 같은 혈족의 관계로도 가일층 분통이 터지는 데서 이와 같은 계획을 생각해낸 듯하나, 5일간 황해 일대에 자유천지를 조성하려 하여도 금전보다 더욱 동지의 결속이 필요한데 동지자는 몇이나 득(得)하였나요?"

하고 물었다. 매산(梅山 ― 명근의 호) 왈,

"나의 절실한 동지도 수십 명 되지마는 형이 동의하신다면 인물은 용이할 줄 생각한다."

하더라. 나는 간곡히 만류하며,

"장래에 대규모의 전쟁을 하려면 인재 양성이 없고는 성공을 기할 수 없고, 일시적 격발한 것으로는 5일은커녕 3일의 공(功)도 기하기 어렵소. 분기(憤氣)를 인내하고 많은 청년을 북쪽 지대로 인도하여 군사교육을 시킴이 지금으로서는 급한 일이오."

한즉 매산 역시 긍정하나 자기의 생각과 상이한 점을 발견하고 좀 만족치 못한 의사를 가지고 작별하였다.

불과 며칠 후에 사리원에서 매산은 왜경에게 체포되어 경성으로 압송되고, 신천 · 재령 등지에서 연루자들이 체포되었다는 소식이 신문상에 발표된다.

---

10)   안중근 의사가 1910년 3월 여순 감옥에서 처형된 일.

삼차투옥
(15년역)

신해(辛亥 : 1911년, 36세) 정월 5일에 내가 양산학교 사무실에서 기침(起寢 : 잠자리에서 일어남)도 하기 전에 왜 헌병 한 사람이 와서 헌병소장이 잠시 면담할 일 있다고 함께 가기를 청한다. 같이 간즉 벌써 김홍량, 도인권(都寅權), 이상진(李相晉), 양성진(楊成鎭), 박도병(朴道秉), 한필호(韓弼昊), 장명선(張明善) 등 교직원을 차례로 소집한 뒤였다. 경시총감부(警視總監部)의 명령이라며 임시 구류에 처한다고 선언한 후 2, 3일 후에 전체를 재령에 이감하고 황해 일대의 평소 애국자로 지목된 인사를 거의 다 체포한다. 이에 앞서 배천군수 전봉훈(全鳳薰)은 나더러 상의한다.

"국가 대세가 이미 기울음에 소위 군수라는 직책도 분통이 터져 수행하기 어려운즉 형이 종사하는 안악 양산학교 부근에 가옥 한 채를 매입하여 살면서 손자 무길(武吉)의 학업에나 오로지 힘쓰기 소원이라."
하여 습락현(習樂峴)에 기와집 한 채를 매입 수리하고 당시 연안으로 이직(移職)한 군수 전봉훈이 가족을 이끌고 안악으로 이사하는 날이 즉 우리가 재령에서 사리원으로, 사리원에서 경성으로 압송되는 날이라. 전봉훈이 우리의 소식을 듣고 안악으로 이사하던 심회가 어떠하였으랴.

해서 각 군에서 체포되어 경성으로 이송하는 인사 중에 송화의 반정(泮亭) 신석충(申錫忠) 진사는 재령강 철교를 건너다가 투강(投江) 자살하였다. 신석충은 본시 해서의 저명한 학자요 겸하여 큰 자선가(慈善家)라. 〔그 집안에 대해서는〕 석충의 둘째 형 석제(錫悌) 진사의 자손 교육문제로 내가 일차 방문하고 하룻밤 같이 지내면서 담화한 일이 있을 뿐이다. 그때에 석제 진사를 방문코자 동리 어귀에 들어서매 신씨 댁에서 소식을 듣고서 석제의 아들 낙영(洛英), 손자 상호(相浩) 등이 동리 밖으로 마중을 나오는지라. 내가 모자를 벗고 인사를 하자 낙영 등은 흑립(黑笠)을 벗고 답례를 한다. 내가 웃으면서 갓끈 푸는 것을 만류하매 낙영 등은 송구한 빛을 띠고,

"선생께서 관(冠)을 벗으시는데 우리가 그저 답례를 할 수 있습니까?"

하더라. 나는 도리어 미안하여,

"내가 쓴 담벙거지는 양인(洋人)이 쓰는 물건인데 서양인의 통례가 인사할 제 탈모하는 것이니 용서하시게."

하였다. 석제 진사를 보고 국가문명에 교육이 급선무인 것을 하룻밤 동안에 정성을 다하여 이야기한 후 손자 상호를 교육시켜 달라는 부탁을 받아내고 안악으로 돌아왔던 것이다.

사리원에서 우리 전부와 호송하는 헌병 몇 명이 경성차를 타고 가던 중에 차안에서 이승훈(李昇薰)[1]을 상봉하였다. 이승훈이 우리가 포박되어 가는 것을 보고 남이 알지 못하게 차창 밖으로 머리를 내밀고 하염없이 눈물을 흘리더라. 차가 용산역에 도착될 때 형사 한 명이 남강(南岡 : 이승훈의 호)에게 인사를 청하고 묻는다.

"당신 이승훈씨 아니요?"

이(李) 답.

---

1)　　　3·1운동 때 민족대표 31인 중 한 사람(1864~1930). 평북 정주 출신. 본명은 인환(寅煥). 승훈은 자. 호는 남강(南岡). 1907년 오산학교 설립. 1923년 「동아일보」 사장을 지냄.

"그렇소."

"경시총감부에서 영감을 부르니 좀 갑시다."

하고 그 형사놈이 하차하는 즉시로 우리와 같이 포박하여 끌고 간다. 왜놈이 한국을 강점한 후 제1차로 국내의 애국자를 그물 훑듯이 수색하여 체포한다. 황해도를 중심으로 먼저 안명근을 잡아 가두고는 계속하여 도내의 지식계급과 부호를 일일이 잡아올려서 경성의 이미 꽉 들어찬 감옥, 구치감, 각 경찰서 구류소에는 미처 수용할 수 없으므로 기물 창고와 사무실까지를 구금소로 사용하면서 일변 창고 내에 벌집과 같이 감방을 제조하였다. 나도 그리로 이수(移囚)되니 한 방에 2명 이상은 수용할 수 없을 만큼 비좁더라.

황해도에서 안명근을 위시하여 군(郡) 별로 나누면, 신천에서 이원식(李源植), 박만준(朴晩俊 — 박은 기회를 보아 도망하였다), 신백서(申伯瑞 — 申錫孝의 아들), 이학구(李學九), 유원봉(柳元鳳), 유문형(柳文馨), 이승조(李承祚), 박제윤(朴濟潤), 배경진(裵敬鎭), 최중호(崔重鎬), 재령에서 정달하(鄭達河), 민영룡(閔泳龍), 신효범(申孝範), 안악에서 김홍량, 김용제(金庸濟), 양성진(楊星鎭), 김구, 박도병(朴道秉), 이상진(李相晋), 장명선, 한필호, 박형병(朴亨秉), 고봉수(高鳳洙), 한정교(韓貞敎), 최익형(崔益亨), 고정화(高貞化), 도인권, 이태주(李泰周), 장응선(張膺善), 원행섭(元行燮), 김용진(金庸震), 장련에서 장의택(張義澤), 장원용(莊元容), 최상륜(崔商崙), 은율에서 김용원(金容遠), 송화에서 오덕겸(吳德謙), 장홍범(張弘範), 권태선(權泰善), 이종록(李宗錄), 감익룡(甘益龍), 장연에서 김재형(金在衡), 해주에서 이승준(李承駿), 이재림(李在林), 김영택(金榮澤), 봉산에서 이승길(李承吉), 이효건(李孝健), 배천에서 김병옥(金秉玉), 연안에서 편강렬(片康烈) 등이다.

그리고 평남에서 안태국(安泰國), 옥관빈(玉觀彬), 평북에서 이승훈, 유동열(柳東說), 김용규(金龍圭) 형제, 경성에서 양기탁, 김도희, 강원에서 주진수(朱鎭洙), 함경에서 이동휘(李東輝)더라.

내가 이동휘[2]를 상면한 적이 없으나 유치장의 명패를 보고서 역시 체포된 줄 알았다.

국가가 망하기 전에 구국사업에 성의성력(誠意誠力 : 마음과 몸으로 정성을 다함)을 십분 못한 죄를 받게 된 줄로 인정하였다. 나는 깊이 생각하였다. 이와 같이 위태롭고 어려운 때를 당하여 응당 지켜갈 신조가 무엇인가? '바람이 세게 불어야 강한 풀을 알고, 나라가 어지러울 때 참된 신하를 안다〔疾風知勁草 板蕩知誠臣〕'는 옛 교훈과 고후조(高後凋 : 고능선) 선생의 강의 내용에 사육신·삼학사의 지사불굴(至死不屈 : 죽음 앞에서도 굴복하지 않음)하던 말을 다시금 생각하였다.

하루는 신문실에 끌려갔다. 처음에는 연령, 주소, 성명을 묻고 다시 묻는 말은,

"너가 어찌하여 여기를 왔는지 알겠느냐?"

였다. 나는,

"잡아오니 끌려올 뿐이고 이유는 알지 못하노라."

하였다. 다시는 묻지도 않고 수족을 결박하여 천장에 달아맨다. 처음에 고통을 느꼈으나 마침내 적막한 설월야(雪月夜 : 눈 내리는 달밤)에 신문실 한 귀퉁이에 가로누웠고, 안면과 전신에 냉수를 끼얹은 느낌만을 알 뿐이고 그 사이 무슨 일이 있었는지 모르겠더라. 정신을 차리는 것을 보고 왜구는 비로소 안명근과의 관계를 묻는다.

"안명근은 서로 아는 친구일 뿐이고 함께 일을 한 사실은 없소."

그놈은 분기 대발하여 다시 천장에 매달고 세 놈이 둘러서서 태(笞)로 장(杖)으로 무수 난타한다. 나는 또 정신을 잃었다. 세 놈이 마주 들어다가 유치장에 들여다 뉘일 때 동녘이 벌써 훤하였고, 내가 신문실에 끌려 가던 때

---

2) 함남 단천 출신. 호는 성재(誠齋). 안창호 등과 신민회 조직. 1919년 임정 군무총장, 1920년 국무총리에 취임. 이때 공산당에 전향함. 러시아 정부가 임정에 기금 지원을 하자 이 돈을 고려 공산당 조직자금으로 유용하여 총리직 사임. 블라디보스토크에서 병사함. 1990년대에 독립운동가로 인정받음.

는 전날 해질 무렵이다.

처음에 성명부터 신문을 시작하던 놈이 촛불을 켜 놓고 밤을 꼬박 넘기는 것과, 그놈들이 힘과 정성을 다하여 사무에 충실한 것을 생각하니 부끄러워 어찌 할 바를 몰랐다. 내가 평일에 무슨 사무든지 성심껏 보거니 하는 자신도 있었다. 그러나 국가를 구호코자, 즉 나라를 남에게 먹히지 않겠다는 내가, 남의 나라를 한꺼번에 삼키고 또 씹어대는 저 왜구처럼 밤새워 일해본 적이 몇 번이나 있는가 자문하매, 전신이 바늘방석에 누운 듯이 고통스런 중에도 '네가 과연 망국노(亡國奴)의 근성이 있는 것 아닌가?' 생각하니 부끄러운 눈물이 눈시울에 가득 찬다. 다만 나뿐만이 아니라 이웃 방에 있는 김홍량, 한필호, 안태국, 안명근 등도 끌려갔다 돌아올 때는 거지반 죽어서 끌려왔다는 소식을 들으매 애처롭고 분개한 마음을 억제치 못하겠다. 명근은 소리소리 지르면서,

"너희놈들이 죽일 때 죽일지언정 애국의사의 대접을 이렇게 하느냐?"
고 고성대질(高聲大叱 : 큰 소리로 꾸짖음)하면서 간혹 〔우리에게〕 한 마디씩, '나는 내 말만 하였고 김구, 김홍량들은 관계없다 하였소' 한다.

감방에서 무선화(無線話)를 통한다. 양기탁 있는 방에서 안태국 있는 방과 내가 있는 방으로, 이재림 있는 방 좌우 20여 방 40여 명은 서로 밀어(密語)를 전하여, 이번 사건을 두 가지로 나누어 소위 보안위반범과 살인모의 및 강도로 구분함을 알았다. 누가 신문을 당하고 오면 내용을 각 방에 전달하여 주의케 하던바 왜놈들이 사건의 범위가 축소됨을 이상히 여기고 그중의 한순직(韓淳稷)을 불러다가 감언이설로 꼬여 각 방에서 밀어하는 내용을 보고케 하였다.

하루는 양기탁이 식구(食口 ─ 감방에 밥그릇을 밀어넣는 곳)에 손바닥을 대고 '우리의 비밀 대화는 한순직이가 전부 고발하니 이제부터 밀어 전달을 폐지하자' 하였다. 과연 바람이 세게 불면 강한 풀을 알아볼 수 있도다. 당초에 명근형이 한순직을 나에게 소개할 때는 용감한 청년이라고 하였다.

이와 같이 힘들고 어려운 일을 당할 때에 어찌 특별히 한순직 한 사람뿐이랴. 최명식(崔明植)도 밀고는 아니하였으나 사실도 아닌 것을 그놈들의 혹형에 못이겨서 거짓말로 답한 것이 후회되어 스스로 자신의 호를 '긍허(兢虛 : 헛된 언행을 삼간다는 뜻)'라 한 것이다. 나는 결심에 결심을 더하였다. 당시 형세로는 나의 혀끝에서 사람들의 생사가 달렸음을 깊이 깨달았다.

어느 날 또 끌려 신문실에를 갔다. 왜경이 묻기를,

"너의 평생 지기(知己 : 친구)가 누구냐?"

함에 나의 대답은,

"평생 지기지우(知己之友)는 오인형(吳麟炯)[3]이라."

하였다. 왜놈이 반가운 낯으로 묻는다.

"그 사람은 어디서 무엇을 하는가?"

"오인형은 장연에 살았으나 몇 년 전에 사망하였다."

한즉 그놈들이 또한 정신을 잃도록 혹형을 하였다.

"학생 중에는 누가 너를 가장 사랑하더냐?"

하는 말에 졸지에 내 집에 와서 공부를 하던 최중호(崔重鎬)를 말하고서는 혀를 끊고 싶다. 젊은 것이 또 잡혀오겠다고 생각함이었으나, 눈을 들어 창밖을 본즉 벌써 언제 잡혀왔는지 반이나 죽은 최중호를 끌고 지나가는 것을 보았다. 소위 경시총감부인 이현산(泥峴山 : 남산 밑 필동 부근) 기슭에서는 밤이나 낮이나 도살장에서 소 돼지를 때려 죽이는 소리가 여기저기서 부단히 들린다.

하루는 한필호(韓弼昊)[4] 의사가 신문을 갔다 와서 식구(食口)로 겨우 머리를 들이밀어 나를 보고,

"일체를 부인하였더니 지독한 고문을 당하고 나는 죽습니다."

---

3)　　　앞에는 '吳寅炯'으로 되어 있음.

4)　　　황해도 안악 출신. 안악 양산중학교 설립. 신민회에 가입하여 독립운동을 함. 105인 사건에 관련되어 고문을 받다가 죽음.

하고서는 나를 작별하는 모양을 보인다. 나는 위로하고 물이라도 좀 마시라고 하였다. 한의사는

"물도 먹을 필요가 없습니다."

한 후에는 다시 어디로 끌려갔는지 몰랐는데, 소위 공판 시에 동지들에게 신석충의 철교 자살과 한의사의 피살을 처음 알았다.

하루는 최고 신문실에를 갔다. 누가 뜻하였으랴. 17년 전 인천 경무청에서 심문을 당할 시에 방청을 하다가 나에게 호령을 당하고 "칙소 칙소—" 하면서 뒤로 도망가던 도변(渡邊 : 와타나베) 순사라던 왜놈이, 전과 같이 검은 수염을 길러 늘어치고 면상에 약간의 노쇠한 빛을 띠고 당시 총감부 기밀과장의 제복을 입고 엄숙하게 위엄을 보이며 17년 만에 다시 나의 앞에 떠억 마주앉을 줄을. 도변이놈의 첫마디 말이 이렇다.

"나의 가슴에는 엑스 광선을 대고 있어 너의 일생 행동에 대하여 일체의 비밀스러운 것까지 명백히 알고 있으니 한 치도 숨김 없이 자백을 하면 그만이거니와 만일에 숨김이 있을 터이면 이 자리에서 때려 죽일 터이다."

나는 몇 해 전에 여순 사건의 혐의로 해주 검사국에서 '김구'라고 제목을 쓴 책자를 내어놓고 신문당하던 일을 생각하였다. 필연 그 책자의 각 지방 보고를 수집한 내용 중에는 경향(京鄕 : 서울과 지방)이 떠들고 더욱 황해·평안도에서는 배일(排日) 연설의 연제가 되고 평시 담화의 화제가 되던 치하포 왜놈 살해와 인천 사형 정지와 파옥 도주의 사실이 게재되었으리라고 상상을 하지마는, 도변이가 자발적으로 '네가 17년 전에 인천 경무청에서 나에게 꾸짖어 욕하던 일을 생각하느냐?' 하는 말을 하기 전에는 입을 열지 않고 도변의 엑스 광선의 정확성을 시험할 생각으로 이렇게 대답을 하였다.

"나의 일생이 어떤 깊은 산골에서 은사의 생활을 한 적도 없고 일반 사회에 헌신적 생활을 한 탓으로 일언일동이 자연 공개적이오. 비밀이 없소."

도변은 순서에 따라 묻는다.

"출생지는?"

"해주 텃골."

"교육은?"

"글방에서 한문을 배웠소."

"직업은?"

"농촌 생장이므로 밭 갈고 나무하다가 25, 6세에 장련으로 이사하여 종교와 교육에 종사하기 시작하여 지금은 안악 양산교 교장의 직으로 있던 중에 체포되었소."

도변이놈이 성을 버럭 내며,

"종교 교육은 피상적 운동이고 이면에 반역의 음모가 한둘이 아닌 것을 내가 분명히 알고 있는데, 서간도에 무관학교 설립하여 후일 독립전쟁을 준비하던 사실과, 안명근과 공모하여 총독을 모살(謀殺 : 살인모의)하고 부호들의 금전을 강탈한 사실을 우리 경찰계에서는 훤히 알거늘 네가 끝내 숨기느냐?"

하며 노기가 등등하나, 나는 공포보다는 '너의 가슴에 붙였다는 엑스 광선이 병이 나지를 않았느냐' 하는 우스운 생각이 나서 참아가면서,

"안명근과는 일체 관계가 없었고, 서간도에는 빈한한 농가를 이주케 하여 생활의 근거를 찾아주던 것뿐이고 다른 일은 없었다. 지방 경찰의 안목이 너무 협소하여 얼핏하면 배일이니 무엇이니 하여 교육사업에도 방해가 많았으니, 이후는 지방 경찰을 주의시켜 우리 같은 사람들이 교육이나 잘하고 있도록 하여 주고, 학교 개학기가 이미 지났으니 속히 내려가 학교 개학이나 하게 하라."

고 하였다. 도변이놈은 악형(惡刑)도 하지 않고 그저 유치장으로 보내더라.

나의 국모 보수 사건은 비밀이 아니고 세상이 다 아는 사실이라. 왜놈들도 각 경찰기관에 주의인물로 빨간 줄을 그어놓고 나의 온갖 행동을 조사하여 왔으니 해주 검사국에 비치한 「김구」라는 책자에도 필연 토전양량(土田讓亮 : 쓰치다, 백범이 살해한 일본인)의 사실이 기록되었을 것이며, 또한 금번에

총감부 경시 한 명이 안악에 출장 조사하였은즉 그 사실이 발각된다면 나의 일생은 여기에서 종막이 되리라고 생각하였다. 그런즉 도변이놈이 썩 들어서면서 '내 가슴에 X광선을 붙였으니 네 과거를 무엇이나 다 알고 있다'고 말을 할 때, 인천 사건은 피할 수 없이 당하였다고 생각을 하면서도 그놈의 X광선 투시력을 시험하자는 것뿐이었다. 과연 도변이놈이 그 사실을 알고도 후일에 부르려고 남겨둔 채 다른 말만 묻는 것이 아닌 것은, 그놈이 신문할 때 X광선과 같이 나의 과거와 현재를 잘 아는 표적을 내려고 애를 쓰는 것을 보아서 잘 알 수 있다.

그리고 본즉 국가는 망하였으나 인민은 망하지를 않았다고 생각된다. 내가 평소에 우리 한인의 정탐을 제일 미워하여서〔정탐꾼으로 확인된 사람에게는〕여지없이 공격을 하였다. 나에게 공격을 받은 정탐배까지도 자기가 잘 아는 그 사실만은 밀고를 하지 않고 왜놈에게 대하여 비밀을 지켜 준 것이 아닌가. 다른 사람은 물론이고 나의 제자로서 형사가 된 김홍식이와 동교(同校) 직원으로 있던 원인상(元仁常) 등부터 밀고를 하지 않은 것이니, 그러고 보면 각처 한인 형사와 고등정탐꾼까지도 그 양심에 애국심이 약간이나마 남은 것이 아닌가.

사회에서 나에게 이 같은 동정을 주었으니 나로서는 최후 남은 숨이 끊어질 때까지 동지를 위하여 분투하고, 원수의 요구에 불응하리라 결심하였다. 그리고 김홍량은 여러 가지로 활동할 능력이 나보다 낫고 품격도 나보다 나으니, 신문할 때에 홍량에게 이롭도록 말을 하여 방면케 하리라. 그리 생각하여 '구(龜 : 김구)는 진흙 속에 몰(沒 : 빠짐)하리니 홍(鴻 : 김홍량)은 해외로 비(飛)하라'의 구(句)를 스스로 읊어대었다. 무릇 7회의 신문에도 도변이놈만 혹형을 가하지 않고 6회는 매번 정신을 잃었다. 그러나 다시 유치장에 끌려 들어올 때는 각방 동지들의 정신을 더욱 강인하게 하기 위하여,

"나의 생명을 빼앗을 수 있거니와 내 정신은 빼앗지 못하리라."

란 말을 하면 왜놈들은 나쁜 말을 한다고 혼을 내며 위협을 하지마는, 내 말

을 듣는 동지들은 견고한 마음을 가지더라.

제8회 신문에는 각 과장과 주임경시 7, 8명이 나란히 앉아 묻는 말이,

"너의 동료가 다 자백하였거늘 너 한 놈이 자백을 않으니 심히 어리석도다. 토지를 매수한 지주라면 그 땅에서 뭉어리돌(쓸모없는 큰 돌)을 골라냄이 당연한 일 아니냐. 네가 아무리 입을 다물고 혀를 깨물어 한마디 말도 아니하지마는 여러 놈의 입에서 네 죄가 다 발각되었으니 지금 곧 말을 하면 그만이어니와 계속 고집하면 이 자리에서 쳐죽이리라."

한다. 나는,

"내가 당신네 밭의 깨진 기왓조각인 줄로 알고 캐내려는 당신들의 노고보다 파내지는 나의 고통이 더욱 심하니 나의 자재(自裁 : 자결)함을 보라!"

하고 머리로 기둥을 들이받고 정신없이 엎어졌다. 여러 놈들이 인공호흡을 하고 냉수를 얼굴에 뿜어서 정신이 돌아온다. 한 놈이 능청스럽게 청원을 한다.

"김구는 조선인 중에서 신망을 받는 인물인데 이같이 대우를 하는 것이 적당치 않으니 저에게 위임 신문케 하옵소서."

그놈이 담배도 주고 언어도 존경하며, 자기가 황해도에를 출장하여 김구의 온갖 행동을 일일이 조사하여 본즉 교육사업에도 열성인 것은 학교에서 월급을 받든 못 받든 교무(校務)를 열심히 하는 것에서도 알 수 있고, 일반 사람의 여론을 들어보아도 정직한 사람이라며 뻔뻔스럽게 말을 한다.

"총감부에 와서 김구의 신분을 모른 역인(役人 : 근무자)들에게 형벌도 많이 당한 모양이니 매우 유감이오. 신문도 순순히 하여야만 사실대로 말하는 사람이 있고 억지로 하여야 할 사람이 따로 있는데 김구에게는 실례가 많았소."

왜놈의 신문하는 방법이 대략 세 종류가 있다. 첫째는 혹형이다. 채찍과 몽둥이로 난타하는 것이다. 또 죄수를 걸상에 세워 두 손을 등에 얹게 하고 붉은 삿바로 결박하여 천장의 쇠갈고리에 매달아 올린 후에 걸상을 빼내는

방법도 있다. 그리하여 전신이 공중에 매달려 질식되면 풀어서 냉수를 끼얹는다. 또는 화로에 쇠막대기를 여러 개 집어넣고 붉게 달군 후에 그 쇠막대기로 전신을 지지는 방법, 손가락 두께의 나무 3개를 세 손가락 사이에 끼우고 양 쪽 끝을 끈으로 꽉 묶는 방법, 거꾸로 매단 후 콧구멍에 냉수를 부어 넣는 방법도 있다.

둘째는 굶주리게 하는 것이다. 신문할 무렵에는 일반 죄수가 먹는 양의 반만 주어 꼭 생명유지만 하게 하고 친척이 사식을 청원하여도 신문주임의 허가를 얻지 못하면 사식을 도로 보낸다. 신문주임 되는 놈이 그 죄수가 사실유무에 관계없이 거짓으로라도 왜놈들 좋아할 만한 말을 하면 사식을 들이게 하고 반항성이 있어 보이면 절대 불허한다. 그 유치장에서도 사식을 받아 먹는 자는 강경치 못하다고 자연 뵈어지더라.

그 밖의 한 가지는 온화한 수단으로 좋은 음식도 대접하고 훌륭히 장식한 명석(明石 : 아카시, 당시 총감부 總長)의 방으로 데리고 가서 지극히 공경하며 점잖게 대우하는 것이다. 이 바람에 혹형에 인내한 자도 그 자리에서 실토한 사람을 더러 알 수 있다. 내가 체형에는 한두 번 참아 보았고 저놈이 발악을 하면 나도 감정이 발하여 자연 저항력이 생기므로 능히 참아내었으나 두번째와 세번째는 참기 아주 어려운 경우를 겪었다. 처음에는 밥이라야 껍질 절반 모래 절반에 소금이나 쓴 염근(鹽根)을 주는데 구미가 없어서 안 먹고 도로 보내기도 하였다. 그 뒤에는 죽도록 맞은 날이 아니면 그런 밥이라도 기다려서 감지덕지 먹는다. 그때까지 근 3삭에 모친은 매일 아침 저녁 밥을 가지고 유치장 앞에 와서 말소리가 들리도록 목소리를 높여,

"김구의 밥을 가지고 왔으니 들여 주시오."

한다. 왜놈이,

"김구, 나쁜 말이 했소데. 사식이레 일 없소다."

하여 매번 돌려보낸다. 나는 신체가 더욱 말이 아니다. 그놈이 달아매고 때릴 제 박태보(朴泰輔)가 보습 단근질을 당하면서,

"차철유랭갱자래(此鐵猶冷更炙來 : 이 쇠가 식었으니 더 달구어 오너라.)"

라고 했던 구(句)를 암송하면서, 동절(冬節)이라 그리하는지 겉옷만 벗기고 서양 직물로 만든 속옷은 입은 채로 때릴 때에, '속옷을 입어서 아프지 않으니 속옷을 다 벗고 맞겠다' 하여 매번 알몸으로 매를 맞아서 살점이 떨어져 나갈 뿐 아니라 온전한 살가죽이 없다. 그런 때에 남들이 문전에서 사식을 먹을 제 고깃국과 김치 냄새가 코에 들어오면 미칠 듯이 먹고 싶다. 나도 남에게 해될 말이라도 하고서 가져오는 밥이나 다 받아먹을까. 또한 아내가 묘년(妙年 : 꽃다운 나이)이니 매신(賣身)을 하여서라도 좋은 음식이나 늘 하여다 주면 좋겠다. 매일 조석으로 음식 냄새가 코에 들어올 때마다 더러운 생각이 난다.

박영효(朴泳孝)의 부친이 옥에서 섬거적을 뜯어먹다가 죽었다는 말과 소무(蘇武)[5]가 절모(節耗 : 군주가 사신에게 준 신표. 깃대로 되어 있으며 끝에는 깃털이 달렸음)를 씹으며 19년 동안 한절(漢節 : 한나라의 절개)을 지켰다는 글을 생각하고, 전일에 알몸으로 고초를 겪던 일을 생각하며 나의 육체의 생명은 빼앗을 수 있을지언정 나의 정신은 빼앗을 수 없다고 함께 갇힌 동지들에게 주장하던 기절(氣節 : 기개와 지조)을 생각한즉 인성(人性)은 사라지고 수성(獸性)만 잔존함이 아닌가 자책도 하였다. 바로 그 때에 명석(明石 : 아카시)의 방에서 나를 극진히 우대하면서 신문하고, 그놈의 하는 짓으로 보면,

"신부민(新附民 : 새로 붙어 사는 사람, 곧 식민백성)의 자격만 표시하면[6] 즉각 총독에게 보고하여 이 같은 고통도 면케 할 뿐 아니라, 조선을 통치하는 데 순전히 일인만으로 할 것이 아닌즉 조선인 중에 덕망이 있는 인사를 택하여 정치를 실시하려는데 당신같이 충후한 장자(長者 : 덕망있는 사람)로서 세상

---

5) 중국 한(漢)나라 무제(武帝) 때의 충신. 흉노에 사신으로 갔다가 붙잡혀 투항을 권유받았으나 굴하지 않고 19년간 고초를 겪었음. 소제(昭帝) 때 한과 흉노가 화친함에 따라 고국에 돌아왔음.

6) '식민 백성임을 인정하기만 하면'이라는 뜻.

추이에 관심이 없지 않을 터인즉 순응함이 어떠하뇨?"

하고 안명근의 사건과 서간도 사건을 실토하는 것이 어떠냐 한다. 나는 대답하기를,

"당신이 나의 충후(忠厚)를 인정하거든 내가 처음부터 진술한 것도 인정하라."

고 하였다. 그놈은 가장 점잖은 체모를 보이나 기색은 좋지 못하여 돌려보냈던 것이다.

그런 일이 있고 나서 오늘은 처음에는 당장 쳐죽인다고 발악하던 끝에 이놈에게 끌려 왔는데 그놈은 소위 국우(國友 : 구니토모)라는 경시라.

"내 —— 그놈 자칭 —— 얼마 전에 대만인 범죄자 1명을 담임 신문하는데 금일 김구(金龜)와 같이 고집하다가 검사국에 가서 일체를 자백하였노라고 내게 편지한 것을 보았다. 김구도 이제는 검사국으로 넘어갈 터이니 거기 가서 사실대로 고함이 더욱 검사의 동정을 받을 수 있다."

고 말하고 전화로 국수 장국밥에 고기를 많이 가져오라고 하여 나의 앞에 놓고 먹기를 청한다. 나는 물었다.

"당신이 나를 무죄로 인정한다면 대접하는 음식을 먹으려니와 만약 유죄라 하면 먹지 못하겠다."

라고 하였다.

"김구는 한문 병자(漢文病者)이다.[7) 김구는 지금껏 나에게 동정을 아니하였으나 나는 자연 동정할 마음이 생겨 변변치 못하나 대접하는 것이니 식기 전에 먹으라."

하나 나는 꾸준히 사양하였다. 국우(구니토모)는 웃으면서 한자로 '군의치독부(君疑置毒否 : 그대는 독이 들어 있는지 의심하는가)' 5자를 써 보이고,

"이제부터는 사식도 들이게 허락하리라."

---

7)   고루하여 변화를 받아들이지 않는 사람, 곧 일제 하에서 일본에 협력하려 하지 않는 사람을 뜻하는 말인 듯함.

고 말한다. 신문이 종결된 모양이니 그리 알라고 한다. 내가 독약의 의심을 가진 것은 아니라 하고 그 음식을 먹고 돌아온즉 저녁부터 사식이 들어온다. 같은 방에 있는 이종록은 어린 청년이라 따라 온 친척이 없으므로 사식을 갖다줄 사람이 없는데 방 안에서 먹게 되면 나눠 먹겠으나 반드시 사식은 방 밖으로 따로이 먹게 하므로 종록이 먹고 싶어하는 모습을 차마 볼 수 없음이라. 내가 방 밖에서 밥을 먹다가 고기 한 덩이와 밥 한 덩이를 입에 물고 방 안에 들어와서 입속에서 도로 꺼내어 마치 어미새가 새끼를 물어 먹이듯 하였다.

그 다음 날 종로구치감으로 넘어왔다. 비록 독방에 있으나 총감부보다는 훨씬 편리하고 소위 감식(監食 : 감옥밥)도 전에 비하여 훨씬 분량이 많더라. 왜놈이 나의 신문에 대하여 사실대로만 법률을 적용한다면 소위 보안법위반이라 하여 최고 2년형밖에 지울 수 없는지라. 억지로 안명근의 소위 강도 사건에다 끌어붙일 결심이나, 내가 경성 양기탁 집에서 서간도 사건을 회의하여 이동녕을 파송케 한 일자가 즉 안명근이 안악에 와서 원행섭, 박형병, 고봉수, 한정교 등과 안악 부호를 습격하자고 회의하였다는 날이라. 그때 안악에 있던 김홍량, 김용제, 도인권, 양선진, 장윤근 등은 물론 안명근의 종범(從犯)으로 되었으나 나에게는 그날에 경성에 있었다는 확실한 증거가 있다.

그리하여 안악에 안명근이 도착하여 만난 일자만 20 며칠이라 기입하고 경성회의 일자는 모월 중순에 양기탁 집에서 서간도에 대한 사실을 회의하였다고 어름어름 기입하고 내가 그날 안악에서 회의에 참석한 것을 목도하였다는 증거인으로 양산교 교직(校直 : 학교를 지키는 이)의 아들인 14세의 이원형 학생을 잡아들였다. 내가 소위 검사 신문을 당할 때의 옆방 신문실에서 이원형의 말소리가 들린다. 왜놈이 묻기를,

"안명근이 양산학교에 왔을 때에 김구도 그 자리에 있었지?"

원형 답.

"나는 안명근도 누구인지 모르고, 김구는 어디 가고 그날 없었습니다."

왜놈들이 죽일 것같이 위엄을 보이고, 조선인 순사놈은 원형을 대하여,

"이 미련한 놈아. 안명근이도 김구도 동석한 것을 보았다고 대답만 하면 지금 당장 너의 아버지를 따라 집에 가도록 말을 잘 할 터이니 시키는 대로 말을 하여라."

하자 원형은,

"그러면 그렇게 말하리다. 때리지 마셔요."

한다. 검사놈이 나를 신문하다가 초인종을 울리어 원형을 문 안에 들여 세우고 원형을 향하여,

"양산학교에서 안명근이 김구와 같이 앉은 것을 네가 보았느냐?"

하고는, "녜" 하는 말이 끝나자마자 원형을 문밖으로 끌고 나간다. 검사놈은 나를 향하여,

"네가 이런 증거가 있는데도?"

한다.

"5백여리 원거리 땅에 동일 동시에 두 군데 회의를 다 참석한 김구가 되게 하기에 매우 수고롭겠소."

하고 말을 마치니 곧 소위 예심종결이다. 그때에 우리 사건 외에 의병장 강기동(姜基東 : 1884~1911)은 원산에서 체포되어 경시총감부에서 같이 취조를 받고 소위 육군법원에서 사형을 받았고, 김좌진 등 몇 사람이 애국운동을 하다가 강도죄로 징역을 받고 같은 감옥에서 고생하였다.

강기동은 처음에 의병에 참가하였다가 즉시 귀순의 형식을 취하고 헌병 보조원이 되어 경기 지방에서 복무하던 중이었다. 그때 왜놈들이 의병을 다수 검거하여 수십 명을 일시에 총살하기로 계획하였는데 그들이 강기동의 옛 동지들이라. 자기 숙직 시간에 의병을 전부 풀어주고 사무소에 비치한 총기를 꺼내어다 각기 무장하고 야간에 경계망을 돌파하여 강원 경기 충청 각지에 수년 동안 항일전쟁을 계속하였다. 그 후 원산에서 안기동으로 행세

하고 무슨 일을 계획하다가 체포되어 총살을 당하였다.

종로 감옥에서 하루는 안악군수 이 아무개가 면회를 하고 양산학교 교사는 근본 관청 건물인즉 환부(還付 : 돌려줌)하라고 강요하고, 교구와 집물도 공립보통학교에 인도한다는 서류에 날인하라고 요구한다. 교사는 공공건물로 빼앗아 가거니와 비품과 기구는 안신학교에 기부하겠다 하였으나 마침내 학교 전부를 공립보통학교의 소유로 강탈하였다.

양산학교 소학생들은 국가에 대한 관념이 부족하나 중학생에 손두환(孫斗煥)은 남달랐다. 내가 장련읍에서 봉양학교 —— 야소교에서 설립하고 후에 進明으로 개칭 —— 에 시무할 때의 두환은 초립동이였는데, 그 부친 손창렴이 늦게 낳은 아들이라 애지중지하여 그 부모와 존장(尊長 : 웃어른)은 물론이요 본 군수까지도 두환에게 '해라' 하는 하대(下待)를 들었고, 어떤 사람이고 두환의 경대(敬待)를 들어 본 사람이 없다. 황해 · 평안 양도에는 특히 그 지방 풍습으로 성년 되기까지 부모에게는 '해라' 하는 습속이 있으므로 그 풍습을 개량하고자 관심을 갖던 때에 두환을 살살 꾀어 학교에 입학케 한 후에 어느 날 수신(修身) 시간에 '학생 중에 아직 부모나 그 존장에게 해라 하는 이가 있으면 거수하라' 명령하고 학생석을 본즉 몇 명 거수하는 학생들 중에 두환이도 있다. 방과 후에 두환을 별실에 불러,

"젖먹이 무렵의 유아는 부모나 존장에게 경어를 사용치 못한대도 탓할 수 없으나, 너와 같이 어른된 표시로 상투도 짜고 초립도 쓰고서 부모와 학교의 어른에게 공대할 줄을 모르니 그러고도 부끄러운 줄을 모르느냐?"

물었다. 두환은,

"그러면 언제부터 공대를 하오리까?"

묻는다. 내 대답은,

"잘못인 줄 아는 시간부터니라."

하고 보냈다.

다음 날 아침 일찍 문전에서 '김구 선생님'을 부르는 이가 있다. 나가 본

즉 손의관(孫議官)[8] 창렴씨라. 하인에게 백미를 한 짐 지우고 와서 문내로 들여놓고 희색이 만면하여 너무 기뻐서 언어의 순서도 차리지 못한다.

"우리 두환이 놈이 어제 저녁에 학교에서 돌아와서 내게 공대를 하고 저의 모친에게는 전과 같이 '해라'를 하더니 깜짝 놀라 '에고 잘못했습니다' 하고 말을 그치며 선생님 교훈이라고 합니다. 선생님 진지 많이 잡수시고 그놈 교훈하여 주십시오. 밥맛 좋은 쌀이 들어왔기로 좀 가져왔습니다."

나도 마음에 기뻐서 웃었다. 그때에 학교를 신설하고서 학령 아동이 있는 집에 두루 방문하여 학부형에게 학생들의 머리는 깎아주지 않겠다는 조건부로 애걸하여 아동들을 모아 오니, 어떤 아이들은 부모들이 머리도 자주 빗기지 않아서 이와 서캐가 가득하다. 할 수 없이 월소(月梳 : 얼레빗) 죽소(竹梳 : 참빗)를 사다가 두고 매일 몇 시간씩은 학생들의 머리를 빗긴다. 점차 아동의 수효가 증가됨에 따라 학과 시간보다 머리 빗기는 시간이 많게 된 즉 제2수단으로 하나씩 둘씩 머리를 깎아주되 그 부모의 승낙을 득하여 실행한다.

두환은 그 부친의 승낙을 구하다가 도리어 퇴학이 될지 몰라서 두환이와 상의를 하였다. 두환은 상투 짜는 것이 괴롭고 초립이 무거운즉 깎기가 소원이라 한다. 곧 깎아서 집에를 보낸 후에 슬금슬금 따라가 보았다. 손의관이 눈물이 비오듯 하며 분이 끝까지 났으나 한없이 사랑하는 두환을 심하게 책하기는 싫고, 다만 나에게 분풀이를 할 터인데 두환이가 내가 옴을 보고 기뻐하는 것을 본 손의관은 분한 마음이 졸연간 다 어디로 가고 눈에서는 눈물이 뚝뚝 듣는데, 얼굴에는 기쁨이 가득해지며,

"선생님 이것이 웬일이에요. 내가 죽거든 머리를 깎아주시지 않고."

한다. 나는 미안을 표하면서,

"영감께서 두환을 지극히 사랑하시지요. 나도 영감 다음은 사랑합니다.

---

8)   의관(議官)은 고종 때 베풀었던 중추원의 벼슬 이름.

나는 두환이가 목이 가는 데다가 큰 상투를 짜고 망건을 조르고 무거운 초립을 씌워 두는 것이 위생에 큰 방해될 줄을 알기 때문에 나도 아끼고 사랑스러운 생각으로 깎았으니, 두환이 신체가 튼튼할 때에 영감에게 고맙다는 인사를 듣고야 말걸요."

이로부터 나를 따라 안악에를 유학케 되고 손의관도 같이 따라와서 여관방에 머무르면서 두환의 공부하는 것을 보고 있다. 두환은 위인이 총명도 하거니와 우리의 망국의 한을 같이 느낄 줄을 안다.

중학생 중에 우기범(禹基範)은 내가 문화 종산 서명의숙에서 가르치던 때에 과부의 자식으로 입학하여 수업을 하였으나, 그 모친의 능력으로 공부를 계속할 수 없고 재질로는 장차 크게 될 기질이 있어 보인다. 그 모친에게 청하였다. 기범을 나에게 맡기면 데리고 안악으로 가서 내 집에 두고 공부를 계속하겠다고. 그 모친은 매우 감격하여,

"만일 선생께서 그같이 생각하시면 나는 따라가서 엿장사를 하며 기범의 공부하는 양을 보겠소."
하고 기범 9세 때에 집에서 기르며 공부는 안신학교 소학과를 마치고 양산교 중학부에 입학을 하였다.

이제는 왜놈들이 양산학교를 해산하고 교구(教具) 전부를 강탈한즉 교육사업도 춘몽(春夢 : 사라진 꿈)이 되고 말았다. 목자를 잃은 양떼 같은 학생들은 원수의 편달(鞭撻 : 채찍) 하에서 신음하게 되었으니 원통하다.

같이 감옥생활을 하는 김홍량은 [내가] 애를 써 가면서 화를 벗어나 높이 날아 해외에서 활동하기를 기도하였지마는, 자기가 안명근의 촉탁을 받아서 신천(信川) 이원식을 권고하였다고 자백한 점으로 보아도 풀려나기 어렵더라.

어머님은 상경하여 사식을 날마다 들여보내시고 통신도 종종 편지로 하신다. 안악의 가산 집물을 전부 매각하여 가지고 서울로 오는 가처(家妻 : 아내)는 둘째로 난 두 살 먹은 딸 화경(花慶 : 化敬)[9]을 데리고 당시 평산에 있는

장모, 처형의 집에 들러서 상경한다고 한다.

어머님이 손수 담은 밥그릇을 열고 밥을 먹으면서 생각한즉 어머님의 눈물이 밥에 점점이 섞이었을 것이다. 18년 전 해주 옥바라지로부터 인천까지 옥바라지를 하실 때는 슬프고 황망한 중에도 내외분이 서로 위로하고 서로 의논하시며 지내었으나 지금은 당신이 과신(寡身 : 과부의 몸)으로 어느 누가 살뜰하게 위로하여 줄 사람도 없다. 준영 삼촌과 재종형제가 있으나 거의 토민(土民 : 붙박이 시골 거주민)이라 거론할 여지 없고 연약한 처와 어린아이는 어머님에게 무슨 위안을 할 능력이 있는가. 또한 가처가 유아 화경을 데리고 자기 모친이 사는 처형의 집에를 갔다는 기별에는 무한한 느낌이 생긴다.

처형으로 말하면 본시 신창희군과 결혼하고 황해도에 함께 이사했다가 내가 그의 처제인 준례와 결혼한 후에 다시 의과 졸업을 위하여 세부란(세브란스) 의학교에 들어갈 계획으로 부처(夫妻)와 장모까지 도로 경성으로 이주하였다. 그 뒤에 내가 장련읍에 있을 때 장모와 처형 2인만 평양에 들러서 장련 나의 집까지 동생과 딸을 보려고 오고서는 어찐 사유인지 신창희군과 틀어진 빛을 보이고, 더욱 처형의 거동이 정상의 궤도에서 벗어난 경향이 보인다. 하물며 기독신자의 행위로 이 모습을 본 우리 부부는 처형과 장모를 권하여 신창희에게로 보내었다. 그 후 내가 안악에 이사한 때에 역시 처형과 장모가 온바 처형은 신창희와 부부의 관계를 해제하였다 한다.

나와 어머님은 〔장모와 처형을〕 잠시도 집안에 들일 생각이 없으나 가처는 어머니와 언니에게 대하여 강경한 태도를 보이지 못하는 것이 사실인데, 가정은 심히 불안에 빠졌다. 가처에게 비밀히 부탁하고 장모에게 큰딸을 데리고 나가 주지 못할 터이면 작은딸까지 데리고 나가 달라고 말을 하였다. 뜻모르는 장모는 좋다 하고 3인이 집을 떠나서 경성으로 출발하였다. 내가 얼마 후에 경성에 가서 동정을 살펴본즉 가처는 모형(母兄 : 어머니와 언니)을

---

9)   원본에 이 부분이 ‘花慶’으로 표기되었음. 그러나 이후로는 모두 ‘化敬’으로 표기하고 있음.

떠나서 어느 학교에 투신할 계책을 한다. 나는 가처에게 비밀히 약간의 여비를 주고 내려와 재령 선교사 군예빈에게 말을 한즉 준례는 당분간 데려다가 자기 집에 있게 하고 서서히 데려가라 한다.

나는 곧 경성으로 준례에게 편지를 띄우고 사리원 역 앞에서 기다린즉 준례 혼자만 하차한다. 맞이하여 재령 군예빈 목사 집에다가 데려다 두고 나는 안악으로 와서 어머님에게 사리(事理)를 해명하였다. 장모나 처형이 비록 여자 도리에 위반되는 죄상이 있더라도 죄가 없는 가처까지 쫓아 보내는 것은 도리가 아닌즉 용서하시라고. 어머님은 내가 말을 마치자 곧 쾌히 허락하시고,

"네가 데려오는 것보다 내가 친히 가서 데려오마."

하시고 그날로 재령에 가서서 가처를 데려오니 가정의 파란은 이것으로 안정되었고, 가처 역시 친모 친형에 대하여 친속관념을 단절하고 지낸다. 처형은 평산 등지에서 헌병보조원의 처인지 첩인지 되어 살고, 장모도 동거한다는 풍설만 듣고 있었다가, 이번에는 〔어머니와 아내가〕 전부 경성으로 와서 소위 공판을 본다고 오던 도중 평산 처형 집에 가처와 화경이는 두고 어머님만 경성으로 먼저 오셔서 공판일자를 통지하여 가처를 경성에 오게 하였다는 어머님의 편지를 보았다.

이제는 나의 주장하던 것과 힘써 온 것은 거의 다 수포로 돌아갔다. 학교에서 학생을 가르칠 때에도 학생들이 나를 숭배함보다 나는 천배 만배의 학생들을 숭배를 하리라는 희망을 두고, 나는 일찍이 교육을 충분히 받지 못함으로 망국민이 되었으나 학생들은 훗날 모두 다 건국의 영웅이 되리라고 바라는 마음도 물거품이 되었다. 또한 가처도 평일에 자기 언니가 헌병의 첩질을 한다는 말을 들은 후로는 영구히 서로 안 만나기로 결심하였건만 내가 이 지경이 되매 부득이 갔을 것이다.

그럭저럭 소위 공판일자를 정하였다고 어머님이 왜놈 영정(永井 : 나가이)이란 변호사를 고용하였다. 예심 심문시에 영정이 놈은 내게 이런 말을 묻

는다.

"총감부 유치장에 있을 때에 판자 벽을 두드려 양기탁과 무슨 말을 하였는가?"

나는 영정을 노려보고,

"이것은 신문관을 대리한 것인가? 나의 사실은 신문기(訊問記)에 상세히 게재하였으니 나에게 더 물을 것이 없다."

고 대답한즉 검사놈과 눈을 꿈적이며 실패의 의미를 표시하는 것같다.

소위 재판일을 당하였다. 수인(죄수) 마차에 실리어 경성지방재판소 문전을 당도한즉 어머님이 손녀 화경이를 업고 가처와 같이 문 안에서 기다리고 있었다. 그것을 보면서 소위 2호 법정으로 끌려 들어갔다. 수석에 안명근, 다음에 김홍량이요 나는 제3차에 앉히고 이승길(李承吉), 배경진(裵敬鎭), 한순직(韓淳稷), 도인권(都寅權), 양성진(楊星鎭), 최익형(崔益馨), 김용제, 최명식(崔明植), 장윤근(張倫根), 고봉수(高奉守), 한정교(韓楨敎), 박형병(朴亨秉) 14명이 출석하였고, 방청석을 돌아본즉 각 학교 남녀 학생과 각 수인의 친척 친구가 왔고 변호사들과 신문기자들도 자리에 앉았더라.

동지들에게 한필호, 신석충 두 사람의 소식을 얻어 듣건대 한필호 선생은 그때에 경시총감부에서 피살되고 신석충은 재령 철교에 끌려오다가 강에 몸을 던져 죽었다는 아픈 소식을 알았다. 대강 신문을 마친 후 소위 판결이라고 안명근은 징역 종신이요, 김홍량, 김구, 이승길, 배경진, 한순직, 원행섭(元行燮), 박만준(朴晩俊) 7명은 15년에 원행섭, 박만준은 결석(缺席 : 재판정에 나오지 않음)되고, 도인권, 양성진은 10년이요, 최익형, 김용제, 장윤근, 고봉수, 한정교, 박형병은 7년 혹 5년으로 논고(論考 : 검사가 판사에게 형량을 요구함)한 후 판결도 그대로 언도되었으니 이는 강도사건[10]의 판결이다.

10) 안명근은 무관학교 설립자금을 모으려고 지방 유지들에게 원조를 요청했으나 거절당하자 상대를 총으로 위협하다 체포됨. 이에 연루된 사람들이 소위 강도사건으로 형을 받게 됨. 판결 날짜는 1911년 7월 22일.

그 후에 소위 보안사건[11]으로 또 재판할 때는 수석 양기탁, 안태국, 김구, 김홍량, 주진수, 옥관빈, 김도희, 김용규, 고정화, 정달하, 감익룡, 김용규의 족질(族侄 : 조카뻘 친척)인데 판결되기는 양기탁, 안태국, 김구, 김홍량, 주진수, 옥관빈은 2년 징역이고 나머지는 1년 혹 6개월이더라.[12] 그 밖에 이동휘, 이승훈, 박도병, 최종호, 정문원, 김병옥 등 19인은 무의도(舞衣島 : 인천앞바다 용유도 남단의 섬), 제주도, 고금도, 울릉도로 1년 유배를 언도하였다. 며칠 후에 서대문 감옥에 이감되었다.

동지들은 전부가 그곳에 함께 복역하게 되니 매일 서로 대면함으로도 족히 위로가 되고 간간 말로도 정을 통하고 지내는 고로 고중락(苦中樂 : 고생속의 즐거움)의 느낌이 된다. 그뿐 아니라 5년 이하로는 세상에 나갈 소망이 있으나 7년 이상으로는 옥중혼(獄中魂)이 되기로 믿기 때문에 육체로는 복역을 하나 정신으로는 왜놈을 금수처럼 대하고 쾌활한 마음으로 죽는 날까지 낙천적인 생활을 하기로 하였다. 동지들도 대개 뜻이 동일하므로 옥중의 행동에 불모이동(不謀而同 : 서로 의논하지 않았으면서도 똑같음)한 때가 항상 많았다.

더욱 오월동주(吳越同舟)[13]의 옛말이 진실로 헛된 말이 아님을 깨닫겠더라. 옥중에서 종신하기로 된 동지 중에는 나이가 많고 적고를 떠나 대개 아들을 두었으나 유독 나는 유녀(幼女 : 어린 딸) 화경이만 있고 또한 (내가) 무매(無妹 : 누이마저 없음) 독신임을 애석하게 생각하여, 김용제는 4남 1녀를 두었

---

11) 일제는 안명근 사건을 확대, 내란혐의로 몰고 가기 위해 관련자 신문시 학교설립자금을 군자금 모금으로 조작했음. 이로써 안명근 사건에 보안 혐의가 추가되어 형량이 더해졌는데, 여기에는 내란미수, 모살(謀殺)미수 등의 죄명이 적용됨.

12) 보안사건은 2차 판결이라고도 하는데, 판결문 기록에는 16명이 각각 징역 2년, 1년 반, 1년, 6개월씩 선고받았음. 이 때 백범과 김홍량은 선고에서 제외되었으나 백범이 착각하여 추가형을 받은 것으로 기록한 듯함. (이강훈, 『독립운동사사전』, 1990, 안악·신민회사건 판결문항목 참조)

13) 오월동주는 원수지간인 오나라 사람과 월나라 사람이 우연히 한 배에 탔다는 뜻으로서 원수끼리도 같은 처지에 놓이면 뜻이 맞는다는 속뜻이 담김.

으니 장남은 선량, 그 다음 근량, 그 다음 문량, 그 다음은 순량인데 자원하여 문량을 나에게 사속(嗣續 : 대를 이음. 여기서는 대를 이을 수 있도록 양자로 줌)하기로 하여 그같이 약속하였다.

나의 심리 상태가 체포 이전 이후에 대변동이 생김을 스스로 느끼겠다. 체포 이전에는 10수년래에 성경을 들고 교회당에서 설교하거나 교편을 들고 교실에서 학생을 가르쳤으므로 일사일물(一事一物 : 사사건건)에 양심을 본위 삼아 사심(邪心 : 사악한 마음)이 생길 때마다 선자책기(先自責己 : 먼저 자신을 채찍질함)치 않고는 감히 남의 잘못을 질책하지 못함이 거의 습관으로 되었다. 그런 고로 학생들과 지교간(知交間 : 아는 사람과의 교제)에 충실하다는 신망을 받고 지내었고, 그러므로 범사에 추기급인(推己及人 : 자신을 먼저 돌아보고 이로 미루어 남을 살핌)이 버릇처럼 되었건마는 어찌하여 불과 반년의 심리에 대변동이 생겼는가.

이를 연구하여 보면, 경시총감부에서 신문을 받을 때에 도변(渡邊)이 놈이 17년 후에 다시 마주앉아, 금일에 김구가 17년 전 김창수인 것도 모르는 놈이 대담히 자기 가슴 속에는 X광선을 붙여서 나의 출생 이후 지금껏 일체 행동을 투시하고 있으니 일호라도 숨기면 당장 타살한다고 허세를 부리던 때로부터 시작된다. 태산만치 크게 상상하던 왜놈이 겨자씨와 같이 작아 보이고, 무릇 7회나 질식된 후에 냉수를 끼얹어 회생시킴을 당하여도 심지는 점점 강고(强固)하고 왜놈에게 국권을 빼앗긴 것이 우리의 일시적 국운 쇠퇴요 일본으로는 조선을 영구 통치할 자격이 없음을 명약관화(明若觀火)로 생각된다.

소위 고등관이라고 모자에 금줄을 둘셋씩 붙인 놈들이 나를 대하여 신성불가침인 양 일본 천황의 권위를 과장하고, 천황이 재가한 법령에 대하여 행정관리가 일호라도 범위에 벗어나는 일을 못한다고 한다. 또는 조선 인민도 천황의 적자(赤子 : 임금이 소중히 여기는 백성이란 뜻)인즉 일시동인(一視同仁 : 차별없이 대우함)하는 행복을 받아, (자기네) 관리가 법령에 의하여 유공자

(有功者)에게는 상을, 유죄자(有罪者)에게는 벌을 공평히 내린다고 한다. 그러니 구한국 관리들과 같이 자기에게 좋게 하는 인민에게는 유죄불벌(有罪不罰 : 죄가 있어도 벌하지 않음)하고 자기가 미운 자는 경죄중벌(輕罪重罰 : 가벼운 죄라도 중벌을 내림)하던 시대와 천양지판이라고 혀가 닳도록 과장하던 그놈이다. 그런 놈에게 며칠 후에 내가 반문하기를,

"〔네놈이 말하기를〕'내가 그대의 말과 같이 안악에 가서 보니 김구는 봉급의 후함과 박함을 따지지 않고 오직 성심으로 학교만 잘 되도록 애쓰는 선생이라고 인민 일반에게 신앙을 받은 것을 보면 지방의 유공자의 하나'라고 하지 않았느냐. 더욱이 나에게서 금일까지 범죄 사실이 없은즉 상을 받을 자에 속하고 벌을 받을 사실로 인정될 것이 없으니 어서 풀어주면 곧 학교에 돌아가 개학하겠다."

고 하였다. 왜놈이,

"네가 그런 줄 안다마는 전답을 매수한 지주로서 그 전답의 뭉어리돌을 골라냄이 상례가 아니냐. 너는 아무리 범죄사실을 자백하지 않았어도 너의 동료가 다 너도 죄괴(罪魁 : 범죄자의 우두머리)라 말하였으니 그것이 증거가 되어 마침내 면키 어렵다."

고 한다. 나는 또 반문하였다.

"관리로서 법률을 무시하는 것 아니냐?"

한즉 〔그놈이〕 미친 개 모양으로 관리 희롱한다고 분기탱천하여 〔내가〕 죽도록 얻어맞았다. 그러나 왜놈이 나를 뭉어리돌로 인정하는 것은 참 기쁘다. 오냐, 나는 죽어도 왜놈에게 대하여 뭉어리돌의 정신을 품고 죽겠고, 살아도 뭉어리돌의 책무를 다하고 말리라는 생각이 깊이 새겨진다.

나는 죽는 날까지 왜마(倭魔 : 왜놈 악마)의 소위 법률을 일푼이라도 파괴할 수만 있거든 과감히 단행하고, 왜마 희롱을 유일 오락으로 삼고 보통 사람으로 맛보기 어려운 별종 생활의 진수를 맛보리라고 결심하였다.

서대문에 이감할 시에 옥관(獄官)이 나에게 대하여,

"김구는 금일에 자신의 의복을 벗어 창고에 넣어두는 것과 같이 네 자유까지 맡기고 죄수복을 입고 입감하니 이제는 모두가 관리에게 복종하는 것 뿐이다."

라고 말을 함에 수긍하였다. 다음 날에 복역은 시킨다면서 수갑을 풀지 않고 간수가 수갑 검사를 하면서 너무도 꽉 조여 하룻밤 사이에 손목이 퉁퉁 부어서 보기에 끔찍하게 되었다. 다음 날 아침의 검사 때에 간수들이 보고 놀라서 이유를 묻는다. 간수장이 와서 보고,

"네가 손목이 이 지경이 되었으면 수갑을 늦춰 달라고 청원할 것 아니냐?"

한다. 나는,

"어제 전옥(典獄 : 감옥의 우두머리)의 훈계에 일체를 관리가 다 알아 할 터이니 너는 복종만 하라고 않았느냐?"

하였다. 즉시 의사가 와서 치료하였으나 손목뼈까지 수갑 끝이 들어가서 창구(瘡口 : 부스럼 따위가 터져서 생긴 구멍)가 컸던 까닭에 근 20년인 오늘까지 손목에 흉터가 남았다. 간수장의 말이 무엇이나 수감자가 불편한 사정이 있을 때는 간수에게 신청하여 전옥(典獄)까지도 면회하고 사정을 말할 수 있으니 유념하라고 한다.

옥규(獄規 : 감옥 규칙)에 보면 수인들이 서로 담화를 하거나 무슨 소식을 전하지 못하게 하였으나, 그러나 말을 많이 하고 소식도 서로 신속하게 통한다. 40명에 가까운 우리 동지들은 무슨 말이나 의견을 충분히 교환하고 지낸다.

심리상태가 변함이 나쁜 뿐 아니라 동지들도 다 평소에 비하여 크게 변하였다. 그 중 고정화(高貞華)는 용모부터 험상궂은 데다가 심리의 변동을 받아 옥중에서 소위 관리를 고(苦)롭게 하기로 유명하니, 음식을 먹다가 밥에 돌이 있는 것을 발견하고 마당의 모래흙을 집어서 입에 넣은 후 밥과 혼합한 것을 싸가지고 전옥 면회를 청하였다. 자기가 받은 1년 징역을 종신역으로

고쳐 달라 하고, 이유는 '인간은 모래를 먹고 살 수 없는데 내가 먹은 한 그릇 밥에서 골라낸 모래가 밥의 분량만 못지 않으니, 이것을 먹고는 반드시 죽을 것이라, 기왕 죽을진댄 징역이나 무겁게 지고 죽는 것이 영광이다, 1년도 종신이요 종신도 종신이 아닌가.' 하였다. 전옥이 얼굴색이 주홍 같아서 식당 간수를 불러 책하고 밥짓기에 극히 주의하여 모래가 없도록 하였다.

며칠 후에 감방에서 동수(同囚)들이 의복에 붙은 이를 잡는 것을 보았다. 고군(고정화)은 비밀히 각인(各人)에게 부탁하여 이를 거두어 모아 뒤씻는 종이에 싸 놓고 간수에게 전옥 면회를 청하였다. 전옥 앞에 이 꾸린(둘둘 말아 싼) 것을 내어놓고,

"전일에 전옥장(典獄長) 덕으로 돌 없는 밥을 먹는 것은 감사하나 의복에 이가 끓어서 잠을 잘 수 없고 깨어도 이 때문에 온몸이 근지러워서 견디기 난(難)하오. 구한국시대 감옥에는 수인이 자기 집의 의복을 갖다 착용할 수 있었으나 대일본의 문명한 법률은 그도 불허가인즉 이처럼 불결한 의복을 입으면 질병이 생길까 염려되오."

한즉 즉시로 각 감방에 새 의복을 들여오고 헌옷은 증기(蒸氣) 기계를 사용하여 간간 소독하여 주는 고로 다시는 이 잡는 사람이 없었다.

당시 서대문감옥은 경성감옥이라고 문패를 붙인 때이고, 수인의 총수 2천 명 미만에 수인의 대부분이 의병이요 그 나머지는 소위 잡범이다. 옥중의 대다수가 의병이란 말을 들은 나는 심히 다행으로 생각하였다. 그이들은 일찍이 국사를 위하여 분투한 의기남아들인즉 기절(氣節 : 기개와 절개)로나 경험으로나 배울 것이 많으리라고 생각하여 감방에 들어가서 차차 인사를 하며 물어본즉 혹은 강원도 의병의 참모장이니 혹은 경기도 의병의 중대장이니 거의가 의병 두령이고 졸병이라는 사람은 보지 못하였다. 처음에는 극히 존경하는 마음으로 교제를 하였으나 급기야 처심행사(處心行事 : 마음 씀씀이와 행동)가 순전한 강도로밖에 보여지지를 아니한다.

참모장이라 하는 사람이 군대의 규율과 전략이 무엇인지 알지 못함은 물

론이요 의병을 일으킨 목적이 무언지도 모르는 사람이 많고, 국가가 무엇인지 모르고 당시에 무기를 가지고 촌려(村閭 : 시골 여염집)에 횡행하며 만행한 것을 자랑인 양 호언한다. 내가 처음으로 13방에를 들어간즉 석식(夕食) 후에 공장에 출역(出役 : 나가 일함)하였던 사람들이 몰려 들어와 의복을 입은 후에 그 중 한 명이 나를 향하여,

"여보 신수(新囚 : 새로 들어온 죄수), 어디 살았으며 죄명은 무엇이며 역(役)은 얼마나 졌소?"

하매 나는 일일이 대답하였다. 이 구석 저 구석에서 질문과 반박이 잇달아 나온다.

"여보 신수, 〔지금 인사하는 게〕 똥통을 향하여 납배(納拜 : 절)하오, 혹은 좌상(座上 : 좌중의 어른되는 사람)에게 납배하오."

"그 자도 생김생김이 강도질할 제는 무서웠었겠는데―. 강도질하던 이야기나 좀 들읍시다."

함부로 무질서 무조리하게 떠드는 판에 어떤 말을 대답할는지 몰라서 잠잠히 앉았다. 어떤 자는,

"이게 어디서 먹던 도적놈이야. 사람이 묻는 말에 대답이 없으니―. 신문시에 그같이 대답을 않았으면 율(律)을 지지 않지[14]―."

조소와 능멸이 이어진다. 내가 생각하기를 이곳은 하등 인물들만 몰아넣은 잡수(雜囚) 방인가보다 하고 잠잠히 앉았더니, 조금 지나 어떤 조선 간수 한 사람이 와서 나를 보고서,

"56호(백범의 수인번호)는 구치감에서 나왔소?"

한다. 나는,

"그렇습니다."

대답하였다. 그 간수는 말을 이어,

---

14)　　자백을 하지 않으면 형벌을 면할 수 있었을 것이라는 뜻.

"내가 공판할 때도 참관을 하였지마는 심히 애석한 일이오. 운수가 다한 탓이니 어찌 하겠소. 마음이나 편안히 하실 수밖에 없지요."

하며 대단히 동정하는 빛을 보이고 돌아간다. 그 다음은 일인(日人) 간수들이 몰려와서 나의 명패를 보고 또 내 얼굴을 보고 수군거린다. 방안에서 한참 야단으로 떠들던 죄수들이 다시금 수군댄다.

"이야―. 박간수 나리가 저 신수(新囚)를 보고 존경을 하니 관리가 죄수에게 공대하는 양은 처음 보겠다."

혹자는,

"박간수 나리의 존친속(尊親屬 : 손위 항렬의 친척)인 게지―."

한다. 한 죄수가 정숙히 묻는다.

"신수는 박간수 나리와 무엇이 되시오?"

"박간수인지 이간수인지 나는 모르오."

"그러면 이전에 무슨 높은 벼슬을 지내었소?"

"나는 벼슬하지 않았소."

"당신 양기탁을 아시오?"

"짐작하지요."

"옳다. 저 신수도 국사범 강도인가보다. 3일 전 「대한매일신보」 사장 양기탁이란 신수가 나왔고, 그 동범(同犯)으로 유명한 신사(紳士)[15]들이 여러 명 역(役)을 졌다고 아무 간수 나리가 말씀하더라. 그러면 신수도 신사이므로 우리의 묻는 말에 대답도 잘 아니 하는가 보다. 아니꼬운 놈. 나도 당시에 허왕산(許旺山 : 許蔿의 호)[16] 밑의 당당한 참모장이야. 여기 들어와서 교

---

15) 신사는 벼슬하지 않는 선비를 가리키나, 여기서는 더 나아가 정부나 탐관오리를 비판하고 정의를 위하여 힘쓰는 지조 있는 사람을 말함. 중국에서는 송대(宋代) 이후 신사의 개념이 이와 같이 확장되었음.

16) 허위는 구한말의 의병장(1885~1907). 호는 왕산(旺山). 의정부 참찬을 지냄. 1905년 을사조약 반대 격문을 살포하다 체포됨. 1907년 이인영(李麟永) 등과 원주에서 전국 의병연합을 조직, 일본군을 상대로 싸우며 서울 부근까지 진격함. 이후 체포되어 재판정에 섰으나 재판을 거부하고 옥사함.

만을 부려야 소용없다."

나는 처음에 그들이 하등잡수(下等雜囚)들 인줄로만 알았다가 허위(許蔿)의 부하라는 말을 듣고서는 심히 통탄하였다. 저런 자가 참모장이 되었으니 허위 선생이 실패하였을 것은 명약관화가 아닌가.

옥중에 전래하는 이야기가 있으니, 이강년(李康秊)[17] 선생과 허위 선생은 왜적에게 체포되어 신문과 재판을 받지 않고 사형장에 나가기까지 왜적을 타매(唾罵 : 몹시 더럽게 여겨 욕함)하다가 순국한 후에 서대문 감옥에서 사용하던 자래정(自來井)에 허위 선생 취형일(就刑日 : 형 집행일)부터 우물물이 붉고 탁하여 폐정(廢井)되었다 하더라.

그같은 상설(霜雪 : 서리와 눈발)의 절의(節義)를 듣고 생각한즉 스스로 부끄럽기 끝이 없다. 정신은 정신대로 보중(保重 : 잘 아끼어 보존함)하지마는, 왜놈의 우마(牛馬)와 야만(野蠻)의 대우를 받는 나로서 당시 의병들의 자격을 평론할 용기가 있을까. 지금 내가 의병수(義兵囚 : 의병 활동을 이유로 복역하는 죄수)를 무시하지마는 그 영수(領袖)인 허위 선생의 혼령이 나의 눈앞에 출현하여 엄중한 질책을 하는 듯싶다.

'지난날 의병은 네가 보는 바와 같이 목불식정(目不識丁)의 무식한 것들이니 국가에 대한 의무도 알지 못하는 것은 사실이나, 너는 일찍이 고후조(高後凋)에게 의리가 어떤 것인지를 친자(親炙 : 스승에게 친히 가르침을 받음)하여 알았고, 네가 그분에게서 배운 금언 중에 삼척동자라도 견양(犬羊 : 개와 양 곧 하등동물)에게 절을 하라고 시키면 반드시 대로한다는 말로 강단에서 신성한 다음 세대 국민에게 설파하였건만, 그런 네가 머리를 숙여 왜 간수에게 예(禮)를 하느냐? 네가 항상 읊어대는 고인[18]의 시에,

---

17)　구한말의 의병장(1861~1908). 호는 운강(雲崗). 동학혁명 때 동학군을 지휘하며 탐관오리를 무찌름. 1905년 을사조약에 반대, 의병을 일으켜 충주・서울・가평・인제・강릉 등에서 활약함. 청풍 금수산에서 체포되어 사형에 처하여짐.

18)　조선 세종 때의 문신인 성삼문(成三問)을 가리킴.

食人之食衣人衣　所志平生莫有違(식인지식의인의 소지평생막유위 : 임의 음
식을 먹고 임의 옷을 입거늘 / 일평생 먹은 마음 변할 줄이 있으랴.)

를 망각하였느냐. 네가 자소지로(自少至老 : 젊어서부터 늙을 때까지)에 스스로
밭 갈지 않고 스스로 옷을 짓지 않아도 대한(大韓)의 사회가 너를 먹여주고
입혀줌이 금일 왜놈이 먹이는 콩밥이나 먹고 붉은 의복이나 입히는데 순종
하라고 함이더냐? 명색이야 의병이든 적병(賊兵 : 도적 병졸)이든 왜놈이 순
민(順民)이 아니라고 인정하여 종신이니 10년이니 감금하여 두는 것이면 그
것으로 족히 의병의 가치를 인정할 수 있지 않느냐. 남아는 의(義)로 죽을지
언정 구구히 살지 않는다고 평일에 어린 학생을 가르치더니 네가 금일 사는
것이냐 죽은 것이냐. 네가 개 같은 생활을 참고 지내 십년 후에 공을 이루어
속죄할 자신이 있느냐.'

　　이같은 생각을 하는 사이에 심신이 극도로 혼란된다. 그때 마침 안명근
형이 나를 대하여 조용히 이런 말을 한다.

　　"내가 입감(入監) 이후에 아무리 생각하여 보아도 하루를 살면 하루가 욕
되고, 이틀을 살면 이틀이 욕되니 굶어 죽기로 생각한다."

　　나는 쾌히 찬성하였다.

　　"가능하거든 단행하시오."

　　그날부터 명근 형은 단식한다. 자기 몫의 음식은 다른 수인들에게 나누
어 주고 자기는 굶는다. 연 4, 5일을 굶은즉 기력이 탈진하여 운신을 못하게
되었다. 간수가 물으면 배가 아파서 밥을 안 먹는다고 하나, 눈치 밝은 왜놈
들이 병원으로 이감하여 놓고 진찰하여 보아야 아무 병이 없으므로 명근 형
을 뒷짐지우고 계란을 풀어서 억지로 입에 부어 넣는다. 이 봉변을 당한 명
근 형은 나에게 기별한다.

　　"제(弟 : 아우)는 부득이 금일부터 음식을 먹습니다."

하더라. 나는 전하여 이르기를,

"죽고 사는 것이 자유자재라는 부처님이라도 이곳 문에 들어서서는 어쩔 수 없을 것이니 자중하라."

하였다.

옥중에서 고 이재명 의사의 동지들을 상봉하니 김정익(金正益) 김용문(金龍文) 박태은(朴泰殷) 이응삼(李應三) 전태선(田泰善) 오복원(吳福元) 등과 안중근 의사의 동지 우덕순(禹德順) 등이다. 한번 보아도 옛 친구 같으매 서로 아끼고 사랑하는 정이 있을 뿐 아니라 지심처사(持心處事 : 마음씀과 행동)가 의병수(義兵囚)들에 비하면 거의가 닭의 무리들 가운데 단연 봉황이라는 느낌이 든다.

김좌진(金佐鎭)[19]은 침착하고 용감한 청년으로 국사를 위하여 무슨 운동을 하다가 투옥되었으므로 친애의 정을 서로 표한즉 점차로 옥중에도 생활의 취미가 있음을 깨닫겠더라.

내가 서대문 옥에 들어온 지 며칠 후에 또 중대사건이 발생하니, 왜놈의 소위 뭉어리돌 줍는 제2차 사건이다. 제1차는 황해도 안악을 중심으로 하여 40여 명 인사를 타살, 징역, 유배의 3종으로 처벌하고, 이어서 평안도 선천(宣川)을 중심 삼아 일망타진으로 105명을 검거 취조하는데, 내용에는 이미 1차에 소위 보안사건으로 2년의 형을 집행하는 양기탁, 안태국, 옥관빈과 유형(流刑 : 유배)에 처하였던 이승훈까지 다시 집어넣고 신문을 개시하였으니, 이는 기왕 보안법률에 따라 최고형 2년만 지운 것이 왜심(倭心)에 미흡하여 좀 더 지우자는 만심(蠻心 : 야만스러운 마음)에서 나온 것이다. 나와 김홍량도 15년에 2년형을 가하여 17년의 징역을 졌다.[20]

---

19) 독립운동가 · 장군(1889~1930). 호는 백야(白冶). 충남 홍성 출신. 3 · 1운동 때 만주에 들어가 북로군정서를 조직하고 총사령이 되어 항일 활동을 함. 1920년 청산리전투에서 일본군을 대파함. 후에 공산당원에게 저격당함.

20) 이는 안명근사건을 계기로 신민회 조직을 일망타진하기 위해 일제가 총독 데라우치(寺內) 암살모의를 조작한 105인 사건임. 기록에 따르면 이때 백범은 형을 선고받지 않았음. 백범은 1차 안명근 사건 공판 때 밝혔듯 보안법 위반으로 2년을 추가 언도받았다고 하였는데, 이를 착각하여 여기에 중복 기록한 듯함. 105인 사건으로 실형을 선고받은 사람은 윤치호, 양기탁, 안태국, 이승훈, 임치정, 옥관빈 6인임. 이 『일지』대로라면 백범은 총 17년이 아니라

어느 날은 간수가 와서 나를 면회소로 데려간다. 누가 왔는가 하고 기다리다 판자 벽에서 '딸깍' 하고 주먹이 하나 나들 만한 구멍이 열리는 데로 내어다본즉 어머님이 와 서셨고 곁에는 왜놈 간수가 지키고 섰다. 근 7, 8삭 만에 뵙는 어머님은 태연하신 안색으로 말씀하시기를,

"이야! 나는 네가 경기감사나 한 것보담 더 기쁘게 생각한다. 네 처와 화경까지 데리고 와서 면회를 청한즉 1회 1인밖에는 허락치 않는대서 네 처와 화경이는 저 밖에 있다. 우리 세 식구는 평안히 잘 있다. 너는 옥중에서 몸이나 잘 있느냐? 우리를 위하여 근심 말고 네 몸이나 잘 간수하기 바란다. 만일 식사가 부족하거든 하루에 사식 두 번씩 들여주랴?"

나는 오랜만에 모자 상봉하니 반가운 마음과, 저와 같이 씩씩한 기절(氣節)을 가진 어머님께서 개 같은 원수에게 자식을 뵈어 달라고 청원을 하였을 것을 생각하니 황송하기 끝이 없다. 다른 동지들의 면회했다는 정황을 들어 보면 부모 처자가 와서 피차에 대면하면 울기만 하다가 간수의 제지로 말한마디도 못하였다는 것이 보통인데, 우리 어머님은 참 놀랍다고 생각된다. 나는 17년 징역선고를 받고 돌아와서 잠은 전과 같이 잤어도 밥은 한 끼를 먹지 못한 적이 있는데 어머님은 어찌 저렇게 강인하신가? 탄복하였다. 나는 실로 말 한마디를 못하였다.

그러다가 면회구는 닫히고 어머님 머리 돌리시는 것만 보고 나도 끌려 감방으로 돌아왔다. 어머님이 나를 대하여서는 태연하셨으나 돌아서 나가실 때는 반드시 눈물 때문에 발부리가 뵈시지 않았을 것이다. 어머님이 면회 오실 때에 가처(家妻)와는 물론 많은 상의가 있었을 것이요, 나의 친구들도 주의를 주어 드렸을 듯하나 급기야 대면만 하면 울음을 참기가 극난할 것인데 어머님은 참 놀라운 어른이다.

19년의 징역을 선고받은 것이 되나, 기록에는 15년형밖에 나와 있지 않으며, 이후의 『일지』 내용에도 15년 징역으로 되어 있음.

옥중생활

옥중생활을 일일이 기록키 불능하나 의·식·주·행(行 : 행동)을 개별하여 쓰면서 그때 체험 목도한 것과 나의 생활하던 진상을 말한다.

각 수인들이 소위 판결을 받기 전에는 자기의 의복을 입거나 자기 의복이 없으면 청색 옷을 주워 입다가 판결되어 복역하는 시간부터는 적의(赤衣)를 입나니 조선 복식으로 지어 입는다. 입동 시기부터 춘분까지는 면의를 입고 춘분으로 입동까지는 단의(홑옷)를 입히되 병든 수인에게는 백의(白衣)를 입힌다.

식사는 1일 3회로 분배하는데 그 내용물은 조선 각도의 감옥마다 각기 그 지방에서 가장 값싼 곡물을 선택하는 고로 각도의 감식(監食 : 감옥 음식)이 동일치 않으니, 당시 서대문 감옥은 10으로 나눔에 콩이 5분(分), 소미(小米 : 좁쌀) 3분, 현미 2분으로 밥을 지어 최하 8등식에 250문(匁 : 일본어 몬메, 무게의 단위, 돈쭝)으로 위시하여 2등까지 문수를 증가한 것이며, 사식(私食 一 差入한 것)은 감외식(監外食 : 죄수에게 사식을 들일 목적으로 영업하는 감옥 밖 음식점) 주인이 수인 친족의 위탁을 맡아 가지고 배식 시간마다 밥과 한두 가지 찬을 가져오면 간수가 검사하고 밥을 일자(一字) 모양으로 박은 통에 다식처럼 박아 내어 분배하여 주는데, 사식 먹는 수인들은 한 군데 모아서 먹게 한다. 감식도 등급은 다르나 밥은 같은 것이고, 감식은 각 공장이나 감방에서 먹게 한다.

하루 세 차례로 밥과 반찬을 일제히 분배한 후에는 간수가 고두례(叩頭禮 : 머리를 숙이는 의식)를 시키면 수인들은 호령에 좇아 무릎을 꿇고 무릎에 두 손을 올려놓고 머리를 숙였다가 〔간수가〕 왜놈말로 '모도이' —— 우리의 軍號 '바로!'와 같다 —— 하면 머리를 일제히 들었다가 다시 '끼빵(喫飯 : 식사 시작)'하여야 각 수인이 먹기를 시작한다.

수인들에게 그 같은 경례를 시키는 간수의 훈화가,

"식사는 천황이 너희 죄인을 불쌍히 여겨서 주는 것이니 머리를 숙여서 천황에게 예를 하고 감사의 뜻을 표하라."

한다. 그런데 매번 경례라고 할 때에 들어 보면 각 죄수들이 입안엣소리로 무언가 중얼거리는 것이다. 나는 이상하게 생각된다. 밥을 천황이 준대서 천황을 향하여 축의(祝意)를 표함인가 하였더니 급기야 얼굴이 익은 수인들에게 물어본즉 구구동성(口口同聲)으로,

"당신 일본 법전을 보지 못하오? 천황이나 황후가 죽으면 대사면령이 내려 각 죄인을 풀어준다고 하지 않았소. 그러므로 우리 수인들은 머리를 숙이고 상제(上帝 : 조물주 하나님)께 '명치(明治 : 일본 천황)란 놈을 즉사시켜 줍소서' 하고 기도합니다."

한다. 나는 그 말을 듣고 심히 기뻐하여 나도 그렇게 한다고 하였다. 그 후는 나도 노는 입에 염불 격으로 매번 식사 때에는 '동양의 대악괴(大惡魁)인 왜황을 나에게 전능을 베풀어 내 손에 죽게 합시사—'하고 상제께 기도하였다.

수인들 중에 종종 감식벌(減食罰 : 식사의 정량을 채워 주지 않는 벌)을 받는 자가 있으니 나의 밥을 남을 주거나 남의 밥을 내가 얻어먹다가 간수에게 발견되면 중자(重者)는 3분 2를 감하고 경자(輕者)는 2분1을 감하여 3일 혹은

7일을 먹이는데, 감식벌을 당하기 전에 간수놈들이 함부로 죽지 않으리만큼 때려주나니, 소위 옥칙(獄則)에 의하면 감식도 벌칙 중의 하나더라.

이 점에 대하여 나는 깊이 연구하였다. 표면으로 나도 붉은 옷을 입은 복역수이나, 정신상으로 나는 결코 죄인이 아니다. 왜놈의 소위 신부지민(新附之民 : 식민 백성)이 아니고 나의 정신으로는 죽으나 사나 당당한 대한의 애국자이다. 될 수 있는 대로 왜놈의 법률을 복종치 않는 실제 행동이 있어야만 그것이 나의 살아 있는 본뜻이다. 그러면 나는 하루 한 끼 혹 두 끼를 사식으로 먹는즉 밥이 부족하여 애쓰는 수인들을 먹이고도 나는 한 끼라도 자양분 있는 음식을 먹으니 건강에는 큰 지장이 없을 것이라고 깨달았다.

매번 내 밥은 곁에서 먹는 수인을 주어 먹게 하나니, 첫 번 먹기를 시작할 제 곁에 앉은 수인의 옆구리를 꾹 찌르면 그 사람은 알아차리고 빨리 자기 것을 먹은 뒤에 나의 앞에다가 빈 그릇을 놓을 때 나는 내 밥 그릇을 그 사람에게 준다. 그러면 간수놈 보기에 나는 밥을 쉬 먹고 앉은 것으로 보여진다.

수인들의 품행이 열 번 내 밥을 먹는다면 그 먹을 제는 은혜를 죽어도 잊지를 못하겠다고 치사를 하던 자라도 아침밥은 얻어먹고 저녁밥을 다른 사람 주면 그 즉시로 욕설을 퍼붓는데,

"저 놈이 네 의부(義父)냐. 이야, 효자정문 세우겠다."

하면 밥을 얻어먹는 자는 또한 나를 옹호하는 말로 마주 욕설을 하다가 간수에게 발각되어 다 벌을 서는 고로, 선을 행함이 도리어 악을 행하게 되는 경우가 허다한지라.

그러나 내게 대하여는 함부로 못하는 이유가 몇 가지 있으니, 수인 중에 정수분자(精秀分子)인 이재명 의사의 동지들이 모두 일어에 능통하여 왜놈들에게 대신임을 받는데, 그 사람들이 나에게 대하여 극히 존경하는 것을 보았으니 수인들에게 임시 신문할 시는 통역으로 사용한즉 성행(性行 : 성질과 행동) 사나운 자는 하루도 몇 번씩 불려 다니는 터에 통역들에게 미움을 사

고서는 자기에게 직접 해가 돌아올까 하는 것이 첫째요, 둘째는 내가 날마다 밥을 다른 사람에게 주는 것을 본즉 후일에 소망이 있음이다. 통틀어 말하자면 우리 동지들의 인격과 재능이 초군(超群 : 무리를 벗어나 탁월함)하고 5, 60명이 정신상으로 응결되어 업신여길 수 없음이니 우리와 다른 사건으로 들어온 자도 똑똑한 사람은 모두 우리와 뜻을 통하고 지내는 터인즉 엄연히 수인의 영도적 무리가 되어졌다. 수인의 표면 감독은 왜놈이 하고 정신상 지도는 우리 동지들이 하게 되었다.

숙소는 감방에서 잡거(雜居 : 섞여 지냄)하는데, 왜놈의 초석(草席 — 다다미) 3매(枚) 반에 해당한 방안 면적에 수인 10여 명은 보통이고 어떤 때 어떤 방에는 20여 명을 몰아 넣을 일이 자주 있으니, 앉아 있는 시간에는 각 수인의 번호 순서대로 1, 2, 3, 4 열을 지어 석식 후에 몇 시간은 자유로 서적도 보게 하고 문맹들은 소근소근 이야기도 하게 하지마는 큰소리로 서적을 낭독하지 못하게 하고 더욱 이야기는 엄금을 한다. 무슨 말소리가 나면 간수가 와서 무슨 말을 하였나 물어서 이야기를 하였다고 자백하면 그 수인들을 쇠창살 사이로 손을 내놓으라 하여 싫도록 때려주는 터이므로, 앉았는 동안에 이 방 저 방에서 '아이구' 소리와 사람 치는 소리가 그칠 때는 없다.

첫 번에는 그 맞는 것과 그 야차(夜叉 : 염라대왕의 명령으로 죄인을 다룬다는 옥졸) 같은 왜놈들의 만행을 차마 볼 수 없으나 하도 자주 보아 그런지 점점 신경이 둔하여져서 보기에 심상(尋常 : 대수롭지 않음)한 때도 있었다.

이제 생각하니 우리 독립운동이 시작된 후에 장덕준(張德俊)[1] 의사가 동아보(東亞報 : 동아일보) 종군기자로 북간도에 출장하여 왜놈들이 독립군이나 평민이나 잡히는 대로 끌어다 개 치듯 하는 광경을 보고서 의분을 참지 못하여 왜(倭) 대장에게 엄중 교섭을 한즉 그 대장 놈은 사과를 하고 장 의사를 문밖에서 작별한 뒤에 비밀히 체포하여 암살하였다는 당시 얘기도 있었으

---

1)   황해도 재령 출신(1893~1920). 호는 추송(秋松). 설산(雪山) 장덕수(張德秀)의 형.

나 내가 옥중 체험으로 인하여 더욱 명확하다고 믿는다.

하루는 내가 최명식 군과 너무 오래 떨어져 있어서 우울한 회포를 풀기로 하고 한 방에서 지내게 할 계획을 실시하는바 옴을 만들어서 감옥 의사에게 진찰을 받아 가지고 동방(同房) 거주케 되었다. 옴을 만드는 방법을 말하면 가는 철사를 얻어 가지고 끝을 갈아 뾰족하게 만들어 감추어 두었다가 의사가 각 공장과 감방으로 돌아다니며 병든 수인을 진찰하는 시에 30분 전에 철사 끝으로 좌우 손가락 사이를 꼭꼭 찔러 두면 찌른 자리가 옴과 같이 솟아오르고 그 끝에서는 맑은 물이 솟는다. 누가 보든지 옴 병으로 보게 된다. 그 방법으로 진찰한즉 옴방으로 옮겨가게 되어 둘이 같이 그 방에 들어갔다.

그날 저녁에 하도 그리웠던 판에 이야기를 하다가 좌등(佐藤 : 사토)이란 간수놈에게 발각되었다. 누가 먼저 말을 하였나 묻기로 내가 먼저 이야기를 했다고 대답하였다. 창살 밑으로 나오라 하기로 나가 선즉 그놈이 역시 곤봉으로 난타를 한다. 나는 아무 소리도 내지 않고 한참 동안을 맞았다. 그때에 맞은 상흔은 왼쪽 귀의 연골이 상하여 봉충이가 되어서 지금껏 남아 있다. 명식군은 용서하고 다시 왜 말로 '하나시 —— 이야기 —— 했소데 다다 귀도 —— 때려줄 테야 ——'하고 물러가더라.

그때에 일부러 옴을 만들어서 방을 옮긴 이유가 한 가지 더 있다. 감방에 수인의 수효가 과다하여 앉았을 제는 마치 그릇에 콩나물 대가리 나오듯이 되었다가 잘 때에는 한 사람은 머리를 동쪽으로 두고 한 사람은 머리를 서쪽으로 두는 식으로 착착 모로 뉘어서 다시 더 누울 자리가 없으면 나머지 사람들은 일어서되, 좌우의 한 사람씩 힘센 사람이 판자 벽에 등을 붙이고 두 발로 먼저 누운 자의 가슴을 힘껏 밀면, 드러누운 자들은,

"아이구 가슴뼈 부러진다!"

야단을 하지마는 미는 쪽에는 또 드러누울 자리가 생기면서 서 있던 자가 그 새에 드러눕는다. 몇 명이든지 그 방에 있는 자가 다 누운 후에야 밀어주

던 자까지 다 눕는데, 모말(곡식을 되는 네모진 말)과 같이 네 귀퉁이를 물려 짜서 지은 방이 아니면 방이 파괴될 터이라. 힘써 밀어낼 제는 사람의 뼈가 상하는 소리인지 벽판이 부러지는지 '우두둑' 소리에 소름이 돋는다. 그런 광경을 보고 감독하는 간수놈들은 떠들지 말라고 개짖듯 하고 서서 들여다본다.

종일 노역을 하던 수인들이므로 그같이 끼어서도 잠이 든다. 첫 번 누울 제는 머리가 동쪽인 사람들은 북쪽을 향하여 모로 눕고, 머리가 서쪽인 사람들은 남쪽을 향하여 모로 누워 잠이 들었다가도 가슴이 답답하여 잠이 깨면 방향전환하라는 의사가 일치하며 남면측은 북면, 북면측은 남면으로 돌아눕는다. 그는 고통을 바꾸는 것이다. 본래 구비(口鼻 : 입과 코)를 마주대고 호흡을 할 수 없으나 잠이 깊이 들 제 보면 서로 키스하고 자는 자가 많고 약자는 솟겨올라 사람 위에서 잠을 자다가 밑에 든 자에게 몰려서 이리저리 굴러다니다가 날을 밝히는 것이 옥중 일야(一夜)이다.

감옥의 고통은 하절(夏節)과 동절 두 계절이 더욱 심하니, 하절에는 감방에서 수인들의 호흡과 땀에서 증기가 발하여 서로 얼굴을 분간 못하게 된다. 가스에 불이 나서 수인들이 질식이 되면 방안으로 무소대를 들이쏘아 진화하고 질식된 자는 얼음으로 찜질하여 살리고 죽는 것도 여러 번 보았다. 수인들이 가장 많이 죽기는 하절이다.

동절에는 감방에 20명이 있다면 솜이불 4개를 들여 주는데 턱밑에서 겨우 무릎 아래만 가리워지므로 버선 없는 발과 무릎은 태반 동상이 나고 귀와 코가 얼어서 극히 참혹하다. 발가락 손가락이 물러서 불구가 된 수인도 여럿 보았다. 간수놈들의 심술은, 감방에서 무슨 말소리가 났는데 누가 말을 하였느냐고 물어서 말한 자가 자백을 않고, 동수(同囚)들도 누가 말하였다고 고발하지 않을 때는 하절에는 방문을 닫고 동절에는 방문을 여는 것이니, 이는 감시의 묘방이기도 하다.

감옥 생활에 제일 고생을 더하는 자는 신체 장대한 자이니 내 키가 5척 6

촌인즉 중키에 불과하나 잘 때에 종종 발가락이 남의 입에를 들어가고 추위도 더 받는다.

그놈들이 내게 대하여는 유달리 대우를 하는데, 복역시킨다고 말만 하고 실지는 복역을 아니 시킨다. 서대문감에 가서도 백일 동안을 수갑을 채워두기 때문에 그같이 좁은 방에 두 손을 묶어 놓아서 잠자리에 너무 고통이 되고 동수들도 잠결에 나의 수갑이 몸에 닿으면 죽는다고 야단이니 좀 넓은 방에 거처할 생각으로 그리〔옴 걸린 모양을〕하여 계획이 맞아들었으나, 모처럼 이야기를 좀 하다가 이 봉변을 당한 것이다.

행동에는 구속이 더 심하여 아침에 잠을 깨어도 마음대로 일어나지를 못하고 반드시 일정한 시간을 지켜서 일시에 호령으로 기침(起寢)을 시키고 즉시로 간수들이 각 방의 수인들을 꿇어앉힌다. 그 후에 한 놈은 방안을 향하여 왜말로 '기오쯔께' —— 우리 말로 '기착' —— 를 부르면 수인들은 일제히 머리를 숙인다. 한 놈이 명패를 들고 첫 자리 앉은 수인의 번호부터 내리읽으면 수인마다 자기 가슴에 붙인 번호 읽는 소리를 듣고 입으로 '하이' 하고 곧 머리를 든다. 맨 끝 앉은 수인까지 마친 후에는 잘 적에 입던 의복은 벗어 꾸려놓고 수건 한 장씩으로 허리 아래를 가리우고 적신(赤身: 벌거숭이)으로 공장까지 멀면 100보, 가까우면 50보 이내인 거리를 걷는다. 적신 적족(맨발)으로 빨리도 못 걷고 천천히 손활개도 못 치고 벽돌 한 개씩 편 것을 밟고 공장에를 가서 각각 자기의 역의(役衣: 작업복)를 입고 또 열을 지어 쪼그려 앉으면 간수들은 수효를 점검하고 세면을 시킨 후에 아침밥을 먹이고 나서는 곧 일을 시킨다.

일하는 종류는 간이한 철공, 목공, 직공, 피복공, 보석·권련갑 제조, 새끼 꼬기, 김매기, 빨래, 밥짓기 들이 있고, 그 외에 여러 가지로 수인들 중에 품행 방정하다고 보여진 자는 내감(內監) 외역소(外役所)의 소제부[2]와 병감

---

2)　감옥 안에서 간수를 보조하여 배식·청소 등 자질구레한 일을 하는 수인.

(病監)의 간병부와 취장(취사장)의 취부(炊夫)를 택하여 시킨다. 이상 특종 일에 투입되는 되는 자는 정승 부럽지 않다는데, 그들은 대우도 좀 후하고 고통도 비교적 덜함일러라.

감방에서 공장에를 나갈 때나 들어올 제 하절은 보통이나 동절에는〔벌거숭이로 이동하는 탓에〕전신이 꺼멓게 죽어서 들어오고 나가는데, 겨울에 공장에를 가서 옷을 풀어 보면 틈틈이 눈〔雪〕이 끼여 있지만, 그것이라도 몸에 입기만 하면 훈훈히 더운 기운이 돌아온다. 공장에서 노역을 마치고 석식을 먹고 감방에로 들어올 제도 역시 역의(작업복)를 벗고 적신에 수건만 들고 들어와 아침과 같이 번호 점검한 후에야 앉았다가 정한 시간에 자게 한다.

육신의 구속을 넘어 몹시 가혹하게 하는 탓에 수인들의 심성도 악화되어서 횡령 사기죄로 입감한 자는 절도나 강도질 연구를 하여 가지고 만기 출옥 후에 중역(重役)을 지고서 재입감하는 자를 다수 보겠더라.

감옥은 물론 이민족의 겸제(箝制 : 구속하고 억누름)를 받는다는 감정이 충만한 곳이므로 왜놈들의 지량(智量)으로는 일호라도 감화를 줄 수 없으나, 내 민족끼리 감옥을 다스린다 하여도 이런 식으로 모방이나 하여서는 감옥 설치에 조금도 이익이 없겠다고 보아지더라. 그리하여 후일에 우리 나라를 독립한 후에 감옥 간수부터 대학 교수의 자격으로 채용하고 죄인을 죄인으로 보는 것보다는 국민의 일원으로 보아 선(善)으로 지도하기만 주력하여야 하겠고, 일반 사회에서도 입감자라고 멸시하지 말고 대학생의 자격으로 대우하여야 그만한 가치가 생기겠다고 생각되었다.

서대문 감옥에는 역대적 진귀한 보물이 있으니 지난날 이승만 박사가 자기 동지들과 같이 투옥되었을 시에 서양인 친구들을 연락하여 옥중에 도서실을 설치하고 내외국의 진귀한 서적을 구입하여 5, 6년간 긴 세월동안 옥수(獄囚)에게 구국(救國) 흥국(興國)의 도(道)를 가르쳤나니, 휴역일(休役日 : 일하지 않는 날)에는 서적고에 쌓인 각종 책자를 방마다 들여주는 그 중에 이박사의 손때와 눈물 자국이 반반한 '감옥서'라는 도장이 찍힌『광학류편(廣學類編)』,『태서신사(泰西新史)』등 서적을 보았다. 나는 그런 책자를 볼 때 내용보다는 배알치 못한 이박사의 얼굴을 보는 듯 반갑고 무한의 느낌이 있었다.

전기(前記)에 의병들의 결점을 대강 말하였고, 여기는 통틀어 잡아 수인들의 대다수의 성행(性行)과 견문을 대강 말하겠다. 옥외 보통 사회에서는 듣고 보지 못할 괴이한 현상을 발견하였다. 보통 사회에서는 아무리 막역한 친구들 사이라도 내가 뉘 집에 가서 강도나 살인이나 절도를 하였노라고 발설할 자 없거늘, 하물며 초면 인사 후에 서슴지 않고 내가 아무개를 죽였다 —— 그것도 세상이 다 알듯이 그 죄로 벌을 받는 중이면 혹시 모르나 숨기고 발표치 않던 사실 ——, 아무 집에서 불한당(不汗黨 : 떼강도)질 한 것 —— 그 역시 숨은 사실 —— 도 나와 아무개가 하였다를 무기탄하게 공개하고 이야기한다.

우선 한 가지 먼저 말할 것은 어느 날 가마니 짜는 제3공장에서 최명식 군과 내가 소제부의 일을 하는 때라. 우리는 제조의 원료를 각 수인들에게 나누어 주고 뜰이나 소제하고 나서는 수인들 물건 제조하는 구경이나 하였다. 왜놈 간수가 한 시간 지킬 때는 자유가 없으나 조선 간수가 반 시간 볼 때는 더욱 한가하고 수인 전부가 담화회를 여는 것과 같이 수군거리는데 조선 간수도 왜 간수와 같이 '말 말라!'는 어성(語聲)은 왜 간수보다 더 크게 호령을 하지마는 실지는 왜 간수장이나 부장 놈이 오는가 망보는 데 불과하다.

그 틈에 최씨와 소견(所見)의 같고 다름을 시험하기로 하고 2백여 명을 한 번 나가면서 살펴보고 돌아오면서 본 뒤에는 그중에 몇째 자리에 앉은 자라고 —— 물론 특이한 인물을 표준한 것 —— 그 번호를 써 가지고 서로 맞추어 보기로 하였다. 소견이 같으면 그자의 인격을 조사하여 보자 하고 일차씩을 시찰하고 돌아와서 각기 번호 적은 것을 맞추어 본즉 소견이 부합되었다.

그런 후에 첫번째 조사를 내가 하기로 언약하고 그자를 찾아가서 인사를 청하였다. 그자는 나이가 40이 넘어 보이고 똑같은 역의(役衣)를 입었으나 몸 가짐과 말은 못 들었어도 눈에 정기가 들어 보이므로 우리 눈에 띈 것이다. 내가 묻기를,

"당신은 어디가 본향이며 역한(役限 : 복역기간)은 얼마나 되시오?"
하니 그 자 답.

"나는 괴산에 살았으며 역한은 5년이며 재작년에 입감되어 이후 3년이면 출감되겠소."

반문.

"당신은?"

내 대답.

"나는 안악에 살았고 역한 강도 15년에 작년에 입감하였소."

"하— 짐이 좀 무겁게 되었소. 초범이시지요?"

"네, 그렇소."

그리만 문답하고 왜 간수가 오므로 일어서서 와 버렸다. 그자에게 가서 무슨 이야기하는 것을 본 수인 중에 내게 묻는 자가 있다.

"56호는 그 사람을 이왕 아셨소?"

"몰랐소. 당신은 그가 누구인지 아시오?"

"알고 말고요. 남도(南道) 도적 치고 그 사람 모르는 자는 없을 듯하오."

나는 흥미있게 물었다.

"그 어떤 사람이오?"

"그것이 삼남 불한당 괴수 김진사입니다. 이 감옥에 그 동당(同黨)이 여러 명 있었다가 더러는 병나 죽고 사형도 받고 방면된 자도 많지요."
하고 말을 그쳤다.

그날 저녁에 감방에 들어온즉 그자가 벌거벗고 우리 뒤를 따라서 들어

오며,

"오늘부터는 이 방에서 괴로움을 끼치게 됩니다."

한다. 나는 반기며 물었다.

"당신이 이 방에로 옮겨 오게 되셨소?"

"녜. 노형 계신 방이오그려."

각각 의복을 입고 점검을 마친 후에 나는 수인들에게 부탁하여 철창 좌우로 귀를 대고 들어 보아서 간수의 신 끌리는 소리가 들리거든 알려 달라고 하고 나서는 그자와 담화를 시작하였다.

내 말.

"공장에서 잠시 인사를 하고 정다운 이야기 한마디를 못하고 분리케 됨을 퍽 유감으로 생각하고 들어오던 차에 노형이 곧 방을 옮겨 동거하게 되니 퍽도 기쁩니다."

"녜. 나 역시 동감이올시다."

진사가 내게 대하여 마치 야교(예수교) 목사가 교인에게 세례문답하듯이 발문(發問)한다.

"노형 강도 15년이라고 하셨지요?"

"녜, 그렇습니다. 그러면 계통(系統 : 계보)으로 추설이오, 목단설이오, 북대요? 행락(行樂)은 얼마 동안이오?"

나는 한 말도 대답을 못하였다. 진사 빙긋이 웃으면서,

"노형이 북대인가 싶으오."

한다. 나는 처음 들어보는 문자라 북대라고도 대답을 못하고 앉았다. 내 곁에 앉아 이야기를 듣던 수인 중 한 자가 김진사를 대하여 나를 가리키며,

"이분은 국사범 강도랍니다. 그런 말씀을 물으셔야 대답 못할 걸요!"

한다. 그자는 감옥 말로 찰(참)강도이니 계통 있는 도적이므로 내가 김진사에게 말대답 못하는 것을 이해시키는 말이다. 김진사는 그 말을 듣고 고개를 끄덕이며 말한다.

"내 어쩐지 공장에서 노형이 강도 15년이란 말을 할 때에 아래 위로 살펴보아도 강도 냄새를 발견 못하겠기로 북대인가 했구려."

나는 양산학교 사무실에 여러 교사들이 모여 지낼 때 우리나라에 소위 활빈당이니 불한당이니 하는 비밀결사가 있다는 말을 들었다. 그들은 마을과 성을 공격하며 살인과 재물 탈취를 하고도 동에 번쩍 서에 번쩍 동작이 민활하므로 포졸과 군대를 풀어서도 뿌리를 뽑지 못하는 것 보면 그 공고한 단결과 그 기민한 훈련이 있음은 사실인데, 우리도 어느 날이고 독립운동을 하자면 견고한 조직과 기민한 훈련이 없으면 성공치 못할 터인즉 도적의 결사(結社 : 단결)와 그 훈련을 연구하여 볼 필요가 있다 하여 몇 달을 두고 각 교사가 연구하다 결국은 별 성과가 없었던 것이 생각난다.

보통 인정(人情 : 사람의 마음)에 삼일궐식(三日闕食 : 삼일 굶음)에 도심(盜心 : 도적질할 마음)이 생기지 않을 자 드물다 하나, 도적의 마음만 가지고 도적이 될 수 없다. 한두 명의 서절구투(鼠竊狗偸 : 좀도둑)는 가능하려니와 수십 명 수백 명의 집단체가 되어 기민히 동작하는 데는 반드시 지휘 명령을 발하는 기관과 수뇌 인물이 있고야 도솔행적(導率行賊 : 무리를 이끌고 도적질을 행함)할지니, 그만한 인물이었다면 그 자격과 지량(智量)이 정부 관리 이상의 인격자라야 할 것이다. 그리하여 도적의 무리를 연구 조사하여 볼 필요가 있다 하였으나, 마침내 단서를 얻지 못하였다.

이런 생각으로 김진사에 바짝 들러붙어서 묻기를 시작하나, 김진사란 자가 내가 자기의 동류(同類) 아님을 발표한 이상에 나에게 자기네 내막을 다 말하여 줄까 의문이다. 그러나 이 기회가 아니면 평소에 애쓰던 것을 알 수 없다 생각하여 먼저 나의 신분에 대하여 대강 설명하고,

"평소에 귀 단체의 조직훈련을 연구하여 보았으나 단서를 얻지 못하였습니다. 연구의 목적이 도적을 박멸함이 아니고 후일 국사에 참고 응용코자 함이니 명료하게 설명하여 줄 수 없겠습니까?"
물었다. 진사 답.

"우리의 비밀결사의 유래가 수백 년 됨에 이제는 자연히 공적인 비밀이 되었으나 그 법망(法網)이 엄밀한 탓으로 나라가 망하면서 전부터 지켜오던 사회 기강이 여지없이 타락된 금일에도 조선에 벌〔蜂〕의 법과 도적놈의 법이 그대로 남았다고 자인합니다. 노형을 북대인 줄 생각하고 알지 못하시는 것을 여러 말로 물은 데 대하여 미안합니다. 그런즉 내가 노형에게 물었던 단어들에 대하여 먼저 설명을 하고, 이어 조직과 훈련과 실행의 몇 가지 예를 들어 말씀하오리다.

우리나라 이조 이전은 고찰할 수 없으나 이조 이후에 도적의 계파와 시원(始原 : 근원)은 이렇습니다. 도적이란 이름부터 명예로운 말이 아니어든 누가 도적질을 좋은 직업으로 알고 자행할 자 있으리오만, 대개 불평등자가 반동적 심리로 그런 행동을 하게 된 것이외다. 이성계가 이신벌군(以臣伐君 : 신하로서 군주를 침)하고 득국(得國)을 한 이후에 당시에 두문동(杜門洞) 72인[3] 같은 사람들 외에도 옛 고려 왕조에 충지(忠志 : 충성스런 마음)를 가지고 있은 자 많았을 것을 알 수 있겠지요. 그러한 지사들이 비밀히 연락하거나 집단을 이루어 가지고 제약부경(濟弱扶傾 : 약함을 구제하고 기울어진 것을 일으켜 세움)의 선의(善意)와 질서파괴의 보복적 대의를 표방하고 유벽(幽僻 : 한적하고 구석짐)한 곳에 근거지를 마련하였지요. 그 지사들은 이조의 녹봉을 먹는 자와 또 그 자들의 족속들로 소위 양반이라 하고 일반 사람들을 착취하는 자의 재물을 탈취하여 빈한한 백성을 구제하였는데, 이조의 관리들이 도적이란 명칭를 붙여 가지고 5백여 년 동안 압박 도살(屠殺)하여 온 것이외다.

그런데 강원도에 근거를 둔 자들의 기관명의(機關名義 : 조직 명칭)는 목단설이요, 삼남에 있는 기관은 추설이라 하여 왔습니다. 북대라는 것은 우완(愚頑 : 우매하고 완고함)한 자들이 임시임시 작당하여 가지고 아무 집이나 쳐

---

3) 일명 두문동 72현(賢). 이성계가 고려를 멸하고 조선을 세우자 고려 유신 신규(申珪), 신혼(申琿), 신우(申瑀) 등 72인의 충신 열사들이 새 왕조를 섬기지 않고 개성 동남의 두문동에 들어가 충절을 지켰다 함.

들어가는 자를 이름한 것인데, 목단설과 추설 두 기관에 속한 도당끼리는 서로 만나면 일면여구(一面如舊 : 처음 만남에 구면인 듯함)하게 동지로 인정하고 상부상조하나 북대에게 대하여는 두 설에서 동일히 적대시하는 규율을 정하였으므로 북대는 만나기만 하면 무조건하고 사형(死刑)을 하는 것이외다.

목단과 추 양설의 최고 수령은 노사장(老師丈)이요, 그 아래의 총사무는 유사(有司)라 하고 각 지방을 주관하는 자도 유사라 합니다. 양설에서 공동 대회를 갖는 것을 '대(大)장 부른다' 하고, 각기 단독으로 부하를 소집하는 것을 '장 부른다' 하는 것이외다. 대장은 종전에는 매년 1회씩을 부르나 지금에는 재알이 —— 왜놈을 지칭 —— 가 하도 심하게 구는 탓으로 사라졌습니다. 종전에 대장을 부른 뒤에는 어느 고을을 털든지 큰 시장을 치는 운동이 생긴 것이외다. 대장을 부르는 본의가 도적질만 하는 것이 아니고 설의 공사(公事)를 처리하는 것인데 그때에 대시위적(大示威的)으로 한 차례〔고을이나 시장 털이를〕하는 것이외다.

대장을 부르는 통지로는 각 도 각지의 책임자에게 부하 누구누구 몇 명을 보내라 하면 어김없이 행하는데 흔히 큰 시장이나 사찰로 부르게 됩니다. 소명을 받고 길을 떠나는데 돌림장수(떠돌이 행상인, 도붓장수)로, 중으로, 상제(喪制)로, 양반 행차로, 등짐장수로 별별 형식을 다 가장하여 가지고 갑니다.

일례를 들면 연전(年前 : 몇해 전)에 하동 화개장에로 대장이 되는데 볼 만하였습니다. 그 장날을 이용한 것인데, 사방으로 시장을 보러 오는 사람이 길을 메우며 몰려 들어오는 중에 거기 섞여서 도적놈들도 들어오지요. 중장(中場 : 장의 중간 무렵)이나 되어서는 어떤 행상(行喪)이 들어오는데 상주가 삼형제요, 그 뒤에는 복상제(服喪制 : 상복을 입은 사람)들과 말을 타고 호상(護喪 : 초상 치르는 일을 주관함)하는 사람도 많고, 상여는 비단으로 맵시있게 꾸몄고 상여꾼도 차림을 일치하게 소복으로 입히었습니다.

시내로 들어와서 큰 주점 뜰에 상여를 세우고 나서는 상주들은 죽장을 짚고 '아이구 아이구' 상여 앞에서 곡을 하고 상여꾼들은 술을 먹을 제 어떤 호상객(護喪客) 한 명이 갯국〔狗湯〕 한 그릇을 사가지고 상주를 권합니다. 상주는 온순히 그 자를 향하여 '희롱은 무슨 희롱을 못해서 상제에게 갯국을 권하는가. 그리 말라.' 하여도 갯국을 권하던 호상인은 도리어 억지로 청하여 기어이 상제들에게 갯국을 먹이려 합니다. 온순하던 상주들도 차차 노기를 띠고 거절하다가 '아무리 무례한 놈이어든 초상 상제들에게 갯국을 먹으라는 놈이 어디 있느냐.' 하면, '친구가 권하는 갯국을 좀 먹으면 못 쓰냐.' 차차 싸움이 됩니다.

다른 호상인들도 싸움을 말리느라고 야단을 치매 시장 장꾼의 눈이 다 그리로 집중되고 웃기를 마지 아니할 즈음에 상주 삼형제가 죽장을 들어 상여를 부수고 널(관)을 짓모고(흠씬 두드리고) 널의 천개(天蓋 : 뚜껑)를 딱 잡아 제친즉 시체는 없고 5연발 장총이 가득 들었습니다. 상주, 호상꾼, 상여꾼이 총 한 자루씩을 들고 사방 길목을 지키며 출입을 막고 시장 놓인 돈과 집에 쌓아둔 부상(富商 : 부자 상인)의 돈 전부를 탈취하여 가지고 쌍계사에서 공사(公事)를 마치고 헤어졌습니다.

노형이 황해도에 사시니 연전에 청단(靑丹) 장(場)을 치고(습격하고) 곡산군수를 죽인 소문을 들었을 것입니다. 청단 장을 칠 제는 내가 총지휘로 도당을 영솔하였습니다. 그때 나는 어떤 양반의 행차로 가장하여 사인교(四人轎 : 네 사람이 메는 가마)를 타고 구종별배(驅從別陪 : 관원을 모시고 다니는 하인)를 늘어세우고 호기있게 달려들어 시장 사무를 무사히 마치고 질풍뇌우(疾風雷雨)로 곡산군 관아를 습격하고 군수놈이 하도 인민을 어육(魚肉 : 짓밟고 으깸)하였기로 죽여버렸지요."

나는 물었다.

"노형의 금번 징역이 그 사실이오?"

진사 답.

"아니오. 만약 그 사실이라면 5년만 지겠습니까. 기왕 면키 어렵게 되기로 작은 사건을 실토하였더니 5년형을 받았소. 조직 방법에 대하여는 근본 비밀결사인 만큼 엄밀하고 기계적으로 설명을 충분히 하여 드리기 어려우나, 노형이 연구하여 보아도 단서를 얻지 못하였다는 점에서부터 말씀하지요. 도당의 수효만 많고 정밀치 못한 것보다는 수효가 적어도 정밀한 것을 목적하기 때문에 각 도 각 지방 책임 유사에게 노사장으로부터 매년 각 분(分)설에서 자격자 1명씩을 정밀 심사 보고케 합니다. 그 자격자란 것은 첫째 안채(眼彩 : 눈의 정기)가 강명(剛明 : 힘이 있고 맑음)하고, 둘째 아래가 맑고, 셋째 담력이 강실(强實 : 강하고 실함)하고, 넷째 성품이 침착한 사람입니다. 이상 몇 가지를 갖춘 자를 비밀히 보고하면 상부의 설에서 다시 비밀조사 —— 보고한 유사도 모르게 —— 를 하여 보고 조사의 전후가 부합되는 때는 해당 설의 책임 유사에게 오로지 맡겨 그 합격자로 도적놈을 만듭니다. 그 합격자에게는 물론 자기를 상대로 보고를 하고 조사하는 것을 전혀 알지 못하게 합니다.

책임 유사가 그 노사장의 분부를 받고 드디어 그 자격자에게 접근, 착수하는 방법은 먼저 그 자격자가 즐기고 좋아하는 것을 바라보고 색을 좋아하는 자에게는 미색(美色)으로, 술을 호음(好飮)하는 자에게는 술로, 재물을 좋아하는 자는 재물로 극진히 환심을 사서 친형제 이상으로 정의(情義)가 밀착케 된 후에는 훈련을 시작하나니, 방법의 일단을 말하면, 책임자가 자격자를 동반하여 어디를 가서 놀다가 밤 깊은 후에 함께 돌아오던 중 책임자가 어떤 집 문앞에 와서 자격자에게 청하기를 '그대는 잠시 동안만 이 문밖에서 기다려 주면 내가 이 집에를 들어가서 주인을 보고 곧 나오겠다.' 하면 자격자는 무심히 문밖에서 나오기를 기다리고 섰을 것이외다. 홀연 집안에서 '도적이야!' 고함이 나오자 그 집 주위로는 벌써 포졸이 달려들어 우선 문앞에 서 있던 자격자를 포박하고 집안에 들어가 책임자를 포박하여 가지고 심심산골로 끌고 가서 신문을 개시합니다. 주로 자격자에게 대하여 70여 종의 악형으로 고문을 하여 보아서 자기가 도적이라고 거짓 실토하면 그 자리에서 죽여 흔적을 없애버리고, 끝끝내 도적이 아니라고 고집하는 자는 풀어준 후에 후미진 곳에를 데리고 가서 며칠간 술과 고기를 잘 먹여가지고 입당식을 거행합니다.

입당식에는 책임 유사가 정석(正席)에 앉아 자격자를 앞에 꿇어앉히고 입을 벌리라 한 뒤에 검을 빼어 검 끝을 입안에 넣고 자격자에게 호령하기를 '아래 위 이빨로 검끝을 힘껏 물라'고 한 뒤에 검을 잡았던 손을 놓고 다시 호령하기를 '네가 하늘을 쳐다보아라, 땅을 내려다보아라, 나를 보아라' 한 뒤에 다시 검을 입에서 빼내 갑(匣 : 칼집)에 넣고 자격자에게 선고하여 왈, '너는 하늘을 알고 땅을 알고 사람을 안즉 확실히 우리의 동지로 인정한다.' 합니다. 식을 마치고는 입당자를 데리고 예정 방침에 의하여 정식으로 강도질을 한 차례 한 후 신입당원까지 평균히 재물을 나누어 주고 몇 번만 동행하면 완전한 도적놈이 되어집니다."

나는 또 김진사에게 물었다.

"동지가 사방에 흩어져 활동하자면 동지들이 서로 낯을 모를 사람도 많을 터인데, 서로 만나서 피차에 동지인 줄 모르면 충돌을 피하기 어렵고 여러 가지 불편이 있을 것이니 거기 대하여는 무엇으로 표별(表別 : 구별)합니까?"

진사 답.

"그렇지요. 우리의 표별은 자주 자주 고치는 고로 영구히 좇아서 시행하는 것이 없으나 반드시 표별은 있습니다. 일례를 들면 연전에 어떤 여점(旅店 : 여관)에 대상인 수 명이 숙박함을 알고 야반에 무리를 이끌고 침입하여 재물을 뒤져 빼앗는데 홀연 그 자리의 낯을 땅에 대고 꿈쩍을 못하는 무리들 중에 한 자가 반벙어리말로 '에구, 나도 장 담글 때 추렴돈 석 냥 내었는데요.' 합디다. '저놈 방자스럽게 무슨 수작을 하니 저놈부터 동여 앞세우라.' 하여 끌고 와서 문답한 결과 확실히 동지입니다. 그런 경우에는 그 동지까지 분장(分臟 : 빼앗은 장물을 나누어줌)을 같이 하는 법입니다."

문(問).

"나는 혹시 듣건댄 도적을 하여 가지고 장(臟 : 빼앗은 장물)을 분배하다가 싸움이 되어 그로 인하여 발각 체포된다고 하니 그것이 결점이 아니오?"

답(答).

"그것이 소위 북대의 하는 행위입니다. 우리 계통 있는 도적은 절대로 그런 추태는 없습니다. 제일, 우리는 임시임시 도적질을 자주 하는 것이 아니고 연 1차요, 많아야 두세 번에 불과하고 분장에는 더욱 옛날부터 엄정한 규칙에 의하여 분배하되 백 분의 기 분(幾分 : 나눈 가운데 얼마)은 노사장에게로, 그 다음 각 지방 공용(公用)에 기 분, 조난자(遭亂者 : 피살 등의 난을 입은 사람) 유족 구제비 기 분으로 먼저 제한 후에도 극단적인 모험자에게 장금(獎金 : 상금)까지 주고 나서 평균 분배하므로 그런 흠은 절대 없습니다.

우리 법에 4대 사형죄가 있습니다. 제1조에 동지의 처첩을 통간한 자, 2조에 체포되어 신문 시에 자기 동당(同黨)을 털어놓은 자, 3조에 도적질을 행하면서 장물을 은닉한 자, 4조에 동료의 재물을 강탈한 자입니다. 포졸은 피하여 멀리 도망하면 혹시 생명을 보존할 수 있으나 우리 법에 사형을 받고 그물을 벗어나기는 극난(極難)합니다. 그리고 도적질을 하다가 하기 싫든지 연로하여 퇴당(退黨) 청원을 하여도 동지가 급한 경우에 자기 집에 숨기를 요구하는 한 가지 일에만은 응한다는 서약을 받고 행락(行樂)은 면제하여 줍니다."

"행락이 무엇이오?"

"즉 도적질을 이름하여 행락이라 합니다."

"만일 행락을 하다가 포졸에게 체포되면 생환(生還 : 살아 돌아옴)시킬 방법은 없습니까?"

진사 답(答).

"여보, 우리가 잡히는 족족 다 죽는다면 수백년 동안에 근거가 소멸되었을 것이오. 우리 떼설이(떼도적)가 민간에만 있지를 않고 사환계(仕宦界 : 관리 세계)에, 더구나 포도청과 군대의 요직을 가지도록 하였다가 어느 도에서 도적이 잡힌 후에 서울로 보고가 오면 자연 정적(正賊)인 설과 가적(假賊)인 북대를 변별(辨別)할 수 있으니, 북대는 그 지방에서 처리하도록 맡기고 정적은 서울로 압송하여 동당(同黨)을 실토한 자는 사형케 하고 자기 사실만 진술한 자는 기어이 살리고 의식(衣食)도 공급하다 출옥시킵니다."

김진사의 말을 듣고 나는 생각하여 보았다.

'내가 국사를 위하여 가장 원대한 계획을 품고 비밀결사로 일어난 신민회 회원의 한 사람이나 저 강도단에 비하면 아무것도 아니다.'

조직과 훈련이 아주 유치한 것을 깨닫고 스스로 부끄러움을 금치 못하였다. 당시 옥중의 수인들 중에도 이 같은 강도의 인격이 제일이다. 그러므로 왜놈에게 빌붙어 순사나 헌병보조원 등 왜의 관리를 하다가 입감된 자는 감히 수인들 중에 머리를 못 들고, 사기·절도·횡령 등의 범죄자도 강도 앞에서는 옴짝을 못하기 때문에 수인계(囚人界)의 권위를 강도가 잡고 있는 것이다.

그러나 우리 동지 중에는 목단계, 졸계(卒系) 강도보다 월등한 행장(行狀 : 품행, 여기서는 수감자의 언행에 대하여 매긴 성적)을 가진 자 많다. 고정화의 의식(衣食) 항쟁으로 위시하여 고봉수(高鳳洙)가 담임 간수를 발로 걷어 찼다가 벌을 받지 않고 도리어 상을 받은 것도 특이하고——그 왜놈은 수인에게 욕되게 당한 것을 상관에게 보고하자니 자기 인격에 먹칠을 하겠으므로 고봉수의 행장이 극히 모범이라고 보고를 했던 것이라——김홍량이 간수들을 매수하여 가지고 보약을 비밀히 갖다 먹거나 각 신문을 들여다보는 것 외에 가장 특출난 행동을 가진 자는 도인권(都寅權)이다.

도군은 본시 평안도 용강인(龍岡人)으로 노백린(盧伯麟), 김희선(金羲善), 이갑(李甲) 등 여러 장령(將領 : 장수)에게 무학(武學)을 배워 일찍 정교(正校)[4]의 군직을 가졌다가 왜놈에게 군대가 해산된 후에 향리에 거주하던바 양산

---

4)   구한말 때 무관 계급의 하나. 하사(下士) 계급으로 부교(副校)의 위임.

학교 교사로 초빙되어 시무하였다. 사람됨이 민활하고 강직하다. 10년 징역을 선고받고 노역하는 중에 야교(耶敎)를 돈독히 믿었는데, 왜놈 소위 교회사(敎誨師 : 신앙·상담을 담당하는 교도관)가 일요일 불상 앞에 각 수인으로 하여금 머리를 숙이고 예불하도록 명하니 수인들이 마음속으로는 천황 급살을 빌면서도 겉으로는 머리를 숙였으되 수백 명 가운데 도인권 한 사람만이 머리를 까딱 아니하고 앉았다. 간수가 질문하매 도(都)는 자기는 야교도(耶敎徒)이므로 우상에 절하지 않는다 하였다. 왜놈들 분이 나서 도의 머리를 억지로 타 누르거니, 도는 눌리지 않으려거니 대소동이 일어났다. 도는,

"일본 국법에도 종교 자유가 있고, 감옥법에도 수인들이 불교만 신앙하라는 조문이 없는데 어디 근거하여 이같이 무리한가? 일본인의 안목으로 보아 이 도인권이가 죄인이라 하나, 신의 안목으로는 일본인이 죄인이 될지도 모른다."

하여 큰 시비가 생기어서 급기야에는 교회시(敎誨時 : 종교활동을 포함한 감옥 내 교화 시간)에 배불(拜佛)하는 일만큼은 수인 자유에 맡긴다는 전옥(典獄)의 교시가 있었다. 이뿐 아니라 전옥이 도인권에게 상표(賞票), 상장을 내림에 도는 절대 사절하였다.

"수인의 상표는 개전(改悛 : 잘못을 뉘우치고 마음을 바로 잡음)하는 상황이 있는 자에게 주는 것인데 나는 당초에 죄가 없었고 수인이 된 것은 일본 세력이 나보다 우세한 것뿐이어늘 상이란 게 나와 무슨 상관인가?"

하여 마침내 상을 거절하였고, 그 후에 소위 가출옥을 시키는 데도,

"나의 죄가 없는 것을 지금에야 깨달았거든 판결을 취소하고 아주 풀어줄 것이지, 가출옥이란 '가(假)'자가 정신에 상쾌치 못하니 기한까지 있다가 나간다."

한즉 왜놈도 어찌를 못하고 기한을 채워서 방면하였다. 도인권의 행동은 강도로서는 능히 가지지 못하리니 만산고목일엽청(滿山枯木一葉靑 : 온 산의 고목들 가운데 홀로 선 푸른 나무)의 특색을 누가 흠탄(欽歎 : 흠모하고 감탄함)치 않

으리오. 불서(佛書)에 이르는 바,

兀兀落落赤裸裸 獨步乾坤誰伴我(외외낙락적나라 독보건곤수반아 : 우뚝 솟
아 넓은 도량을 펼치니/ 천하를 독보함에 누가 나를 따르랴)

의 구를 도군을 위하여 읊었다.

동수(同囚) 중에 이종근(李種根)이란 연령 20인 청년이 있으니 의병장 이
진룡(李震龍)[5]의 족제(族弟 : 아우뻘 되는 친척)로서 어려서부터 일어를 해득하
여 아일(俄日 : 러일)전쟁 시에 왜장 명석(明石 : 아카시)의 통역으로 일하다가
헌병보조원으로 있었다. 이진룡이 의병을 일으키던 초기에 종근을 잡아다
가 사형을 집행코자 한즉 종근은 이의사(李義士)에게 향하여,

"족제가 연소하여 대의를 몰라 왜의 앞잡이가 되었으나 지금이라도 형님
을 따라 의병이 되어 왜병을 섬멸하고 장공속죄(將功贖罪 : 장차 공을 이루어
죄를 갚음)케 하여 주심이 어떠시오."

한즉 이의사 쾌락한지라. 종근은 곧 보조원의 총기를 그대로 메고 이의사가
실패하기까지 종군하다가 왜에게 생포되어 사형을 받게 됨에 전에 신임받
던 명석(明石)에게 면회를 청하여 사정한 결과 5년 징역을 받은 것이라.

종근은 왜 간수에게 청하여 자기가 목불식정(目不識丁)인즉 56호(백범의
수인번호)와 같은 방에서 지내고 같은 일을 하게 하여 주면 문자를 학습하겠
다 하여 허가를 득한지라. 양년(兩年) 동안이나 문자를 가르치노라니 나도
종근의 애호(愛護 : 사랑하여 보호함)를 많이 받았다. 그리하다가 종근은 가출
옥으로 면옥(免獄 : 옥살이를 면함)되었다. 그 후에 가신(家信 : 집에서 온 편지)을
본즉 종근이가 처를 데리고 안악까지 가서 어머님에게 뵈이었다는 말이 있

---

5)   독립운동가. 일명 석대(錫大). 호는 기천(己千). 황해 평산 출신. 유인석(柳麟錫)의 제자. 을
      사조약 이후 항일전쟁을 펼쳐 해서(海西) 명장으로 이름을 떨침. 뒤에 만주에서 항일운동을
      하다 체포, 사형됨.

더라.

출역(出役 : 일을 나감) 중에 어느 날은 졸지에 일을 중지하고 수인들을 한 곳에 모아 명치(明治 : 일본 천황)의 사망을 선언한 뒤에 소위 대사면을 반포하는바 맨 먼저 보안법 위반으로 2년형을 받는 사람은 형이 면제됨에 보안율(保安律)로만 복역을 하던 동지들은 당일로 출옥되고, 강도율에는 명근 형에게는 감형도 없으나 15년역에 나 하나만을 8년을 감하여 7년으로 하고, 김홍량 이외 몇 사람은 거의 다 7년을 감하여 8년으로 되고 10년, 7년, 5년들도 차례로 감형되었다.

불과 수개월 만에 명치의 처가 또 사망하여서 잔여 기간의 3분 1을 감한 즉 5년여의 경형(輕刑 : 가벼운 형)으로 되고 그때는 명근 형도 종신형을 감하여 20년이라 하였으나 명근 형은,

"가형(加刑)을 하여 죽여 줄지언정 감형은 받지 않는다."

하였다. 그러나 왜놈 말은,

"죄수에게 대하여 일체를 강제로 집행하는 것인즉 감형을 받고 아니 받음도 수인 자유에 있지 않다."

하였다. 그 당시는 공덕리(孔德里)에 경성감옥[6]을 준공한 후이므로 명근 형은 그리로 이감되어 얼굴만이라도 다시 서로 보지를 못하였다. —— 명근 형은 17년 동안을 속박당하였다가 수년 전에 방면되어 신천 청계동에서 그 부인과 같이 일년 여를 지내다가 중아령(中俄領 : 만주 및 러시아 극동지역)에 사는 자기 부친과 친동생을 따라 이주하다가 원체 장구한 세월에 혹독한 고생을 한 탓으로 저항력이 전무하여졌으므로 그다지 심하지도 않은 병으로 만고의 한 많은 분을 품고 중국 화룡현에서 마침내 불귀의 객이 되니라.[7]

그럭저럭 내가 서대문 감옥에서 지낸 것이 3년여이고 잔기는 불과 2년이

---

6)　현재의 마포구 도화동 가든호텔 뒤 삼성아파트 자리.
7)　안명근의 복역기간은 대한민국 서훈기록에 15년, 일반 역사서에 10년 등으로 되어 있어 일치하지 않음. 복역 후의 행적에 관해서도 만주에서 항일활동을 하다가 사망했다는 기록이 있음.

라. 이때부터는 마음에 확실히 다시 세상에 나가서 활동할 신념이 보인다. 그리하여 주소(晝宵 : 밤낮)로 생각하였다. 세상에 나가서는 무슨 사업을 할까. 나는 본시 왜놈이 이름 지어 준 뭉어리돌이다. 뭉어리돌의 대우를 받는 지사들 중에도 왜놈의 화부(火釜 : 가마솥) 즉 감옥에서 인류로서 당치 못할 온갖 학욕(虐辱 : 학대와 수모)을 받고도 세상에 가서는 도리어 왜놈에게 순종하며 잔천(殘喘 : 남아 있는 목숨)을 잇는 자 있나니, 그는 뭉어리돌 중에도 석회질이 함유하였으므로 다시 세상에 던져지면 평소 굳은 의지가 석회같이 풀리는 것같다. 그러므로 나는 다시 세상에 나가는 데 대하여 우려가 적지 않다. 만일 나도 석회질을 가진 뭉어리돌이면 만기 이전에 성결(聖潔)한 정신을 품은 채로 죽었으면 좋지 않을까 하였다.

결심의 표로 이름을 구(九)라 하고 호를 백범(白凡)이라 고쳐 가지고 동지들에게 선포하였다. 구(龜)를 구(九)로 고침은 왜민적(倭民籍 : 왜놈이 관리하는 백성의 호적)에서 떨어져 나감이요, 연하(蓮河)를 백범(白凡)으로 고침은 감옥에서 다년간 연구한바 우리 나라 하등사회 곧 백정(白丁) 범부(凡夫)들이라도 애국심이 지금 나의 정도는 되고야 완전한 독립국민이 되겠다는 원망(願望 : 소망)을 가지자는 것이다. 복역 시에 뜰을 쓸 때나 유리창을 닦을 제는 이런 생각을 하며 상제께 기도하였다. 우리도 어느 때 독립정부를 건설하거든 나는 그 집의 뜰도 쓸고 창호(窓戶)도 잘 닦는 일을 하여 보고 죽게 하여 달라고.

나는 잔기(殘期 : 남은 복역기간) 2년을 채 못 남기고 서대문 옥을 떠나 인천으로 이감케 되었다. 원인은 내가 제2과장 왜놈과 싸움한 사실이 있었는데, 그놈이 비교적 고역이 심한 인천 축항(築港)[8] 공사를 시키는 곳으로 보낸 것이다. 우리 동지들이 다수 있어 정리상 위로도 되고 노역 중에도 편의가 많은 터이므로 쾌활한 생활을 하였다 할 수 있는 서대문을 떠나 철사로

---

8)　　인천항 갑문 축조공사는 1911년 6월에 시작되어 1918년 10월에 준공되었음.

허리를 묶고 30~40명 적의군(赤衣軍 : 붉은 옷을 입은 죄수)에 편입되어 인천 옥문 앞에 당도하였다.

무술(1898년) 3월 9일 야반에 파옥 도주한 이 몸으로 17년 후에 철사에 묶이어서 다시 이곳에를 올 줄 누가 알았으랴. 옥문 안을 들어서며 살펴본즉 새로이 감방을 증축하였으나 구일(舊日)에 내가 앉아 글을 읽던 방이 그대로 있고 산보하던 뜰이 그대로 있고 호랑이같이 도변(渡邊)이 놈을 통매(痛罵 : 아프게 꾸짖음)하던 경무청은 매음녀(賣淫女)의 검사소로, 감리사가 시무하던 내원당(來遠堂)은 감옥 창고가 되었고 그 옛날 순검 주사들이 뒤끓던 곳은 왜놈의 세계로 변해 버렸다. 마치 사람이 죽었다 기십년 후에 갱생하여 자기 놀던 고향에를 와서 보는 듯하다. 감옥 뒷담 너머 용동 마루터기에서 옥중에 갇힌 불효자를 보시느라 날마다 우두커니 서서 내려다보시던 선친의 얼굴이 보이는 것 같다. 그러나 세환시변(世換時變 : 세상이 바뀌고 시절이 변함)한 탓으로 김구가 석일(昔日)의 김창수로 알 자는 없을 것이라고 생각한다.

감방에를 들어가서 본즉 서대문에서 먼저 옮겨온 숙면자(熟面者 : 낯익은 사람)도 더러 있다. 한 자가 곁에 썩 다가앉으며 나를 보고서,

"그분 낯이 매우 익은데, 당신 김창수 아니오?"
한다. 참말 청천벽력이다. 놀라서 자세히 본즉 17년 전에 절도 10년역을 지고 함께 옥살이하던 문종칠(文種七)이다. 나이는 늙었을망정 소시면목(少時面目 : 젊어서의 얼굴)은 그대로 알겠으나 이마에 전에 없던 쑥 패인 구멍이 있다. 나는 짐짓 머뭇거렸다. 그자는 내 얼굴을 자세히 보면서,

"창수 김서방, 지금 나의 면상에 구멍이 없다고 보시면 아실 것 아니오? 나는 당신이 파옥한 후에 죽도록 매를 맞은 문종칠이오."

"그만하면 알겠구려."

나는 반갑게 인사를 하였다. 밉기도 하고 무섭기도 하지만.

문(文)이 묻는다.

"당시에 항구가 진동하던 충신이 지금은 무슨 사건으로 입감되었소?"

답(答).

"15년 강도이오."

문은 입을 비죽거리며,

"충신과 강도는 서로 거리가 너무 먼데요. 그때 창수는 우리 도적놈들과 동거케 한다고 경무관까지 통매를 하던 것 보아서는 강도 15년 맛이 꽤 무던하겠구려!"

한다. 나는 문의 말을 꾸짖기는 고사하고 도리어 빌붙었다.

"여보, 충신 노릇도 사람이 하고 강도도 사람이 하는 것 아니오? 한때는 그렇게 놀고 한때는 이렇게 노는 게지요. 대관절 문서방은 어찌하여 다시 이 고생을 하시오?"

"나는 이번까지 감옥 출입이 7차인즉 일생을 감옥에서 보내게 됩니다."

"역한(役限)은 얼마요?"

"강도 7년에서 5년이 되어 한 반 년 후에는 다시 나가 다녀오겠소."

"여보 끔찍한 말씀도 하시오."

"자본 없는 장사는 걸인과 도적이지요. 더욱이 도적질에 입맛을 붙이면 별수가 없습니다. 당신도 여기서는 별 꿈을 다 꾸리다만은 사회에 나가만 보시오. 도적질하다가 징역한 놈이라고 누가 받기를 하오? 자연 농공상(農工商)에 발을 붙이지 못하지요. 개눈에는 똥만 보인다는 말과 같이 도적질하여 본 놈은 거기만 눈치가 뚫려서 다른 길은 밤중이구려."

"그같이 여러 번이라면 감형이 어찌 되었소?"

"번번이 초범이지요. 과거 일을 그대로 진술하다가는 바깥바람도 못 쐬게요?"

나는 서대문 감옥에서 평소에 동당(同黨)으로 도적질을 하다가 자기는 중형을 지고 복역 중에 또 동류(同類)는 횡령죄를 지고 입감하여 서로 만나 가지고 지내는 중에 중형자가 경형자인 동류를 고발하여 종신역을 받게 하고 자기는 그 공로로 형을 감하고 후한 대우를 받고 동수(同囚)들에게 질시를 받는 것을 보았다. 만일 문가놈을 덧들여(건드려) 놓으면 감옥 돌아가는 눈치가 훤한 자라 무슨 괴악한 행동을 할는지 알 수가 없다.

나의 신문기(訊問記)에 3개월 징역의 사실도 없는데 17년이나 지워 주는 왜놈들이 저의 군관을 죽이고 파옥한 사실만 알았다 하면 그날은 아주 마지막이라. 처음 체포 후에 그 사실이 발각되었다면 죽든 살든 상쾌하게나 지내버렸을 터인데, 만기 1년 여에 그동안 감당키 어려운 수모와 학대를 다 지내고 나서 출세(出世)의 희망을 가진 금일에 문가가 고발만 하면 나의 일신은 고사하고 늙은 어머님, 어린 처자의 정경이 어떠할까? 문가에게 친절하고 또 친절하게 대우하였다. 집에서 부쳐 주는 사식도 틈을 타서 문가를 주어 먹게 하고 감식(監食)이라도 그자가 곁에만 오면 나는 굶으면서도 문가를 주어 먹이다가 문가는 먼저 만기 출옥이 되고 보니 시원하기가 내가 출옥함보다 못지 않더라.

아침 저녁 쇠사슬로 허리를 마주 매고 축항 공사장에 출역을 한다. 흙지게를 등에 지고 10여 길 높은 사다리를 밟고 오르내린다. 여기서 서대문 감옥 생활을 회고하면 속담에 누워서 팥떡 먹기라. 불과 반일(半日)에 어깨가 붓고 등창이 나고 발이 부어서 운신을 못하게 된다. 그러나 면할 도리는 없다. 무거운 짐을 지고 사다리로 올라갈 제 여러 번 떨어져 죽을 결심을 한다. 그러나 같이 쇠사슬을 마주 맨 자는 태반이 인천항에서 남의 양화(洋靴) 켤레나 담배갑이나 도적한 죄로 두 달 세 달을 징역하는 경수(輕囚)라. 그자까지 내가 죽이는 것은 도리가 아니므로 생각다 못하여 잔꾀를 부리지 않고 사력을 다하여 일을 하였다. 수월(數月) 후에 소위 상표(賞票)를 준다. 도인권과 같이 거절할 용기도 없고, 도리어 다행히 생각된다.

감옥문 밖 축항 공사장에를 출입할 제는 왼편 첫 집은 박영문(朴永文)의 물상객주 집이니 17년 전에 부모 두 분이 그 집에 계실 때에 박씨가 후덕인(厚德人)인데다가 더욱 나를 사랑하여 나에게 몸으로 마음으로 힘을 많이 쓰고, 아버님과 동갑이므로 또 친밀히 지내었는데 그 노인이 문전에서 우리가 들어가고 나오는 것을 보고 있다. 나는 나의 은인이요 겸히 부집존장(父執尊丈 : 아버지의 친구로 나이가 비슷한 어른)인즉 곧 가서 절하고 '나는 김창수입니다.' 하고 싶다. 그렇게 하면 그이가 오죽이나 반겨할까.

왼편 마주보고 있는 집은 역시 물상객주인 안호연(安浩然)의 집인데 안씨 역시 나에게나 부모님에게 극진한 정성을 다하던 노인으로 그도 의연히 그 집에 그대로 살아 출입시에 종종 심배(心拜 : 마음으로 절함)를 하고 지내었다.

육칠월 더위가 심한 어느 날 홀연 수인 전부를 교회당(敎誨堂)에 모으므로 나도 가서 앉았다. 소위 분감장(分監長)인 왜놈이 좌중을 향하여 55호를 부른다. 나는 대답한다. 곧 일어나라는 호령에 의하여 단상에 올라간즉 가출옥으로 방면한다고 선언한다. 나는 꿈인 듯 생시인 듯 좌중 수인들을 향하여 점두례(點頭禮 : 머리를 끄덕이는 인사)를 하고 곧 간수의 인도로 사무실에 나간즉 벌써 준비한 백의 한 벌을 내어준다.

그때부터 적의군(赤衣軍)이 변하여 백의인이 되었다. 임치(任置 : 맡김)하였던 금품과 출역공전(出役工錢 : 일한 품삯)을 계산하여 준다. 옥문을 나와 걸음걸음마다 생각한다. 박영문이나 안호연을 의당 배방(拜訪)하여야 할 터이나 아직도 두 집에 객주 문패가 붙어 있은즉 집안이 조용치 못할 것은 불문가지요, 또한 내가 그 두 분을 찾아보면 김창수란 본명을 말하여야 그이들이 깨달을 터이고 그이들이 깨달은 뒤에는 자연 그들 내정(內庭 : 안방 식구)에 이야기가 되겠다. 남자는 고사하고 부인들이 내가 왔다는 말을 들으면 20년 동안이나 생사를 모르던 터에 기이하다고도 자연 소문 내게 될 터이니 그리고 보면 나의 신변에는 위험천만이다.

박씨나 안씨 집을 지날 때 발길이 떨어지지 않는 것을 억지로 지나며 옥중에서 친하던 중국인을 찾아가서 밤을 자고 다음 날 아침에 전화국에를 가서 안악으로 전화를 걸고 가처(家妻)를 불렀다. 안악국에서 전화를 받은 고원(雇員 : 직원)이 성명을 묻는다.

"김구요."

하였다.

"선생님 나오셨소?"

"네, 나와서 지금 차 타러 나갑니다."

"네, 그러시면 제가 댁에 가서 말씀드리겠습니다."

"그만둡시다 —— 그는 나의 제자였음이라."

당일로 경성역에서 경의선 차를 타고 신막(新幕)에서 일숙(一宿)하고 익일에 사리원에서 하차하여 선유진(船踰津)을 지나 여물평(餘物坪)을 건너가며 살펴본즉 전에 없던 신작로로 수십 명이 쏟아져 나오는 선두에는 어머님이 나의 걸음걸이를 보시고 눈물을 흘리며 와서 붙들고,

"너는 살아오지만 너를 심히 사랑하고 늘 보고 싶다던 화경이 네 딸은 3, 4삭(朔) 전에 죽었구나. 네게 알게 할 것 없다고 네 친구들이 권하기로 기별도 않았다. 그뿐 아니라 7세 미만의 어린 것이지만은 죽을 때에 부탁하기를 '나 죽었다고 옥에 계신 아버지께는 기별 마십시오, 아버지가 들으시면 오죽이나 마음이 상하겠소.' 하더라."

나는 그 후에 곧 화경의 묘지 —— 안악읍 동록(東麓) 공동묘지 —— 에 가 보아 주었다.

뒤로 김용제(金庸濟) 등 수십 명 친구들이 다투어 달려들어 원희교집(怨喜交集 : 원망과 기쁨이 뒤섞임)한 안면으로 인사를 하고 돌아와 안신학교로 들어갔다. 그때까지 가처가 안신여교 교원 사무를 보고 교실 한 칸에 거주하였으므로 나는 예배당에 앉아서 오는 손님을 보았다. 가처는 극히 수척한 기골로 여러 부인들과 같이 잠시 나의 얼굴을 보는지 마는지 하고서는 음식 준비하기에 골몰하였다. 그는(그것은) 어머님과 가처가 상의하고 내가 전에 친하던 친구들과 같이 앉아 음식 먹는 것을 보겠다는 마음으로 성심을 다하여 음식을 준비함이더라.

며칠 후에 읍내 친구들이 나를 위하여 위로회를 개최한다고 하여 이인배(李仁培) 집으로 갔다. 한편에는 노인들과 한편에는 중로(中老) 즉 나의 친구

들과 또 한편에는 평일 나의 제자들인 청년이 모이고 음식이 식탁에 놓일 즈음에 홀연 기생 한 떼와 악구(樂具)가 들어온다. 나는 놀랐다. 최창림(崔昌林) 등 몇몇 청년들이,

"선생님을 오래간만에 뵈온즉 너무 좋아서 저희들은 즐겁게 좀 놀렵니다. 선생님은 아무 말씀도 마시고 여러분과 같이 진지나 잡수셔요."

한다. 노인들 중에도 내게 대하여,

"김선생은 젊은 사람들의 일을 묻지 말으시고 이야기나 합시다."

하였다. 청년들이 지정하기를,

"아무 기생으로(기생은) 김선생님 수배(壽盃 : 장수를 비는 술)를 올려라."

하는 말이 끝나자 한 기생이 술잔을 부어 들고 권주가를 한다. 청년들이 일시에 기립하고 나에게 청원한다.

"저희들이 성의로 올리는 수주(壽酒) 한 잔을 마셔 주십시오."

나는 웃고 사양하였다.

"내가 평일에 음주하는 것을 군(君)들이 보았는가. 먹을 줄 모르는 술을 어찌 마시느냐?"

"물 마시듯 마셔봅시다."

하고 기생의 손에 든 술잔을 빼앗아 내 입에다 대며 강권한다. 나는 그 청년들 감흥을 감쇄(減殺)시킬까 하여 술 한잔을 받아 마셨다. 청년들이 한편 나에게 술을 권하매 이어서 기생의 가무가 시작된다.

이인배 집 앞이 즉 안신학교이므로 음악소리와 기생의 가성(歌聲)이 어머님과 가처의 귀에 들려진 것이다. 곧 어머님이 사람을 보내어 나를 부르신다. 그 눈치를 안 청년들이 어머님께 가서,

"선생님은 술도 아니 잡수시고 노인들과 이야기나 하십니다."

하였다. 그 말을 들으시고 어머님이 친히 오셔서 부르신다. 나는 어머님 따라 집에를 왔다. 분노하셔서 책망을 내리신다.

"내가 여러 해 동안 고생을 한 것이 오늘 네가 기생 데리고 술 먹는 것을

보려 하였더냐?"

하신다. 나는 무조건 대죄(待罪)를 하였다. 어머님도 어머님이어니와 가처가 어머님께 고발하여 퇴석(退席)시키게 일을 꾸민 것이다.

가처와 어머님 사이에는 종전에는 고부간에 충돌되는 점도 없지를 않았으나 내가 체포된 후부터는 6, 7년간 경향(京鄕)으로 전전하며 별별 고생을 다하는 중에 고부간 일심동체로 반점(半點)의 충돌이 없이 지냈노라고 가처는 말한다. 또 경성에서 지낼 때는 연동(蓮洞) 안득은(安得恩) 여사와 곽귀맹(郭貴孟) 여사의 도움도 많이 받았고, 살림이 어려워 화경이는 어머님에게 맡긴 채 가처가 매일 왜놈의 토지국 제책(製冊)공장에서 막일도 하였으며, 어느 서양 여자가 가처의 학비를 부담하고 공부를 시켜 주마 하나 설움에 파묻힌 어머님과 어린 화경이를 돌볼 결심으로 공부도 못하였노라고 종종 자기와 의견 충돌이 있을 때는 반드시 이런 말을 하고 나를 괴롭게 하였다.

다른 가정에 보통으로는 부처 간에 말다툼이 생기면 주로 모친은 자기 아들의 편을 돕건만 우리 집안에는 가처가 나의 의견을 반대할 시는 어머님이 십배 백배의 권위로 나만 몰아세운다. 가만히 경험하여 보면 고부간에 귓속말이 있은 후에는 반드시 내게 불리한 문제가 발생한다. 그러므로 집안 일에 대하여는 한 번도 내 마음대로 하여 본 적이 없다고 하여도 과언이 아니다. 내가 가처의 말을 반대만 하면 어머님이 만장(萬丈)의 기염(氣焰)으로 호령하신다.

"네가 입옥(入獄)한 후에 네 동지들 중에 젊은 처자를 둔 사람이 남편이 죽을 곳에 있음에도 불구하고 이혼을 하느니 추행을 하느니 하는 판에 네 처의 절행(節行)은 나는 고사하고 너의 지구(知舊 : 오랜 친구)들이 감동하였나니 네 처는 결코 박대하여 못쓴다."

이런 말씀을 하시기 때문에 내외 싸움에 한 번도 승리를 못 얻고 늘 실패만 하였다.

어머님 말씀에,

"네가 체포된 후에 우리 세 식구가 해주 고향에를 다녀서 경성으로 가려 한즉 네 준영 삼촌은 극력으로 만류하며, 자기가 집이나 한 칸 짓고 살림을 차려 드릴 터이니 다른 곳으로 가지 말라고 하더라. '세 식구 살아가는 일에 형수와 질부(侄婦)가 고역이겠지만 속반(粟飯 : 조밥)을 먹으면서 조카 살아올 때까지 보살피겠다'며 '젊은 자부(子婦 : 며느리)를 데리고 다니다가 무지한 놈들에게 빼앗기면 어찌하느냐'고 야단을 하지마는, 내가 네 처의 곧고 깨끗한 심지를 알기 때문에 그 같은 권유도 마다하고 경성으로 출발하였다. 네가 장기간 징역 판결이 된 후에는 아무리 고생스러워도 네가 있는 가까운 곳에 살고자 하나 그도 여의치 못하므로 다시 환향 후에 종산(鍾山) 우종서 (禹宗瑞) 목사의 주선으로 그곳에서 지낼 때에 준영 숙부는 곡식을 소달구지 로 싣고 그곳까지 찾아왔더라. 네 삼촌이 네게 대한 정분이 전보다는 매우 애절하였다. 네가 출옥한 줄만 알면 와 보리라. 편지나 하여라. 네 장모도 네게 대하여는 전보다 더욱 애중(愛重)하였은즉 곧 통지하여라."
고 분부하신다. 나는 서대문에서 한 번은 어머니를, 한 번은 가처를 면회한 뒤로는 매번 면회기간이면 장모가 늘 오는 것을 보고서 전일에 그 장녀의 관계로 너무 박하게 한 것도 후회하고, 계속 면회하여 줌을 감사하였다. 준 영 삼촌과 장모에게 출옥된 사유를 발신(發信)하였다.

안악 헌병대에 출두를 한즉 장래 취업에 대하여 질문한다. 나는,

"평소에 아무 기술이 없고 단지 학교에 다년간 시무하였은즉 안신학교에 서 나의 가처가 교편을 잡고 있으니 조교수(助敎授)나 하면 어떠한가?"
하였다. 왜(倭)는,

"공식으로는 불능이나 비공식으로 조무(助務 : 사무를 도움)한다면 경찰은 묵과하겠노라."
고 한다. 나는 날마다 안신교에서 소아(小兒)를 가르치고 세월을 보낸다.

나의 서신을 본 장모는 좋아라 하고, [자기 큰딸이] 기왕 부절(婦節 : 부녀 자로서의 절개)을 잃고 헌병보조원의 첩이 되었다가 몸에 폐렴의 중병을 얻고

도로 모녀가 동거하나 생활의 도(道)가 없어 곤경에 처함에 염치를 불구하고 병든 딸을 데리고 집에 들어온다. 〔처형에 대하여는〕 전과 같이 보조원의 첩이라면 문안에 들이지 않을 터이나 자기가 죽을 병이 들어 동생의 집으로 오는 것이 미운 마음보다 불쌍한 생각이 더 들어 다같이 동거하여 지낸다. 울적한 나머지 이리저리 다니며 바람이나 쐴 마음도 있으나 소위 가출옥 기간이 7, 8삭이나 남은즉 무슨 볼일이 있어 어디를 가려면 반드시 헌병대에 청원하여 허가를 얻어야 하는 고로 나는 청원서를 내기 싫은 탓에 인군(隣郡) 출입도 하지 않았다.

그 후에 해제가 되자 김용진(金庸震)[9] 군의 부탁을 받고 문화의 궁궁(弓弓)농장에 가서 추수를 돌보아 주고 돌아온즉 해주 준영 계부께서 점잖은 조카를 보러 가면서 초초하게 갈 수 없다 하여 남의 말을 빌려 타고 왔으나 이틀이나 지내어도 나의 돌아올 날을 모르므로 섭섭히 돌아갔다고 한다. 나도 역시 섭섭하나 그 해 세제(歲除 : 섣달 그믐날)가 얼마 남지 않은즉 정초를 기다려서 삼촌에게 신정 문안을 하고 선친 성묘도 하기로 하였다. 그러자 새해 정초를 당하였다. 초 3, 4일간은 나도 혹시 그곳 존장(尊丈 : 아버지의 친구)도 찾아보고 어머님 뵈오러 오는 친구들을 접대하고 초 5일로 해주행을 작정하였던바 초 4일 저녁에 재종제(再從弟 : 육촌 아우) 태운(泰運)이가 와서 고하기를,

"준영 당숙이 별세하였습니다."

한다. 일문지하(一聞之下 : 한번 듣는 즉시)에 경악을 금할 수 없다. 여러 해 동안 옥중 고생을 하던 내가 보고 싶어서 찾아오셨고 정초에는 볼 줄 알고 기다리다가 끝내 내 얼굴을 못 보고 멀고 먼 길을 떠나실 때에 그의 마음이 어떠하셨을까? 하물며 당신 역시 딸은 하나 있으나 아들이 없고, 〔당신네〕 4

---

9) 황해도 안악 출신(1884~1937). 민족사상 고취를 위하여 1906년부터 안악 지구 신민회 및 면학회를 설립하고 활동. 1911년 105인 사건으로 체포되었다가 무죄 석방됨.

형제 소생에 오직 나 하나뿐인 조카를 직접 만나 영결(永訣 : 영원히 이별함)하고 싶은 마음이 얼마나 간절하였을까? ── 백부 백영(伯永)은 두 아들 관수(觀洙)·태수(泰洙)가 있었으나 관수는 20여 세에 결혼까지 하고 사망하였고, 태수는 나보다 2개월 먼저 난 동갑으로 장련에서 나와 동거하다가 급사하여 역시 후손이 없고, 딸 둘도 다 출가하여 죽어 자식이 없다. 필영(弼永) 숙부는 딸 하나뿐이고, 준영 숙부도 역시 딸 하나뿐이다.

다음 날 아침에 태운과 함께 텃골에 도착하여 장례를 도맡아 텃골고개 동쪽 기슭에 입장(入葬)하고 가사의 대강을 처리하고, 선친 묘소에 나아가 나의 손으로 심은 잣나무 두 개를 살펴본 후 다시 안악으로 돌아왔다. 그 후는 다시 다정다한(多情多恨)한 텃골 산천을 보지 못하고 아직 생존하신 당숙모와 재종조를 배알치 못하였다. 이 해에 셋째딸 은경(恩敬)이 태어났다. 나는 이때부터 죽 안신학교에서 교편을 잡고 있던바 매번 추수 시기에는 김용진의 농장에서 타작을 돌보아 주었다.

농부(農夫)

읍내 생활의 취미가 점차 사라지므로 홍량(鴻亮)과 용진(庸震), 용필(庸弼)에게 농촌 생활을 부탁하였다. 그이들은 자기네 소유 중에 산천이 맑고 아름다운 곳을 택하여 드리겠으니 감농(監農 : 농사 감독)이나 하라고 쾌락한다. 나는 해마다 추수를 시찰한 바에 가장 성가시고 말썽 많고 또는 토질(土疾 : 풍토병) 구덩이로 옛날부터 유명한 동산평(東山坪)으로 보내 달라고 요구하였다. 그이들 숙질(叔侄 : 삼촌과 조카)은 놀란다.

"동산평이야 되겠습니까? 작인(作人 : 소작인)들의 인품이 험악할 뿐 아니라 수토(水土)가 극히 좋지 못한 곳에를 가서 어찌 견딥니까?"

"나 역시 몇 년간 그곳 작인들의 악습패속(惡習敗俗)을 자세히 살폈으므로 그런 곳에 가서 농촌 개량에나 취미를 붙이고자 하노라."

수토에 대한 것은 주의하여 지낼 셈 잡고 기어이 동산평으로 가겠다고 굳이 청하였다. 그이들은 고소원불감청(固所願不敢請 : 진실로 바랐으나 감히 청하지는 못함)으로 다행히 생각한다.

그 동산(東山)은 예로부터 궁장(宮庄 : 궁에 소속된 논밭)으로, 감관(監官 : 감독관)이나 작인이 서로 협잡하여 천 석을 추수하였다면 기백 석이라고 궁에 보고하고 감관이 빼돌리는 한편 작인들은 수확기에 벼를 베고 운반하고 타작하는 때 전부 도적질을 하면 실지 곡량이 얼마 못 되는 데다가 감관이 또 훔쳐가는데 수백 년간 그같은 악습악풍이 이어져 극에 달한지라. 김문(金門 : 김씨 문중)에서 이 농장을 매수한 것도 시초에는 진사 용승(庸昇)이 독자로 매입하였는데 거대한 손해를 입어 파산지경에 빠졌다. 우애가 남다른 여러 동생들이 그 손해를 분담하고 동산평을 김문(金門) 공유로 한 것이다.

바로 이전에는 노형극(盧亨極)이란 자가 그곳 감관으로 있으면서 작인들을 자기 집에 소집하고 도박을 하게 하여 추수 시에 작인 몫의 곡물을 전부 탈취하였는데 도박에 응치 않는 자는 경작지를 얻기 어려웠다. 작인의 풍습은 부형은 도박하고 자제는 수망(守望 ― 경찰이 오는 것을 지키는 일)하는 것이 보통이더라. 내가 굳이 그곳 간농(看農 : 농사를 지켜봄)을 요구한 본의는 그러한 풍조를 개선코자 함이라.

정사(丁巳 : 1917년, 42세) 2월에 동산평으로 이사하였다. 내가 어머님에게 주의를 드려 작인들 중에 뇌물을 가지고 오는 자 있으면 내가 없는 사이라도 일체 거절하시라고 하였다. 그러나 내 앞에 담배, 닭, 해산물 등을 갖다주는 자가 있다. 그자들은 반드시 경작지를 달라는 청구가 있다. 나는,

"그대가 공수(空手 : 빈손)로 왔으면 생각할 여지가 있으나 뇌물을 가지고 와서 청구하는데는 그 말부터 듣지 않을 터인즉 물건을 도로 가져가고 후일 다시 공수로 와서 말하라."

하면 그자들은,

"뇌물이 아니올시다. 선생께서 새로 오셨는데 내가 그저 오기 섭섭하여 좀 가져왔습니다."

한다.

"그대 집에 이러한 물건이 많으면 구태여 남의 토지를 소작할 것 없으니 그대의 농작지는 타인을 줄 터이라."

하였다. 그자들은 처음 들어 보는 말인 까닭에 어쩔 줄을 모른다.

"이것은 전의 감관님에게 항용(恒用 : 늘 사용함)하여 오던 것입니다."

"전자(前者) 감관은 어찌하였든지 본 감관에게는 그런 수단을 써 봐야 안 된다."

하고 매 사람마다 돌려 보내었다. 그리고 소작인 준수 규칙 몇 가지를 반포하였다.

- 작인으로 도박을 하는 자에게는 소작권을 허락치 않음.
- 학령 아동이 있는 자로 학교에 입학시키는 자는 일등지 2두락(斗落 : 마지기)씩을 더 줌.
- 집에 학령 아동이 있는데 입학을 시키지 않는 자에게는 기왕의 소작지에서 상등지(上等地 : 좋은 땅)를 회수함.
- 농업에 근실한 성적이 있는 자는 조사하여 추수 시에 곡물로 상을 내림.

이상 몇 가지 조항을 선포한 후에 평내(坪內)에 소학교를 설립하고 교사 한 명을 초빙하고 학생 20여 명을 모집하여 개학하였다. 교원이 부족하므로 나도 시간으로 교과를 담임하였다. 소작인들이 토지를 청구코자 하는 자는 학부형이 아니면 말 붙이기가 어렵게 되었다. 의연히 전 감관 노형극 5, 6형제는 규칙을 따르지 않고 나의 농정(農政)에 대하여 반대의 입장에 있다. 노가 형제의 소작전지는 평내에 상등이라, 그 토지 전부에 소작권 회수의 통지를 보내어 놓고 학부형에게 분배코자 한즉 한 명도 감히 경작하겠다는 사람이 없다. 이유를 물은즉 노가의 음위(淫威 : 위세)를 무서워함일러라. 나의 소작지를 분배하여 주고 내가 노가에게 회수한 농지를 경작하기로 하였다.

어느 날 흑야(黑夜 : 깜깜한 밤)에 문밖에서 김선생을 부르는 자가 있다. 집 밖에 나간즉,

"김구야, 나좀 보자!"

한다. 나는 그자의 음성을 듣고 노형근(盧亨根)[1]임을 알겠다.

"야간에 무슨 사유로 왔느냐?"

물으매 노가는 와락 달려들어 나의 왼편 팔을 힘껏 물고 늘어진다. 그리고는 힘껏 나를 끌고 저수지 근방으로 나간다. 이웃에 거주하는 동인(洞人)들이 나와 겹겹이 둘러섰으나 한 명도 감히 싸움을 중재하는 자 없다. 나는 생각하였다. 이같이 무리(無理 : 사리에 맞지 않음)한 놈에게는 의리도 소용이 없고 당장에 완력으로 대항할 수밖에 없는데, 노가는 나에게 비하면 연부역강(年富力强 : 나이가 젊고 힘셈)한 놈이다. 그러한즉 목상목 치상치(目償目齒償齒 : 눈에는 눈 이에는 이) 격으로 나도 그놈의 오른편 팔을 힘껏 물고 치하포식 극단 용기를 내어 저항한즉 노가는 그만 나의 물었던 팔을 놓고 물러선다. 나는 노가네 여러 형제와 도당이 몰려와서 이웃 집에 숨고 노형근을 선봉으로 보낸 내용을 알았다. 나는 큰소리로,

"형근이 한 명만으로 나의 적수가 못 되니 너희 노가의 무리는 잠복하고 있지만 말고 도적질을 하든지 사람을 죽이든지 예정 계획대로 하여 보려무나!"

하였다. 과연 잠복하고 형세를 엿보던 노형근 무리는 웅성거리기만 하고 나오는 자 없고 형근은,

"이애 김구야, 이전에 당당한 경감(京監)으로도 저수지 물맛을 보고 쫓겨간 자 얼마나 되는지 아느냐?"

한다. 잠복 중에서 한 자가 툭 튀어나와 다른 곳으로 가며 하는 말이,

"어느 날이고 바람 잘 부는 날 두고 보자."

한다. 나는 겹겹이 둘러서고 싸움 구경하는 자들을 향하여,

"여러 사람들은 저 자의 말을 명심하라. 어느 날이고 내 집에 화재가 나면 저 놈들의 소행일 것이니 여러 사람들은 그때에 입증하라."

하였다. 형근이가 물러간 후에 여러 사람들은 나에게 노가 형제들과 원수를

---

1) 앞의 글에서는 '盧亨極'으로 표기하였음. 둘 중 하나가 오기이거나, 아니면 두 인물이 형제
    일 수 있음.

맺지 말라고 권한다. 나는 준엄하게 책하고 밤을 지내었다. 어머님은 밤으로 안악으로 통보하였다. 다음 날 아침에 용진, 홍량 숙질이 의사 송영서(宋永瑞)와 함께 급히 달려들어 나의 상처를 진단하고 소송 수속을 준비한다. 노가 형제들은 몰려와서 고두사죄(叩頭謝罪 : 머리를 숙여 사죄함)를 한다. 진·홍(震鴻) 양군을 만류하고 노가에게 다시는 이 같은 행위가 결코 없도록 하마는 서약을 받고 그 문제는 낙착되었다. 그 이후로는 이미 반포한 농규(農規)를 따라 계속 시행하였다.

나는 날마다 일찍 기상하여 작인의 집을 심방하며 나태하여 늦도록 잠을 자는 자 있으면 깨워서 책하여 집안일을 하도록 하였다. 가정이 더러운 자는 청결히 하게 하고, 시초(柴草 : 땔나무로 쓸 마른풀)를 채집케 하고, 짚신을 삼고 자리를 짜도록 장려하였다. 수확기에는 평시에 작인들의 근만부(勤慢簿 : 작업일지)를 비치하였다가 농장주의 허가를 득한 범위에서 근작(勤作 : 열심히 일함)한 자에겐 후히 상을 주고 태만한 자에게는 다시 태만하면 경작권을 허락치 않는다고 예고하였다.

종전 추수 시에는 태반이 타장(打場 : 타작하는 곳)에서 채무자가 모여들어 곡물 전부를 다 가져가고 작인은 타작 기구만 휴대하고 집으로 가던 것을 나의 감독을 받은 후에는 곡포(穀包 : 곡식 담은 부대)를 자기 집으로 운적(運積 : 옮겨다 쌓음)하게 되매 농가 부인들이 더욱 감심(感心)하여 나를 집안 늙은이 모양으로 친절하게 대우하고 도박의 풍은 거의 근절이 되었다.

차제에 장덕준(張德俊)군이 재령에서 명신여교(明信女校) 소유 토지를 관리하게 되므로 장군의 평시 연구와 일본 유학 시에 시찰한 농촌개발의 방안을 갖추어 장래 협조하기로 수차 서신이 왕복되었다. 동산평에서 같이 농토 관리하는 동업자요 겸하여 동지이기도 한 지일청(池一靑)군은 옛날 교육시대부터 지기(知己 : 절친한 친구)이므로 힘을 합하여 진행하매 그 효과가 더욱 드러났다.

출국(出國)

❋

여아(女兒) 은경이가 사망하고 처형 역시 사망하여 그 지역 공동묘지에 매장하였다. 무오(戊午 : 1918년, 43세) 11월에 인(仁)이가 출생하다. 인이가 태중에 있을 때 어머님 소망은 물론이고 여러 친구들이 생남(生男)하기를 바라는 것은 나의 나이가 40여에 더욱 무매독신(無妹獨身)으로 자식이 없음을 우려함일러라. 인이가 난 후에 김용제(金庸濟)는 어머님을 축하하여 왈,

"아주마님 손자 장가 보낼 제 내가 후행(後行 : 혼례 때 가족 중에서 신랑이나 신부를 데리고 가는 사람)가요."

한다. 김용승(金庸昇) 진사가 작명을 맡아 김인(金麟)이라 한 것을 왜의 민적(民籍)에 등록된 까닭에 인(仁)으로 고쳤다.

인의 생후 삼삭(三朔)이라. 음산한 기운 가득하던 추운 겨울이 지나가고 따뜻한 봄 화풍(和風)이 부는 기미년 2월이 돌아왔다. 청천의 벽력과 같이 경성 탑동(탑골)공원에서는 독립만세 소리가 일었고, 독립선언서가 각 지방에 배포되자 평양, 진남포, 신천, 안악, 온정, 문화 각지에서 벌써 인민이 궐기하여 만세를 부르고 안악에서도 주비(籌備 : 계획하여 준비함)하던 때라.

장덕준 군은 사람으로 하여금 자전거를 태워 한 통 서신을 보내왔다. 펼

쳐본즉 국가대사가 발생하였으니 같이 재령에 앉아서 토의 진행하자 하였다. 나는 기회를 보아서 움직이마고 답장을 보내고 밀행하여 진남포에를 건너 평양으로 가려 한즉 그곳 친구들이 평양을 무사 도달키 어려운즉 환향하라고 권고함에 즉일로 돌아왔다.

집에 돌아온즉 안악에서 이미 준비가 완료되었으니 나도 나가서 만세를 같이 부르자는 청년이 있다. 나는 그들에게 만세 운동에는 참여할 마음이 없다고 하였다. 그들은,

"선생이 참여치 않으면 누가 창도(唱導 : 앞에 나서서 외침)합니까?"
한다. 나는 다시금 그들에게,

"독립이 만세만 불러서 되는 것이 아니고 장래사를 계획 진행하여야 할 터인즉 나의 참·불참이 문제가 아니니 어서 만세를 부르라."
하여 돌려 보냈다. 그들은 그날에 안악읍에서 만세를 불렀다.

나는 다음 날 아침에 평내(坪內)의 각 작인에게 지휘하여 농구(農具)를 가지고 일제히 모이라 하고 지팡이를 짚고 방죽에 올라 제원(堤垣 : 제방) 수리에 몰두하였다. 나의 집에 파수하던 헌병놈들이 나의 동정을 보아야 농사 준비만 함으로인지 정오가 되매 유천(柳川)으로 올라가 버린다. 나는 점심시간에 작인에게 일을 잘 끝마치도록 부탁한 후 잠시 인동(隣洞 : 이웃 동네)에 다녀오마 하고 안악읍에 도착한즉 김용진군이 말을 한다.

"홍량더러 상해를 가랬더니 10만(원)을 주어야 가지 그렇지 못하면 가지 못한다고 하니 선생부터 가시고, 홍량은 추후로 갈 셈 대고요."

지체할 수 없는 형편을 보고 즉시 출발하여 사리원에 도착하여 김우범(金禹範)군에게서 하룻밤 자고 다음 날 아침에 신의주 차에를 올랐다. 차 실내에는 물 끓듯 하는 말소리가 만세 부르는 이야기뿐이다. 평금천(平金川 : 황해도 平山 金川인 듯함)은 언제 불렀고, 연백(延白)은 어느 날 황봉산(黃鳳山)에서 어떻게 불렀다 하고, 평양을 지나매 역시 어디서 만세 부르다가 몇 명이 다쳤다 하는 말들이다. 어떤 사람은,

"우리가 죽지 않고 독립이 되오."

또 어떤 사람은,

"우리 독립은 벌써 되었지요. 아직 왜가 물러가지 않은 것뿐인즉 전국의 인민이 다 떠들고 일어나 만세를 부르면 왜놈이 자연 쫓겨 나가고야 말지요."

한다. 그런 이야기에 주린 것도 망각하고 신의주역에서 하차하였다.

그 전일에 신의주에서 만세를 부르고 21명이 구금되었다 한다. 개찰구에 왜놈이 지키고 행객(行客)을 엄밀 검사한다. 나는 아무 행리(行李 : 짐보따리)도 없이 수건에 여비만 싸서 요대(腰帶)에 잡아매었다. 무슨 물건이냐 묻는데는 돈이라 하였고 무엇하는 사람이냐 묻는데는 재목상이라 하였다. 왜놈은,

"재목이 사람이야?"

하고 가라고 한다. 신의주 시내에 들어가 요기를 하며 공기를 살펴본즉 그곳 역시 흉흉하다. 오늘밤에 또 (만세를) 부르자고 아까 통지가 돌아갔다는 등 술렁술렁한다. 나는 중국인의 인력거를 불러 타고 바로 큰 다리 위로 지나서 안동현(安東縣 : 신의주와 마주보는 중국의 도시. 현재의 丹東)의 어떤 여관에서 변성명(이름을 알려줌)하고 소미상(小米商 : 좁쌀장수)이라 표방하고 7일을 경과하여 이륭양행(怡隆洋行)[1] 배를 타고 상해로 출발하였다. 황해안을 경과할 시에 일본 경비선이 나팔을 불고 따라오며 정륜(停輪 : 선박의 멈춤)을 요구하나 영국인 함장은 들은 체도 아니하고 전속력으로 경비구역을 지나 4일 후에 무사히 상해 황포강(黃浦江) 나루에 닻을 내렸다. 배에 함께 탄 동지는 도합 15명이었다.

안동현에서는 아직 빙괴(氷塊 : 얼음덩이)가 첩첩이 쌓인 것을 보고 황포나루에 내리며 바라본즉 녹음이 우거졌다. 공승서리(公昇西里) 15호에서 하

---

1)   중국에서 활동한 영국계 선박회사. 중국 안동현에 대리점을 두고 안동현과 상해를 오가는 상선을 운영하면서 상해 임시정부와 본국을 연결하는 중요한 통로 역할을 함. 에이레 출신 사장인 조지 쇼(Jeorge Show)는 우리 독립운동가들에게 많은 도움을 주었음.

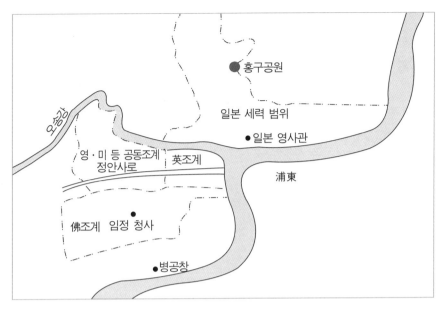

지도 내 텍스트:
- 홍구공원
- 일본 세력 범위
- ●일본 영사관
- 黃浦江
- 英조계
- 영·미 등 공동조계 정안사로
- 浦東
- 佛조계 임정 청사
- ●병공창

1920년대의 상해

룻밤을 지냈다. 이때에 상해에 모인 인물 중에 내가 평소 아는 이의 이름은 이동녕(李東寧), 이광수(李光洙), 김홍서(金弘叙), 서병호(徐丙浩) 4인만 들어서 알겠고 그 밖에는 구미와 일본에서 온 인사들과 중아령(中俄領)과 내지(內地: 본국)에서 온 인사와 재래(在來) 중국에 유학 및 상업을 하는 동포의 수를 통계하면 5백여 명이라 한다.

다음 날 아침에 상해에 가족을 이끌고 먼저 와서 살던 김보연(金甫淵)군이 자기 집으로 인도하여 숙식을 함께 한다. 김군은 장연읍 김두원(金斗元)의 장자이고 경신학교 출신으로 전에 내가 장연에서 학교 사무를 총찰(總察: 도맡아 관리함)할 때부터 나에게 성심으로 애호하던 청년이니라. 동지들을 심방하여 이동녕, 이광수, 김홍서, 서병호 등 옛 동지를 만나 악수하였다. 그때에 임시정부가 조직되었다. 이에 대하여는 국사(國史)에 자세히 기록될 터이므로 생략하고, 나는 내무위원의 한 사람으로 피선되었다. 그 후에 안창호 동지는 미주로부터 건너와서 내무총장으로 취임하고 제도는 차장제(次長制)를 채용하였다.

출국(出國)
—

297

경무국장(警務局長)

나는 안씨(안창호)에게 정부 문지기를 청원하였다. 이유는 종전에 내지(본국)에 있을 제 나의 자격을 시험키 위하여 연습 삼아 혼자서 순사 시험을 본 결과 합격하기 어려움을 알았던 경험과, 〔다른 높은 직책을 얻으면〕 허영(虛榮)을 탐하여 실무에 소홀할 우려가 있음이라. 안 내무총장은 쾌히 받아들였다.

"내가 미국에서 보는 바에 특히 백궁(白宮 : 백악관)만 수호하는 관리를 둔즉 우리도 백범 같은 이가 정부 청사를 수호케 되는 것이 좋으니 국무회의에 제출하여 결정하겠다."

다음 날 도산은 나에게 홀연 경무국장 사령서를 교부하며 취임 시무하기를 힘써 권한다. 국무회의의 각부 총장들이 아직 다 취임치 않았으므로 각부 차장이 그 부의 총장 직권을 대리하여 국무회의를 진행하던 때라, 당시 차장들은 윤현진(尹鉉振), 이춘숙(李春塾) 등 젊은 청년이므로 노인에게 문을 개폐케 하고 그리로 통과하기가 미안하다는 것이다. 도산은,

"백범이 다년 감옥생활에 왜놈의 실정을 잘 알 터인즉 경무국장이 합당하다고 인정되었다."

한다.

"나는 순사의 자격이 되지 못하는데 경무국장이 어찌 합당한가?"

한즉 도산은 강권하기를,

"백범이 만일 사양하면 청년 차장들의 부하 되기가 싫다는 것으로 여러 사람이 생각할 터이니 사양하지 말고 공무를 수행하라."

고 한다. 나는 부득이 응낙하고 취임 시무하였다.

2년(대한민국 임시정부 2년, 1920, 45세)에 가처가 인(仁)이를 데리고 건너와 동거하였고 내지에는 어머님이 장모와 같이 동산평에 계시다가 장모 또한 별세한지라, 역시 그곳 공동묘지에 안장하고 4년에 이곳으로 와서 취미(재미) 있는 가정을 이루었다. 그 해 8월에 신(信)이가 태어난다.

경무국에서 접수한 내지 보도에 의하면 왜놈이 나의 국모 보수(報讐) 사건을 24년 만에 비로소 알았다 한다. 이 비밀이 이같이 장구한 세월, 하물며 양서(兩西)에는 인인개지(人人皆知 : 사람마다 모두 앎)하던 일을 그같이 오랫동안 지내어 온 것은 참으로 희기(稀奇 : 드물고 기이함)하다 하겠다. 내가 학무 총감의 직을 띠고 해서 각 군을 순회할 때에 학교에나 공중(公衆)에게 왜놈을 다 죽여 우리 원수를 갚자고 연설할 때는 늘 나를 본받으라고 치하포 사실을 말하였다.

해주 검사국과 경성 총감부에서 각 지방 보고를 수집하여 나의 일언일동(一言一動)을 「김구(金龜)」란 제목의 책자에 자세히 기록하였건만은 어떤 탐정이라도 그 사실만은 왜놈에게 보고치 않았던 것이다. 그러다가 나의 몸이 본국을 떠나서 상해에 도착한 줄을 알고야 비로소 그 사실이 왜에게 알려졌다 한다. 나는 이것 한 가지 일을 보아도 우리 민족의 애국성(愛國誠)이 족히 장래에 독립의 행복을 누리리라고 짐작한다.

경무국장(警務局長)

상처(喪妻),
내무총장(內務總長)

⁂

민국 5년(1923)에 내무총장으로 시무하였다. 그간에 가처는 신(信)이를 해산한 후에 낙상(落傷 : 넘어지거나 떨어져 다침)으로 인하여 폐렴이 되어 몇 년을 고생하다가 상해 보륭의원(寶隆醫院)에서 진찰을 받고 역시 서양인 시설의 격리 병원에 입원케 되매, 나와는 보제의원에서 마지막 작별을 하고 홍구폐의원(虹口肺醫院)에 입원하였다가 6년(1924) 1월 1일에 영원의 길을 떠났다. 법계(法界 : 프랑스 조계) 숭산로(崇山路) 포방(捕房 : 구치소) 후면인 공동묘지에 매장하였다. 나의 본의(本意)는 우리가 독립운동의 기간에 혼장(婚葬)의 성대한 의식으로 금전을 소모함을 불찬성하였으므로 가처의 장례는 극히 검약하게 하기로 하였으나 여러 동지들이 가처가 이왕부터 나로 인하여 무쌍한 고생을 겪은 것이 즉 국사(國事)의 공헌이라 하여 나의 주장을 불허하고 각기 돈을 내어서 장례도 성대하게 지내었고 묘비까지 세웠다. 그중에 유세관(柳世觀) 인욱(寅旭)군은 병원 교섭과 묘지 주선에 정성과 힘을 다하였다.

가처가 입원할 시에 인(仁)이도 병이 중하여 공제의원(共濟醫院)에 입원

치료하다가 가처의 장례 후에 완치되어 퇴원하였다. 신이는 겨우 걸음마를 배울 때요, 아직 젖을 먹일 때라 먹는 것은 우유를 사용하나 잘 때는 반드시 할머님의 빈 젖을 물고야 잠이 든다. 차차 말을 배울 때는 단지 할머님만 알고 어머니가 무엇인지는 모른다.

8년에 어머님은 신이를 데리고 고국으로 가셨다. 9년에는 인이까지 보내라는 어머님 명령에 의하여 환국시키고 상해에는 내 한 몸만 형영상수(形影相隨 : 신체와 그림자가 서로 따라다님)한다.

국무령(國務領) · 국무위원(國務委員)

　　동년(1927) 11월에 국무령으로 피선되었다. 나는 의정원 의장 이동녕(李東寧)에게 대하여,

　　"내가 김존위(金尊位 : 부친의 직책이 한때 도존위였음)의 아들로서 (정부 기구가) 아무리 추형(雛形 : 축소한 형태)일망정 일국의 원수가 됨이 국가 위신을 추락케 함이니 소임을 감당키 불능이라."

하였으나 혁명 시기에는 관계 없다고 강권하므로 부득이 승낙하고 윤기섭(尹琦燮), 오영선(吳永善), 김갑(金甲), 김철(金澈), 이규홍(李圭洪)으로 내각을 조직한 후에 헌법개정안을 의원(議院)에 제출하여 독재제(獨裁制)인 국무령제를 고쳐서 평등인 위원제로 개정 실시하여 지금은 위원의 일인으로 피선되어 시무한다.

　　나의 60평생을 회고하면 너무도 상리(常理)에 벗어지는 일이 한두 가지가 아니다. 대개 사람이 귀하면 궁(窮)이 없겠고 궁하면 귀가 없을 것이나 나는 귀역궁 궁역궁(貴亦窮窮亦窮 : 귀한 몸이어도 궁하고 궁한 몸이어도 궁함)으로 일생을 지낸다. 국가 독립을 하면 삼천리 강산이 다 내 것이 될는지는 알지 못하나 천하의 넓고 큰 지구 표면에 한 뼘의 땅 반 칸의 집도 소유가 없다. 그런 고로 과거에는 부귀영화의 심리를 가지고 궁을 면하여 보려고 버둥거려

보기도 하고 옹산(甕算)[1]도 많이 하여 보았다.

지금 이르러서는 이런 생각을 한다. 옛날에 한유(韓愈)[2]는 송궁문(送窮文 : 곤궁을 벗어던지는 글)을 지은바 나는 우궁문(友窮文 : 곤궁함을 천직으로 삼아 벗하는 글)을 짓고 싶으나 불문(不文 : 글을 잘 짓지 못함)이므로 그도 불능이다. 자식들에게 대하여도 아비 된 의무를 조금도 못하였으므로 나를 아비라 하여 자식된 의무를 하여 주기를 원치 않는다. 너희(두 아들을 지칭)들은 사회의 은택을 입어서 먹고 입고 배우는 터이니 사회의 아들인 심성으로 사회를 아비로 삼아 효사(孝事 : 효도하고 봉사함)하면 나의 소망은 이에서 더 만족이 없을 것이다.

기미년(1919) 2월 26일이 어머님 환갑이므로 약간의 주효(酒肴)나 설비하여 친구들이나 모으고 축연이나 하자고 가처와 의논을 하고 진행하려는 눈치를 아시고 어머님은 극히 만류하신다.

"네가 일년 추수만 더 지내어도 좀 생활이 나을 터이니, 한다면 네 친구들은 다 청하여 하루 놀아야 하지 않느냐. 네가 곤란한 중에 무엇을 장만한다면 도리어 내 마음이 불안하니 후년으로 미루어라."
하시므로 이루지 못하였다.

며칠 안 가서 나는 조국을 떠나게 되고 그 후에 어머님이 상해에 오셨으나 공사간, 경제상으로도 불허하지마는 설사 역량이 있다 하여도 독립운동을 하다 살신망가(殺身亡家 : 자신을 희생하고 집안을 망침)하는 동포가 매일 수십 수백인데 그런 참혹한 보고를 듣고 앉아서 어머님을 위하여 수연(壽筵)을 준비할 용기부터 없어진다. 그러므로 나의 생일 같은 것은 구외불출(口外不出 : 입밖에도 내지 않음)하고 지내다가 8년에 나석주(羅錫疇)가 식전에 많은 고기를 사가지고 와서 어머님에게 드린다.

"금일이 선생님 생신이 아닙니까? 그리하여 돈은 없고 의복을 전당(典

---

1)　옛날에 옹기 장수가 길가에서 잠이 들어 꿈에 큰 부자가 되어 좋아서 뛰는 바람에 깨다보니 지게 다리를 걷어 차 독이 모두 깨졌다는 이야기에 온 말로 허황된 계산을 말함.
2)　중국 송(宋)대의 시인, 문장가. 당송팔대가의 하나.

當 : 담보로 맡김)하여 고기근이나 좀 사 가지고 밥해 먹으려 왔습니다."

한다. 그리하여 가장 영광스러운 대접을 받은 것을 영원히 기념할 결심과 어머님에게 대하여 너무 죄송하여 나의 죽는 날까지 나의 생일을 기념치 않게 하고 날짜를 기입치 아니한다.

상해에서 인천의 소식을 들건대 박영문(朴永文 : 인천에서 물상객주를 하던 사람)은 별세하였고 안호연(安浩然)은 생존하였다 하기로 신편(信便 : 믿을 만한 인편)에 회중시계 한 개를 사서 보내고 나의 발자취를 말하여 달라 하였으나 회보는 없었다. 성태영(成泰英)은 그간 길림(吉林)에 와서 살았기로 통신을 하였다. 유완무(柳完茂)는 북간도에서 산다 한다. 이종근(李鍾根)은 아국(俄國 : 러시아) 여자를 처로 얻고 상해에 와서 종종 만나 보았다. 김형진(金亨鎭) 유족의 소식은 아직 듣지 못하고 김경득(金卿得)의 유족은 탐문 중이라.

나의 경과한 일 중에 연월일자를 기입한 것은 나는 기억치 못하겠으므로 고국의 어머님에게 서신으로 물어서 쓴 것이다. 나의 일생 제일 행복이라할 것은 기질이 튼튼한 것이다. 감옥 고역이 근 5년에 하루도 병으로 휴역(休役)한 적이 없는데 인천 감옥에서 학질에 걸려 반나절 동안 일을 쉬었다. 병원이란 곳에는 혹을 떼고 제중원에서 1개월, 상해에 온 후에 서반아 감기로 20일 동안 치료한 것뿐이다.

기미년 도강(渡江 : 중국에 망명한 일) 이후로 지금까지 10여 년에 그 사이지난 일에 대하여서는 중요하고도 진기한 사실이 많으나 독립 완성 이전에는 절대 비밀할 것이므로 너희들에게 알려주도록 기록치 못함이 극히 유감이다. 이해하여 주기를 바라고 그만 그친다.

이 글을 쓰기 시작한 지 1년이 넘은 11년(1929) 5월 3일에 종료하였다.

임시정부 청사에서

백범일지

—하권

✿

자인언(自引言)

　　하권은 중경(重慶) 화평로(和平路) 오사야항(吳師爺巷) 1호 임시정부 청사에서 67세 집필.

　　본지(本志) 상권은 53세 시에 상해 불란서 조계 마랑로(馬浪路) 보경리(普慶里) 4호 임시정부 청사에서 1년여의 시간을 가지고 기술하였나니 그 동기로 말하면 약관(弱冠)에 투필(投筆 : 붓을 놓음)하고 나이가 근 이순(耳順 : 60살)이 되도록 대지(大志)를 품은 채 나의 약한 역량과 고루한 재주도 불고(不顧 : 돌아보지 않음)하고, 성공과 실패를 불계(不計 : 계측하지 않음)하고, 명예와 수치도 불문하고 국가와 민족을 위하여 30여 년을 분투하였으나 일무소성(一無所成 : 하나도 이룬 게 없음)이라.

　　임시정부를 10여 년 동안 고수하여 왔으나 기미(己未) 이래 독립운동이 점점 퇴조기에 임하여 정부라는 명의조차도 유지키 난(難)하여 당시 떠들던 말과 같이 몇몇 동지로 더불어 고성낙일(孤城落日 : 해질 무렵의 초라한 외딴 성)에 슬픈 깃발을 날리며 내 홀로 생각하기를, 운동도 부진하고 나이도 죽음에 가까웠으니 호랑이 굴에 들어가지 않으면 호랑이를 만날 수 없다는 격으로 침체한 국면을 벗어날 목적으로 한편으로는 미주 하와이 동포들에게 편지하여 금전의 후원을 부탁하며, 한편으로는 철혈남아(鐵血男兒)들을 물색하여 테러(암살 파괴) 운동을 계획하는 시에 상권 기술을 종료한 후 동경 사건과 홍구(虹口 : 상해 홍구공원) 작안(作案 : 폭발사건, 윤봉길 의사 의거를 말함) 등이 진행되었나니, 천만다행으로 성공되어 쓸모 없는 이 존재의 최후를 고할까 하여 본국에 있는 자식들이 장성하여 해외로 도래커든 틀림없이 전하여 달라는 부탁으로 상권을 등사하여 미국 하와이 몇몇 동지에게 보내었으나, 하권을 쓰는 지금에는 불행히도 잔명(殘命)이 잠시 보존되었고 자식들도 이미 장성하였으니 상권으로 부탁한 것은 문제가 없이 되었고, 지금 하권을 쓰는 목적은 하여금 나의 50년 분투사적(奮鬪事蹟)을 열람하여 허다한 과오를 거울 삼아 경계하여 다시 이 같은 전철을 밟지 말라는 것이다.

전후 정세를 논하면 상권을 기술하던 시 임시정부는 외인(外人)은 고사하고 한인으로는 국무위원과 십수 명 의정원 의원 이외에는 드나드는 사람이 없으니 당시 일반의 평판과 같이 명존이실무(名存而實無 : 이름만 있고 실체는 없음)이었으나 하권을 기술하는 시는 의원(議員) 위원(委員)들의 석양빛 시들한 기운도 싹 가시고 내(內)·외(外)·군(軍)·재(財) 사부의 행정이 비약적으로 진전되었다고 할 만하다.

내정으로 말한다면 관내 한인의 각당각파가 일치하게 임시정부를 옹호 지지하고 미국 멕시코 쿠바 각국의 한교(韓僑 : 교포) 만여 명이 추대하고 독립금을 정부로 상납하며, 외교로 논하면 원년(元年 : 임시정부 원년) 이후로부터 국제외교에 꾸준히 노력하였으되 중·소·미 등 정부 당국자들의 비공개적 찬조는 가끔 있었으나 공식적 응원은 없었다. 금일에 이르러서는 미대통령 나사복(羅斯福 : 루스벨트) 씨는 장래 한국이 완전 독립하여야겠다고 전 세계를 향하여 공식으로 알리었고, 중국의 입법원장 손과(孫科)씨는 공공석상에서 일본 제국주의를 박멸하는 중국의 양책(良策)은 제일 먼저 한국 임시정부를 승인하는 것이라고 대성질호(大聲叱號)하였으며, 임시정부에서 화성돈(華盛頓 : 워싱턴)에 외교위원부를 설치하고 이승만 박사로 위장(委長)을 임명하여 외교와 선전에 노력 중이다.

군정으로는 한국광복군이 정식 성립되어 이청천(李靑天)으로 총사령을 임명하고 서안(西安)에 사령부를 설치하여 병사 모집, 훈련작전을 계획 실시 중이며, 재정으로 논하면 원년부터 2, 3, 4년까지는 본국의 비밀 연납(捐納)과 미국 하와이 교포의 세금 명목 상납의 실정이 원년도보다 2년의 숫자가 감소되고 3, 4, 5, 6년 이하로 점점 감소 —— 원인은 왜의 강압과 운동의 퇴조 등 —— 되어 임시정부 직무도 정체되고 직원들도 총차장(總次長)들 중에 투항·귀국자가 한둘이 아니어서 그 아랫사람을 가히 알 만하니 중요 원인이 경제 곤란이었다. 그렇던 현상이 홍구 작안 이후로 내외국인의 임시정부에 대한 태도가 호전되어 정부 재정 수입고가 해마다 증가되어 23년도 수입이 53만 이상에 달하니 임시정부 설립 이래 최고 기록이요, 이때부터 수백 수천 배의 수로 증가될 단계에 들어섰다.

당년에 상해 법조계 보경리 4호 이층에서 참담하고 고난한 환경을 극복하기 위하여 최대 최후의 결심을 하고 본지(本志) 상권을 쓰던 그때에 비하면 공체(公體 : 공공단체 곧 임시정부)로는 약간의 진보상태로 볼 수 있으나 나의 자신으로 논하면 하루하루 날이 갈수록 노병노쇠(老病老衰)를 맞이하기에 골몰하다. 상해 시대를 '죽자꾸나' 시대라 하면 중경 시대를 '죽어가는' 시대라 하겠다.

어떤 사람이 묻기를 '필경은 어떻게 죽기를 원하는가' 하면 나의 최대 욕망은 독립 성공 후에 본국에 들어가 입성식(入城式)을 하고 죽음이나, 아주 작게도 미국 하와이 동포들을 만나보고 돌아오다가 비행기 위에서 죽어지면 시체를 투하하여 산중에 떨어지면 금수의 뱃속에, 바다에 떨어지면 어류의 뱃속에 영장(永葬)하는 것이다.

세상은 고해라더니 생역난 사역난(生亦難死亦難 : 살기도 어렵고 죽기도 어려움)이다. 타살보다 자살은 결심이 곧 강하면 용이하염직하지마는 자살도 자유가 있는 데서 가능한 것이다. 옥중에서 나도 자살의 수단을 쓰다가 두 차

레나 실패 —— 인천옥에서 장질부사 때와 17년 후 축항공사 때 —— 하였다. 서대문 감옥에서 매산(梅山) 안명근(安明根) 형이 아사(餓死)를 결심하고 나에게 조용히 문(問)하거늘 나는 찬성하였지만, 그 실행함에 3, 4일 절식은 배가 아프니 머리가 아프다는 것으로 간수의 질문에 응하였으나 눈치 빠른 왜놈은 의사로 진찰하고 매산을 결박한 후 계란을 풀어서 입을 강제로 벌리고 먹이므로 자살을 단념하노라는 통고를 한 것 등을 보면 자유를 잃으면 자살도 용이한 일이 아니로다.

나의 70 평생을 회고하면 살려고 하여 산 것이 아니고 살아져서 산 것이고, 죽으려고 하여도 죽지 못한 이 몸이 필경은 죽어져서 죽게 되었도다.

상해 도착

안동현(安東縣)에서 기미 2월 영국 상인 솔지[1]의 윤선을 타고 15명 동행인들과 같이 4일 항해 일정 종료하고 상해 포동(浦東) 나루에 닻을 내렸다. 육지에 오르고자 할 제 눈에 선뜻 들어오는 것은 치마[裙]도 입지 않은 여자들이 삼판선(三板船 : 항구에서 사람이나 짐을 나르는 작은 배) 노를 저으면서 객인(客人)들을 실어나르는 모습이다. 불조계(佛租界 : 불란서 조계)에 상륙하니 안동현에서 승선할 시는 얼음덩이가 쌓인 것을 보았는데 이곳 큰길 가로수에는 녹음이 우거지고, 면의(棉衣)를 입고도 선중(船中)에서 추운 고생을 하다가 이제는 등과 얼굴에 땀이 난다. 그날은 일행들과 같이 공승서리(公陞西里)[2] 15호 우리 동포의 집에서 담요만 깔고 방바닥 잠을 자고, 익일은 상해에 집합된 동포 중에 친구를 조사한즉 이동녕 선생으로 위시하여 이광수, 서병호, 김홍서, 김보연(金甫淵) 등인데, 김보연은 장연군 김두원(金斗元)의 장자로 몇 년 전에 처자를 데리고 상해에 와서 살던 터로 나를 찾아와 자기 집에 함께 있기를 청하매 응하여부터는 상해 생활이 시작되었다.

---

1) 　　　이륭양행 운영자 조지 쇼(Jeorge Show)를 가리키는 듯함.
2) 　　　상권(上卷)에서는 '公昇西里'로 표기하였음.

주인 김군을 안내자로 하여 10여 년 동안을 주야로 그리던 이동녕(李東寧) 선생을 찾았다. 그분은 수년 전 양기탁(梁起鐸) 사랑에서 서간도에 가서 무관학교 설립과 지사들을 소집하여 장래에 광복사업을 준비할 중임(重任)을 전권 위임하던 그때보다는 10여 년 동안 무수한 고생을 경과함인지 그같이 풍성하던 얼굴에는 주름살이 잡히었다. 서로 악수하고 나니 감개무량하여 무슨 말을 할 것도 생각이 나지를 않는다.

당시 상해 한인은 5백여 명의 숫자를 가진 중에 약간의 상업자와 유학생과 십여 명의 전차회사 차표원을 제하고서는 대부분이 독립운동을 목적으로 하고 본국, 일본, 미주, 중국, 아령(俄領 : 러시아)에서 내회(來會)한 지사들이라.

내지 13도가 각 대도시는 물론이고 벽항궁촌(僻巷窮村)에서라도 독립만세를 부르지 않는 곳이 없이 물끓듯 하고 해외도 우리 한인은 어느 국토에를 거주하든지 정신으로나 행동으로나 독립운동은 일치하게 전개되었나니 그 원인을 말하면 대체 둘로 분할할 수 있다.

첫째는 소위 한일합병의 참뜻을 알지 못하고 단조(檀祖 : 단군시조) 개국 이후 외족의 명목상 속국이 된 적도 있고, 같은 민족으로도 이씨가 왕(王)씨를 혁명하고 스스로 왕위에 오른 전례가 있으므로 왜놈에게 병탄을 당하여도 당(唐), 원(元), 명(明), 청(淸) 등 시대같이 우리가 완전 자치는 하고 명목상으로만 왜의 속국이 되는 줄 인식하는 동포가 대부분이고, 안남(安南 : 베트남), 인도에 행하는 영·불의 정치를 절충하려는 왜놈의 독계(毒計)를 꿰뚫어 알아차린 인사는 백분지 2, 3에 불과하였으나, 합병 후 제1착으로 안악 사건을 만들어 냄과 제2차로 선천(宣川) 105인 사건의 참학무도(慘虐無道)한 것을 보고 시일갈상(時日曷喪 : 저 태양이 언제 무너지는가)[3]의 악감정이 격발

---

3)   『서경(書經)』 「탕서(湯誓)」에 나오는 말. 포악한 군주 밑에서 고생을 하느니 차라리 태양이 무너져 모두가 죽었으면 좋겠다는 뜻. 여기서는 친필 원본의 '是日曷喪'을 출전에 맞추어 '時日曷喪'으로 옮겨 적었음.

(激發)될 기분이 농후함이요.

둘째는 제1차 세계대전이 종료되고 파리강화회의에서 미 대통령 윌슨이 민족자결주의를 제창함이다.

이상 두 원인으로 우리의 만세운동이 폭발되었다. 그러므로 상해에 모인 5백여 명의 인원은 어느 곳에서 왔든지 우리의 지도자인 노선배와 연부역강 (年富力強 : 나이 어리고 힘셈)한 청년투사들이라, 당시 상해에 새로 도착한 인사들이 벌써 신한청년당을 조직하여 김규식(金奎植)[4]을 파리의 대표로 파송하였고 김철(金澈)을 본국 내에 대표로 파견하여 활동하는데, 여러 청년들 중에는 정부조직이 대내외적인 운동 추진에 절대 필요하다는 목소리가 점점 높아져 각 도에서 온 인사들이 각기 대표를 선출하여 임시의정원을 조직하고 임시정부가 탄생되니 즉 대한민국임시정부라.

이승만(李承晩)으로 총리를 임(任)하고 내·외·군·재·법·교(內外軍財法交) 등 부서가 조직되고, 안도산(安島山 : 안창호)이 미주에서 상해로 도착하여 내무총장으로 취임하였다. 각 부총장이 먼 지역에서 미처 도착하지 못하므로 차장들을 대리로 하여 국무회의를 진행 중에 이동휘(李東輝), 문창범 (文昌範)은 아령(俄領)으로부터, 이시영(李始榮), 남형우(南亨祐) 등은 북경으로부터 집합되어 정부 사무가 시작될 즈음에 한성에서 비밀히 각 도 대표가 모여 이승만으로 집정관 총재를 임한 정부를 조직하였으나 내지에서 행사키 불능하므로 상해로 보내니 불모이동(不謀而同 : 미리 짜거나 의논하거나 하지 않았는데도 의견이 같음)으로 두 개의 정부가 되었다.

이에 두 정부를 개조하여 이승만으로 대통령을 임하고 4월 11일에 헌법을 발포하였다. 이런 내용은 운동사와 임시정부 회의록에 상재(詳載 : 상세히 기록)하였으니 약기(略記)하고 나에 대한 사실만 쓴다.

---

4)   독립운동가, 정치가(1877~1950). 서울 출생. 미국 유학 후 귀국하였다가 합방 이후 다시 상해로 망명함. 임시정부 요직으로 있으면서 한때 중국에서 영문학 교수를 지냄. 해방 후 정치활동을 하다 6·25 때 납북되어 만포진(滿浦鎭)에서 병사함.

경무국장(警務局長)

나는 내무총장인 안창호 선생을 보고 정부 문 파수시켜 주기를 청하였다. 그이는 내가 벼슬을 시키지 않는 반감이나 가지지나 않는가 생각하는 빛이 보인다. 나는 종전에 내지에서 교육사업을 할 적에 어느 곳에서 순사 시험과목을 보고 집에 가서 혼자 시험을 쳐서 합격이 못 되었고, 서대문 감옥에서 징역할 때에 소망한 것이 후일에 만일 독립정부가 조직되거든 정부 뜰을 쓸고 문을 지키기로 한 것과, 또는 이름은 구(九)로, 별호는 백범(白凡)으로 고친 내용을 들어 평소 소원을 말하였다.

도산은 쾌락을 하며 자기가 미국서 본즉 백궁(白宮 : 백악관)을 지키는 관원이 있는 것을 보았으니 백범 같은 이가 우리 정부 청사를 수호함이 적당하니 명일 국무회의에 제출하마 한즉 마음에 자부심이 생겨 기뻤다. 다음 날 아침에 도산은 나에게 경무국장 임명장을 주며 취임 시무하기를 권하나 나는 고사하였다. 순사의 자격도 못 미치는 나는 경무국장 직은 불감당이라 하였으나,

"국무회의에서 백범은 다년 감옥에서 왜놈의 사정을 잘 알고 혁명시기 인재는 정신을 보아서 등용함이라 하고 이미 임명한 것이니 사양치 말고 공

무를 수행하라."

고 강권하므로 직무를 맡아 시무하였다.

5년 동안 복무할 시에 경무국장이 신문관, 검사, 판사로 집형(執刑)까지 하게 된다. 요약하면 범죄자 처분에 훈계가 아니면 사형이다. 예를 들면 김도순(金道淳)이가 17세 소년으로 본국에 파견하였던 정부 특파원의 뒤를 따라 상해에 와서 왜 영사관을 협조하여 특파원을 체포코자 여비 10원(元)을 받은 미성년을 부득이 극형하는, 기성 국가에서 보지 못할 특종 사건 등이다.

경무국 사무에는 남의 조계에 붙어 사는 임시정부니 만치 지금 세계 기성 각국의 보통 경찰 행정이 아니고 왜적의 정탐 활동을 방지하고 독립운동자의 투항자 유무를 정찰하며 왜의 마수가 어느 방면으로 침입하는가를 명찰(明察)하기 위하여 정복(正服)과 편의(便衣 : 사복) 경호원 20여 명을 고용하였다.

홍구(虹口) 왜 영사관과 우리 경무국이 대립이 되어 암투 중이다. 당시 불조계 당국이 우리 독립운동에 대하여 특별 동정이 있으므로 일 영사(領事)가 우리 운동자를 체포코자 요구가 있을 시는 우리 기관에 통지하여, 막상 체포시는 일경관을 대동하고 빈집을 수색하고 갈 뿐이었다. 왜구 전중의일(田中義一 : 다나카 기이치)이 황포 나루에서 오성륜(吳成倫) 등에게 폭탄을 맞았으나 폭발이 안 되므로 권총을 발사하여 미국 여행인 한 여자가 총탄에 맞아 사망한 후 일·영·불 3국의 합작으로 불조계 한인을 대거 수색 체포할 시에는 우리 집에는 모친까지 본국서 상해로 오신 때라.

하루는 아침 일찍 왜경 7인이 노기등등하여 침실에 침입하자, 불경관(佛警官) 서대납(西大納)이는 나와 숙친한 자로서 사전에 나인 줄 알았으면 잡으러 오지부터 않았을 터이나, 왜말과 불어가 서로 달라 체포장의 이름을 김구(金九)로 알지 못하고 한인 강도로 알고 체포코자 한 것인데, 실제 와서 본즉 잘 아는 터이라. 왜놈들이 달려들어 철 수갑을 채우려 할 제 서대납은 금지하며 나를 향하여 옷을 입고 불란서 경무국으로 가자는 뜻을 표한다. 나는 그 말을 따라 숭산로 포방(捕房)으로 가서 본즉 원세훈(元世勳) 등 5인은 먼저 잡아다가 유치장에 구금하여 놓고서 내게 왔던 것이라. 내가 유치장에 들어간 후에 왜경이 와서 신문을 하려 한즉 불인(佛人)은 불허하고 일 영사가 인도를 요구함도 불청(不聽)하고 나에게 묻기를,

"체포된 5인을 김군이 잘 아는 사람인가?"

함에 5인이 다 좋은 동지라 하였다. 또다시 묻기를,

"김군이 5인을 담보하고 데리고 가기를 원하는가."

함에 원한다 한즉 즉시 석방하는지라. 내가 다년 불 경찰국에 한인 범죄자들이 체포될 시는 나는 배심관으로 임시정부를 대표하여 신문 처단하던 터이므로 불(佛) 공무국(工務局)[1]에서는 나만 인도치 않을 뿐 아니라 내가 보증하면 현행범 외에는 즉시 석방시키었다.

왜가 불인(佛人)의 나에 대한 관계를 안 이후로 체포 요구를 하지 않고 정탐(정탐꾼)으로 하여금 김구를 유인하여 불조계 외 영조계(英租界)나 중국지계(地界)에만 데리고 오면 포박하여서 중·영 당국에 통보만 하고 잡아갈 의도이므로 나는 불조계에서 한 발자국도 떠나지 않았다.

불조계 생활 14년 동안에 기괴한 사건을 일일이 기록하기가 불능하고 또 연월일시를 망실하여 순서를 차리기 어렵다. 5개년 경무국장의 직임을 맡고 지낸 때에 고등정탐인 선우갑(鮮于甲)을 유인하여 포박 신문하여 사죄(死罪)를 자인케 하고 사형 집행을 원하는 것을 본 후에, '살려줄 터이니 장공속죄(將功贖罪)할 터이냐' 한즉 소원이라 하기로 해박이송지(解縛而送之 : 결박을 풀어주고 내보냄)러니, 상해에서 정탐한 문건을 임시정부에 헌상하겠다고 한다. 이에 시간을 약속하고 김보연(金甫淵), 손두환(孫斗煥) 등을 왜놈의 승전여관(勝田旅館)에 보내었다. 과연 선우갑은 왜에게 고발하여 체포케 하지 않을 뿐 아니라, 이후 내가 전화로 호출하면 곧바로 와서 대기하였다. 그러다가 4

---

1) 중국 조계 내에서 그 지역의 행정, 외교, 치안 등 일체 사무를 담당하던 프랑스의 행정·사법 기관.

일 후에 도망쳐 본국으로 돌아가서 임시정부 덕의(德意)를 칭송하였다 한다.

강인우(姜麟佑)는 왜경부(倭警部)[2]로 비밀 사명을 띠고 상해에 와서 자기가 온 임무를 내게 보고하겠으니 대면을 허락하겠는가 편지하였기로 왜놈과 동행하면 족히 체포할 수 있는 영계(英界 : 영국 조계) 신세계 채관(茶館 : 음식점)으로 청하고 정각에 가서 본즉 강인우 한 사람만 왔더라. 강은,

"총독부에서 사명을 받은 것은 모모(某某) 사건인즉 그 점을 주의하고 선생께서 거짓 보고 자료를 주시면 귀국하여 색책(塞責 : 겉으로 책임을 대충 얼버무림)이나 하겠습니다."

한다. 나는 쾌락하고 자료를 잘 제작하여 주었더니 귀국 후에 공로로 풍산 군수가 되었더라.

구한국 내무대신 동농(東農) 김가진(金嘉鎭)[3] 선생은 한일합병 후에 남작[4]을 받았던 것을 기미년 3·1 선언 이후에 대동당(大同黨)[5]을 조직, 활동하다가 아들 의한(懿漢)군을 이끌고 여생을 독립운동 책원지(策源地)에서 보냄을 대영광 대목적으로 자인하고 상해에 건너왔다. 후에 왜 총독은 남작 중에 독립운동에 참가한 것이 일본에 수치로 생각하여 의한 자부(子婦 : 며느리)의 사촌오빠인 정필화(鄭弼和)[6]를 밀파하여 김동농(金東農) 선생을 은밀 권고케 하였다. 이 활동이 진행됨을 발견하고 정필화를 비밀 검거 신문한즉 일일이

---

2) 경부는 일제시대의 경찰관. 경시(警視)의 아래, 경부보(補)의 바로 위 계급. 해방 후에는 경감(警監)으로 바뀜.

3) 구한말의 정치가, 독립운동가(1846~1922). 호는 동농. 안동 출신. 공조판서, 농상공부대신을 지냄. 한일합병 후 대동단 총재로 암약하다가 1920년 아들 김의한(金毅漢)과 함께 상해로 망명하여 임시정부 요인으로 활동했음. 한학과 서예에 정통함.

4) 합병과 더불어 일본에서는 구한말 인사 75명에게 후작·백작·자작·남작의 네 가지 작위를 나누어 주었음. 앞의 세 작위는 일본의 합병에 적극 협력한 사람이나 왕실의 친족에게 주었고, 남작은 나머지 고관을 지낸 자에게 회유 차원에서 명목상 주었음.

5) 일명 대동단. 1919년 5월 전협(全協), 최익환(崔益煥) 등이 주동이 되어 조직한 독립운동 단체. 김가진이 총재로 추대됨. 그해 11월 의친왕(義親王) 강(堈)을 해외로 탈출하게 하려다 발각되어 해체됨.

6) 김의한의 부인인 정정화(鄭靖和)는 그의 자서전에서 정필화가 8촌 오라버니라고 확인했음. 정필화는 일제와 끈을 대고 친일행각을 한 것으로 기록되고 있음.

자백하므로 처교(處絞)하였다.

해주인 황학선(黃鶴善)은 독립운동 이전에 상해로 온 자인데, 청년으로 가장 우리 운동에 열정이 있어 보이므로 각 지방에서 온 지사들이 황의 집에 숙식케 되었다. 황은 이를 기회로 하여 성립이 며칠 되지 않은 임시정부를 악평하여 새로 도착한 청년 중에 동농 선생과 같이 경성에서 열렬히 운동하던 나창헌(羅昌憲) 등이 황의 독계에 빠져 정부에 극단 악감을 품고 김기제(金基濟), 김의한(金懿漢) 등 십수 명이 임시정부 내무부를 습격한 사건이 발생하였다. 그때 정부를 옹호하는 청년들이 극도 분격하여 육박전이 개시됨에 나창헌, 김기제 양인은 중상을 입었다.

내무총장 이동녕 선생의 명령으로 포박된 10여명 청년은 훈계 방면하고 중상된 나·김 양인은 입원 치료케 하였다. 경무국에서는 그 분란의 원인을 자세히 조사한즉 놀랄 만한 사건이 발생된다. 나·김 등 활동의 배후에는 황학선이가 활동 자금을 공급하였고 황의 배후에는 일본 영사관에서 자금과 계획을 내려 보낸 것이다.

황모를 비밀 체포 신문한즉 나창헌 등의 애국 열정을 이용하여 정부의 각 총장과 경무국장 김구까지 전부 암살키 위하여 후미지고 조용한 곳에 3층 양옥을 빌려 대문에 민생의원(民生醫院)이란 간판을 붙이고 —— 나군은 의과생 —— 정부 요인들을 유치 암살하자던 것이다. 황의 신문기(訊問記)를 가지고 나창헌에게 보인즉 나군은 대경(大驚)하여 처음부터 황에 속아서 무의식적으로 대죄를 범할 뻔한 사정을 설명하고 황의 극형을 주장하나 벌써 형을 행하고 나군 등의 행위를 조사 중이었다.

어느 때는 성이 박가라는 우리 청년이 경무국장 면회를 청하기로 대면한즉 초면에 눈물을 흘리며 품속에서 단총(短銃) 한 자루와 왜놈이 준 수첩 1책을 내어놓으며 말한다.

"저는 며칠 전에 본국에서 생계차로 상해에 도착하였는데, 도착하자마자 일 영사관에서 나의 튼튼한 체구를 보더니 김구를 살해하고 오면 다수 금전도 주고 본국 가족들은 국가 토지를 주어 경작케 하겠으나 만일 불응하면 불령선인(不逞鮮人 : 일본 정부에 악감이나 불평불만을 품고 제멋대로 행동하는 조선인)으로 엄벌한다고 하기에 응낙하였습니다만, 불조계에 와서 선생을 멀리서 보기도 하고 독립을 위하여 애쓰시는 것을 보고서 나도 한인의 1분자로 어찌 감히 살해할 마음을 품을 수 있습니까. 소이(所以)로 단총과 수첩을 선생께 바치고 중국 지방으로 가서 상업을 경영코자 하나이다."

나는 감사의 뜻을 표하였다.

나의 신조로는 일을 맡김에 그 사람을 의심하지 아니하고, 그 사람이 의심스러우면 일을 맡기지 아니하니, 일생을 통하여 이 신조 때문에 종종 해를 당하면서도 천성이라 개변(改變)치 못하였다. 경호원 한태규(韓泰奎)는 평양인인데 위인이 근실하므로 7, 8년을 데리고 있는 사이에 내외인의 신망이 심히 두터워서 내가 경무국장을 그만둔 후라도 경무국 사무를 의연히 보던 터이라. 계원 노백린(盧伯麟) 형이 어느 날 아침 일찍 나의 집에 와서,

"뒷길에 어떤 젊은 여자의 시체가 하나 있는데 한인이라고 중국인들이 떠드니 백범 나가 봅세다."

하였다. 나는 계원과 가서 본즉 명주(明珠)의 시체이더라. 명주는 하등(下等) 여자로 상해를 어찌 하여 왔는지 정인과(鄭仁果)[7], 황진남(黃鎭南) 등의 취모(炊母 : 식모)로도 있었고 청년 남자들과 야합적 행위도 있는 모양인데 어느 때 야반(夜半)에 한태규와 동반하여 내왕하는 것을 보고 나의 생각에 한군도 청년인즉 서로 친한 관계가 있는가보다고 한 때가 그다지 멀지 않은 것으로 기억된다. 시신을 자세히 살펴본즉 피살이 분명하다. 타박으로 두상(頭上)에 혈흔이 있고 경부(頸部 : 목 부분)를 끈으로 졸랐는데 그 교살한 수법이 내가 서대문 감옥에서 김진사에게 활빈당에서 사형하는 방법을 습득한 후 경호원들에게 연습시켜 가지고 정탐꾼 처치에 응용하던 그 수법과 흡사하다.

---

7)　　평안남도 순천 출생(1888~1972). 평양 숭실전문 졸업, 1920년 임시정부 의정원 의원, 외무 차장을 지냈으나, 1924년 귀국해서는 궁성요배, 신사참배를 실천하는 친일파로 변신함.

나는 불(佛) 공무국에 달려가서 서대납(西大納)에게 고발하고 협동 조사에 착수하였다. 한태규가 명주와 야간 출입하던 곳을 집집마다 찾아가 생김새가 어떠한 남녀가 방을 빌린 일이 있는가 탐문한즉 1개월 전에 한모와 명주가 함께 거주한 사실을 발견하였으나 명주의 시체가 있는 곳과는 거리가 멀다. 그 시체가 놓여 있는 주변 셋집의 셋방 명부를 조사한즉 10여 일 전에 방 한 칸을 한(韓)씨 성에게 빌려준 기록이 있는데 그 방문을 열고 자세히 살펴본즉 마루 위에 혈흔이 있는지라. 그런즉 한에게 의혹이 집중되는지라. 서대납과 한태규 체포를 상의하고 나는 한태규를 불러서,

"요즘은 어디서 숙식을 하는가?"

물은즉,

"방을 얻지 못하여 이리저리 다니며 숙식합니다."

한다. 문답할 즈음에 불란서 순포(巡捕 : 경찰)가 체포하였다. 내가 배심관으로 신문한즉 한은 내가 경무국장을 그만둔 후 여러 가지 환경으로 왜놈에게 매수되어 밀탐을 하며 명주와 비밀 동거하던 중 명주에게 왜의 주구(走狗 : 앞잡이)임이 탄로나게 되었고, 명주는 불학무식한 하류 여자나 애국심이 강하고 나를 극히 신망한즉 반드시 고발할 형세이므로 후환을 없애기 위하여 암살한 사실을 자백하므로 종신 징역에 처하게 한 것이다.

이 사건에 대한 조사를 할 때 동료이던 나우(羅愚) 등은 말하기를,

"우리는 한군이 용전여수(用錢如水 : 돈을 물쓰듯 함)하고 괴상한 행동을 하여 십중팔구 정탐꾼이라고 추측한 지 오래이나, 확실한 증거를 못 얻고 단지 의심으로만 선생께 보고하였다가는 도리어 선생께 동지를 의심한다는 책망이나 들을 것이므로 함구하였다."

는 것이다.

그 후 한태규는 감옥의 중수(重囚 : 중범)들과 같이 파옥을 공모하여 양력 1월 1일 이른 아침에 거사키로 결정한 후 이런 사실을 미리 불(佛) 옥관(獄官)에게 밀고하였다. 정각에 간수들은 총을 들고 더욱 경계하다가 각 옥방 문

이 일시에 열리며 칼과 몽둥이와 돌을 가진 수범(囚犯)들이 몰려 나오는 대로 총을 쏘아 8명의 수범이 즉사한 후에 나머지는 감히 움직이지도 못하여 옥란(獄亂)은 진정되었다.

재판시에 태규가 8인의 관(棺) 맨 앞에서 증인으로 출정하더라는 말을 들을 때에 그런 악한을 절대 신임하던 나는 세상에 머리를 들 수 없다는 자괴심으로 무쌍히 고민하며 지내는데, 하루는 태규의 서신이 왔기로 본즉 감옥수로 동거하던 옥우(獄友)를 8명이나 잔인하게 해함에 불란서 옥관이 큰 공을 세웠다며 특전으로 풀어 주었으니 전죄를 용서하고 써 주기를 원한다 하였으나 나의 회답이 없음을 보고 겁이 났던지 귀국하여 평양에서 소매상으로 돌아다니더라는 소식을 들었다.

민족주의와
공산주의

❋

　상해의 우리 시국(時局)으로 논하면 기미년 즉 대한민국 원년에는 국내 국외가 일치하여 민족운동으로만 진전되었으나 세계사조가 점차 봉건이니 사회이니 복잡화됨에 따라 우리 단순하던 운동계에서도 사상이 갈래로 나뉘고, 이에 따라 음으로 양으로 투쟁이 개시되는 데는 임시정부 직원 중에도 공산주의니 민족주의니 —— 민족주의는 세계가 규정하는 자기 민족만 강화하여 타 민족을 압박하는 주의가 아니고 우리 한국 민족도 자주독립하여 다른 민족과 같은 완전 행복을 향유하자 함—— 하여 분파적 충돌이 격렬하여진다.

　심지어 정부 국무원에서도 대통령과 각 부총장이 혹은 민주주의 혹은 공산주의로 각기 자기가 옳다는 쪽을 따르니, 큰 줄기만 들어 보면, 국무총리 이동휘(李東輝)는 공산혁명을 부르짖고 대통령 이승만은 데모크라시를 주창하여 국무회의 석상에서고 의견 불일치로 종종 쟁론이 생겨 국시(國是)가 서지 못하여 정부 내부에 기괴한 현상이 연이어 생겨난다.

　예를 들면 국무회의에서 아라(俄羅 : 러시아) 대표로 여운형(呂運亨), 안공근(安恭根 : 안중근 의사의 동생), 한형권(韓亨權) 3인을 파견키로 결정하고 여비를 갹출하던 중에 금전이 입수됨을 보고 이동휘는 자기 심복인 한형권을 비밀히 먼저 파견하여 서백리아(西伯利亞 : 시베리아)를 통과한 후에야 공개한즉 정부나 사회에 물의가 분분히 전해졌다. 이동휘는 호 성재(誠齋)인데 해삼위(海蔘尉 : 블라디보스토크)에서 성명을 바꾸어 대자유(大自由)라고 행세하던 일도 있다고 한다.

어느 날 이 총리(이동휘)가 나에게 공원 산보를 청하기로 동반하였더니 이씨는 조용히 자기를 도와 달라는 말을 한다. 나는 좀 불쾌한 생각이 난다. 나는 이같이 대답하였다.

"제(弟)가 경무국장으로 총리를 보호하는 터에 무슨 직책상으로 잘못된 일이 있습니까?"

이씨는 손을 저으며 말한다.,

"부부(否否 : '아니다'라는 뜻의 중국식 표현)라. 대저 혁명은 유혈의 사업이니 어느 민족에나 대사(大事)인데, 지금 우리 독립운동은 민주주의인즉 이대로 독립을 한 후에도 다시 공산혁명을 하게 되니 두 번 유혈은 우리 민족의 대불행인즉 그대도 나와 같이 공산혁명을 하자는 요구이니 뜻이 어떠하오?"

나는 반문하였다.

"우리가 공산혁명을 하자면 제3국제당[1]의 지휘명령을 받지 않고 우리가 독자적으로 공산혁명을 할 수 있습니까?"

이씨가 고개를 가로저으며,

"불가능이오."

함에 나는 강경한 어조로,

"우리 독립운동은 우리 한족(韓族)의 독자성을 떠나서 어느 제3자의 지도

---

1)   1919년 3월 레닌의 지도 아래 러시아 공산당과 독일의 사회민주당 좌파를 중심으로 조직된 세계 각국 공산당의 통일적인 국제조직. 일명 국제공산당, 제3국제공산당, 코민테른.

명령의 지배를 수(受)함은 자존성을 상실하고 의존성 운동이니 선생은 우리 임시정부 헌장에 위배되는 말을 하심이 대불가(大不可)하고, 제는 선생 지도를 따를 수 없으며, 선생의 자중을 경고합니다."

하였더니 이씨는 불만의 안색으로 나와 헤어졌다.

이씨가 밀파한 한형권은 단신으로 서백리아에 도착하여 아(俄 : 러시아) 관리에게 도착한 사명을 전달한즉 아 관리는 즉시 막사과(莫斯科 : 모스크바) 정부에 보고한 결과 아 정부에서 한국 대표를 환영하니, 길가에 한인을 동원시켜 한형권이 도착하는 정거장마다 한인 남녀들은 태극기를 손에 들고 임시정부 대표를 열렬히 환영하였고, 급기야 막사과에 도달한즉 아국(俄國) 최고령(最高領) 레닌씨가 친히 맞이하여 한(韓)에게,

"독립자금을 얼마나 요하느냐?"

물을 시에 솔구이출(率口而出 : 입에서 나오는 대로)로 2백만 루블을 요하였다. 레닌은 웃으면서,

"일본을 대항하는데 2백만으로 될 수 있는가?"

하니 한(韓)은 말하기를,

"본국과 미국에 있는 동포들이 자금을 조달한다."

한즉 레닌은 말하기를,

"자기 민족이 자기 사업을 하는 것은 당연하다."

하고 즉시 2백만 현금전(現金錢)을 아(俄) 외교부에 명령하여 내주게 하였으나, 금괴(金塊 : 돈뭉치) 운반시 우선 제1차 40만원(元)을 한형권이 휴대하고 서백리아에 도착할 시기를 맞추어 이동휘는 비서장 김립(金立)을 밀파하여 한형권에게 그 금괴를 임시정부에 납부치 말도록 하였다. 김립은 그 금전으로 북간도 자기 식구를 위하여 토지를 사들이고, 소위 공산운동자라는 한인, 중국인, 인도인에게 얼마를 지급하고 자기는 상해에 비밀 잠복하여 광동 여자를 첩으로 삼아 향락하는지라.

임시정부에서는 이동휘에게 문죄(問罪)케 된즉 이씨는 총리의 직을 사면

(辭免)하고 아국으로 도망하였고, 한형권은 다시 아경(俄京 : 러시아 수도 곧 모스크바)에 가서 통일운동을 하겠다는 이유를 설명하고 20만 루블을 받아 상해에 잠입하였다. 한이 상해 공산당도들에게 금력을 살포하여 소위 국민대표대회를 소집함에 한인 공산당이 3파로 분립하였으니, 상해에서 설립한 것은 왈(日) 상해파로 그 수두(首頭 : 우두머리)는 이동휘이며, 왈 이르쿠츠크로 그 수두는 안병찬(安秉贊), 여운형 등이고, 일본서 공부하던 유학파들로서 일본서 조직된 것은 왈 엠엘(ML) 파니 일인(日人) 복본화부(福本和夫 : 후쿠모토 가즈오)와 김준연(金俊淵) 등을 수두로 한 것인데, 상해서는 세력이 미약하나 만주서는 맹렬한 활동을 하였고, 응유진유(應有盡有 : 있어야 할 것은 다 있음)로 이을규(李乙奎), 이정규(李丁奎) 형제와 유자명(柳子明) 등은 무정부주의를 신봉하여 상해, 천진 등지에서 활동이 맹렬하였다.

상해에서 개최한 국민대표대회[2]는 잡종회(雜種會)라 할 만하니 일본, 조선, 중국, 아국 등 각처 한인 단체의 대표라는 형형색색의 명칭으로 200여 대표가 회집하였는데, 그중에는 니시(尼市 : 이르쿠츠크), 상해 양파 공당(共黨 : 공산당)이 서로 경쟁적으로 민족주의자인 대표들을 분열시켜 나누어 가졌다.

니시파는 창조, 상해파는 개조를 주장하다가 마침내 하나로 통일되지 못하여 그 모임은 분열되었는데, 창조파에서는 '한국정부(韓國政府)'를 조직하고 그 정부 외무총장인 김규식(金奎植)은 소위 한국정부를 이끌고 해삼위까지 가서 아국에 출품(出品)하다가 아국이 치지불리(置之不理 : 한쪽에 처박아 두고 상관하지 않음)하므로 계불입량(計不入量 : 계획이 들어맞지 않음)되었다.

국민대표대회에서 양파 공당이 상호투쟁함에 순진한 독립운동자들까지

---

2)　구국의 방책을 논의할 목적으로 1923년 1월 국내외 각계의 독립운동단체들이 상해에서 개최한 회의. 임시정부는 이 집회를 인정하지 않았으며, 이 대회에 참가한 주요 단체에서도 임정에 대해 공식 정부기구로서의 대표성을 인정하지 않았음. 해외 독립운동 집회로는 가장 규모가 컸음. 내부 분열로 인하여 결론을 얻지 못하고 23년 5월 해체.

도 양파로 나뉘어 혹은 창조 혹은 개조로 전체가 요란케 되므로 나는 당시 내무총장의 직권으로 국민대표대회의 해산령을 발하였다. 이로부터 시국은 안정되었고 정부의 공금횡령범 김립은 오면직(吳冕稙), 노종균(盧宗均) 등 청년에게 총살을 당하니 인심은 명쾌하다는 평이더라.

임시정부에서는 한형권의 아국 대표를 파면하고 안공근을 주아(駐俄) 대표로 파송하였으나 별 효과가 없었고, 아국과의 외교관계는 이로부터 단절되었다. 상해에서는 공산당 청년들이 국민대회를 실패한 후에도 통일의 미명(美名)으로 부단히 민족운동자들을 종용하였다. 공산당 청년들은 의연히 양파로 분립하여 동일한 목적, 동일한 명칭의 재중국 청년동맹과 주중국(住中國) 청년동맹이 각기 상해 우리 청년들을 쟁탈하여 처음 주장하던 독립 운동을 공산운동화하자고 절규하였다.

그러다가 레닌의 공산당인들이 주장하기를 '식민지 운동은 복국운동(復國運動 : 빼앗긴 나라를 회복하는 운동)이 사회운동보다 첩경'이라고 하자 줄기차게 민족운동 즉 복국운동을 비난 조소하던 공산당원들이 졸지에 변하여 독립운동 민족운동을 공산당시(共産黨是 : 공산당의 이념이나 대강)로 주창하는데, 민족주의자들이 자연 찬동하여 유일독립당 촉성회를 성립하였다. 그러나 내부에 여전히 양파 공산당의 권리 쟁탈전이 음으로 양으로 대립되어 일보난진(一步難進 : 한 발짝도 나아가지 못함)이므로 민족운동자들도 차차 깨달음이 생기어 공산당의 기만 술책에 빠지지 않자 공당의 음모로 촉성회는 해산되었다.

그 후에 한국독립당이 조직되니 순전한 민족주의자 이동녕, 안창호, 조완구(趙琬九)[3], 이유필(李裕弼)[4], 차이석(車利錫)[5], 김붕준(金朋濬)[6], 김구, 송

---

3)　서울 출신(1880~?). 호는 우천(藕泉). 1915년 북간도에서 대종교 포교 활동. 1919년 임정 수립, 국무위원 역임. 1921년 협성회 가담. 이봉창. 윤봉길 의사 거사에 기여. 해방후 6 · 25 때 납북.

4)　평북 의주 출생(1885~1945). 호는 춘산(春山) 105인 사건에 관련되어 진도에 유배되었으며, 상해에 망명한 후 임정 내무총장을 지내다가 1933년 일제에 피검되어 3년간 투옥됨. 해방후 신의주에서 남하하다 삼팔선 부근에서 타계.

병조(宋秉祚) 등이 주체가 되어 창립하였으며, 이로부터 민족운동자와 공산
운동자가 조직을 따로 가지게 되었다. 공산당들은 상해의 민족운동자들이
자기의 수단에 농락이 되지 않음을 깨닫고 남북만주로 진출하여서는 상해
의 활동보다 십층 백층 더 맹렬하였다. 이상룡(李尙龍)의 자손은 살부회(殺父
會 : 공산당에 반대하는 부모를 살해하는 것)까지 조직하였다. 살부회에서도 체면
을 보았는지 회원이 직접 자기 손으로 아비를 죽이는 것이 아니라 너는 내
아비를 죽이고 나는 네 아비를 죽이는 규칙이라 한다.

5) 평북 서천 출생(1881~1945). 호는 동암(東岩). 청년 시절부터 신민회원으로 독립운동에 가
    담했으며, 1911년 105인 사건에 연루되어 3년간 투옥됨. 3·1운동 후 상해로 건너가 임정
    국무위원, 비서장을 역임함. 1945년 해방을 앞두고 중경에서 병사함.

6) 평남 용강 출생(1888~?). 자는 기원(起元), 호는 당헌(棠軒). 1907년 신민회 가담. 1919년
    임정에 참여. 1933년 중국군에 가담하여 항일전 참가. 1939년 임시의정원 의장. 해방후 6·
    25 때 납북.

정의(正義)·신민(新民)· 참의(參議)부

남북 만주의 독립운동 단결체로 정의부(正義部)[1], 신민부(新民部)[2], 참의부 (參議部)[3] 외에 남군정서(南軍政署), 북군정서(北軍政署)[4] 등 각 기관에 공산당 이 침입하여 각 기관을 여지없이 파훼하고 인명을 살해하니 백광운(白狂雲), 정일우(鄭一雨), 김좌진, 김규식 등 우리 운동계에 없지 못할 건장(健將)들을 다 상실하였고, 그로 인하여 내외지 동포의 독립사상이 나로 감쇄(減殺)되었다.

화불단행(禍不單行 : 재앙은 한 번에 그치지 않음)이라고 동삼성(東三省)의 왕 이라 할 장작림(張作霖)[5]과 일본과의 협정이 성립되어 독립운동하는 한인은

---

1) 1925년 만주 길림에서 통의부, 길림주민회, 의성단(義成團), 광정단(匡正團) 등이 통합되어 조직된 단체. 양기탁·이청천이 주도함. 일본 관청 습격, 신문 간행, 학교 설립 등의 사업을 벌임.

2) 1925년 만주 영안현(寧安縣)에서 김좌진 주창으로 여러 독립군 단체를 통합 조직한 단체. 성동(城東)사관학교를 건립.

3) 통의부(通義府)와 의군부(義軍府) 사이의 알력에 불만을 느낀 각지의 유지들이 1924년 조직함.

4) 원명은 북로군정서. 1919년 길림성에서 조직된 무장 독립운동단체. 1920년 청산리전투에서 일본군을 대파함.

잡히는 대로 왜에게 인도하고, 심지어 중국 백성들이 한인 1명의 머리를 베어 가지고 왜놈 영사관에 가면 기십원 내지 3, 4원씩 받고 팔았다. 하필 중국 백성이랴. 그곳 우리 한인들도 처음은 아무리 중국 땅에 거주하여도 가가호호에서 매년 우리 독립운동 기관인 정의부나 신민부에 정성을 다하여 세금을 내 오던 순민(順民)들이었건만 우리 무장한 군대에게 협박과 침탈을 당하고 점차 반감을 가져 독립군이 자기 집이나 고을에 들이닥치면 비밀히 왜놈에게 고발하는 악풍이 생기며, 독립운동자들도 점차 왜에게 투항의 기풍도 일어나고 보니 동삼성의 운동근거는 자연 박약하여지더라.

왜놈의 난익(卵翼 : 달걀을 품은 닭) 아래에 만주제국이 탄생되니 만주는 제2조선이 되어 버리었다. 이 얼마나 침통한 일인가. 동삼성 정의, 신민, 참의 3부의 임시정부와의 관계는 어떠하였던가.

임시정부가 처음 조직될 시는 〔임시정부를〕 최고기관으로 인정, 추대를 하였으나 나중에는 점점 할거화하여 이 3부에서 군정(軍政), 민정(民政)까지도 합작을 하지 않는가 하면 영역을 다투어 피차 전쟁을 하기까지 하였다. 자모이후 인모지(自侮而後人侮之 : 자신이 자신을 욕되게 만든 후에 남이 자신을 욕함)[6]라 함이 이를 가리키는 격언이로다.

정세로 말하면 동삼성 방면에 우리 독립군이 벌써 그림자도 끊겼을 터이나 30여 년 —— 독립선언 이전 근 10년 신흥학교시대부터 무장대가 있었다 —— 인 금일까지 오히려 김일성(金一聲)[7] 등 무장부대가 의연히 산악지대를 근거하고 압록 · 두만을 넘어 왜병과 전쟁을 펴는 데는 중국의용군과도 연합작전을 하며 아국의 후원도 받아서 현상을 유지하는 정세이다.

5)   중국의 정치가, 군사가(1875~1928). 중화민국 당시 봉천파(奉天派)의 영수로 동삼성의 독립을 선포하는 등 동삼성 지역에서 패권을 장악함. 1927년 중화민국 육해군 대원수에 올랐다가 이듬해 그가 탄 열차가 일본군에 의해 폭파되면서 사망함.
6)   『맹자(孟子)』「이루 상(離婁上)」에 나오는 말.
7)   도진순 교수는 「백범일지의 원본 · 필사본 · 출간본 비교 연구」(『한국사연구』, 1996)에서 이를 '김일성(金日成)'으로 보고 있음.

그러나 관내 임시정부 방면과 연락은 극히 곤란하게 되었다. 종전 통의[8],
신민, 참의 3부 중 참의부가 임시정부를 시종 감싸안고 추대하다가 최후에
3부가 통일하여 정의부가 되자 자상천답(自相踐踏 : 스스로 서로 발을 밟음)으
로 종막이 되는 데는 공당(共黨)과 민당(民黨 : 민족당)의 충돌이 중요 원인이
었다. 그리하여 공(共)이나 민(民)의 말로는 같은 운명으로 귀결되었다.

---

8)　　1922년 만주 지방의 각 독립단체가 합하여 결성된 항일 투쟁 단체. 24년 참의부와 정의부가
　　　조직되면서 이에 흡수됨.

국무위원(國務委員)

상해 정세도 대략 양패구상(兩敗俱喪 : 둘로 나뉨에 둘이 패하면 함께 죽는 형국)이나 임시정부와 한국독립당으로 민족 진영의 잔해만은 남았다. 그러나 임시정부가 인재난도 심하고 경제난도 심하여 정부 제도도 이승만이 교체되고 박은식(朴殷植)이 취임하면서 대통령 제도를 변경하여 국무령제로 하였다. 제1회 〔국무령에 임명된〕 이상룡(李相龍)이 취임차로 서간도로부터 상해에 도착하여 인재를 물색하다가 입각(立閣) 지원자가 없으므로 도로 간도로 돌아가고 그 다음에 홍면희(洪冕熙)를 추대하여 진강(鎭江 : 중국 강소성 남부의 도시)에서 상해로 와 가지고 취임한 후에 조각(組閣)에 착수하였으나 역시 응하는 인물이 없으므로 실패되었다. 그런즉 임시정부는 마침내 무정부 상태에 빠지었다.

의정원에서 일대 문제가 되었다. 의장 이동녕 선생이 내게 와서 국무령으로 (국무령의 직책을 맡아) 조각하라는 말로 강권하거늘 나는 사양하였다. 의장은 다시 강권하기로 나는 두 가지 이유를 가지고 고사하였다. 첫째 나는 해주 서촌(西村) 김존위(金尊位)의 아들로서 정부가 아무리 추형(雛形 : 축소판 형태) 시기일지라 하여도 일국의 원수가 되는 것은 국가 민족의 위신에 큰 관계가 된즉 불가하고. 둘째 이(李), 홍(洪) 양씨도 응하는 인재가 없어 실패하였거늘 나는 더욱 응할 인물이 없을 터이니, 이상 두 가지 이유로 명을 따르지 못하겠다는 뜻을 언명한즉 이씨 왈,

"첫째는 이유될 것 없고, 둘째는 백범 곧 출산(出山 : 은자가 산을 벗어나 세상에 나옴)하면 지원자들이 있은즉 쾌히 응낙하여 의정원에 수속을 밟고 곧 조각하여 무정부 상태를 면케 하라."

한다. 권고에 응하여 국무령으로 취임 조각하니 윤기섭(尹琦燮), 오영선(吳永善), 김갑(金甲), 김철(金澈), 이규홍(李圭洪) 등이었다. 조각의 곤란이 심한 것을 절감하여 국무령제를 위원제로 개정하여 의정원에서 통과되었으니, 국무회의 주석은 명목적으로는 있으나 개회시에 주석(主席 : 주인 자리에 앉음)할 뿐으로 각 위원이 번갈아 맡을 따름이요 평등한 권리인즉 이로부터 정부의 분규는 종식된다. 그러나 정부의 이름만으로는 경제적으로 유지할 길이 막연하다.

청사 가옥 빌린 돈이 불과 30원(元), 고용인 월급이 20원 미만이나 집세 문제로 집 주인의 소송을 종종 당하고, 다른 위원은 거의 집안 식솔이 있으나 나는 민국 6년에 상처하고 7년에 모친께서 신(信)이를 데리고 고국으로 돌아가시고 상해에는 나 혼자 인(仁)이를 데리고 지내다가 모친의 명령에 의하여 인이까지 본국으로 보내고 형영상종(形影相從 : 그림자만 따라다님)으로 숙사(宿事)는 정청(政廳)에서, 식사는 직업을 가진 동포들의 집 —— 전차회사와 버스회사 차표검사원이 6, 70명이더라 —— 에 다니며 걸식하고 지내니 거지는 상등 거지다. 나의 처지를 아는 고로 누구나 차래식(嗟來食 : 푸대접)으로 대접하는 동포는 없었고, 조봉길(曺奉吉), 이춘태(李春泰), 나우(羅愚), 진희창(秦熙昌), 김의한 등은 친절한 동지들이니 더할 말이 없고 기타 동포들에게서도 동정적으로 대접을 받았다.

엄항섭(嚴恒燮)[1] 군은 뜻있는 청년으로 지강대학(芝江大學) 중학(中學)을 졸업한 후에 자기 생활보다는 석오(石吾 — 李東寧 선생의 호) 선생과 나같이

의식을 해결할 수 없는 운동자를 구제키 위하여 불(佛) 공무국에 취직을 하였나니 그것은 월급을 받아 우리의 음식을 공급해 주는 외에 왜 영사가 우리를 체포하는 사건을 탐지하여 피하게 함과 우리 동포 중에 범죄자가 있을 시에 편리를 도모키 위한 두 개 목적이었다. 엄군의 초실(初室 : 첫째 부인) 임씨(林氏)는 구식 부인인데, 내가 자기 집에를 갔다가 나올 때는 문밖에 나와 전송하면서 아기 하나도 못 낳은 아가씨로서 은전을 1, 2개씩 나의 손에다 쥐어 주며,

"아기(仁兒) 사탕이나 사 주셔요."

하였으니 그것은 자기 남편이 존경하는 노배(老輩)를 친절히 대접함이라. 그이는 초산(初産)에 딸 하나를 해산하고 불행히 사망하여 노가만(盧家灣) 묘지에 매장하였는데 나는 그이의 무덤을 볼 적마다 엄군이 능력이 부족하면 내라도 능력이 생기면 기념묘비나 세우리라 유념을 하던 것이나, 급기야 상해를 떠날 시는 그만한 능력이 나는 넉넉하였지만은 환경이 열악하여 그만한 것도 뜻대로 되지 않아 이 글을 쓰는 금일에도 노가만 공무국 공동묘지 임씨의 무덤이 눈앞에 아른거린다.[2]

당시 나의 긴요한 업무가 무엇이었던가를 추고(追考 : 지나간 일을 생각함)할진대 다시 그 당시 환경이 어떻던 것을 말한다. 원년(元年)으로 3, 4년을 지내고 보니 당시에는 열렬하던 독립운동자들이 하나 둘 씩 왜놈에게 투항하고 귀국하는데 임시정부 군무차장 김희선(金羲善)[3]과 독립신문사 주필인 이광수, 의정원 부의장 정인과(鄭仁果) 등으로 위시하여 점점 그 수가 증가

1) 강원 영월 출신. 호는 일파(一波). 3·1운동 가담 후 1920년 중국 망명. 항주(杭州) 지강(芝江)대학 졸업. 상해에서 언론계에 종사. 1932년 임시정부 임시의정원 의원. 한국독립당 선전부장. 6·25 때 납북됨.

2) 정정화의 회고록에 의하면 엄항섭의 부인은 林씨가 아니라 任씨라 하며, 엄항섭은 상처 후 연미당(延薇堂)씨와 재혼함.

3) 평남 강서군 출신의 김희선은 초기 임정의 활동으로 1963년 대통령 표창을, 1980년 국민장을 받았으나, 귀국 후인 1928년 히로히토의 대례기념장을 받는 등 친일 행각이 밝혀져 1996년 독립유공자 서훈을 박탈당함.

되었다.

다른 방면으로는 정부 밀파로 귀국한 사람들이 정치적으로 연통제(聯通制)[4]를 실시함에 그 비밀조직으로 경성에 총판부(總辦部)를 설치하고 13도에 독판(督辦)을 설치하고 각 군에 군감(郡監), 각 면에 면감(面監) 이상 각 주무 장관들을 임시정부에서 임명하여 이면으로 전국을 통치한데다 인민이 비밀 납세도 성심껏 하여 상해임시정부 위신이 볼만하게 발양광대였으나, 함남으로부터 연통제가 왜에게 발각되자 각 도가 파괴되었으니 비밀 사명을 가지고 갔다가 체포된 자 부지기수이다. 또 처음에는 열성으로 대지(大志)를 품고 상해로 온 청년들도 점점 경제난으로 취직 혹 행상을 함에 상해 독립운동자가 천여 명이던 것이 차차 그 수가 감하여 수십 명에 불과하니 최고 기관인 임시정부의 현상을 족히 헤아릴 수 있다.

나는 최초에는 정부 문(門) 파수로 청원을 하였으나 결국 노동총판으로, 내무총장으로, 국무령으로, 위원으로, 주석으로 중임은 거개 역임한 것이 문지기 자격이 진보된 것이 아니라 임시정부가 인재난, 경제난이 극도에 달하여 마치 명예가 쟁쟁하던 인가(人家)가 몰락하고 고대광실(高大廣室)이 걸인의 소굴이 된 것과 흡사하다.

당년에 이대통령(이승만)이 취임 시무할 적에는 중국 인사는 물론이고 깊이 패인 눈에 코가 뾰족한 영·불·미 친구들도 더러 방문을 하던 임시정부에는 양인(洋人)이라고는 공무국 내 불란서 경찰이 왜놈을 대동하고 사람을 잡으러 오거나 세금독촉이나 오는 외에는 서양인 집단 속에 살지마는 서양인 친구는 한 명도 내방자가 없었다. 그렇지마는 매년 크리마쓰(크리스마스)에는 적어도 수백 원의 물품을 사서 불란서 영사와 공무국과 양인 종전 친구들에게는 어떠한 곤란 중이라도 보내는 게 14년 동안 연중 행사이니 이는

4) 임시정부 초기에 국무원령 1호로 공포되어 실시된 상해와 본국 간 비밀 통신연락망. 내무총 장의 지휘 감독 아래 국내와의 통신 업무 및 재정자금 조달 등을 위해 교통국과 함께 이원화 운영됨.

우리 임시정부가 존재한 표적을 그들에게 인식시키는 방법에 불과하다.

나는 한 가지 연구 실행한 사무가 있으니 곧 편지 정책이다. 사면을 돌아보아도 정부 사업 발전은 고사하고 명의라도 보전할 도리가 없는데 임시정부가 해외에 있으니 같이 해외 교포를 의뢰할 수밖에 없다. 동삼성(東三省)이 제1위로 250여 만 명이 있으나 본국과 같이 되었고, 아령(俄領)이 제2위로 150여 만 명이나 공산국가라 민족운동을 금지하니 그곳 동포들에게 의뢰키 불능하고, 제3위 일본에 4, 50만 명이 거주하나 의뢰할 것 없고, 미·묵·큐(미국·멕시코·쿠바)에 제4위로 만여 명인데 그들 대다수가 노동자이나 애국심이 극히 많은 것은 그곳 서재필(徐載弼) 박사, 이승만 박사, 안창호, 박용만(朴容萬)[5] 등의 교화(敎化)를 받았음이라.

그곳 동포들에게 사정을 말하여 정부에 성금을 내게 할 계획을 정하였으나 나는 영문(英文)에 문맹이라 겉봉도 쓸 수 없고 동포들 중에 몇몇 친지가 있어도 주소를 알 수 없으므로 엄항섭, 안공근 둘의 조력(助力)으로 그곳의 주소 성명을 아는 몇 사람을 찾아 가지고 임시정부의 현 실정을 극진히 설명하고 동정을 구하는 편지를 써서 엄군이나 안군에게 겉봉을 쓰게 하여 우송하는 것이 유일의 사무라. 수신인이 없어 반환도 되지마는 대개는 회답하는 동포들이 점점 증가하는 중에 지가고(芝哥古 : 시카고) 김경(金慶) 같은 이는 방세를 주지 못하여 정부 문을 닫게 되었다는 보도를 보고 즉시 공동회를 소집하여 미금(美金 : 미국 돈) 2백여 원을 걷어 부쳐준 일도 있는데 김경 씨 역시 일면부지(一面不知 : 한 번도 보지 못함)이나 애국심으로 이와 같은 의거를 한 것이다.

미·포·묵·큐(미국·하와이·멕시코·쿠바) 동포들이 이 같은 애국심을 가지고도 어찌하여 정부에 정성을 다하여 바치는 것이 소홀하였던가. 다름이 아니라 정부에서 1년에도 몇 차례씩 각료들이 바뀌고 헌법도 자주 변경

---

5)   1907년 호놀룰루에서 『신한국보』 창간. 3·1운동 후 중국에 건너가 상해·북경 등지를 유랑하다 객사(?~1928).

되는데 따라 정부 위신이 추락된 원인이고, 또는 정부 사정을 자주 알게도 하지 않아서 동포들이 정부를 불신임하였던 것이다.

그러다가 나의 통신이 진실성이 있는 데서 점차 신념이 생기기 시작하여 하와이 안창호(安昌鎬), 가와이(加哇伊 : 하와이제도의 가우아이 섬), 현순(玄楯), 김상호(金商鎬), 이홍기(李鴻基), 임성우(林成雨), 박종수(朴鍾秀), 문인화(文寅華), 조병요(趙炳堯), 김현구(金鉉九), 안원규(安源奎), 황인환(黃仁煥), 김윤배(金閏培), 박신애(朴信愛), 심영배(沈永倍) 등 여러 사람이 나와 정부에 정성을 쓰기 시작하고 상항(桑港 : 샌프란시스코)「신한민보(新韓民報)」방면에서도 점차 정부에 마음이 기울기 시작하는데는 김호(金乎), 이종소(李鍾昭), 홍언(洪焉), 한시대(韓始大), 송종익(宋宗翊), 최진하(崔鎮河), 송헌주(宋憲澍), 백일규(白一圭) 등과 묵서가(墨西哥 : 멕시코)에 김기창(金基昶), 이종오(李鍾旿), 쿠바에 임천택(林千澤), 박창운(朴昌雲) 등이 임시정부에 후원하며, 동지회 방면에 이승만 박사로 시작하여 이원순(李元淳), 손덕인(孫德仁), 안현경(安賢卿) 등도 정부 응원에 참가하니 미·포·묵·큐 교포는 전부가 정부 유지 발전에 공동책임을 지게 된다.

하와이 안창호, 임성우 등 여러 사람이 편지로 묻기를,

"당신이 정부를 지키고 있는 것은 감사하나 당신 생각에 무슨 사업을 하고자 하는가. 우리 민족에 큰 생색이 될 것을 하고 싶은데 거기 쓸 금전이 문제된다면 주선하겠다."

는 것이다. 나는 회답하기를,

"무슨 사업을 하겠다고 말할 필요는 없으나 간절히 하고 싶은 일이 있으니 조용히 금전을 모았다가 보내라는 통지가 있을 때에 보내라."

하였더니 '그리하마' 하는 승낙이 있다. 나는 그때부터 민족에 생색될 일이 무엇이며 내가 그런 일을 할 수 있을까 연구하였으니 내가 재무부장이면서 민단장(民團長)을 겸임하던 때라.

이봉창(李奉昌)
투탄

하루는 한 중년 동포가 민단을 찾아왔다.

"저는 일본서 노동을 하다 독립운동을 하고 싶어 상해에 가정부(假政府) —— 일인이 지칭하던 말 —— 가 있다기로 일전에 상해로 와서 다니다가 전차 차표원에게 물어서 보경리 4호로 가라기로 찾아왔습니다."

근본 경성 용산에서 살았고 성명은 이봉창(李奉昌)이라고 한다.

"상해에 독립정부가 있으나 운동자들은 아직 의지식지(衣之食之 : 입고 먹음)할 역량이 없으니 소지한 금전이 있습니까?"

이씨 왈.

"소지한 돈은 여비로 쓰로 남은 것이 불과 10여 원입니다."

"그러면 생활문제를 어찌할 방법이 있소?"

이 왈.

"그런 것은 근심이 없습니다. 나는 철공장에서 작업을 할 수 있은즉 노동을 하면서 독립운동을 못합니까?"

내 말은,

"오늘은 늦었으니 근처 여관에 가서 내일 다시 이야기합시다."

하고 민단 사무원 김동우더러 여관을 잡아 주라 하였는데 언어가 절반은 일어이고 동작이 일인과 흡사한즉 특별히 조사할 필요가 있다.

수일 후 민단 주방에서 자기가 술과 국수를 사다가 민단 직원들과 같이 먹으며 술이 반쯤 취함에 직원들과 주담(酒談)하는 말소리가 문밖에 들려 들어본즉 이씨는 이런 말을 한다.

"당신들 독립운동을 한다면서 일본 천황은 왜 못 죽입니까?"

민단원들 대답.

"일개 문무관(文武官)도 용이하게 죽이지 못하는데 천황을 죽이기가 쉽겠소."

이 왈.

"내가 거년(去年 : 작년)에 동경에 있을 때 천황이 능행(陵行 : 임금이 능에 거둥함)한다고 행인을 포복하라고 하기에 엎드려서 생각하기를 내게 지금 폭발탄이 있다 하면 용이하지 않겠는가 하였습니다."

나는 젊은이들 음주하는 주방으로 흘러나오는 이씨의 말을 유심히 듣고 저녁에 이씨가 머무는 집을 조용히 방문하였다. 이씨와 간담(肝膽)을 풀어 헤치고 마음속 있는 바를 다 털어놓았다.

이씨는 과연 의기남아로 일본에서 상해로 건너올 시에 살신성인(殺身成仁)할 대결심을 가슴에 품고 임시정부를 찾아온 것이다. 이씨는 이런 말을 한다.

"제 나이 30세입니다. 이 앞으로 다시 30세를 더 산다 하여도 과거 반생(半生) 생활에 방랑생활을 맛본 것에 비한다면 늙은 생활이 무슨 취미가 있겠습니까. 인생의 목적이 쾌락이라 하면 30년 동안 육신으로는 인생 쾌락을 대강 맛보았으니 이제는 영원 쾌락을 도모키 위하여 우리 독립사업에 헌신할 목적하고 상해로 왔습니다."

나는 이씨의 위대한 인생관을 보고 감루영광(感淚盈眶 : 감동의 눈물이 눈에

이봉창(李奉昌)투탄 ──

가득 참)을 금치 못하였다.

이봉창 선생은 공경하는 의지로 국사에 헌신할 지도를 청한다. 나는 쾌락하였다.

"1년 이내에 군(君)의 행동에 대한 준비를 할 터인데 지금 우리 정부에 비용이 군색하여 군을 접제(接濟 : 살아갈 길을 세움)키 불편하니 어찌하면 좋겠소?"

이 왈,

"그러시다면 더욱 좋습니다. 제(弟)가 어릴 때부터 일어를 익혔으므로 일본서 지낼 때에 일인의 양자가 되어 성명을 목하창장(木下昌藏 : 기노시타 쇼조)이라 행세하였고, 금번 상해로 오는 도중에도 이봉창 본성명을 쓰지 않았으니 제(弟)가 일인으로 행세하고 준비하실 동안은 제가 철공을 할 줄 안즉 일인의 철공장에 취직하면 고봉급을 받을 수 있습니다."

나는 대찬성하고 우리 기관이나 우리 사람들과의 왕래 교제를 빈번히 말고 순전히 일인으로 행세하며 매월 1차례씩 야반(夜半)에 찾아와 만나자고 주의시켜 홍구로 출발하였다.

수일 후에 와서 고하기를 일인 철공장에서 매월 80원 월급으로 취직하였다 한다. 그 후부터는 종종 술과 고기 국수를 사 가지고 민단 사무실에 와서 직원들과 술을 마시고 취하면 일본 노래를 유창하게 하며 호방하게 노는 고로 별명을 일본 영감이라 하게 된다. 어느 날은 일인 행색 하오리(일본식 짧은 겉옷)에 게다(일본식 나무신)를 신고 정부 문을 들어서다가 중국 하인에게 쫓겨난 일도 있다. 그리하여 이동녕 선생과 다른 국무원들에게 한인인지 일인인지 판단키 어려운 의심 인물을 정부 문내에 출입케 함이 직수(職守 : 사무소를 지킴) 업무에 소홀하다는 꾸지람이 있는데 대하여는 조사연구하는 사건이 있다고 말을 한즉 강경한 책비(責備 : 일을 다 잘 해 주도록 책망하며 요구함)는 못하나 여러 동지들이 불쾌한 생각을 갖기는 마찬가지더라.

시간은 그럭저럭 1년 가까이 되어 간다. 미포(美包 : 미주·하와이)의 통신

연락은 아직 항공로가 없는 때라 왕복에는 거의 2개월이 걸리는데, 그때 하와이에서 명목을 정한 금액 기백 미금(美金 : 미국돈)이 도착하였다. 나는 그 돈을 받아서 거지 복색인 의대(衣俗 : 옷과 전대) 속에 감추고 걸식 생활은 그대로 계속하나니, 나의 남루한 옷 속에 천여 원의 금전이 있을 것은 나 일개인 외에는 아는 사람이 없었더니라.

이 해 12월 중순이라. 나는 이봉창 선생을 비밀히 법조계 중흥여사(中興旅舍 : 여관)로 불러 동숙하며 일본행에 대한 제반 문제를 상의하였다. 나는 금전을 준비하는 외에 폭탄도 준비하였다. 왕웅(王雄)[1]으로는 병공창(兵工廠 : 무기제조공장)에서, 김현(金鉉)으로는 하남성 유치(劉峙) 방면에서 1, 2개의 수류탄을 얻어서 감추어 두었더니라. 수류탄은 두 개를 휴대케 하는데 한 개는 일 천황을 작살(炸殺 : 터뜨려 죽임)하고 한 개는 자살용으로 정하고 사용법과 만일 자살이 실패하는 시 체포되면 신문에 응할 답변 내용을 지시하였다. 다음 날 아침에 품 속에서 지폐 한 뭉치를 꺼내어 주고 일본행 준비를 다하여 놓고 다시 오라고 작별하였다.

이틀 후에 다시 와서 중흥여사에서 최후 하룻밤을 함께 자는 때에 이씨는 이런 말을 한다.

"그저께 제가 선생께서 누더기 해진 옷의 전대 속에서 다액의 금전을 꺼내어 주시는 것을 받아가지고 갈 때에 눈물이 나더이다. 왜 그런고 하니 제가 일전에 민단 사무실에 가 본즉 직원들이 밥을 굶는 모양이기로 제가 돈을 내어 국수를 사다가 같이 먹은 일이 있어서 전일 밤에 함께 자면서 하시는 말씀은 일종 훈화로 들었는데 작별하시며 생각도 못한 돈뭉치를 주시니, 법조계 밖으로 한 발자국도 내딛지 못하시는 선생이 제가 이 돈을 가지고

---

1) 김홍일(金弘壹)을 말함. 김홍일은 평북 용천 출신으로 중국에서 무관학교를 나와 1926년 중국 국민혁명군 참모가 되기도 함. 윤봉길 의사 의거 때는 상해 병공창에서 주임(主任)으로 근무하였음. 이때 왕웅(王雄)이라는 중국식 이름으로 행세함. 광복군 성립 후 참모장을 지냄. 해방 이후에는 주중대사, 외무장관, 신민당 당수 등을 역임함.

가서 제 마음대로 쓰면 돈을 찾으러 못 오실 터이지요. 과연 영웅의 도량입니다. 저의 일생에 이런 신임을 받은 것은 선생께 처음이요 마지막입니다."

그 길로 안공근 집에 가서 선서식을 행하고 폭탄 두 개를 주고 다시 3백 원을 주며,

"선생은 마지막 가시는 길이니 이 돈은 동경 가시기까지 다 쓰시고 동경 도착 즉시로 전보하시면 다시 송금하오리다."

그리고 사진관으로 가서 기념사진을 찍을 때의 나의 얼굴에는 자연 처연한 기색이 있던지 이씨는 나를 권한다.

"나는 영원한 쾌락을 누리고자 이 길을 떠나는 터이니 우리 양인이 희열(喜悅)한 안색을 띠고 사진을 찍으십시다."

나 역시 미소를 띠고 사진을 찍었다. 기차에 오른 이봉창이 머리 숙여 최후 경례를 함에 무정한 기차는 일성 기적을 발하며 홍구 방면을 향하여 질주하여 버렸던 것이다.

10여 일 후에 동경 전보를 접한즉 1월 8일에 물품을 방매(放賣)하겠다[2] 하였다. 200원을 마지막으로 부쳤더니 그 후 편지에서 돈을 미친 것처럼 다 써버려서 주인 밥값까지 부채가 있었는데 200원 받아다 빚을 다 갚고도 돈이 남겠다 하였다.

1년 이전부터 우리 임시정부에서는 하도 운동계가 침체한즉 군사 공작을 못한다면 테러 공작이라도 하는 것이 절대 필요하였다. 그것은 왜놈이 중·한 양 민족의 감정을 악화키 위하여 소위 만보산(萬寶山)사건[3]을 조작함에 조선에서 한인 무뢰배(불량배)가 일인의 사주를 받아가지고 인천 평양 경성 원산 등 각지에서 중국인을 만나는 대로 때려 죽이는 중국인 대학살 사

2) 1월 8일에 계획대로 일을 성사시키겠다는 뜻.
3) 1931년 7월 2일 중국 길림성 장춘의 만보산 지역에서 한·중 양국 농민 사이에 수로(水路) 문제로 일어난 분쟁. 한국 농민이 세낸 농토의 개간을 위하여 수로공사를 진행하자 피해를 입게 된 중국 농민이 공사장에 난입함. 이어 국내 한인들이 중국인에게 집단 박해를 가하여 일이 확대됨. 후에 이 사건의 내부에 일본의 음모가 있었음이 밝혀짐.

건이 생겨나고, 또 만주에서 중·일 간에 9·18전쟁[4]이 일어나 중국이 굴욕 강화하였는데 전쟁 시에 한인 부랑자들이 중국인에게 호가호위(狐假虎威 : 여우가 범의 위세를 빌려 호기를 부림)의 악행을 극단으로 감행하였은즉 중국인의 무식계급은 물론이고 유식계급 인사도 종종 민족 감정을 말하는 자를 보게 되는 고로 우리는 극히 우려하였다. 상해서도 대로상에서 중·한 노동자 간에 종종 충돌이 생겼다.

그런 때에 정부 국무회의에서는 '한인애국단'을 조직하여 암살 파괴 등 공작을 실행하기로 하고, 나는 어떠한 금전 어떠한 인물을 사용하든지 전권을 가지고 처리하되 성공 실패의 결과는 보고하라는 특권을 얻었다. 이래서 제1착으로 동경사건을 실행하였는데, 1월 8일(1932년)이 임박하였기로 국무위원에게 한하여 경과를 보고하고 만일 사건이 발생하면 우리는 좀 곤란하겠다 하였더니, 1월 8일 신문에 '李奉昌 狙擊日皇 不中(이봉창 저격일황 부중 : 이봉창이 일황을 저격하였으나 실패함)'이라 등재되었다. 나는 극히 불쾌하나 여러 동지들은 나를 위로한다.

"일황이 즉사한 것만은 못하나 우리 한인이 일본에 동화되지 않은 것을 웅변으로 증명함이니 족히 성공으로 간주하겠고 지금부터 백범은 주의하라."

이렇게 부탁을 하였는데 과연 다음 날 아침에 불(佛) 공무국에서 비밀 통지가 있다.

"10여년래에 법국(法國 : 불란서)에서 김구를 극히 보호하여 왔으나 이번에 김구가 부하를 보내어 일황에게 투탄(投彈)한 사건에 대하여 일본이 반드시 체포 인도를 조회할 터인즉 불란서가 일본과 개전(開戰) 결심을 하기 전에는 김구를 보호키 불능하다."

는 뜻을 말한다. 중국의 국민당 기관보 「청도(靑島) 민국일보」는 대호(大號)

4)   일명 만주사변. 1931년 9월 18일 심양 북방에서 일본군이 만철선로(滿鐵線路)를 폭파하고 중국군의 소행이라고 날조하면서 일어난 중·일간의 전쟁. 일본군이 수 개월 내에 전 만주를 점령하고 이듬해 만주국의 건국을 선언하였음.

활자로, '韓人 李奉昌 狙擊日皇 不幸不中(한인 이봉창 저격일황 불행부중 : 한인 이봉창이 일황을 저격하였으나 불행히 명중하지 못함)'이라 하였더니 그곳 일본 군경이 민국일보사를 폐쇄하였다. 청도뿐만이 아니라 복주(福州), 장사(長沙) 기타 숱한 지방에서 '불행부중(不幸不中)'의 문자를 게재한 곳이 많으므로 이 일을 들어 중국 정부에 항의 교섭을 제기하였다. 각 신문사를 폐쇄 처분하고 일은 마무리되었으나 일인은 한인에게 당한 일개 사건으로만은 침략 전쟁을 개시하기가 체면이 아니던지 상해서 일본 승도(僧徒) 1명을 중국인이 살해하였다는 두 개 이유로 상해 1·28전쟁[5]은 개시되었다.

왜는 개전 중이라 그런지 나를 체포하기에 심한 교섭은 없는 모양이다. 그러나 동지들은 안심을 못하고 숙식을 한 곳에 정하지 말고 주간은 행동을 쉬고 야간은 동지 집에나 창기(娼妓) 집에서 자게 한다. 식사는 동포 집으로 가면 단사호장(單食壺漿 : 조촐한 음식)으로 누구나 정성으로 대접하더라.

중·일전쟁[6]이 개시된 후에 용감히 싸우는 19로군(十九路軍) 채정해(蔡廷楷)의 군대와 중앙군으로는 제5군장 장치중(張治中)이 참전하여 전쟁이 격렬한데 상해 갑북(閘北)에서는 일병이 불을 지르고 화염 속에다가 남녀노소를 불문하고 투입 잔살(殘殺)하여 참불인견(慘不忍見 : 참혹하여 눈 뜨고 못 봄)의 비극이 연출되며, 법조계 내에도 처처에 후방(後方) 의원을 설립하고 잡차(卡車 : 트럭)에 전사병(戰死兵)의 시체와 부상병들을 가득 실어 나름에 목판 틈으로 붉은 피가 흘러내리는 것을 목도하고 만강열성(滿腔熱誠 : 가슴속 진심에서 우러나오는 뜨거운 정성)으로 경의를 표하며 누하위우(淚下爲雨 : 눈물이 비오듯 함)한다. 우리도 어느 때나 저와 같이 왜와 혈전하여 본국 강산에 충혈(忠血)로써 염색할 날이 있을까. 눈물이 너무 흘러서 길에서 보는 사람들이 수상하게 볼까 하여 물러와 버렸다.

---

5)   일명 상해사변. 1932년 1월 28일 발발. 1937년 노구교 사건으로 촉발된 중일 전쟁과는 다름.
6)   1932년 상해사변의 확대전쟁을 말함. 일반적으로 중일전쟁은 1937년 북경 노구교(蘆溝橋) 사건으로 촉발된 중·일간의 전쟁을 가리킴.

동경사건이 세계에 전파되자 미·포·묵·큐의 우리 동포 중에도 전부터 꾸준히 나를 동정하던 동지들은 극도로 흥분되어 나를 애호(愛好) 신임하는 서신이 태평양으로 눈보라같이 날아온다. 그중에는 옛날부터 임시정부를 반대하던 동포들도 태도를 개변(改變)하고 다시 하고 싶은 일을 하라고 금전의 후원이 더욱 광범위하게 답지하나 임갈굴정(臨渴掘井 : 물이 말라서야 우물을 파듯 갑자기 일이 닥쳐 허둥지둥함)이라 준비가 없이 무슨 일을 할 수 있으랴.

우리 청년들 중에 근본 장지(壯志 : 장엄한 뜻)를 품고 상해에 왔던 친신지사(親信志士 : 가까이 하여 믿을 만한 지사)요 제자에는 나석주(羅錫疇), 이승춘(李承春) 등이 있는데, 나의사는 총과 폭탄을 품고 수년 전에 경성에 잠입하여 동양척식회사에 들어가 7명의 일인을 사살하고 자살하였고, 이승춘은 천진서 체포되어 사형당하였다. 당장 상해에 거주하는 친신(親信) 청년 중에서 1·28에 발생된 송호전쟁(淞滬戰爭 : 상해사변) 시에 우리 민족의 빛날 만한 사업을 강구 중에 왜군 중에서 우리 한인 노동자를 채용함을 계기로 하여 몇 명의 청년을 홍구 방면에 파송하여 일군의 노동자가 되게 하였다. 다시 몇 명이 군용창고에를 일인 노동자와 같이 무난히 출입하여서 조사한즉 작탄고(炸彈庫 : 탄약고) 비기고(飛機庫 : 비행기 격납고)에 연소탄(烟燒彈)을 장치할 수 있는지라. 그리하여 왕웅에게 부탁하여 상해 병공창에 교섭하여 연소탄을 제조키로 하고 날마다 재촉하던 차에 송호협정이 체결되기 시작하는 것이라.[7] —— 협정 체결의 중국 대표는 郭泰祺 —— 탄식하는 즈음에 열혈청년들이 비밀히 내방하고,

"국사에 헌신할 테니 나의 자격에 적당한 일감을 연구하여 사용하여 달라."

는 요구이니 이는 동경사건을 보고 청년들 생각에 김구의 머리 속에는 부단히 무슨 연구가 있을 것으로 생각한 모양이다.

윤봉길(尹奉吉) 의거

이덕주(李德柱), 유진식(俞鎭植)은 왜 총독 암살을 명하여 먼저 입국시키고 유상근(柳相根), 최흥식(崔興植)은 만주에 본장번(本藏番 : 혼조 시계루·관동군사령관) 등 암살을 명하여 기회를 노려 진행코자 할 즈음에 동포 박진(朴震)의 종품(騣品 — 말총으로 모자와 일용품을 만드는) 공장에서 공인으로 있던 윤봉길(尹奉吉) 군이 홍구 채소시장에서 채소 파는 일을 하다가 어느 날 조용히 찾아와서 말한다.

"제가 채소 바구니를 메고 매일 홍구 방면으로 다니는 것은 대지(大志)를 품고 상해를 천신만고로 왔던 목적을 달코자 하였는데요. 그럭저럭 중일전쟁도 중국에서 굴욕적으로 정전협정이 성립되는 형세인즉 아무리 생각하여 보아도 당사지처(當死之處 : 죽을 만한 자리)를 구할 길이 없으므로 선생님이 동경사건과 같은 경륜이 계실 줄 믿고 왔으니 지도하여 주시면 은혜 백골난망입니다."

나는 종전에 공장 구경을 다니며 윤군을 보건대 진실한 청년 공인(工人)으로 학식도 있는 터로 생활을 위하여 노동을 하거니 생각하였는데 이제 마음을 터놓고 일을 논의하여 보니 살신성인의 대의(大義) 대지(大志)를 품은

의기남자임을 알겠더라. 나는 감복하는 말로,

"유지자 사경성(有志者事竟成 : 뜻이 있는 자에게는 마침내 일이 이루어짐)이 니 안심하시오. 내가 근일에 연구하는 바가 있으나 당임자(當任者 : 임무를 감당할 사람)를 구치 못하여 번민하던 차이었습니다. 전쟁 중에 연구 실행코 자 경영하던 일이 있으나 준비가 미치지 못하여 실패되었는데 지금 신문을 본즉 왜놈이 전승한 위세를 업고 4월 29일에 홍구공원에서 소위 천황의 천 장절(天長節 : 일본 천황의 생일) 경축 전례식(典禮式)을 성대하게 거행하며 요 무양위(耀武揚威 : 군사적 위세를 과시함)를 할 터이니 군은 일생 대목적을 이 날에 달함이 어떠하오?"

윤군은 쾌락하며 하는 말,

"저는 이제부터는 흉중에 일점 번민이 없어지고 안온하여집니다. 준비하 십시오."

하고 자기 침소로 돌아갔다.

운수가 다하면 천복비(薦福碑 : 복을 비는 비석)에도 번개가 친다는 식으로 왜놈의 상해 「일일신문(日日新聞)」에 영사관의 이름으로 자기 주민에게 포고 하기를,

"4월 29일 홍구공원에서 천장절 축하식을 거행하는 터이니 그날의 식장 에 참례하는 데는 수호(水壺 : 물병) 한 개와 점심 변당(辨當 : 벤또 — 밥그릇), 국기 하나씩을 가지고 입장하라."

하였다. 나는 즉시 서문로 왕웅(王雄 — 金弘逸) 군을 방문하고 상해 병공창장 송식표(宋式驫)에게 교섭하여 일인의 어깨에 메는 수호와 변당을 사서 보낼 터이니 속에다가 작탄(炸彈 : 폭탄)을 장치하여 3일 이내로 보내라고 부탁하 였다. 왕군이 돌아와 보고하기를,

"명일 오전에 선생님을 모시고 병공창으로 와서 선생님이 친히 시험하는 것을 보라 하니 가십시다."

한다.

"좋다."

하고 다음 날 아침에 강남조선소를 찾아간즉 내부에 일부분 병공창이 있는데 규모는 크지 못하고 대포나 보창(步槍 : 소총) 등을 수리하는 것이 주무인 듯하다. 기사(技師) 왕백수(王伯修) 영도하에 수호, 변당 두 종류 작탄의 시험 방법을 본즉, 마당 한 가운데에 토굴을 파고 속안을 사방 철판으로 둘러 친 후에 작탄을 그 속에 넣고 뇌관 끝에 긴 줄을 매달아 인부 한 명이 줄 끝을 끌고 수십보 멀리서 포복하여 끈을 잡아당기니 토굴 속에서 벽력과 같은 소리가 진동하며 파편이 날아 오르는 것이 일대 장관이라. 뇌관 20개를 시험하여 20개가 전부 폭발된 후라야 실물에 장치한다고 하는데 이번 시험은 성적이 양호하다고 하는 말을 듣고 나는 홀로 기쁜 마음에 자부하였다.

상해 병공창에서 이같이 친절하게 20여 회 작탄을 무료로 제조하여 주는 원인이 무엇인고 하니 이것이 이봉창 의사의 은혜니라. 창장(廠長)부터 자기네가 빌려주었던 작탄의 역량이 박약하여 일황을 작살치 못한 것을 유감으로 알던 터에 김구가 요구한다니 성심으로 제조하여 주는 것이라.

익일에 금물(禁物 : 위험물)을 우리가 운반키 곤란할 것을 알고 병공창 차량으로 서문로 왕웅 군의 댁으로 갖다가 주는 것을 나는 거지 복색인 중복(中服)을 벗어 던지고 넝마전(낡은 옷을 파는 가게)에 가 양복 한 벌을 사 입고 보니 엄연한 신사라, 수호와 변당을 한 개씩 두 개씩 운반하여 법조계 내 친한 동포들 집에 주인도 모르도록 귀한 약품이니 불[火]만 조심하게 하고 가마귀 떡 감추듯(까마귀가 떡을 감추되 나중에는 어디에 두었는지 모르듯 적당히) 하였다.

당시 우리 동포들은 동경사건 이후에 더욱 내게 대한 동정은 비할 데가 없다. 그러므로 본국 풍속이란 내외(內外)나 하거니와(남녀를 엄격히 구별하거니와) 해외 다년 생활에 형제 친척과 같아서 나에게 대하여는 남자들보다 부인들의 애호가 더욱 심한 것은 어느 집을 가든지,

"선생님, 아이 좀 안아 주시오, 내 맛있는 음식 하여 드리로다."

하니 이것은 내가 아이를 안아 주면 아이들이 잘 잔다고 부인들이 아이가 울면 내게 안겨 주던 것이었다. 그런 고로 차래식(嗟來食 : 박대하며 주는 음식)은 아니 먹은 듯하다. 그러자 4월 29일은 점점 박두하여 온다.

윤봉길 군은 말쑥하게 일본식 양복으로 고쳐 입고 날마다 홍구 방면에 가서 공원의 식장 설비하는 것을 살펴보고 당일에 자기가 거사할 위치와 백천(白川 : 시라카와) 대장의 사진이며 태양기(일장기)를 사는 등등의 사무로 매일 홍구를 왕래하고 견문(見聞)을 보고하던 중에,

"금일 홍구에 가서 식장 설비를 구경하는데 백천이 놈도 와서 제(弟)가 그놈의 곁에를 섰을 때에 하대명일(何待明日 : 어찌 내일을 기다릴까)고. 오늘 작탄을 가졌던들 이제 당장 쳐죽일 터인데 하고 생각나던데요."
한다. 나는 윤군에게 이렇게 주의시켰다.

"여보, 그것이 무슨 말이오. 사냥꾼이 꿩을 쏠 시에 날아가게 하고 쏘아 떨어뜨림과 수풀 속에 잠든 사슴을 쏘지 않고 달아날 시에 사격하는 것은 쾌미(快味 : 통쾌한 맛)를 위함이니 군은 내일 성공의 자신감이 박하여 그러시오?"

윤 왈.

"아닙니다. 그놈이 곁에 선 것을 볼 때에 홀연히 그런 생각이 나더란 말씀입니다."

나는 윤군에게 대하여,

"확실히 이번에 성공할 것을 미리서 알고 있습니다. 군이 일전에 나의 말을 듣고 나서 하시던 말씀 중에 '이제는 가슴에 번민이 멈추고 조용하여진다'는 것이 성공의 철증(鐵證 : 철석 같은 증거)으로 믿고 있습니다. 그 자리에서 내가 치하포의 토전양량(土田讓亮 : 쓰치다)을 타살코자 할 시에 가슴이 울렁거리던 것을 고능선 선생이 가르치던, '득수반지무족기 현애살수장부아(得樹攀枝無足奇 懸崖撒手丈夫兒)'의 구를 떠올린즉 군과 나의 결심 행동이 멀게나마 일치한 까닭이오."

하였다. 윤군은 마음에 새기는 안색을 가지더라. 윤군을 여점(旅店 : 여관)으로 보내고 나는 작탄 두 개를 휴대하고 김해산(金海山) 군의 집에 가서 그 내외와 상의하였다. 윤봉길 군을 명일 이른 아침에 중대 임무로 동삼성으로 파송할 터이니 저녁에 우육(牛肉 : 쇠고기)을 사다가 새벽 조반을 해 주라고 부탁하였다.

익일이 즉 4월 29일이다. 새벽에 윤군과 같이 김해산의 집에를 가서 윤군과 같이 최후로 식탁을 마주하여 아침밥을 먹으면서 윤군의 기색을 살펴본즉 태연자약하여 농부가 밭에 가서 일하기 위하여 일부러 자던 입에 먹는 것을 보아도 힘든 일을 떠나는 것은 밥을 먹는 모양으로 알 수 있더라. 김해산 군은 윤군의 침착 용감한 태도를 보고 조용히 나에게 이런 권고를 한다.

"선생님, 지금 상해에서 우리의 행동이 있어야 민족적 체면을 보전케 될 이 마당에 윤군을 구태여 타처로 파송을 하시나요?"

나는 두리뭉수리로 대답한다.

"모험 사업은 실행자에게 전임하는 것인즉 윤군 마음대로 어디서나 하겠지요. 어디서 무슨 소리가 나는지 들어봅시다."

그러자 7시를 치는 종소리는 들린다. 윤군은 자기 시계를 꺼내어 나를 주며 내 시계와 바꾸기를 원하면서,

"저의 시계는 전날 선서식 후에 선생 말씀에 의하여 6원을 주고 매입한 것인데 선생님 시계는 2원짜리인즉 나에게는 1시간밖에 소용이 없습니다." 한다. 나는 기념품으로 받고 내 시계를 주었다. 윤군은 식장으로 들어가는 길을 떠나는데 기차를 타면서 소지한 금전을 꺼내어 나의 손에 들려준다.

"왜 약간의 돈을 가지는데 무슨 방해가 있는가?"

"아닙니다, 기차삯 주고도 5, 6원은 남겠습니다."

그러는 즈음에 기차는 움직인다. 나는 목멘 소리로,

"후일 지하에서 만납시다."

하였다. 윤군이 차창으로 나를 향하여 머리를 숙이자 기차는 소리를 높이

지르고 천하영웅 윤봉길을 싣고 홍구공원을 향하여 달려가 버렸다. 나는 그 길로 조상섭(趙尙燮)의 상점에 들어가 한 통 편지를 써서 점원 김영린(金永麟)을 주어 급히 안창호 형에게 보내었으니 그 편지의 내용은,

"금일 오전 10시 경에서부터 댁에 계시지 마시오. 무슨 대사건이 발생될 듯합니다."

이다. 그 길로 또 석오(石吾 : 이동녕) 선생 처소로 가서 진행하는 사정을 보고하고 점심을 먹고 무슨 소식이 있기를 기다리던 중 오후 1시쯤 되어 곳곳에서 많은 중국 사람들이 술렁거리는데 말마다 불일(不一 : 일치하지 않음)하다.

홍구공원에서 중국인이 작탄을 던져서 다수의 일인이 즉사하였다는 둥 고려인의 소행이라는 둥. 우리 사람들도 엊그제까지 채소 바구니를 메고 날마다 홍구로 다니면서 장사하던 윤봉길이 경천동지(驚天動地 : 하늘을 놀라게 하고 땅을 뒤흔듦)의 대사건을 연출할 줄이야. 김구 이외에는 이동녕, 이시영, 조완구 몇 사람만이 짐작하게 되었던 것이다. 그러나 그날에 거사하는 것은 나 일개인뿐이 알고 있는 고로 석오 선생께 가서 보고하고 자세한 소식을 기다린다. 오후 2, 3시경에 신문 호외로 홍구공원 일인의 경축대(慶祝臺) 위에 다량의 작탄이 폭발되어 민단장 하단(河端 : 가와하시)은 즉사하고 백천(白川) 대장과 중광(重光 : 시게미쓰) 대사와 식전(植田 : 우에다) 중장, 야촌(野村 : 노무라) 중장 등 문무 대관이 중상 운운이고 일인 신문에서는 일치하여 윤봉길의 이름을 대호활자(大號活字)로 게재하고 법(法)조계에 대수색이 일어난다.

나는 안공근, 엄항섭 양인을 비밀히 불러,

"지금부터는 군 등의 집안 생활은 내가 책임질 터이니 우리 사업에만 전념하라."

고 부탁하고 당분간 피신처를 미국인 비오생(費吾生)[1] 집에 교섭한즉 비씨는

---

1) 미국인으로 중국에서 선교사로 활동중이던 조지 피치(George Pitch, 1883~?) 목사를 말함. 피치 목사는 임정 요인들을 음양으로 도와주었으며, 해방 이후에도 한국의 정계·문화계·교육계·종교계 인사들과 밀접한 관계를 맺어 왔음. '비부인'으로 불리는 피치 목사의 부인

그 부친 비목사가 생존 시에 우리에게 크게 동정하던 터이라 그런지 극히 환영하므로 일강(一江) 김철(金鐵)과 안, 엄 양군과 나까지 4인이 비씨 집으로 이주하여 이층을 다 사용하고 식사까지 비씨 부인이 극진 정성을 다하여 윤의사의 희생의 공덕을 벌써 받기 시작한다.

비씨 댁 전화를 사용하여 법조계 내 우리 동포의 집 전화 호마(號碼 : 번호)를 조사하여 가지고 전화로 그때그때 우리 동포의 체포되는 보고를 듣고 돈으로 서양 율사(律師 : 변호사)를 고용하여 법률로 체포된 동포를 구제하나 무슨 효과가 있으리마는 돈을 주어 집일도 도우며, 피신코자 하는 자는 여비를 주는 등 사무를 집행하였다. 체포된 사람으로는 안창호[2], 장헌근(張憲根), 김덕근(金德根) 외 소년 학생들이다. 날마다 왜놈들이 사람을 잡으려고 미친 개와 같이 횡행하는데 우리 임시정부와 민단의 직원들과 심지어 부녀 단체인 애국부인회까지도 집회 여부를 말할 여지를 주지 않고 잡아감에 따라 우리 사람 사이에는 이같은 비난이 생기기 시작된다.

"이번 홍구사변의 주모 계획자는 따로 있으면서 자기가 사건을 은닉하여 무관계자들만 체포되게 함은 불가하다."

이유필(李裕弼) 등 일부 인사의 말이니, 그날은 무방하리라 여기고 나의 편지를 보고도 이씨 집에를 심방하였던 안창호 선생의 체포는 자기 불찰이나, 주모자가 아무 발표가 없는 관계로 사람이 함부로 체포된다는 원성이다. 나는 진상을 공개하자고 주장하였다. 옆에 있는 안공근은 극단으로 반대한다.

"형님이 법조계에 계시면서 이같이 발표하는 것은 극히 위험합니다."

나는 끝까지 고집하고 엄항섭으로 하여금 선언문을 기초케 하여 비취(비

제럴드 피치는 해방 후 임영신·배상명 등 여성 교육자들과 관계가 깊었음. 1997년 한국 독립운동의 뒷 얘기와 해방 정국의 이면을 들여다볼 수 있는 총 12책으로 구성된 '피치 문서'가 국립중앙도서관에 의해 공개됨.

2)   도산 안창호는 이 사건으로 일경에게 체포되어 본국 형무소에서 3년간 복역함.

오생) 부인에게 영문 번역하여 루터(로이터) 통신사 발신으로 세계 각국에,

"동경사건과 상해 홍구 사건의 주모자는 김구요, 집행자는 이봉창과 윤봉길이라."

하였다. 신천(信川)사건과 대련(大連)사건[3]은 다 실패하였으나 아직 발표 시기에 도달치 못하였기로 이상 양대 사건만을 우선 발표한 것이다.

상해에서 중대사건이 발생된 것을 알고 남경에 머무르던 남파(南坡) 박찬익(朴贊翊)[4] 형이 상해로 와서 중국 인사들과 접촉하여 이 방면의 활동 결과로 물질면을 비롯하여 여러 가지 편의가 많다.

주간에 전화로 체포된 동포의 가족을 위로하고 야간에는 안, 엄, 박 등 동지가 출동하여 체포 가족들 구제와 제반 교제를 하는 중에 중국 인사인 은주부(殷鑄夫), 주경란(朱慶瀾), 사량교(查良釗) 등의 면회 요구에 응키 위하여 야간에 기차를 타고 홍구 방면과 정안사로(靜安寺路) 방면으로 횡행하니 평일에 일보를 법조계 외에 투족(投足 : 발을 들여 놓음)을 아니하던 나의 행동거지는 대변동이었다.

다시 중국 인사들의 우리에게 대한 태도를 말하고, 그 다음으로 미·포·묵·큐 교포들의 나에게 대한 태도와, 관내 우리 인사들의 나에게 대한 태도를 말하리라.

첫째, 왜구가 한·중 양 민족의 감정 악화 정책으로 만보산 사건을 일으켜 조선의 도처에서 한인 무뢰배를 총동원하여 중국인 상인과 노동자까지 봉첩타살(逢捷打殺 : 만나는 대로 때려 죽임)케 함에 그 감정으로 말하면 중국인의 중류 이상은 왜구의 독계(毒計)로 알지마는 하류 계급에서는 의연히 '고

---

3) 신천사건은 이덕주·유진식을 파견하여 조선총독을 암살하려 한 사건이며, 대련사건은 유상근·최흥식을 파견하여 관동군사령관 혼조 시게루(本庄繁)를 암살하려 한 사건임.

4) 경기 파주 출신(1884~1949). 호는 남파. 1907년 신민회 가입. 1910년 대종교에 가입하여 이후 줄곧 대종교와 관계함. 1911년 무장단체 중광단(重光團) 조직. 1920년 임정 길림 통신부에서 활동하고, 임정 임시의정원 경기도 대표, 외무부 의사국장, 국무위원 겸 법무부장을 역임. 1929년 한국독립당 공동 창당.

려인이 중국인을 때려 죽인' 것이라. 이와 같은 악감이 동경사건 후에도 씻어지지를 못하였던 터인데 여기에 더하여 1·28 상해전쟁 시에 왜병은 방화를 일삼는 일면에 최영택(崔英澤) 같은 악한을 사주하여 중국 인가에 들어가서 재물을 자기 물건같이 만인공도(萬人公睹 : 모든 사람이 함께 바라봄)케 탈취해 간 사실이 허다하므로 주로 버스나 전차의 한인 차표원들이 중국인 노동자들에게 억울하게 구타를 종종 당하던 터이나, 4·29 사건(윤봉길 의거)으로 인하여 중·한인의 감정은 극도로 호전되었다.

둘째, 미·포·묵·큐 거주 한인 포교들의 나에 대한 신념은 전무후무하였으리라고 자신하고 싶다. 동경사건이 완전 성공은 되지 못하였으나 조금이라도 민족의 체면을 살렸던 나머지에 홍구사건의 절대 성공으로 인함이다. 과연 이 사건 이후로는 임시정부에 세금 내는 일과 나에게 대한 후원이 격증하여지므로 점차 사업이 확장되는 계단으로 나가게 되었다.

관내 우리 독립운동자들의 나에 대한 태도는 낙관적이라기보다 비관적인 쪽이 더 많다. 4·29 이후 자연 신변이 위험케 된 관계로 평소 친지들의 면담 요구에 함부로 응할 수 없는 것이 그들의 유일무이의 감정이었다. 전달에 전차차표원 별명 박대장(朴大將 — 사리원 사람)의 혼인잔치 청첩을 받고 잠시 축하차로 그 집에 들어가서 주방의 부인들을 보고,

"나는 속히 가야겠으니 빨리 국수 한 그릇만 달라."

고 부탁하여 냉면 한 그릇을 속히 먹고 권련 1개를 피워 물고 그 집 문간을 나서면 그 옆집이 곧 우리 사람의 전방이라, 왔던 길이니 방문코자 전방으로 들어가 미처 앉기도 전에 주인이 내 옆 구리를 쿡 찌르며 손으로 길가[露飛路]를 지시하기로 본즉 왜경 10여 명이 길에 열지어 서서 전차 지나가기를 기다리더라. 나는 다시 피할 곳이 없은지라 서서 유리창으로 왜놈의 동향을 본즉 쏜살같이 박대장의 집으로 들어가는 것을 보고서 그 전방을 나와 전차 선로를 따라 김의한 군 집으로 들어갔다. 그 부인을 시켜 박대장의 집에 가서 본즉 바로 전에 왜놈이 들어와,

"방금 들어온 김구가 어디 있는가?"

물으며 심지어 아궁지 속까지 뒤지다가 갔다는 것은 모르는 사람이 없고, 이번 4·29사건 이후에는 제1차 20만원 현상이고 제2차는 일본 외무성과 조선총독부와 상해주둔군 사령부 3부 합작으로 현상금 60만원이었다.

가흥(嘉興) 피신

나를 상면코자 하는 요령(요점)을 들으면,

"남경정부(남경 중국 국민당 정부) 요인에게 그대 신변 위험을 말하였더니 김구가 온다면 비기(飛機 : 비행기)라도 보내마 한다."

는 둥, 또는,

"아무리 위험하여도 모험하여 일을 하지 않고 편안한 생활을 하여서 되느냐?"

등등으로 말을 하지만, 이면에는 자기들과도 행동을 좀 같이 하며 일도 같이 하자는 것이니, 나로서 어찌 여러 사람들에게 만족을 줄 도리가 있는가. 하후하박(何厚何薄 : 누구에게는 후대하고 누구에게는 박대함)할 수 없으므로 일체를 사양하여 물리치고 비취 댁에서 20여 일 경과하며 비밀활동을 하였더니 하루는 비부인이 급히 이층에 와서,

"정탐꾼에게 우리 집이 발각된 모양이니 속히 이 집을 떠나도록 하자."

하고 곧 하층에 가서 전화로 자기 남편을 불렀다. 그 부인은 자기네 차에 나와 내외 모양으로 나란히 앉고 비선생은 차부(車夫)가 되어 정내(庭內)에서

차를 타고 달리다 문밖을 나가며 본즉 법인(프랑스인), 아인(러시아인), 중인(중국인) —— 일인은 보이지 않음 —— 각국 정탐이 문앞과 주위에 늘어섰으나, 미국인 가택이라 함부로 발을 들여놓을 수 없었던 것이다. 법조계를 지나 중계(中界 : 중국 地界)에 차를 세우고 나와 공근은 화차참(火車站 : 기차역)으로 가서 당일로 가흥(嘉興 : 상해 서남쪽 약 80킬로) 수륜사창(秀綸紗廠)[1]으로 피신하였다.

이곳은 남파(南坡 : 박찬익) 형이 은주부(殷鑄夫)와 저보성(褚補成) 씨에게 주선하여 마련하였는데 엄군의 가족과 김의한 일가와 석오 선생은 벌써 며칠 전에 이사하였던 것이다.

상해서 비부인이 보고하던 말은 다음과 같다. 자기가 아래층에서 유리창으로 문밖을 살펴본즉 어떤 동저고리 차림을 한 중국인 노동자 같은 사람이 자기네 주방으로 들어가는데, 따라가서 누구인가 질문하였더니 그 사람 대답이,

"나는 양복점인인데 댁에 양복 지을 것이 있는가 물어보고자 왔습니다."
하여 비부인이 왈,

"그대가 내 주방 하인에게 양복 짓는 것을 묻는가? 수상하다."
한즉 품속에서 법포방(法捕房 : 불란서 경찰서) 정탐(순사)의 증빙을 내어 보이기로,

"외국인 집에 함부로 침입하느냐?"
한즉,

"대불기(對不起 : '미안합니다'라는 중국어식 표현)."
하고 가더라는 것이다. 그 집을 정탐들이 주의케 된 원인을 연구하여 보면 비씨 집 전화를 남용하였던 연고인 듯하다.

나는 그때부터 가흥 생활을 계속하게 되었다. 부친의 외가 성을 빌려 장

---

1)　　정정화의 회고에 의하면. 수륜사창은 면사공장이었는데, 당시 세계 대공황으로 폐쇄되어 있었다 함.

(張)씨로 행세하고 이름은 진구(震球)라 하였는데 혹은 장진(張震)이라고도 하였다. 가흥은 저보성 —— 호는 혜승(慧僧) —— 씨의 고향인데, 절강성장을 지낸 저씨는 지역 내 신망이 높고 덕이 높은 신사이고, 그 장자 봉장(鳳章 ― 漢雛)은 미국 유학생으로 그 현(縣) 동문 밖 민풍지창(民豊紙廠)의 고등기사 (高等技士)이더라.

그 집은 남문 밖에 있는데 구식 집으로 그다지 웅대하지 못하나 사대부 저택이라 보여지더라. 저선생은 자기 수양자 진동락(陳桐落) 군을 위하여 호 반에 잘 지은 반서양식 정자 한 곳을 나의 침실로 정하여 주었다. 수륜사창 과 서로 바라볼 수 있을 만큼 가깝고 풍경도 매우 수려하다. 나의 진면목을 아는 자는 저씨 댁 부자 · 고부(姑婦)와 진동생(陳同生 : 진동락) 내외인데 가장 곤란한 것은 언어라. 비록 광동인으로 행세를 하지마는 중국어를 너무도 모 르는 중에 상해말도 또 다르니 벙어리의 행동이더라.

가흥에 산은 없으나 호수는 낙지발같이 사통팔달하여 7, 8세 소아라도 다 노를 저을 줄 아는 모양이더라. 토지는 극히 비옥하며 각종 물산이 풍부 하고 인심 풍속이 상해와는 딴 세상이다. 상점에 에누리가 없고 점방에 고 객이 무슨 물건을 잊어버리고 놓고 갔다가 며칠 후에라도 찾으면 잘 보관하 였다가 공손히 내어주는 것은 상해서는 보기 희귀한 미풍이더라.

진동생 내외는 나를 인도하여 남호(南湖) 연우루(烟雨樓)와 서문 밖 삼탑 (三塔)을 구경시켜 주었다. 삼탑에는 명조(明朝) 임진란에 일본군이 침입하여 인근 부녀자들을 잡아다가 사원에 감금하고 한 승려에게 지키게 하였더니 야간에 그 승려가 부녀들을 모두 다 풀어주었으므로 왜놈들이 그 중을 살해 하였다는 전설이 담겨 있는데, 혈흔이 아직 석주(石柱)에 은현(隱現 : 숨었다 나타났다 함)한다 하더라.

동문 밖 십 리 되는 곳에 한나라의 문신 주매신(朱買臣)[2]의 묘가 있고 북

---

2)   중국 전한(前漢) 무제(武帝) 때의 문신. 자는 옹자(翁子).

문 밖에 낙범정(落凡亭)이 있다. 주매신이는 서치(書痴 : 글읽기에만 골똘하여 세상일을 모름)였던 모양으로, 한 번은 자기 처 최씨가 농삿일을 가면서 맥(보리)나락을 보라고 부탁한 후 돌아와서 본즉 소낙비에 보리가 떠내려가는 것도 모르고 독서만 하더라는 것이다. 처가 그것을 보고 목수에게 개가하였더니, 그 후에 주매신이 과거 급제하여 회계태수(會稽太守)가 되어 돌아오는 길에 수로(修路 : 길을 닦음)하는 여자를 보니 자기의 처라.

명재후차(命載後車 : 뒤차에 태우라 명함)하여 관사에 들어가 그 여자를 불러 보니 최씨가 주매신의 귀한 몸을 보고 다시 처 되기를 원한즉 '물 한 동이를 길어다가 땅에 엎지르고 다시 주워 한 동이가 되거든 동거하자' 한즉 최씨가 그대로 시험하다가 물이 동이에 차지 못함을 보고 낙범정 앞 호수에 익사하였다는 사적을 다 찾아 살펴보았다.

상해 일본 영사관 일인 관리의 밀보(密報)에 의하면,

"왜구의 활동이 더욱 사나워져, 김구가 상해에는 형적이 없으니 필연 호항선(滬杭線 : 상해 ― 항주 간 철도선)이나 경호선(京滬線 : 북경 ― 상해 간 철도선) 방면으로 숨었을 것이라며 안선(眼線 : 감시망)을 양 철로선으로 파견시켜 밀탐하니 극히 주의하라."

한다. 또,

"오늘 아침에 수색대가 호항로(滬杭路)로 출발하였다 하니 만일 김구가 그 방면에 잠복하였거든 주변 정거장에 사람을 보내 일경의 행동을 주목하라."

는 말을 듣고 정거장 부근에 사람을 보내 몰래 살피게 한즉 일경이 변장하고 하차하여 붉은 눈초리로 이곳 저곳을 순탐하다가 가는 것을 보았다 한다.

세상에 기괴막측한 일도 있다. 4·29 이후에 상해 일인의 삐라에 '김구 만세'라는 인쇄물이 배포되었다는데 실물은 얻어보지 못하였다. 일인으로서 우리 금전을 먹고 밀탐한 자도 수명이었더라. 위혜림(韋惠林) 군의 알선으로도 몇 명 있었으니 그 사람들은 매우 신용이 있었다.

일이 이미 이렇게 되니 부득불 가흥에 오래 머물러 살기 위험하다 하여 또다시 나만은 가흥을 떠날 필요가 있으나 장차 어디로 가리요. 저한추(褚漢雛 : 저보성의 큰아들)의 처가는 해염현(海鹽縣) 성내에 있고 거기서 서남방 40여 리를 가면 해염 주(朱)씨 산당(山堂)이 있는데 피서별장이다. 한추 형이 자기 부인과 상의한 결과 재취 후 첫아들을 낳은 미인 단독으로 나와 기선을 타고 하루 여정을 떠나 해염성 내 주씨 공관에 도착하였다.

주씨 사택은 해염현 내에 최대 가정이라 한다. 규모가 광대하여 나의 숙소는 후면 양옥 한 곳인데 대문 앞은 돌길, 그 밖은 호수로 선박이 왕래한다. 대문 안으로는 정원이고 협문(좁은 문)으로 들어가면 가사를 총관리하는 사람의 사무실이 있다. 종전은 4백여 명 식구가 공동식당에서 식사를 하더니 근래는 식구 대부분이 직업을 따라 분산[士·農·工·商]하였고 그 나머지는 개별 취사를 원하므로 물품을 분배하여 자취케 한다고 한다.

건물 형식은 봉방(蜂房 : 벌집)과 같은데 가옥마다 3, 4개의 방이 있고 가옥 앞에는 화려한 객청(客廳 : 응접실) 1칸씩이 있고 구식 건축 후면에는 몇 개 이층 양옥이 있다. 그 후면은 화원(花園)이고 그 후면은 운동장이다. 해염의 3대 화원 중에 주씨네 화원이 제2요 전(錢)씨네 화원이 제1이라 하기로 전씨 화원도 구경하였는데 화원 설비는 주씨네보다 낮고 건물 설비는 주씨네만 못하더라.

주씨 집에서 하룻밤을 지내고 자동차로 노리언(盧里堰)에서 하차하여 서남산 고개 5, 6리를 보행할새 저부인은 뒷굽 높은 가죽신을 신고 7, 8월 염천에 친정 여복(女僕 : 여자 시중꾼) 1명에게 나의 음식과 각종 육류를 들려 가지고 수건으로 땀을 씻으며 산 고개를 넘는 것을 보고 나는 우리 일행의 이 모습을 생생히 담아 영구적 기념품을 만들어 만대자손에게 전할 마음이 간절하나 그곳에 활동사진 기구가 없으니 어쩔 수 없었다.

우리 국가가 독립이 된다면 저부인의 용감 친절을 우리 자손이나 동포가 누가 흠앙치 않으랴.[3)]

활동사진은 찍어 두지를 못하나 문자라도 기록하여 후세에 전코자 이 글을 쓴다.

산마루에 올라 주씨가 건축한 길가 정자에서 휴식하고 다시 일어나 수백 보를 간즉 산허리에 한 채의 양옥집이 그윽하고 아담하게 보인다. 그곳에 들어간즉 집을 지키는 용인(傭人) 가족들이 나와서 저부인을 공경스럽게 맞이한다. 저부인은 용인에게 자기 친정에서 가지고 온 육류와 과일 채소를 주고,

"저 양반의 식성은 이러이러하니 주의하여 모시고, 등산하면 1일 3각(角 : 화폐단위)을 받고 어떤 곳은 얼마, 응과정(鷹窠頂)을 가면 4각만 받으라." 고 명하고 당일로 고별하고 본가로 돌아가더라. 그 산당은 저부인 친정 숙부를 매장하기 전에 피서처로 사용하였는데 매장 후에는 그의 묘소 제청(祭廳)이 되었더라.

나는 날마다 묘지기를 데리고 산해(山海) 풍경을 감상하는데 무한한 취미가 있다. 본국을 떠나 상해에 도착한 후 14년간 다른 사람이 남경, 소주, 항주의 산천을 감상하고 이야기하는 말도 들었으나 나는 상해서 한 걸음도 떠나지 못하여 산천이 극히 그립던 차에 매일 산을 오르고 물을 대하는 취미는 비할 데 없이 유쾌하였다. 산 위에서 전면으로 해상에 범선(帆船), 윤선(輪船)의 왕래 모습과 좌우로 창송(蒼松 : 푸른 소나무) 단풍의 여러 광경은 자연 유자비추풍(游子悲秋風 : 집 떠나 객지를 떠도는 사람에게는 가을 바람이 더욱 쓸쓸하고 슬프게 느껴짐)의 감이 있더라. 나는 망세간지갑자(忘世間之甲子 : 세월 가는 것을 잊음)하고 일일 일과가 유산간수(遊山看水 : 산과 물을 감상하며 노닐음)였다. 14년 동안 산수의 주림은 십수일 동안에 포만(飽滿)되었다.

묘지기를 따라 응과정을 간즉 산 위에 하나의 니고(尼姑 : 비구니) 암자가 있다. 한 노니고(老尼姑)가 나와 맞이하는데 묘지기는 서로 아는 인사로서,

"이 어르신은 해염현 주씨댁 주인마님이 모셔왔는데 광동인이고 약을 해

---

3)   한국 정부는 저보성씨와 그 며느리의 이 같은 후의에 감사하는 표시로 1996년 9월 상해총영사관을 통해 저씨의 손자인 저계원(褚啓元)씨에게 훈장을 수여했음.

잡수시러 산당에 와서 머물다가 구경차 왔다."

고 보고한즉 노니고는 나를 향하여 고개를 숙이며 인사한다,

　"아미타불, 멀리서 잘 오셨습니까? 아미타불, 내당(內堂)으로 들어갑시다. 아미타불."

　나는 구불절성(口不絕聲 : 입에서 그치지 않음)으로 염불하는 도고니고(道高尼姑 : 도가 높은 여승)를 따라 암내(菴內)로 들어섰다. 각 방으로 주순분면(硃脣粉面 : 붉은 입술에 분을 바른 얼굴)에 승복을 맵시있게 입었고 목에는 긴 염주를 걸고 손에는 짧은 염주를 쥔 묘령의 니고들이 나와서 저두송추파(抵頭送秋波 : 고개를 숙이고 추파를 던짐) 식 인사를 하는 모양이 상해 팔선교(八仙橋) 야계굴(野鷄窟 : 미인촌) 구경을 하던 광경이 회상된다.

　묘지기가 나의 시계 줄 끝에 작은 지남침이 있는 것을 보고서,

　"후면 산자락에 암석이 하나 있는데 그 암석 위에 지남침을 놓으면 곧 변하여 지북침(指北針)이 된답니다."

한다. 식후에 따라가서 암석 위의 동전 한 개를 놓을 만한 오목 패인 자리에다 지남침을 들여 놓은즉 지북침이 되어지나니, 나는 광학(鑛學)을 모르나 필시 자석광이나 자철광인 듯하더라.

　하루는 묘지기가,

　"해변에서 오리 떨어진 곳에 진(鎭 : 성에 둘러싸인 고을)이 있는데 오늘이 장날이니 구경을 않겠습니까?"

하기로,

　"좋다."

하고 따라갔다.

　지명은 망각하였고, 보통 고을이 아니고 해변 요새이다. 포대도 있는데 옛날 건축인 소성(小城)이고 임진란에 축조하였다 한다. 성 안에는 인가도 즐비하고 약간의 관청도 있는 모양이라. 성안 한 바퀴를 대강 구경하니 외따로 있는 진이라 그런지 장꾼도 희소하다. 한 국수집에 들어가 점심을 먹

는데 노동자와 경찰과 노(老)백성 등이 수군거리며 나를 주시하더니 묘지기를 불러 가며 나에게도 직접 캐묻는다. 나는 광동의 상인이라고 서툰 중어로 대답을 하면서 벽 너머 묘지기의 답변하는 말을 들은즉 해염 주씨댁 마나님이 산당에 모셔다 둔 손님이라고 대담하게 말하는 것을 보아도 주씨 집안의 세력을 알 수 있더라. 무슨 연유도 모르고 산으로 돌아왔다. 묘지기에게 물은즉 답 왈.

"그까짓 경찰들 영문도 모르고 장선생이 광동인이 아니고 일본인이 아니냐 묻기로 주씨 댁 마나님이 일본인과 동행하겠는가 하였더니 아무 말도 못하던데요."

수일 후에 안공근, 엄항섭, 진동생(陳同生)이 산으로 와서 응소정 경치를 감상하고 다시 가흥으로 돌아갔다.

다른 이유가 아니라 전일 모 진(鎭)에서 경찰이 추궁한 후에는 즉시로 산당을 비밀 감시하나 별반 단서를 얻지 못하고, 경찰국장이 해염 주씨댁에 출장하여 산당에 머무는 광동인의 정체를 조사하였는데, 저부인의 부친이 사실대로 말을 한즉 경찰국장은 크게 놀라,

"과연 그렇다면 진력 보호하겠다."

고 하였다니, 지각없는 시골 경찰을 다 믿기 어려워 가흥으로 돌아간 것이다. 그 길에 해녕현성(海寧縣城)에 들어가 청조 건륭(乾隆)황제가 남순(南巡 : 남쪽지방을 순시함)시에 음주하던 누방(樓房)도 구경하였다. 가흥에 돌아와 소선(小船)을 타고 날마다 남호(南湖) 방면으로 가 뱃놀이로 일을 삼고 시골 마을로 가서 닭을 사다가 선중에서 팽식(烹食 : 삶아 먹음)함이 취미진진(趣味盡盡)하더라.

가흥 남문 밖 운하로 10여 리 엄가병(嚴家兵)이란 농촌에는 진동생의 전지(田地 : 논밭)가 있으며 그 마을의 손용보(孫用寶)란 농부는 진동생과 극히 친한 터이므로 나는 손용보의 집에 머물러 지내게 되었다.

날마다 전사옹(田舍翁 : 고집스럽고 비루한 시골 늙은이)이 되어 식구들이 전

부 전지로 나가고 빈 집에 유아(乳兒)가 곡(哭)하면 나는 아기를 안고 전지로 젖어미를 찾아가는데 아이 엄마는 황공무지하더라. 5, 6월 잠업시기이다. 집집에 양잠하는 것을 돌아다니며 고찰하며 부녀들이 고치 실을 켜는 것을 보았다. 60여 세 노파가 일을 하는데 물레 곁에 솥을 걸고 물레 밑에 발판을 달아 오른발로 누르면 바퀴가 구르고, 왼손으로 장작불을 펴 누에고치를 삶고 오른손으로 실을 물레에 감는 것을 보니 내가 어려서부터 본국에서 부인들이 양잠하는 것을 본 데 비하면 천양지판이라. 나는 묻는다.

"당신 금년 춘추가 얼마시오?"

노파 왈.

"60하고도 몇 살이오."

"당신 몇 살부터 이 기계를 사용하였습니까?"

"7세 때부터요."

"그러면 근 60년 이전에도 고치 켜는 기계가 이것이오?"

"네, 변한 게 없소."

나는 실지로 7, 8세 소아(小兒)가 고치 켬을 목도하고 의심치 않았다. 농가에 기숙하느니만치 농구(農具)를 주밀히 조사하고 그 사용하는 것을 본즉 우리 본국의 농구에 비하면 비록 구식이라도 퍽 진보되었다고 본다.

전답에 관개(灌漑 : 물을 댐)하는 한 가지 일로만 보아도 목치륜(木齒輪 : 나무 톱니바퀴)을 우마에 매고 남녀 수인이 밟아 굴러서 한 길 이상에로 호수 물을 끌어 올리니 그 얼마나 편리한가. 이앙(移秧 : 모내기) 한 가지 일로 논하여도 이앙일에 벼 벨 날짜를 미리 계산하나니 조도(早稻 : 이른 벼)는 80일, 중도는 100일, 만도(늦벼)는 120일이라 한다. 우리나라에서 줄모(줄을 대고 일정한 간격으로 심는 벼)는 일인의 발명으로 알았으나 중국에서는 고대로부터 줄모를 심던 것을 김매는 기계를 보아도 알 수 있더라.

농촌을 시찰한 나는 불가무일언(不可無一言 : 한 마디도 할 수 없음)이라. 우리나라에서 한, 당, 송, 원, 명, 청 각 시대에 관개사절(冠蓋使節 : 네 필의 말이

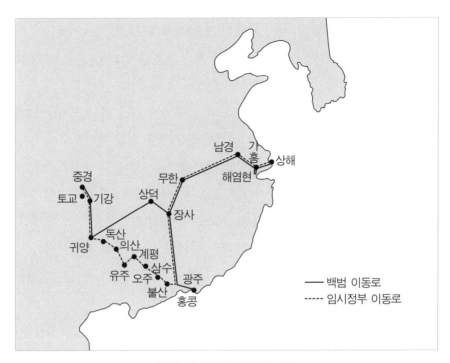

1930년대 백범과 임시정부의 이동

끄는 수레를 타고 위엄있게 가는 사신)이 왕래하였다. 북방보다도 남방 명조시대[4]에 우리의 선인들은 거의 다 안맹자(眼盲者 : 눈먼 사람)만 사절로 다녔던 것인가. 필시 환상만 있고 국계민생(國計民生)이 무엇인지를 생각도 못하였던 것이니 기불통한재(豈不痛恨哉 : 어찌 통탄스럽지 않으리오)아. 문영(文永)[5]이란 선민(先民)은 면화씨를, 문노(文勞)[6]란 선민은 물레를 중국서 수입하였다 하나 그 외에는 언필칭 오랑캐라 지칭하면서도 명대에 의관문물을 실준화제(悉遵華制 : 모두 중국의 의식을 좇음)라 하여 실지에 아무 이익도 없고 불편 고통스럽기만 한, 예를 들면 망건이나 갓 등 망할 놈의 기구만 들여왔으니, 생

---

4) 명대 전기, 곧 남경에 도읍을 정했던 시기를 말함. 명은 1368년 건국되면서 도읍을 남방 양자강 유역인 남경에 정했다가 1421년 북경으로 천도하였음.
5) 고려말 원(元)나라에서 목화씨를 들여온 문익점(文益漸)을 가리키는 듯함.
6) 문익점의 아들 문래(文來)를 가리키는 듯함. 그러나 사료에는 문래가 물레를 직접 창안했다고 함.

각만 하여도 이가 시립다. 우리 민족의 비운은 사대사상이 만들어냈다고 하지 않을 수 없다. 국리민복의 실생활은 도외시하고 주희(朱熹 : 朱子) 학설 같은 것은 그대로보다 주희 이상으로 강고(强固)한 이론으로 주창함으로 사색당파가 생기어 수백년 싸움질만 하는데 민족적 원기가 다 소모되고 남은 것이 없으니 발달된 것은 오직 의타심뿐이라, 망하지 않고 배기리오.

한탄스러우니, 금일로 두고 보아도 청년들이 노인들을 지칭하기를 노후니 봉건잔재니 하니 긍정할 점이 없지 않으나, 사회주의자들이 강경 주장하기를 혁명은 유혈적 사업이니 한 번은 가(可)커니와 민족운동 성공 후에 또다시 사회운동을 하는 것은 절대 반대라 하더니, 아국 국부 레닌이 식민지 민족은 민족운동을 먼저 하고 사회운동은 후에 하는 것이 가하다는 말에는 조금도 주저없이 민족운동을 한다고 떠들지 않는가.

정주(程朱)[7]가 방귀를 뀌었어도 그대로 향취로 주장한다고 코웃음을 치던 그 입과 혀로 레닌의 방귀는 감물(甘物 : 단것)이라 할 듯하니 청년들 좀 정신차릴지어다. 나는 결코 정주학설 신봉자가 아니고 마극사(馬克思 : 마르크스)와 레닌주의 배척자가 아니다. 우리 국성민도(國性民度 : 국가와 민족의 특성)에 부합한 주의 제도를 연구 실시하려고 머리를 쓰는 자 있는지, 만일 없으면 비막비어차(悲莫悲於此 : 이보다 더 슬픈 일은 없음)라 하노라.

엄가병에서 다시 사회교(砂灰橋) 엄항섭 군 집에 와 오룡교(五龍橋) 진동생 생가에 숙식하매 주간은 주애보(朱愛寶)의 작은 배를 타고 인근 운하로 각 농촌 구경을 하는 것이 유일한 임무인 듯하다.

가흥 성내에는 몇 개의 고적이 있다. 고대 치부(致富)에 유명한 도주공(陶朱公)[8]의 집터(鎭明寺)가 있어 축오자(畜五牸 : 암소 다섯 마리를 키움)하던 곳

---

7) 중국 송(宋)대 이학자(理學者)인 정자(程子 : 程顥·程頤)와 주자(朱子 : 朱熹)를 가리킴.

8) 월왕(越王) 구천(句踐)의 신하 범려(范蠡)를 가리킴. 범려는 구천을 도와 패업을 이루게 한 후 공성신퇴(功成身退)하여 이름을 도주공으로 바꾸고 장사에 몰두하여 큰 부자가 되었다 함.

외에 연못을 판 양어장이 있는데 문앞에 '도주공 유지(遺址)'라는 비석이 있더라.

일일은 무료하여 시내를 걷던 중이다. 동문으로 가는 대로변 광장에 군·경의 조련장이 있어 군대가 훈련하는데, 오고 가는 사람이 운집하여 바라보므로 나도 발걸음을 멈추고 구경하였더니 조련장으로부터 군관 하나가 나를 유심히 보더니 돌연 달려와서,

"어느 지방 사람이냐?"

고 나에게 묻는다. 나는 광동인이라고 대답하였다. 그 군관이 광동인일 줄이야 어찌 알았으리오. 당장에 보안대 본부로 가서 취조를 받게 되었다.

"나는 중국인이 아닌데 그대네 단장을 대면시켜 주면 본래 신분을 직접 필담(筆談)으로 설명하겠다."

고 하였다. 단장은 아니 나오고 부단장이 얼굴을 내밀기로,

"나는 한인인데 상해 홍구 작안(炸案) 이후에 상해 거주가 곤란하여 잠시 이곳 저한추의 소개로 오룡교 진동생의 집에 기거하고 성명은 장진구라."

하였다. 경찰은 그 길로 남문 저댁(褚宅)과 진댁(陳宅)에 가서 엄밀 조사를 한 모양이다. 4시간 후에 진형이 와서 담보하고 석방되었다. 저한추 군은 나에게 이런 권고를 한다.

"김선생님의 피신 방법으로, 김선생은 홀아비로 사시니 나의 친우 중 과부로 나이 근 30인 중학교원이 있으니 보시고 뜻이 맞으시면 취실(娶室 : 아내로 맞이함)함이 어떠하오?"

나는 중학교원으로는 즉각으로 나의 비밀이 탄로되리니 불가타 하고 차라리 요선녀(搖船女 : 여자 뱃사공)를 친근하여 의탁하면 주녀(朱女 : 朱愛寶)가 목불식정(目不識丁)한즉 나의 비밀을 가히 지키리라 하고 이후로는 아주 선중 생활을 계속하더니라. 금일은 남문의 호숫가에서 자고 명일은 북문의 강가에서 자고 낮에는 땅위를 걷거나 할 뿐이다.

장개석(蔣介石)
면담

    나는 잠복한 반면에 박남파(朴南坡 : 박찬익), 엄일파(嚴一坡 : 엄항섭), 안신암(安信菴 : 안공근) 3인은 부단히 외교와 정보 방면에 치중하여 활동하였다. 물질상으로 중국인 친우의 동정이 있고, 미주 동포들도 내가 상해를 탈출한 소식을 알고 점차 원조가 증가되어 활동하는 비용은 그다지 군색치 않았다.

    박남파 형은 종래 남경에서 중국 국민당 당원으로 중앙당부에 취직하던 관계로 중앙 요인 중에도 숙친한 자가 많으므로 중앙 방면으로 교섭한 결과, 중앙당부 조직부장 강소성 주석인 진과부(陳果夫)의 소개로 장개석(蔣介石)[1] 장군을 면담하기로 하였다. 면담의 통지를 접하고 나는 안공근, 엄항섭을 대동하고 남경에 도착하였다. 공패성(貢沛誠) 소쟁(蕭錚) 등 요인이 진과부 대표로 영접하여 중앙반점에 숙소를 정하였다.

    익일 야간에 남파를 통역으로 대동하고 진과부의 자동차로 중앙군교(中

1)   중국의 군인, 정치가(1887~1975). 이름은 중정(中正). 1911년 혁명에 참가, 손문을 사사하여 국민당 정부를 이끌었으며, 1936년 서안에 감금되었다가 풀려난 후 중국공산당과 합작하여 대일항전을 이룸. 해방 후 국공내전 끝에 대만으로 옮겨감.

央軍校) 내 장(蔣) 장군의 자택에 도달하였다. 장씨는 온화한 안색에 중복(中服 : 중국 복장)을 하고 접응하여 준다. 피차 한훤(寒暄 : 날씨의 춥고 더움에 대하여 말하는 인사)을 마친 후에 장씨는 간단한 어조로,

"동방 각 민족은 손중산(孫中山 : 孫文) 선생의 삼민주의에 부합되는 민주적 정치를 하는 것이 합당할 듯하다."

고 하기로 나는 그렇다고 대답한 후에 일본의 대륙 침략의 마수가 시시각각으로 중국에 침입하니 좌우(左右) 사람들을 피하여 주면 필담으로 몇 마디 진언하겠다 한즉 장씨가 호호(好好 : 좋다는 뜻)하매 진과부, 박남파는 문밖으로 물러간다. 장씨가 필연(筆硯 : 붓과 벼루)을 친히 갖다 주기로,

"선생이 백만 원 지급을 허락하면 2년 이내에 일본, 조선, 만주 3방면에 대폭동을 일으켜 일본의 대륙 침략의 교량을 파괴할 터이니 선생의 뜻은 어떠시오?"

하니 장씨는 붓을 들어 써서 말하기를,

"청컨대 계획서를 자세히 제시하여 주시오."

라 하기로 알았다며 물러나왔다.

익일에 간략한 계획서를 보내었더니 진과부 씨가 자기 별장에서 잔치를 베풀고 장씨 의견을 대신 말하기를,

"특무공작으로는 천황을 죽이면 천황이 또 있고, 대장을 죽이면 대장이 또 있지 않은가. 장래 독립하려면 무인(武人)을 양성하여야 하지 않은가?"

함에 나의 대답은,

"고소원불감청(固所願不敢請 : 간절히 바라지만 감히 청하지 못함)이다. 지대(地帶 : 장소) 문제, 물력(物力 : 재정) 문제이라."

하였다.

지대는 낙양분교(洛陽分校 : 중앙군사학교 낙양분교)로, 물력은 발전을 따라 공급한다는 약속 하에 군관 백 명씩 1기에 양성하기로 결의하고 동삼성에 사람을 보내 이전 독립군인들을 소집할제 이청천(李靑天), 이범석(李範奭)[2],

오광선(吳光善), 김창환(金昌煥) 등 장교와 그 부하 수십 명의 청년들과 관내 북평, 천진, 상해, 남경 등지에 있던 청년을 총소집하여 백 명을 제1차로 입교하게 하고 이청천, 이범석은 교관 영관(領官)으로 입교 시무케 하였다.[3]

2)　　　호는 철기(鐵驥). 1915년 중국으로 건너가 운남 육군강무학교 기병과를 나온 후 김좌진 장
　　　군의 휘하에서 청산리 싸움에 참전함. 이후 시베리아 · 중국 대륙을 전전하며 무장독립운동
　　　에 투신(1900~72).

3)　　　낙양 중국육군중앙군관학교 제7분교에 한인 특별반을 설치한 시기는 1934년 2월이며, 일본
　　　정부가 중국에 강력히 항의함에 따라 1기 졸업생 62명을 배출하고 교육을 중지하였음.

5당통일
논의

이때 우리 사회에서는 또다시 통일풍이 일어나 대일전선 통일동맹의 발동으로 의론이 분분하더니 하루는 의열단장(義烈團長)[1] 김원봉(金元鳳)[2] 군이 특별회면을 청하기로 남경 진회(秦淮) 해안가에서 밀회하였다. 김군이,

"지금 일어나는 통일운동에 부득불 참가하겠으니 선생도 동참하심이 어떠십니까?"

하므로 나는 김군에 묻기를,

"내 소견에는 통일의 대체는 동일하나 동상이몽으로 간파되니 군의 소견은 어떠하오?"

---

1) 의열단은 1919년 11월 중국 길림에서 김원봉을 비롯한 13명이 결성한 항일 과격 단체. 일정한 본거지가 없이 폭력으로 일본 관헌과 관청을 암살·습격하였음. 부산 경찰서 폭파, 밀양 경찰서 습격, 동양척식회사 폭파 등의 사건을 일으킴.

2) 경남 밀양의 농가 출신(1898~?). 호는 약산(若山). 항일단체인 의열단을 조직, 단장에 오름. 1925년 경 황포군관학교에서 수학하고 혁명간부학교를 경영하여 간부 양성. 1938년 조선의용대 총대장에 취임. 1941년 조선의용대를 한국광복군에 편입시키고 부사령(副司令)에 취임. 해방 후 월북.

하니 김군 답운(答云).

"제가 통일운동에 참가하는 주요 목적은 중국인들에게 공산당이란 혐의를 면코자 함이올시다."

나는 그런 목적이 각각 다른 통일운동에는 참가키 불원(不願)이라 하였다. 그로부터 소위 5당통일회의가 개최되니 의열단, 신한독당(新韓獨黨 : 신한독립당), 조선혁명당, 한국독립당, 미주대한인독립당이 통합하여 조선민족혁명당[3]으로 출세(出世 : 세상에 나옴)되었다.

5당 통일 속에는 임시정부를 안중정(眼中釘 : 눈엣가시)으로 생각하는 의열단원 중 김두봉(金枓奉), 김약산(金若山 : 金元鳳) 등의 임시정부 취소운동이 극렬하므로 당시 국무위원 김규식(金奎植)[4], 조소앙(趙素昻)[5], 최동오, 송병조(宋秉祚)[6], 차이석 7인 중 김규식, 조소앙, 최동오, 양기탁, 유동열(柳東說)[7] 5인이 통일에 심취하여 임시정부 파괴에 무관심함을 본 김두봉은 임시정부 소재지인 항주에 가서 송병조, 차이석 양인을 보고 5당통일이 되는 이때에 명패만 남은 임시정부를 존재케 할 필요가 없으니 취소하여 버리자고 강경한 주장을 한다. 송 · 차 양씨는 강경 반대를 하고 있으나 국무원 7인에 5인이 직책을 내놓음에 국무회의를 진행치 못한즉 무정부 상태라는 조완구 형의 편지를 받고 심히 분개하여 급히 항주에 가서 보니 그곳에 주재하던

---

3) 약칭 민족혁명당, 민혁당. 출범 시기는 1935년 7월임. 약산 김원봉이 주도권을 잡자 각 단체가 이탈하였으며 이로부터 의열단원을 중심으로 유지되었음.

4) 강원도 홍천 출신(1881~?). 호는 우사(尤史). 어려서 가정이 몰락하여 미국 선교사 언더우드의 양육을 받음. 미국에서 석사과정을 마치고 1904년 귀국, 연희전문학교 교수 역임. 1913년 중국 망명. 1919년 파리 강화회의에 신한청년당 대표로 파견. 임정 학무부장, 부주석 역임. 6 · 25 때 납북됨.

5) 경기도 양주 출신(1887~?). 3 · 1운동 후 상해로 망명, 임시정부 성립요원이 됨. 이후 임정 국무위원, 의정원 의원 역임. 한국독립당 창당 멤버. 6 · 25 때 납북됨.

6) 평북 용천 출신(1877~1942). 1921년 상해로 망명, 임시정부 의정원의장, 국무위원 등 역임. 임정 회계검사원장으로 재직하다 병사함.

7) 1906년 신민회 활동. 105인 사건 투옥 후 상해 임정에서 참모총장 직에 있으면서 광복군 양성에 주력. 1935년 남경에서 민족혁명당을 조직, 독립투쟁전선을 통합하였음. 6 · 25 때 납북(1878~?).

김철은 이미 병사하였고 5당통일에 참가하였던 조소앙은 벌써 민족혁명당에서 탈퇴하였더라.

그때 항주에 거주하는 이시영(李始榮)[8], 조완구, 김붕준(金朋濬), 양소벽(楊少碧), 송병조, 차이석 등 의원들과 임시정부 유지 문제를 협의한 결과 의견이 일치되므로 일동이 가흥에 도착하여 이동녕, 안공근, 안경근(安敬根 : 안중근 의사의 사촌동생)[9], 엄항섭, 김구 등이 남호(南湖)에 놀이배 한 척을 띄우고 의회를 선중에서 열고 국무위원 3인을 보선하니 이동녕, 조완구, 김구와 송병조, 차이석 합 5인이니 이로부터 국무회의를 진행케 되었더라.

5당통일이 형성될 당시로부터 우리 동지들은 단체조직을 주장하였으나 나는 극히 만류하였다. 이유는 타인들은 통일을 하는데 그 통일 내용의 복잡으로 인하여 아직 참가는 아니하였으나 내가 어찌 차마 딴 단체를 조직하겠느냐 하는 것이었으나 지금은 조소앙의 한독(韓獨 : 한국독립당) 재건설이 출현한다. 이제는 내가 단체를 조직하여도 통일파괴자는 아니다. 임시정부가 종종의 위험을 당하는 것은 튼튼한 배경이 없음이니, 이제 임시정부를 형성하였으니 정부 옹호를 목적한 단체가 하나 필요타 하고 한국국민당[10]을 조직하였다.

낙양 군교(軍校) 한인학생 문제로 남경 일영사(日領事) 수마(須麻 : 스마)가 중국에 엄중 교섭하고 더욱이 경비사령 곡정륜(谷正倫)에게 교섭하기를,

"대역(大逆) 김구를 우리가 체포하겠는데 체포할 시에 입적(入籍)이니 무엇이니 딴 말을 하여서는 안 된다."

---

8) 서울 출신(1868~1953). 호는 성재(省齋). 김홍집의 사위. 구한국 우승지, 한성재판소장, 고법판사를 지냄. 합병 후 중국으로 망명하여 신흥 무관학교 창설. 임정 법무·재무총장 등을 지냄. 해방 후 초대 부통령에 취임했으나 부산에서 병사함.

9) 황해 신천 출신. 1918년 블라디보스토크로 가서 항일 투쟁을 벌임. 1925년 중국 운남(雲南) 군관학교 졸업. 만주 정의부(正義府)에서 활동. 1930년 상해로 와서 백범을 보좌하며 항일 활동을 계속함.

10) 한국국민당은 1935년 11월 항주에서 결성되었으며 이동녕, 이시영, 엄항섭, 안공근, 조완구 등 임시정부 주류가 가담함.

하기로 곡(谷)씨는,

"일본서 큰 현상금을 걸고 김구를 내가 체포하면 상금을 달라고 하였으니 남경에서 근신하라."

하는 부탁을 내게 직접 하였다.

낙양 군교 한인학생은 겨우 1기를 졸업한 후에는 다시는 수용을 말라는 상부 명령에 따르게 되니 중국에서 한인 군관 양성은 종막을 고하였다.

나의 남경 생활도 점점 위험기에 들어간다. 왜가 나의 족적이 남경에 있는 냄새를 맡고 상해에서 암살대를 남경으로 파송한다는 보도를 접하고 부자묘(夫子廟 : 공자를 모신 사당) 근방에 사람을 보내 시찰한즉 7명의 사복 일경이 대열을 지어 순탐하더라 한다. 나는 부득이 가흥의 주애보 선녀(船女)를 매월 15원씩 그 본가에 주고 데려다가 회청교(淮淸橋)에 방을 얻어 동거하며 직업은 고물상이라고 하고 의연히 광동 해남도 사람이라고 속였다. 경찰이 호구조사를 와도 애보가 먼저 나가 설명하고 나와는 직접 말하는 것을 피하게 하였다. 그러자 노구교(蘆溝橋) 사건[11]으로 중국은 항전을 개시하였다. 한인의 인심도 불안케 되는데 5당통일이던 민족혁명당은 쪽쪽이 분열돼 조선혁명당이 또 한 개 생기고 미주대한인독립단은 탈퇴되고 근본 의열단 분자만이 민족혁명당을 지지케 되는데, 그같이 분열되는 내용은 겉으로는 민족운동을 표방하고 이면으로는 공산주의를 실행한다는 것이다.

시국은 점점 급박하므로 우리 한국국민당과 조선혁명당과 한국독립당과 미포(美包 : 미주 하와이) 각 단체를 연결하여 민족진선(民族陣線 : 光復陣線)[12]을 결성하고 임시정부를 옹호 지지하게 되니 정부는 점점 건전한 길로 나아가게 되었다.

---

11) 일명 7 · 7사건. 1937년 7월 7일 노구교 부근에서 훈련 중인 일본 군대와 중국 군대 간에 빚어진 충돌. 이 사건은 중일전쟁의 시발이 되었음. 노구교는 북경 교외 영정강(永定江)에 있는 다리.

12) 광복진선은 1937년 8월에 한국광복운동단체연합회라는 명칭으로 결성됨.

상해 전쟁 상황은 점점 중국 측이 불리케 되어 남경의 왜 비행기 폭격이 날로 더욱 심하다. 내가 거주하는 회청교(淮淸橋) 집에서 초저녁에 적기의 곤란을 받다가 경보해제 후에 취침하여 잠이 깊이 들었더니 홀연 잠결에 공중에서 기관포성이 들리는지라. 놀라서 기상하여 방문 밖을 나서자 벽력이 진동하며 내가 누웠던 천장이 무너져내리는데 뒷방에서 자는 애보를 호출하니 죽지는 않았더라. 후면 각 방의 동주자(同住者 : 같이 사는 사람)들은 흙먼지 속으로 다들 나오는데 뒷벽이 무너지고 그 밖에는 시체가 무수하더라. 각처에 화염이 하늘로 높이 치솟는데 하늘색은 붉은 천과 같다. 그러자 날이 밝으니 마로가(馬路街) 모친댁을 찾아갈새 여기저기 죽은 자, 상한 자가 가로에 널리 가득한 것을 보면서 모친댁 문을 두드린즉 모친께서 친히 나오셔서 문을 여시는지라.

"놀라셨지요?"

모친은 웃으시면서 말씀하신다.

"놀라기는 무엇을 놀라. 침상이 들썩들썩하더군그래. 사람이 많이 죽었나?"

"녜. 오며 보니 이 근처에서도 사람이 상하였던데요."

"우리 사람들은 상치 않았나?"

"글쎄올시다. 지금 나가서 보렵니다."

곧 나와서 백산(白山) 집을 방문하니 집의 진동으로 경황을 겪었으나 별고는 없고 남기가(藍旗街)의 대다수 학생과 식구들이 무고하니 천만다행이라. 성암(醒菴) 이광(李光) 댁 자녀가 7인인데 심양에 피난을 가다가 중도에 천영(天英)이가 자는 것을 잊고 왔음을 깨닫고 담을 넘어 들어가서 자는 아이를 안고 나온 우스운 일도 있다.

남경이 시시각각 위험하여 간즉 중국 정부는 중경을 전시 수도로 정하고 각 기관이 분분히 옮겨 가는지라. 우리 광복진선(光復陣線) 3당 인원 및 가족 백여 명이 물가가 싼 호남 장사(長沙)로 우선 이주하기로 결정하고 상해 항주와 율양(溧陽) 고당암(古堂菴)에서 선도(仙道)를 닦는 운강(雲岡) 양기탁 형에게까지 각지 식구의 남경 올 여비를 보내어 소집령을 발하였다. 안공근을 상해로 파견하여 자기 식구들과 대형수(大兄嫂 ─ 重根의 부인)는 기어이 모시고 오라고 신신당부를 하였는데 급기야 가족을 거느리고 오는데는 자기의 가속들이고 대형수가 없다. 나는 크게 책하였다.

"양반의 집에 화재가 나면 사당(祠堂)부터 안고 나오나니, 혁명가가 피난을 하면서 나라를 위해 살신성인(殺身成仁)한 의사의 부인을 왜구의 점령지에 버림은 군(君)의 가도(家道 : 집안 도리)는 물론이고 혁명가의 도덕으로도 차마 할 수 없는 일이니라. 그런데 군의 가족도 단체생활 범위 내에 편입하는 것이 금일 생사고락을 같이하는 본의가 아닌가."

공근은 자기 식구만은 중경으로 이주케 하고 단체 편입을 원치 않으므로 자의에 맡기고, 나는 안휘(安徽)의 둔계(屯溪)중학에 재학 중인 아들 신(信)이를 불러 모친을 모시고 안공근 식구와 같이 영국 윤선으로 한구(漢口)를 향하여 갔다. 대가족 백여 명은 중국 목선 한 척에 행장까지 만재(滿載)하고 남경을 떠났다. 모친을 모시고 먼저 한구에 도착하여 장사로 가니 선발대로 먼저 도착한 조성환(曹成煥)[13], 조완구 등은 진강(鎭江)에서 임시정부 문부(文簿 : 문서와 장부)를 가지고 남경 일행보다 수일을 먼저 도착하였다. 남경 일행도 풍랑 중에 무사하였으나 남기가(藍旗街) 사무소에서 물 긷는 고용인 채군(蔡君)은 모친께서 사람됨이 충실하다며 동행케 하여 함께 오다가 무호(蕪湖) 부근에서 풍랑 중 물을 긷다 실족 익사하였으니 그 일만은 불행이다.

남경서 출발할 시에 주애보는 본향인 가흥으로 보내었다. 그 후에 종종 후회되는 것은 송별시에 여비 100원밖에는 더 주지를 못하였음이라. 근 5년 동안 나를 위하여 한갓 광동인으로만 알고 알지 못하는 사이에 유사부부(類

<hr/>

13) 독립운동가(1875~1948). 서울 출신. 호는 청사(晴蓑). 1906년 신민회원 가입. 상해 임시정부 요원으로 활동하다 만주로 건너감. 김좌진 장군을 도와 청산리대첩에 공을 세움. 1931년 임정 의정원 경기도 대표, 1939년 국무위원에 피선.

似夫婦)이었더니라. 나에게는 공로가 없지 않은데 나중 기회가 있을 줄 알고 돈도 넉넉히 돕지 못한 것이 유감천만이다.

한구까지 동행한 공근의 식구는 중경으로 이주하였고, 백여 식구 동지 동포들은 공동생활을 할 줄 모르므로 각자 방을 빌려 각자 취사하였더니라.

망명가정 (亡命家庭)

모친의 생활 문제를 기록에서 누락하였으므로 소고(遡考 : 옛일을 거슬러 올라가서 상고함)하여 쓴다.

내가 상해에서 민국 6년 1월 1일 상배(喪配 : 처를 잃음)하니, 처는 신아(信兒 : 아들 신) 산후에 몸이 채 튼튼치 못하였던 때에 영경방(永慶坊) 10호 이층에서 세숫물을 모친더러 버리라기가 황송한지 세면기를 들고 하층으로 내려가다가 실족하여 층계에 구른 것이라. 그때 협막염(늑막염)이 생겼다가 후에 폐병이 되어서 홍구 서양인이 경영하는 폐병원에서 사망하는데, 내가 그곳에 못 가는 고로 보륭의원(寶隆醫院)에서 나는 최후 작별을 하였다. 가처 임종으로는 김의한 부처가 방문 가서 보아 주었고, 다시 돌아와 보고함으로 내가 알았다. 미주(美州)에서 상해로 건너온 유세관(柳世觀 : 유인욱)이 입원 시와 장례 시에 많은 수고를 하였더니라. 모친은 3세인 신아를 우유를 먹여 기르는데 밤에 잘 때는 모친의 빈 젖을 물려 재우더니라.

상해 우리 생활은 극도로 곤란하다. 그때 우리 독립운동하는 동지 중에 취직자, 영업자들을 제하면 수십인에 불과하다. 모친께서는 청년 노년들의 굶주림을 애석히 생각하시나 구제 방법은 없고, 단지 두 손자도 상해 생활로는 보육키 불능함을 보시고 환국코자 하실 때에 우리 집 후면 쓰레기통 내에 근처 채소상이 백채(白菜) 겉대를 버린 것이 많으므로 매일 야심(夜深)한 후에 가히 먹을 것으로 택하였다가 소금물에 담가 반찬거리를 하기 위하여 여러 항아리를 만드셨더니라.

아무리 생각하여도 상해 생활을 유지키 어려움을 보신 모친께서 4세 미만인 신아를 데리시고 귀국의 길을 떠나시고 나는 인아(仁兒)를 데리고 여반로(呂班路)에 작은 방을 얻어 석오(石吾) 선생과 윤기섭, 조완구 등 몇 분 동지들과 동거하며 모친께서 담아 주신 우거지 김치를 오래 두고 다 먹었다. 모친께서 입국 시에 여비를 넉넉히 드리지를 못하여 겨우 인천에 상륙하시자 여비가 떨어지는지라. 떠나실 제는 그런 말씀을 드린 바도 없건마는 인천 동아일보 지국에를 가셔서 말씀한즉 그 지국에서는 상해 소식으로 신문에 등재됨을 보고 벌써 알았다고 경성 갈 여비와 차표를 사서 드렸고, 경성 동아일보사를 찾아가신즉 역시 사리원까지 보내드렸다.

상해를 떠나실 적에 나는 부탁하기를 사리원에 도착하신 후 안악 김홍량 군에게 통지하여 보아서 영접을 오거든 따라가시고 소식이 없거든 송화 득성리(得聖里 — 水橋에서 동쪽 10여리) 이모댁 —— 張雲龍의 이종동생 집 —— 으로 가시라고 하였다. 그래서 모친께서는 사리원에 오셨다는 통지를 안악 김홍량 군에게 하였으나 아무 회보가 없으므로 송화로 가셨던 것이다. 2, 3개월 후인 음력 정초에 안악에서 김선량(庸濟의 장자 : 김홍량의 사촌) 군이 모친께 내알(來謁 : 와서 배알함)하고 안악으로 모셔갈 의사를 말씀드렸는데, 이유는,

"할마님이 안악으로 오시지를 않고 종로에 계시게 하고 우리 집안에서 할마님에게 금전을 보내어 상해 계신 김선생님에게 독립자금을 공급한다고 경찰서에서 일인이 누차 우리 집에를 와서 야단을 하므로 집안 어른들이 가서 모셔 오라기로 왔습니다."

고 말한 것이라. 모친 대로왈(大怒曰),

"내가 사리원에서 통지를 하였으되 아무 대답이 없다가 지금 일(日) 순사

의 심부름으로 왔느냐?"

선량은 곡진히,

"그리 된 것도 정(情) 부족이 아니옵고 환경 관계이오니 용서하시고 같이 가십시다."

하자 모친 말씀에,

"네 말 잘 알았다. 일기가 온화하거든 해주 고향에 다녀서 안악으로 가마."

하시고 선량은 돌려보내고 춘절(봄)에 득성리에서 떠나서 도고로(陶古路) 임선재(林善在 ― 셋째 삼촌의 사위)의 집과 백석동 손진현(孫鎭鉉 ― 고모의 아들) 집을 방문하시고 해주 텃골 김태운(金泰運 ― 재종 아우)과 몇몇 친척들과 부친 묘소에를 마감으로(마지막으로) 다녀서 안악으로 가셨다. 먼저 선량의 집으로 들어가셨는데 김문(金門)에서 알고 다정한 용진, 홍량들이 내알하여,

"모친 오시기 전에 주택과 필요한 가구며 식량 의료(衣料)를 다 준비하였은즉 안녕히 계십시사."

하고 모셔 가더라고 말씀하더니라. 모친께서는 주야로 상해의 아들 손주를 잊지 못하시고 생활비에서 절용(節用)하여 약간의 금전도 부치시나 홍로점설(紅爐點雪 : 활활 타오르는 화로에 한 송이 눈, 곧 아무 보탬이 되지 않음)될 것을 아시므로 다시 인아를 보내라고 명령하셨다. 김철남(金鐵男 ― 永斗) 군의 삼촌 편에 인아까지 귀국케 하니 나는 혈혈단신으로 일점의 가누(家累 : 집안에 딸린 사람)가 없게 되었다.

세월이 흐르는 물과 같아서 나의 나이 50여라. 과거를 회상하고 장래를 추상하니 신세가 스스로 가련하다. 서대문 감옥에서 소원하기를 천우신조로 우리도 어느 때 독립정부가 성립되거든 정부 문 파수를 하다가 죽어도 한이 없다 하였거늘, 더 나아가서 최고직을 맡은 내가 그 책임을 무엇으로 이행할까 하는 생각에서 모험사업에 착수할 결심으로 「백범일지」 상편을 쓰기 시작하여 일년 2개월에 상편을 종기(終記)하였는데, 경과사실의 모년 모월 모일을 기입한 것은 매매(每每) 본국 계신 모친에게 글을 올려 하답(下答)

을 받아 기입하였으나, 지금 하편을 쓰는 때에도 모친 곧 생존하였더라면 도움이 많으련만 애재(哀哉)로다.

모친은 안악 계시면서 동경사건이 발생된 후 주택을 포위하고 순사대가 며칠을 경계하였고 홍구사건에는 더욱 심하였다 한다. 나는 비밀히 보고하였다.

"모친께서 아해(아이) 놈들을 데리고 다시 중국에 오셔도 연전과 같이 기아(飢餓)는 당치 않을 정세이오니 나올 수만 있으시거든 오십시오."
하였더니 모친께서는 본시 용감하기로는 다른 여류(女流 : 여성)가 미치지 못하나니, 안악경찰서에 출국원을 제출하였다. 이유는 연로사무기일(年老死無幾日 : 연로하여 죽음이 며칠 남지 않음)하니 생전에 손자 둘을 데려다 제 아비에게 맡기겠다는 것이다.

다행히 안악경찰서에 허가를 득하시고 행장을 꾸리던 즈음에 경성 경시청에서 전담요원을 안악으로 파견하여 모친을 위협하고 타이르기를,

"상해에서 우리 일본 경관들이 당신 아들을 체포하려 하여도 찾지를 못하는 터이니 노인이 헛고생을 당할 것 없으므로 상부 명령으로 당신 출국을 불허함이니 그리 알고 집으로 돌아가서 안심하고 지내시오."
하는 말을 들은 모친은 대로왈.

"내 아들을 찾는 데는 내가 그대네 경관보다 나을 터이고, 언제는 출국을 허가한다기로 가산집물을 다 처리케 하고 지금은 출국을 불허한다 하니 남의 나라를 탈취하여 정치를 이같이 하고 장구(長久)할 줄 아느냐?"

노인이 너무 흥분되어 졸도하시므로 경찰은 김문(金門 : 김홍량 가족)에 위탁하여 보호를 명하고 모친께 다시 묻기를,

"내내 출국할 의사를 가지는가?"
하니 모친은,

"그같이 말썽 많은 출국은 하지 않기로 결심한다."
하시고 돌아오셔서 토목공을 불러 가옥을 수리하며 가구집물을 준비하여

오래 살 계획임을 보이시고 수개월 후에 송화(松禾) 동생의 병문안을 간다고 신아(信兒)를 데리고 신천읍까지 자동차 표를 사 가지고 가셨다. 신천서 재령으로, 사리원으로, 평양에 도착하여서는 숭실중학에 재학 중인 인아(仁兒)를 호출하여 안동현 직행차를 타시었다. 대련(大連 : 중국 요동반도에 위치한 도시)에서 일경이 조사함에 인아가,

"어린 동생과 늙은 할머니를 위해위(威海衛 : 산동반도에 위치한 도시) 친척 집에 의탁코자 갑니다."

하니까 잘가라고 특별히 허락하였다 한다. 상해 안공근 군의 집에 들어가 하룻밤을 지내고 가흥 엄항섭 군의 집으로 오셨다는 소식을 남경에서 듣고 즉시 가흥으로 갔다. 이별 후 9년 만에 모친을 뵙고 그간 본국서 지낸 정황을 일일이 들었다.

9년 만에 모자 상봉하는 첫 말씀에,

"[네가 나에게] 큰 은전을 받았으니 즉 다음과 같은 내용이라."

하시며 뒤를 이으신다.

"나는 지금부터 '너'라는 말을 고쳐 '자네'라 하고 잘못하는 일이라도 말로 책하고 회초리를 쓰지 않겠네. 이유는 듣건대 자네가 군관학교를 하면서 다수 청년을 거느린다니, 남의 사표가 된 모양이니 나도 체면 보아 주자는 것일세."

나는 연세 만 60에 모친께서 주시는 대은전을 입었다. 그 후에 남경으로 모셔다가 1년을 경과한 후 남경 함락이 가까이 닥치므로 장사로 모시고 간 것이다. 남경서 모친 생신에 청년단과 우리 노(老) 동지들이 돈을 걷어 헌수(獻壽 : 잔치에서 장수를 빌며 술잔을 올림)하려는 눈치를 챈 모친은,

"그냥 돈으로 주면 내 구미대로 음식을 만들어 먹겠다."

고 하시므로 그 돈을 드린즉 단총을 사서 일본놈 죽이라고 도리어 보태어 청년단에 하사하셨다.

이제부터는 다시 장사(長沙) 생활의 대강을 기록하기로 하자. 백여명의

남녀노소와 청년을 끌고 인지(人地 : 사람과 땅) 생소한 호남성 장사에를 간 것은 단순히 곡식값이 매우 싼 곳이며 장래 향항(香港 : 홍콩)을 통하여 해외 통신을 계속할 수 있음이라. 선발대를 보내고 안심을 못하다 뒤미처 장사에 도착하자 천우신조로 전부터 친히 지내던 장치중(張治中) 장군이 호남성 주석으로 취임되므로 만사가 순탄하고 신변도 잘 보호되었다. 우리의 선전 등 활동도 유력하게 진전되고 경제 방면으로는 이미 남경에서부터 중국 중앙으로 매월 다소의 보조도 있는 외에 미국 교포의 원조가 있으니 물가가 지극히 싼 다수 식구의 생활이 고등난민의 자격을 보유케 되었더니라.

내가 본국을 떠나 상해에 도착한 후 우리 사람을 초면에 인사할 때 외에는 본성명을 내놓고 인사를 못하고 늘 변성명(變姓名)의 생활을 계속하였으나 장사에 도착 이후는 기탄없이 김구로 행세하였던 것이다.

당시 상해에서, 항주에서, 남경에서 장사로 온 식구는 광복진선(光復陣線) 원동(遠東 : 상해를 중심으로 한 중국 동남방 지역) 삼당(三黨) 당원 및 가족과 임시정부 직원들인데, 종종 3당 통일문제가 무리들 중에서 제기되던 것이라. 3당은 조선혁명당이니 중요 간부로는 이청천, 유동열, 최동오, 김학규, 황학수(黃學秀 : 호는 夢千), 이복원, 안일청, 현익철 등이요, 한국독립당이니 간부 조소앙, 홍진(洪震)[1], 조시원 등이며, 나의 창립인 한국국민당은 이동녕, 이시영, 조완구, 차이석, 송병조, 김붕준, 엄항섭, 안공근, 양묵, 민병길, 손일민, 조성환 등이 간부였나니, 3당 통일문제를 협의키 위하여 5월 6일[2]에 조선혁명당 당부(黨部)인 남목청(楠木廳)에 회식 겸 모이기로 하고 나도 출석하였더니라.

정신을 차려본즉 나의 거주지가 아니고 병원인 듯한데 몸이 극히 불편하다. 내가 어디를 왔느냐 물은즉 남목청에서 음주 졸도되어 입원하였다 한

---

1) 　서울 출신(1878~1946). 본명은 면희(冕熹), 호는 만오(晩晤). 상해 임정의 법무 · 내무총장, 의정원 의원, 국무령을 지냄.

2) 　임시정부 기록에는 5월 7일로 되어 있음. 이 해의 연도는 1938년.

다. 의사가 자주 와서 내 가슴을 진찰하고,

"가슴에 무슨 상흔이 있는 듯하니 무슨 까닭이오."

하는 나의 물음에는,

"졸도시에 상 모서리에 엎어져서 작은 상처가 난 것 같습니다."

하니 나 역시 이를 믿고 의심을 하지 않았다. 그러다 1개월이 가까워 옴에 입원한 진상을 엄항섭 군이 상세히 보고함을 들은즉 당일 남목청에서 음주 연회가 개시될 시에 조혁(조선혁명당)당원으로 남경서부터 상해로 특무공작 (테러 등의 특수 임무를 수행함)을 가고 싶다 하여 금전보조도 하여 주던 이운한 (李雲漢)이 갑자기 돌입하며 단총을 난사하여 제1발에 내가 맞고 제2발에 현 익철(玄益哲)[3]이 중상, 제3발에 유동열이 중상, 제4발에 이청천 경상되어 현 익철은 의원에 당도하자 절명되고, 나와 유동열은 입원치료하여 성적 양호 로 동시 퇴원되리라 한다. 범인은 성(省) 정부 긴급명령으로 체포 투옥되고 공모혐의범 박창세(朴昌世), 강창제(姜昌濟), 송욱동(宋郁東), 한성도(韓聖道) 등도 수금(囚禁) 운운하니 일대 의혹은 강창제, 박창세 양인에게 있나니.

강·박 양인은 종전 상해에서 이유필의 지휘로 병인(丙寅)의용대[4]라는 특무공작기관을 설립하고 일종의 혁명 난류(亂類 : 불법한 일을 함부로 하는 무 리)로서 금전을 휴대한 동포는 강탈도 하고 일본의 정탐꾼을 총살도 하며 〔일본 경찰을〕 친히 따라다니기도 한즉 우리 사회에 신용은 없으나 반(反)혁 명자로 규정하기는 어려운지라. 수십 일 전에 강창제가 나에게 청하기를,

"상해서 박창세가 장사로 올 마음이 있으나 여비가 없어 오지를 못한다 니 여비를 보조하라."

하고 청구하기로,

---

3) 평북 박천 출신(1890~1938). 호는 묵관(默觀). 1926년 만주에서 양기탁 등과 함께 고려혁명 당을 조직. 1927년 국민부(國民府) 중앙위원. 1931년 일제에 의해 신의주 감옥에 투옥된 후 병보석으로 출옥. 이후 임정 요인들과 함께 활동하다 1938년 이운한의 저격을 받고 사망함.

4) 1926년 상해에서 결성된 독립운동단체. 친일 요인 암살 등 과격 행동을 함.

"상해기관에 위탁하여 처리하마."

하였다. 그 이유는 박제도(朴濟道 ― 昌世의 長子)가 일본영사관 정탐이 된 것을 나는 자세히 알고 박창세가 자기 집에 〔위험을 당하지 않고〕 편안히 거주하는 데 특별 주의함이었다. 여비가 없어 오지를 못한다던 박창세가 장사에를 와서 나도 한 번 만나 보았다.

이운한은 필시 강·박 양인의 악선전에 이용되어 정치적 감정으로 충동되어 남목청 사건의 주범이 된 것이다. 경비사령부 조사로 알건대, 박창세가 장사에 도착한 이후 즉시 상해로부터 박창세에게로 2백 원 금전이 도착되었으나 이운한이 체포 ―― 수십리 시골 기차역을 걸어서 옴 ―― 된 후 신변에는 단지 18전뿐을 소지한 것으로, 이운한이 범행 이후 유동열의 의서(義壻 : 수양딸의 남편) 최덕신(崔德新 ― 東旿의 아들)에게 단총를 겨누고 10원을 강요하여 가지고 장사를 탈출한 사실로 보아서도 강·박의 마수에 이용된 것이 사실 같다.

또 전쟁 상황이 장사도 위급에 처하게 되어 중국 법정에서 수범(首犯) 종범(從犯)들을 법으로 다스리지 못하고 거의 다 풀어줌에[5] 이운한까지 탈옥하여 귀주 방면으로 걸인 모양을 하고 오는 것을 구양군(歐陽羣)이가 상봉하여 말까지 하였다는 보고를 내가 중경서 들었더니라.

당시 장사는 일대 소동이 되어 경비사령부에서는 그때 장사서 출발하여 무창으로 떠난 기차를 다시 장사까지 돌아오게 하여 범인 수색을 하였고, 우리 정부로서는 광동으로 사람을 보내 중·한 합작으로 범인 체포에 노력하였다.

성 주석 장치중 장군은 상아의원(湘雅醫院)에 친히 와서 어떤 방식으로 나를 치료하거나 치료 비용은 성 정부가 책임질 터이라 하였다 한다.

남목청에서 자동차로 실려 간 나는 상아의원에 도착한 후 의사의 진단으로 무망(無望 : 가망 없음)이 선포되고 입원수속도 할 필요 없이 문방(門房 : 응

---

5)   임시정부 기록에는 종범들이 증거불충분으로 보석되었다 함.

급실)에서 절명을 기다릴 뿐인데, 한 시간 두 시간, 이어 세 시간이 연장되는 것을 본 의사는 네 시간 동안만 생명이 연장되면 방법이 있을 듯하다고 하다가 네 시간이 넘자 우등병실에 입원하고 치료에 착수하였던 것이다.

그때 안공근은 중경에 편히 머무르던 자기 가족과 광서(廣西)로 이주하던 중형(仲兄) 정근(定根) 가족까지 향항(홍콩)으로 이주시킬 일로, 또 인아는 상해 공작(工作 : 일) 가는 길에 역시 향항에 있는 고로 내가 자동차에 실려 의원 문방(門房)에서 의사진단으로 무망(無望)의 선고를 받자 즉시로 '피인창살(被人槍殺 : 총으로 피살당함)'이라는 여지없는 사망 전보가 향항으로 갔던 것이라.

그러므로 수일 후 인아와 공근이 장례에 참가키 위하여 장사로 돌아왔더니라. 당시 한구에서 전쟁을 총 지휘하던 장개석 장군은 하루에도 수차의 전문을 보내다가 1개월 후 퇴원하고는 장씨 대표로 나하천(羅霞天)씨가 치료비 3천원을 가지고 장사에 와서 위로하였더니라.

퇴원 후는 즉시로 보행하여 모친께 가서 뵈었다. 모친께는 사실을 직고치 않고 지내오다가 거의 퇴원할 시에 신아가 보고하였다는데, 가서 뵈올 때 말씀은 조금도 동요되시는 빛이 없이,

"자네의 생명은 상제께서 보호하시는 줄 아네. 사불범정(邪不犯正 : 바르지 못한 것이 바른 것을 범하지 못함)이지. 한갓 유감은 이운한이 역시 한인인즉 한인의 총을 맞고 살아남이 왜놈 총을 맞고 죽는 것만 못하네."

이 말씀뿐이고 당신이 손수 지으신 음식을 먹으라 하시므로 먹고 엄항섭 군 집에서 휴양 중이더니, 하루는 홀연 정신이 불편하고 구역(口逆)이 나며 오른편 정강이가 마비되므로 다시 상아의원에 가서 진단할 새 X광선으로 심장 곁에 들어 있는 탄환을 검사한즉 위치가 변동되어 오른편 갈비뼈 옆으로 옮겨 있다. 서양 외과 주임의 주장은 본시 심장 옆에 있던 탄환이 대혈관으로 통과하여 오른쪽 갈비뼈 쪽으로 옮겨간즉 불편하면 수술도 용이하고, 그대로 두어도 생명에 아무 관계가 없고, 오른 다리의 마비는 탄환이 대혈관을 압박하는 탓이나 점차 소혈관들이 확대되면서 증세가 감소된다고 한다.

광동(廣東)
이전

이 즈음 장사에 적기 공습이 심하고 중국 기관들도 피난 중이라. 3당 간부들이 회의한 결과 광동으로 가서 남녕(南寧)이나 운남(雲南) 방면으로 해외 교선(交線 : 연락망)을 유지하기로 하였으나, 피난인이 여산여해(如山如海)한데 먼 곳은 고사하고 백여 명 인구와 산적한 짐을 휴대하고 가까운 시골로도 옮겨 가기 극난한지라. 절룩이는 다리를 끌고 성(省) 정부 장치중 주석을 방문하고 광동으로의 이동을 상의한즉 철로 기차 한 량을 우리 일행에게 무료로 다 쓰도록 명령을 발하고 광동성 주석 오철성(吳鐵城) 씨에게 소개 편지를 친필로 작성하여 주니 큰 문제는 해결되었다.

대가족 일행보다 하루를 먼저 떠나 광주에 도착한 후 이전부터 중국 군계통에 복직하던 이준식(李俊植), 채원개(蔡元凱) 양인의 주선으로 동산(東山)의 백원(栢園)은 임시정부 청사로, 아세아여관은 전부 대가족을 수용케 되었으니 안심하고 다시 향항(홍콩)으로 출발하였다. 향항으로 간 것은 특히 안정근, 안공근 양인에게 부탁할 대사건이니, 그들 형수 의사(義士 : 안중근) 부인을 상해에서 모셔 내어 왜놈 점령구를 면케 할 목적이었더니라. 당초 남경서 대가족을 장사로 옮기기로 정하고 공근을 상해에 밀파 —— 호녕(滬寧) 철도가 전쟁으로 인하여 불통됨 —— 할 시에 자동차를 사용하여 자기 가족을 남경으로 데려오면서 형수댁 식구를 같이 모셔 오라 하였으나 성공치 못한 것이 일대 유감이었던 까닭이다.

향항서 마침 비밀공작 임무를 띠고 상해로 가던 유서(柳絮)와 같이 안군 형제와 회의할 시에 나는 강경 주장으로 형수로 하여금 상해 윤함구(淪陷 區 : 적이 점령한 지역)를 면케 하자고 하나 그들은 난색을 보이므로 나는 거리 책지왈(據理責之曰 : 이유를 들어 책망하여 말하기를),

"양반의 집에서 화재가 나면 사당부터 옮겨 나오거니 우리 혁명가로 의사 부인을 윤함구에서 구출함 이상의 대 급선무가 없다."

하였으나 사실상 그때는 불가능일 것이다. 또 한 가지 유감스런 일이 있으니 남경서 대가족을 장사로 옮길 시 이전부터 선도(仙道)를 연구코자 율양 대부진(戴埠鎭) 고당암(古堂菴)에서 중국 도사 임한정(任漢廷)에게 의탁 수도하는 양기탁 선생에게 여비를 보내고 즉시 남경으로 와서 같이 장사 출발에 참가하라 하였으나 날짜가 되어도 오지 않으므로 부득이 그저 떠나서는 끝내 소식을 알지 못하더라.[1]

언약(言約)하고,[2] 3일 후에〔홍콩에서〕광주(廣州)로 돌아온즉 대가족과 모친께서 무사히 도착하였다. 아세아여관 전부를 가족주택으로, 백원(柏園)은 임시정부 청사로 사용하였다.〔이하 몇 행 내용이 끊김〕

광주에 적기 공습이 심하여 대가족과 모친을 불산(佛山)에 이주시키고〔10여자 빠짐〕로(路)에 판공청(辦公廳 : 사무실)을 두고 사무원들만 근무케 하고 2개월을 광주에 머물다가 중국 정부는 전시 수도를 중경으로 정하였으므

---

1)　'떠나서는'의 뒷부분은 글자가 완전히 보이지 않으나, 대략 이 같은 의미인 듯하여 임의로 넣었음.

2)　이 부분의 앞뒤로는 백범이 스스로 원고지를 잘라 글을 삭제하고 새 글을 오려 붙인 흔적이 보이는데, 이에 따라 글이 잘 연결되지 않는 부분이 있음. 글의 잘린 흔적을 더듬어 보건대 안공근에 대한 책망이 기록되었던 듯함.

로 장개석 장군에 전화로 청하였더니 중경으로 오라는 답신이 온다. 조성환, 나태섭(羅泰燮) 양 동지와 동반하여 중한(重漢)철로로 다시 장사에 도착하여 장치중 성(省) 주석을 면회하고 중경행의 편의를 청한즉 쾌락하고 공로(公路) 차표 3매와 귀주성 주석 오정창(吳鼎昌) 씨에게 소개 편지를 지어 보내었기로 중경으로 출발하여 10여 일에 귀양(貴陽)에 도착하였다.

다년간 남중국의 토지 비옥하고 물산 풍부한 곳만 보아서 그런지는 모르나, 귀양시의 사람들은 극소수를 제외하고 절대다수가 의복이 누덕누덕 기웠고 얼굴도 제 색깔이 아니더라. 산천은 석다토소(石多土少)하여 농가에서 흙은 져다가 암석 위에 깔고 씨를 뿌린 것을 보아도 흙이 극히 귀함을 알겠더라. 그중에도 한족보다 소위 묘족(苗族)들의 형색이 극히 궁핍하고 행동이 야매(野昧 : 야만스럽고 우매함)하여 보이더라.

중국어를 모르는 나로는 언어로는 한·묘족을 구별키 어려우나 의복으로 묘족 여자는 크게 구별되고 묘족 남자는 문야(文野 : 문명과 야만)의 눈빛으로써 분별할 수 있겠더라. 그러나 묘족화한 한인도 많은 듯하다. 묘족도 4천여 년 전 삼묘씨(三苗氏)[3]의 자손이리니, 삼묘씨는 전생에 무슨 업보가 있었는지 자손들이 수천 년 역사상에 특이한 인물이 있다는 역사 기록을 보지 못하였기로 나는 삼묘씨라는 것은 고대의 명칭으로 잔존할 뿐이고 근대에는 없어진 줄 알았더니, 이제 묘족도 기십 기백 종으로 변화되어 호남, 광동, 광서, 운남, 귀주, 사천, 서강(西康) 등지에 두루 퍼진 형세이다. 근대에 한족화한 무리들 중에 영걸이 있다는데, 바람 따라 흐르는 말에는 광서 백숭희(白崇禧) 장군과 운남 주석 용운(龍雲) 등이 묘족이라 하나 그 선조를 알지 못하는 나로는 사실과 거짓을 말할 수 없다.

귀양에서 8일을 경과하고 중경까지 무사 도차하였으나 그간에 광주가 실수(失守 : 함락)되니 대가족의 소식이 극히 궁금하던 차 일행이 고요(高要)

---

3)   전설상의 요순(堯舜)시대에 살았다는 남방의 오랑캐.

로, 계평(桂平)으로, 유주(柳州)에 도착하였다는 전신을 받고 적이 안심은 되나 중경 가까운 곳으로 이사를 시켜 달라는 데는 큰 문제라. 중국 중앙 당국도 차량난으로 군수 물자 운반에 천 량도 부족인데 백 량밖에 없으니 애막조지(愛莫助之 : 마음으로 아끼고 사랑하나 도울 수 없음)라 한다. 교통부와 중앙당부(黨部)에 누차 교섭하여 기차 6량으로 식구와 짐을 운반케 여비까지 마련해 보내었고, 대식구 안접지(安接地 : 편안히 쉴 곳)를 어디로 하려느냐 묻는 데는 귀양서 중경 오면서 길가에 보던 중에는 기강(綦江 : 강소성 남경 서남쪽 도시)이 좋아 보이므로 기강으로 정한다 하였다. 청양(晴襄) 형을 기강에 파견하여 집과 약간의 가구 등을 준비케 하고, 미포(美包 : 미본토·하와이)로 중경 이주를 통지한 후 날마다 회신을 보기 위하여 우정총국(郵政總局 : 우체국)에를 친히 왕래하였다.

하루는 우정국을 갔더니 인아가 와서 인사를 하는데,

"유주(柳州)서 조모님이 병이 나셨는데 급속히 중경을 가시겠다고 말씀하시므로 신이와 형제가 모시고 왔습니다."

한다. 따라가 뵈오니 나의 여관인 저기문(儲奇門) 홍빈여사(鴻賓旅舍) 맞은편에 계시므로 모시고 홍빈으로 왔다. 하룻밤을 지낸 후 김홍서 군이 자기 집으로 모시기로 하고 남안(南岸) 아궁보(鵝宮堡) 손가화원(孫家花園)으로 가셨다. 당신의 병은 인후증(咽喉症)이니 의사의 말을 듣건대 광서지방의 수토병(풍토병)이라 한다. 고령만 아니면 수술을 할 수 있으며, 병이 발작된 초이면 치료 방법이 있으나 때가 이미 늦었다 한다.

모친께서 중경으로 오실 줄을 알고 노쇠하신 모친을 시봉(侍奉 : 받들어 모심)할 성심을 품고 중경으로 일가족이 온 자가 있으니 그는 바로 상해서 동제(同濟)대학 의과를 졸업하고 고령(牯嶺) 폐병요양원 원장으로 개업하다가 고령이 전쟁의 거점이 될 것을 간파하고 의창으로, 만현으로, 중경으로 도착한 유진동(劉振東) 군과 그 부인 강영파(姜暎波)이다.

그들 부처는 상해서 학생시대로부터 나를 특별 애호하던 동지들이다. 나를 애중(愛重)하는 그들 부처가 나의 형편으로 모친을 잘 모시지 못하게 된 것을 알고 자기네가 모친을 시봉(侍奉)할 터이니 나는 마음 놓고 독립사업에 전무하라는 것이다. 그들이 그런 성심을 품고 남안(南岸)에 당도한 때는 인제의원(仁濟醫院)에서도 손을 놓아 퇴원하고 시일을 기다리는 때라, 천고유한(千古遺恨 : 영원히 한으로 남음)이다.

다시 거슬러 올라가 중경에 처음 도착하여 진행한 일을 말하여 보자. 세가지가 있으니 첫째는 중국 당국과 교섭하여 차량을 얻고, 이사 비용을 마련하여 함께 유주로 보내는 일, 둘째는 미포(美包) 각 단체의 임시정부와 직원 가족에게 중경으로 이주하는 것을 통지하고 원조를 청하는 일, 셋째 각 단체의 통일문제를 제기함이라.

남안 아궁보 조선의용대와 민족혁명당 본부를 방문하였다. 김약산(金若山―元鳳)은 계림(桂林)에 있으나 그 간부는 윤기섭, 성준용, 김홍서, 석정(石丁), 최석순, 김상덕 등인데 즉시로 환영회를 열어 주므로 그 석상에서 통일문제를 제출하되 민족주의 단일당을 주장한즉 일치 찬성되는 고로 진일보하여 유주와 미포에 일치를 구하였다.

미포에서 회답 오기를,

"통일은 찬성하나 김약산은 공산주의자니 선생이 공산당과 합작하여 통일하는 날은 우리 미국 교포와는 입장상 인연과 관계가 끊어지는 줄 알고 통일운동을 하라."

는 것이다. 나는 약산과 상의한 결과, 연명 선언으로 하는 민족운동이라야 조국 광복에 필요하다고 발포(發布)하였고, 유주 국민당 간부들은 좌우간 중경에 가서 토론 결정하자고 회답이 왔다.[4]

기강 선발대가 도착되고 이어서 백여 명 식구들은 다들 무고히 도착하였건마는 유독 모친만은 병이 점점 중태에 빠져 당신도 회생치 못할 것을 각오

---

4)   김약산과 합작을 선포한 시기는 1939년 5월임.

하시고,

"어서 독립이 성공되도록 노력하여 성공 귀국할 시는 나의 해골과 인(仁)이 모(母)의 해골까지 가지고 돌아가 고향에 매장하라."

하시며 50여 년 고생하다가 자유독립되는 것을 보지 못하고 죽는 것이 극히 원통하다 하시고 대한민국 21년[5] 4월 26일 중경 손가화원 내에서 불귀(不歸 : 영영 돌아오지 못함)의 길을 가셨다.

5리 밖 화상산(和尙山) 공동묘지에 석실을 만들어 모셨다. 모친은 생전에도 대가족 중 최고령이시므로 존장(尊長) 대접을 받으시더니 사후 매장지 부근에 묻힌 현정경, 한일래 등 수십 명 한인 연하자들의 지하 회장(地下會長)인 듯 싶으다. 종전에 노복(奴僕)을 사용할 시대는 물론 제쳐두고, 국가가 왜에 병합된 후는 경향(京鄕)을 가리지 않고 동포들의 양심 발동(發動)으로 '내가 일인의 노예가 되고 어찌 차마 내 동포를 종으로 사용하랴' 하고 너나 할 것없이 자연스럽게 노복제는 폐하고 고용제를 사용하였나니, 모친의 일생 생활이 노복은 말할 필요도 없고 80 평생에 고용 2자(字)와도 상관이 없으셨다. 돌아가실 때까지 손수 옷을 짓고 손수 밥을 지으시니 일생에 타인의 손으로 자기 일을 시켜보지 못하신 것도 특이하다고 하겠다.

대가족이 기강에 안착된 후에 조완구, 엄항섭 등 국민당 간부들을 불러 통일문제를 토론하여 본즉 나의 의사와는 정반대라. 간부는 물론이고 국민당 전체 당원뿐 아니라 조혁(朝革 : 조선혁명당), 한독(韓獨 : 한국독립당) 양당도 일치하게 연합통일을 주장한다는 것이니 이유는 주의(主義)가 같지 않은 단체와는 단일조직이 불가능이라는 것이다.

"나의 이상으로는 각 당이 자기 본신(本身)을 그대로 두고 연합조직을 한다면 통일기구 내에서 각기 자기 단체의 발전을 도모할 터이니 도리어 마찰이 더 심할 터이고, 또 이전에는 사회주의자들이 민족운동을 반대하였으나

---

5)   원문에는 숫자가 빠졌으나 사료에 의거하여 첨가하였음. 이 해의 서기는 1939년.

지금은 사회운동은 독립완성 후 본국에 가서 하고 해외운동은 순전히 민족적으로 국권 광복에만 전력하자는 것을 공산주의자들도 극력 주장한즉 깨뜨려 하나로 할 수 있지 않은가?"

한즉 그들은,

"이사장 의견이 그러면 속히 기강에를 동행하여 우리 국민당 전체 당원들과 두 우당(友黨 : 조혁당, 한독당) 당원들의 의사가 일치하도록 노력하여야 합니다. 그렇지 않으면 성공키 어렵습니다. 유주에서 국민당은 물론이고 조혁(朝革), 한독(韓獨) 두 우당 당원들까지도 연합론이 강합니다."

하는 것이다.

나는 모친 상사 후 신체가 불편하여 휴양 중이었으나 사태가 이와 같으므로 기강행을 강행하였다. 기강에 도착한 후 8일간은 국민당 간부와 당원 회의로 단일적 통일 —— 연합조직이 아니라 완전 통일 —— 이라는 의견이 모아졌고, 두 우당 동지들과는 근 1개월 만에 단일적 통일이라는 의견의 일치를 얻게 되었다.

이에 기강에서 7당 통일회의를 개최하니 한국국민당, 한국독립당, 조선혁명당 이상 광복진선 원동(遠東) 3당과, 조선민족혁명당, 조선민족해방동맹, 조선민족전위동맹, 조선혁명자연맹 이상 4개 단체는 민족전선연맹이라.[6]

개회 후에 대다수 논점이 단일화됨을 간파한 해방·전위 두 단체는 자기 단체를 해체할 수 없다는 이유 —— 그들은 공산주의자의 단체이므로 민족운동을 위하여 자기 단체를 희생키 불능하다고 이왕부터 주장하던 터이니 놀랄 일도 없다 —— 를 설명하고 자리에서 물러남에 그대로 5당 통일의 순서를 밟아 순전한 민족주의적 신당을 조직하고 8개 조항을 두어 각당 수석 대표들이 8개 조항의 협정에 친필서명하고 며칠간 휴식 중이더니, 민족혁명당 대표 김약산 등이 돌연 주장하기를,

---

6)   앞의 3개 단체는 민족운동 진영이고, 뒤의 4개 단체는 공산 진영에 가까움.

"통일문제 제창 이래로 순전히 민족운동을 역설하였으나 민혁당 간부는 물론이고 의용대원들까지도 공산주의를 신봉하는 터에 지금 8개 조항을 고치지 않고 단일조직을 하면 청년들이 전부 도주케 되었으니 탈퇴한다."

선언하니 통일회의는 파열되었다.

나는 3당 동지들과 미포 각 단체에게 사과하고 원동 3당 통일회의를 계속 열어 한국독립당이 새로 탄생되었다.[7] 7당·5당의 통일은 실패하였지만, 3당 통일이 완성될 때 하와이 애국단과 하와이 단합회가 자기 단체를 해체하고 한국독립당 하와이 지부가 성립되니, 실은 3당이 아니고 5당이 통일된 것이다. 한국독립당 집행위원장은 김구, 집행위원으로는 홍진(洪震), 조소앙, 조시원(趙時元), 이청천, 김학규, 유동열, 안훈(安勳), 송병조, 조완구, 엄항섭, 김붕준, 양묵, 조성환, 박찬익, 차이석, 이복원, 감찰위원장으로 이동녕, 이시영, 공진원(公鎭遠)[8], 김의한 등 제인이더라.

임시 의정원에서는 임시정부 국무위원을 새로 선출하고, 종래와 같이 윤회주석제(輪回主席制)를 폐지하는 대신 국무회의 주석에게 회의의 주석 겸 대내외 업무를 책임지는 권한을 부여하였다. 나는 국무회의 주석으로 선임되어 미경(美京 : 미국 수도) 화성돈(華盛頓 : 워싱턴)에 외교위원부를 설치하고 이승만 박사로 위원장을 임명하여 취임케 하였다.

내가 중경에 도착한 이후에도 중국 당국에 교섭한 결과로는 교통기구가 곤란한 시에 기차 5, 6량을 무료로 빌려 대가족과 다수 짐을 수천리 험로에 무사 운반하였으며, 진제(振濟 : 구호)위원회에 교섭하여 토교(土橋 : 중경에서 기강쪽으로 10여 킬로 떨어진 곳. 행정구역명은 巴縣 土文鄕) 동감폭포(東坎瀑布) 상면(上面)의 지단(地段 : 넓은 땅을 몇 단으로 나누어 가른 중의 한 구역)을 매입한

---

7)   한국독립당이 다시 탄생된 시기는 1940년 4월임.

8)   중국 이름은 고운기(高雲起). 호는 학은(鶴隱). 대종교 신자로 한국독립당에 가입. 만주사변 이후 한국독립군 대장으로 활약하고, 1936년 적정 정탐 임무를 띠고 황학수와 내몽고에 파견됨. 광복군 제2지대장을 지내고 임정에서 활약하다가 병사(1907~43).

후 기와집 3동을 건축하고 길 옆 이층 기와집 1동을 매입하여 백여 식구를 머물게 하였다. 이 외에 우리 독립운동에 관한 원조를 청함에는 냉담한 태도가 보이므로 중앙당부에 교섭하기를,

"중국의 대일(對日) 항전이 이와 같이 곤란한 시에 도리어 원조를 구함이 극히 미안하다. 미국에 만여 명의 한국 교포들이 있어 나를 오라 하는데, 미국은 부국이며 장차 미·일 전쟁 개시를 준비 중인즉 가서 대미(對美) 외교도 개시하고 싶다. 여비도 문제가 없으니 여행권 수속만을 청구하노라."
한즉 당국자의 말이,

"선생이 중국에 있더니만큼 중국과 약간의 관계를 짓고 출국함이 좋지 않겠소 운운."

나의 대답.

"나 역시 이 생각으로 수년간 중국 수도를 따라 온 것이나, 중국이 5, 6개의 대도시를 상실한 판에 자기네 항전만으로도 극히 곤란한 것을 보고 한국독립을 원조하라는 요구를 하기가 극히 미안한 탓이로라."

당사자 서은증(徐恩曾)은 책임적으로 나의 계획서를 상부에 보고할 터이니 한 부를 작성하여 보내라 한다. 나는 광복군 즉 한국 국군을 허락하여 베풀어주는 것이 3천만 한민족의 총동원적 요소임을 설명하여 장개석 장군에게 보내었더니 즉시로 김구의 광복군 계획을 가찬(嘉賛 : 가상히 여기고 찬성함)한다는 답장이 왔다.

임시정부에서 이청천을 광복군 총사령에 임명하고 있는 역량——3~4만원, 미포(美包) 동포들 원조인 것 ——을 다하여 중경 가릉빈관(嘉陵賓館)에서 중서(中西 : 중국인·서양인) 인사를 초청하여 우리 한인을 총동원하여 광복군 성립 전례식(典禮式)을 거행하였다.[9] 이어서 30명의 간부를 선발하

9) 광복군 성립 전례식 거행 날짜는 1940년 9월 17일임. 이때 백범은 임시정부 주석 겸 광복군 창설위원장으로 참여하였음.

여 서안으로 보내어 몇 해 전에 서안에 먼저 파송하였던 조성환 일행을 합하여 한국광복군 사령부를 설치하였다. 나월환(羅月煥) 등의 한국청년 전지공작대(戰地工作隊)가 광복군으로 편입되어 광복군 제5지대가 되었고, 재래 간부 중 이준식(李俊植)을 제1지대장으로 임명하여 산서성 방면으로, 고운기(高雲起 — 公鎭遠)를 제2지대장으로 임명하여 수원성(綏遠省) 방면으로, 김학규(金學奎)를 제3지대장으로 임명하여 산동성 방면으로 각각 배치하여 징모(徵募 : 병사 모집), 선전, 정보 등 사업을 착수 진행케 하였다.

강서성 상요(上饒)의 중국 제3전구 사령부 정치부에 시무 중인 황해도 해주인 김문호(金文鎬) 군은 일본유학생으로 대지(大志)를 품고 중국에 와서 각지를 유람하다가 절강성 동남 금화(金華) 방면에서 정탐 혐의로 체포되어 신문을 받던 중에 중국인 일본 동학(同學 : 학습 동료)을 만나 동학들과 같이 제3전구 사령부에 복무 중이었다. 그때 김구란 성명이 신문상에 등재됨을 보고 먼저 서신으로 그곳 사정을 말하다가 후에는 중경으로 와서 일체를 보고하므로 상요에 한국광복군 징모처 제3분처를 설치하고 김문호를 주임으로, 신정숙(申貞淑 — 鳳彬)을 회계 조장(組長)으로, 이지일(李志一)을 정보 조장으로, 한도명(韓道明)을 훈련장으로, 선전조는 주임 김문호 겸임으로 각각 임명한 후 상요로 파견하였다.

대가족(大家族)

일체 당·정·군의 비용은 미·포·묵·큐 교포들이 만강열성(滿腔熱誠 : 진심에서 우러나오는 정성)으로 걷어 보내오는 것을 가지고 간략히 분배하여 3부 사업을 진행 중 장(蔣 : 장개석) 부인 송미령(宋美齡) 여사의 부녀위로총회(婦女慰勞總會)에서 자동적으로 한국광복군에 중화(中貨) 10만 원의 위로금을 특별히 원조하여 받았더니라.

제3징모처 신봉빈(申鳳彬 : 申貞淑) 여사의 내력이 하도 이상하므로 기록하는 것이다. 내가 수 년 전 장사 상아의원에서 흉부에 총을 맞고 치료하던 때이다. 하루는 병상에 앉아 방 밖을 바라본즉 방문이 반쯤 열리더니 어떤 여자가 편지를 나의 방안에 던져 넣은 후 형적이 없어지는지라. 전담 간호사 당화영(唐華英)이 마침 방안에 있으므로 그 서신을 주워 보라 하여 개봉하니 이는 소위 막명기묘(莫明其妙 : 그 기묘함을 밝혀내기 어려움)로다.

우편으로 온 서신이 아니고 인편으로 보낸 것인데 신봉빈이란 여자가 상덕(常德) 포로수용소에 포로의 1인이 되어 해방하여 주기를 청원한 진정서이다. 자기는 상해에 거주 —— 남편과 함께 —— 하다가 4·29 홍구 작안(灼案) 후 귀국한 이근영(李根永)의 처제요, 당시 민국 사무원으로 체포되어 귀국한

송진표(宋鎭杓 ─ 실제 이름은 張鉉根)의 처인데, 친형(언니)과 남편에게 선생님(백범)이 형의 집에 오시면 냉면으로 대접하던 이야기를 잘 듣고 앙모(仰慕 : 존경하여 숭모함)하였더니, 상업차로 산동 평원(平原)에 갔다가 중국유격대에 체포되어 이곳까지 오는 길에 장사를 경과하였으나 선생이 계신 곳을 알지 못하여 그대로 상덕 포로수용소까지 끌려왔으니 사지에서 구출하여 달라는 말이다.

나는 백번 생각하여도 이 편지가 오게 된 내력을 알 수 없다. 이 여자가 이근영의 처제인 것만은 의심이 없고 일찍이 본국서부터 나를 들어 안 것도 사실이나, 죄수의 서신이 어느 곳에서 왔는가. 본국에서 내 이름은 들어 알았으려니와 지금 내가 장사 상아의원에서 입원치료하는 것을 수백리 상덕 수용소에서 알고 송신을 하였으며, 우표도 없고 날짜가 찍힌 소인도 없는 순전히 인편신(人便信 : 인편에 보낸 편지)인즉 아까 방문 밖에 그림자만 어른하고 없어진 여자는 천사이었는가.

여하튼지 조사하여 볼 필요가 있다고 인정되어 퇴원 후 한구(漢口 : 지금의 武漢) 장(蔣 : 장개석) 위장(위원장)에게 청구하여 포로 조사의 특권을 획득한 후 노태준(盧泰俊), 송면수(宋冕秀) 양인을 상덕에 파견 조사한 결과는 다음과 같다.

상덕 포로수용소에는 한인 포로가 30여 명이고 일인은 수백 명인데 한·일인을 한 방에 섞어 두는 외에 포로로도 한인은 일인의 지휘를 받는다. 운동체조에도 일인이 명령지도하고 일체 사물에 일인의 권리가 많다. 그 중 신봉빈은 극단으로 일인의 지휘와 간섭을 거부하고 유창한 일어로 일인과 극렬하게 항쟁하므로 이런 모습을 바라본 중국 관리원들이 신봉빈을 인격자로 알게 되었다. 비밀 신문으로 봉빈의 배일사상의 유래를 조사한 후,

"중국에서 활동하는 한국 독립운동자 중에 친숙한 사람이 있는가?"
물음에 봉빈은,

"김구를 잘 아노라."

하였다. 관리원이 다시 묻기를,

"그러한즉 김구가 지금 어디 있소?"

하니 답 왈.

"부지(不知 : 모름)라."

갱문(更問 : 다시 물음).

"김구에게 송신하고 구원을 청하면 김구가 너를 구원하여 줄 신념이 있는가?"

신(申) 왈.

"김구 선생이 알기만 하면 필연코 나를 구원하리라."

그 조사를 하는 관리원은 즉 장사 사람이며, 5월 6일 사변으로 장사 일대에 대소동이 벌어졌으므로 김구가 저격을 당하여 상아의원에서 치료 중이라는 소식은 모르는 사람이 없던 때에, 관리원이 장사 자기 집에 오는 편에 봉빈의 서신을 휴대하여 상아의원에 가서 김구가 어느 방에 있는 가를 탐문한 후, 나의 방문 밖에는 헌병파출소가 감시하므로, 직접 서신을 전달하지 못하고 친한 간호사로 하여금 편지를 방 안으로 투입한 것이라. 무사히 투입됨을 본 관리원은 급히 돌아갔다는데, 이후로 수용소에서 봉빈을 특대하였다 하더니라.

그리고 장사의 위급으로 광주로 돌아간 후 나는 중경으로 가기 위하여 다시 장사까지 기차를 타고, 장사로부터는 자동차를 타고 상덕을 거쳐 갔으나 시간관계로 포로수용소를 찾아가지 못하였다. 신봉빈에게 한 통 편지를 보내고 중경에서 구원의 길을 강구하였더니, 중경에 와서 알아본즉 의용대가 벌써 포로 석방을 교섭하여 일부 신봉빈 등은 석방되었다.

신봉빈이 누누이 나에게 오기를 요구하므로 김약산 군에게 송신하여 신봉빈을 계림에서 중경으로 데려다가 친히 보고 기강과 토교 대가족들과 함께 거주하다가 상요로 보낸 것이다.

봉빈은 비록 여성이나 총명 과감하여 전시 임무 수행의 효과 능률이 중국 방면에까지 칭찬을 받는다고 하며 봉빈 자신도 항상 경인(驚人 : 남을 놀라 게 함)의 공헌을 하고자 하는 것이니 장래 촉망되는 바이다. 〔이하 몇 행 빠짐〕

비통한 일이다. 대가족 중에 빠진 식구들이 있으니, 상해 오영선(吳泳善), 이의순(李義櫛 ─ 이동휘의 딸) 내외와 그 자녀이다. 그들 중에 오영선 군이 신체의 장애로 활동을 못하므로 대가족에 편입이 불가능하였는데, 오영선 군은 몇 해 전 작고 운운하나 상해가 완전히 적에게 함락되었으니 손쓸 방안이 없이 되었다.

다른 사람은 이명옥(李溟玉) 군의 가족이니 명옥군은 본시 김천(金川) 사람으로 3·1운동에 참가하여 일본의 정탐을 암살한 후 상해에 건너와서 민단 사무원이 되었다. 그 처가 상해로 나온 후는 생활을 위하여 영국인이 운영하는 전차 검표원을 하면서 내가 남경으로 이주한 후에도 종종 비밀한 공작으로 왕래하다가 왜놈에게 체포되어 본국에 가서 20년 징역을 받았다. 명옥 군의 부인 이정숙(李貞淑) 여사는 그대로 자녀를 데리고 상해 생활을 계속하므로 내가 남경에 거주할 때는 생활비를 보조하다가 대가족으로 편입하기를 통지한즉 이부인은 상해 생활을 하면서야 본국 감옥에 있는 남편에게 두 달에 한 차례씩 왕복하는 서신이 통할 수 있다며 차마 상해를 떠나지 못하였다.

그리 지내던 바 장자 호상(好相)이 조선의용대에 참가하여 절동(浙東 : 절강성 동부) 일대에서 활약하다가 모친과 제매(弟妹 : 남녀 동생)들이 그립던 모양인지 동지들을 대동하고 상해에 잠입 활동하며 간간 자기 모친에게를 비밀 왕래하다가 왜구에게 발각되어 이부인이 체포되었다.

이부인은 사랑하는 아들 호상의 주소를 엄히 신문하나 직고(直告 : 사실대로 고함)치 않으므로 당장에 타살을 당하였고, 호상은 동지 3인과 기차를 타고 도망하다가 차안에서 4명이 다 체포되었다. 호상은 당장 체포되어 내지(內地 : 해안 안쪽 지방)로 호송 중 배 안에서 작은 여동생을 만난즉 동생이 모친과 어린 동생은 왜놈에게 피살되고 자기는 내지로 압송된다는 말을 들고 기절하여 죽었다 하니, 통재라, 애재라, 상천(上天 : 하늘)이 무심코나. 어린 자녀도 독수(毒手)에 목숨을 빼앗겼다는 말인가. 그러고도 인간 세상이 존재할 수 있는가.

망국 이래에 왜구에게 온가족 도륙당함이 무릇 몇 백 몇 천이랴마는, 기미 독립선언 이래 상해에서 운동하던 장면에는 이명옥 군이 당한 참사가 첫째 자리이라 하겠다. 무릇 우리 동포 자손들에게 한마디 남기노니 광복 완성 후에 이명옥 일가를 위하여 충렬문(忠烈門)을 수안(遂安) 본향에 세워 영구 기념케 하기를 부탁하여 두노라.

처음부터 대가족들과 같이 활동하던 중에는 장사사변(長沙事變 : 백범이 이운한에게 총격당한 사건)으로 인하여 왜구의 응견(鷹犬 : 사냥개) 이운한에게 총탄을 맞아 순국한 묵관 현익철 군은 50세 미만이고 사람됨이 강개(慷慨)하면서 지식이 많았다. 만주에서 정의부 수뇌로 있으면서 왜구와 공산당과 장작림 부하 친일자들에게 3면 포위된 와중에 독립운동을 위하여 격렬 투쟁하다가 마침내 왜구에게 체포되어 신의주 감옥에서 중징역을 받은 후, 만주는 완전히 왜구의 천지가 되었으므로 이곳 관내로 들어와 이청천, 김학규 등 구 동지들과 조선혁명당을 조직하였다. 그 후에 남경의 의열단이 주최한 민족혁명당 —— 소위 5당통일 —— 을 같이 조직하였다가 탈퇴하고 광복진선(光復陣線) 9개 단체 —— 원동의 조선혁명당, 한국독립당, 한국국민당, 미주 국민회, 포와(하와이)국민회, 애국단부인구제회, 단합회, 동지회 —— 중에 참가하였다가 남경서 장사로 가는 대가족에 편입하여 부인 방순희(方順熙)와 어린 아들 종화(鐘華)를 데리고 장사에 도착하였다. 그 후로 동고동행(同苦同行)하는 3당 통일부터 실현하자는 묵관(현익철)의 제의에 응하여 회의를 약속하고 나 역시 연회 자리에 참가하였다가 불행히 묵관 1인만 죽게 되었던 것이다.

그 후 광주서 조성환, 나태섭 양 동지와 같이 중경으로 오던 길에 장사에서 귀양행 기차를 기다리던 시는 곧 음력 추석절이었으므로 현묵관의 묘소

심배(尋拜 : 찾아가 절함)를 주장한즉 양 동지는 나의 묘지 참배를 극력 만류하고 양 동지만 술과 안주를 가지고 가는 것은, 나의 신체가 아직 완전 복구가 되지 못하고 멀리 떠나는 중인데, 내가 묵관의 묘 앞에 당도하면 애절통절하여 정신상 신체상에 무슨 변화가 생길 우려에서이므로 동행을 못하였던 터이라.

급기야 장사에서 귀양행 기차를 올라타고 가는 도중에 양 동지는 길가 산허리에 서 있는 비석을 손가락으로 가리키며 저것이 현묵관 묘라 하기로 목례를 하였다.

'군의 불행으로 인하여 우리 사업에 크나큰 지장이 생기나 어찌하리오. 군은 편히 쉬라. 귀부인(貴婦人) 귀자(貴子)들은 안전 보호합니다.'

무정한 기차는 비석조차 보여주지를 않고 질주하여 버렸다.

모친께서는 중경서 세상을 하직하시고, 대가족이 기강에 도착하여 1년을 경과한 후 석오 이동녕 선생이 71세 노령으로 작고하여 그곳에 안장하였다.

선생을 내가 처음으로 30여 년 전 을사신조약 시 경성 상동 야소교당에서 진사(進士) 이석(李石)으로 행세할 시에 상봉하였다. 그때 같이 상소운동에 참가하였다가 합병 후에 경성 양기탁 사랑에서 밀회하여 서간도에 무관학교를 설립하여 장래에 독립전쟁을 목적하고 선생에게 그 사무를 위임하였으며, 기미년 상해에서 또다시 상봉하여 20여 년을 고초를 함께 하고, 사업을 함께 하며 일심일의(一心一意 : 한마음 한뜻)로 지내었다.

선생은 재덕이 출중하나 일생을 자기만 못한 동지를 도와서 선두에 내어 세우고 자기는 남의 부족을 보(補)하고 부족을 개도(改導 : 고치고 이끎)함이 선생의 일생의 미덕인데, 선생의 최후 일각까지 애호를 받은 사람은 즉 나 한 사람이었다. 석오 선생이 세상을 하직한 후는 봉사즉첩사(逢事則捷思 : 일만 닥치면 선생의 생각이 남)하나니 고문(顧問)이 없음이라. 어찌 특별히 나 일인이랴. 우리 운동계의 대손실이다.

그 다음은 손일민(孫逸民)[1] 동지의 사망이니, 나이 60에 항상 포병객(抱病客 : 병을 안고 사는 사람)으로 지내다가 마침내는 기강 땅에 일분토(一坏土)가 되었으니 그는 청년시부터 복국대지(復國大志 : 나라를 찾겠다는 큰 뜻)을 품고 만주 방면에서 다년 활동하다가 북경으로 남경으로 장사로 광주로 유주로 기강까지 대가족에 편입되었던 것이니, 그는 자녀가 없고 근 60 된 미망인이 있다.

기강에 대가족이 2년 여를 경과하는 사이에 괴이한 상사(喪事)로는 조소앙의 부모가 함께 70여 세 고령으로 자당(慈堂 : 남의 어머니를 부르는 말)이 서거 후에 부친이 물에 빠져 자살하였나니, 정사(情死 : 사랑하는 남녀가 동반하여 죽음)인지 염세인지 일종의 희귀한 일이었다.

대가정이 토교로 이사한 후로 근 2년이 지난 24년 2월에 김광요 자당이 폐병으로 서거 후 송신암(宋新岩) 병조(秉祚) 동지가 나이 65에 병사하였다. 송 동지는 임시의정원 의장으로 한국독립당 중앙집행위원과 임시정부 고문 겸 회계검사원 원장이며, 일찍이 국무위원으로 동인(同人) 등 7인이 직책을 버리고 남경 의열단의 주창인 5당통일로 달아나자 차이석 위원과 양인이 정부를 고수한 공로자이다. 임시정부의 국제적 승인 문제가 떠오르는 시기에 천추의 원한을 품고 불귀의 먼 길을 떠나 토교에 일분토를 남긴 것은 장사영웅누만금(長使英雄漏滿襟 : 오래도록 영웅들에게 눈물로 옷깃을 적시게 함)이로다.

임시정부와 독립당과 광복군은 삼위일체로, 중심인물이 한독당원이므로 한국 혁명의 노선배들이 집중한 곳이라 생산율보다 사망률이 초과함은 면부득(免不得 : 피할수 없음)의 사실이었다.

이제 대가족 명부를 작성하여 후세에 전코자 하노니, 기미운동으로 인하

---

1) 경남 밀양 출신(1884~1939). 호는 일민(一民). 1918년 무오(戊午)독립선언에 서명한 39인 중 한 사람. 1925년 만주 신민부(新民府)에 가담. 1934~39년 임시정부 의정원 의원으로 활동.

여 상해에 옮겨와 거주하던 5백여 동포가 거의 대가족이라 일컬을 수 있으나 여기 일지에 기재하는 대가족은 홍구작안으로 인하여 상해를 떠난 동지들과 그 가족들이 대부분이고, 손일민·이광 등 동지들은 북경 방면에 다년 거주하다가 북경 노구교 전쟁 폭발 이후 남하하여 남경에로 가족을 데리고 와서 합류하였다. 대부분이 상해에서 빠져나온 가족 중에도 다시 남경에서는 양 파로 갈려 빠져나왔으니, 한 쪽은 김원봉 군 조선민족혁명당이요, 우리 측으로는 한국국민당, 조선혁명당, 한국독립당 3당이다. 동시에 남경을 떠나 김원봉은 동지들과 가족들을 데리고 한구를 지나 중경으로 이주하고, 나는 동지들과 그 식구들을 이끌고 한구를 지나 장사, 장사에서 8개월, 장사를 떠나 광주에서 3개월, 광주에서 유주로, 유주에서 몇 개월 후 기강서 근 1년 후 토교 동감(東坎)으로 왔으니 이곳은 새로 지은 가옥 4동에 대부분 가족이 거주하고 그 외는 중경 당부(黨部)·정부(政部)·군부의 기관에 복무 중인 동지들과 가족이다. 대가족 명부는 별지로 작성한다.[2]

2)   대가족 명부는 친필본, 필사본에도 모두 누락되어 있어 현재 전해지지 않으나, 여러 자료 및 임정과 함께 청소년기를 보낸 민영수, 김후동(자동) 등의 증언을 통해 별면과 같이 주해자들이 추정 복원하였음.

대가족 명부

성 명	관 계	비 고	성 명	관 계	비 고
공진원		高雲起로도 불림			행기 추락사. 歐陽明으로
김관오	가장	임정 경비대 대장			도 불림
방순희	부인	의정원 의원. 묵관 현익	김의한	가장	임정 의정원 의원. 동
		철 사망 후 결혼			농 김가진의 장남
김종화	장남	현익철의 아들	정정화	부인	본명은 鄭妙喜
김 구	가장	임정 주석	김후동	장남	16세에 중국 항일군 지
곽낙원	어머니				원. 김자동으로 개명
김 인	장남	45년 폐결핵으로 사망	김석동	조차	광복군 제2지대원
안미생	맏며느리	안정근(안중근의 동생)의	김학규	가장	광복군 제3지대장
		딸	오광심	부인	광복군 제3지대원
김효자	손녀	미국 거주	나태섭		임정 의정원 의원. 王
김 신	차남	전 교통부 장관			仲良으로도 불림
김동수		광복군 제2지대 간부	노복선		광복군 제2지대 구대장
김문호	가장	광복군 제3전구 초모공	노태준		광복군 제2지대장. 노
		작			백린의 아들
신봉빈	(전)부인	광복군. 申貞液으로도	민병길		임정 의정원 의원.
		불림	민제호	가장	임정 의정원 의원. 민
김봉준	가장	임정 의정원 의원			필호의 형. 항주에서
노영재	부인	애족상 수상			병사
김덕목	장남	광복군	민영구	장남	광복군 총사령부
김효숙	장녀	광복군. 미국 거주	이국영	며느리	이광의 장녀
송면수	맏사위	광복군 제2지대원	민경식	손자	
손태상	외손자	미국 거주	민중식	손자	
손태유	외손녀		민유식	손녀	
김정숙	차녀	광복군 총사령부 요원	민영완	차남	중국 공군 근무
고일명	둘째사위	광복군 총사령부 참모.	민영숙	장녀	임정 법무부 총무과원
		高時福이 본명임	민필호	가장	임정 주석 판공실장
김원영		중국 공군학교 졸업. 비	이헌경	어머니	

성 명	관 계	비 고	성 명	관 계	비 고
신명호	부인	예관 신규식의 딸	오건해	부인	
민영수	장남	광복군 제2지대장실 근무	안경근		안중근 의사의 사촌동생
민영주	장녀	광복군 제2지대장실 근무. 전 고대 총장 김준엽의 부인	안공근	가장	안중근 의사의 동생
			안우생	장남	평양에서 사망
민영애	차녀	이광의 차남 이남영과 결혼	안연생	장녀	제1공화국 공보처장 서리. 미국에서 사망
민영의	삼녀		안금생	차녀	사위는 의열단원인 한지성임
민영화	사녀				
민영백	차남		안지생	차남	학생. 미국에서 사망
박기성		광복군 총사령부 참모처	안원생		안중근 의사의 동생 안정근의 아들
박찬익	가장	임정 국무위원	안병무		광복군 총사령부 선전처
박영준	삼남	광복군 제3지대 부지대장	양우조	가장	楊墨으로도 불림. 호는 少碧
신순호	며느리	광복군. 신환의 딸	최선화	부인	崔素貞으로도 불림.
손일민	가장	1939년 기강에서 사망	양제시	장녀	
미 상	부인	토교에서 병사	양제비	차녀	
송병조		임정 의정원 의원	엄항섭	가장	임정 국무위원
신익희	가장	임정 국무위원	연미당	부인	첫부인 林씨는 병사하였음
이승희	부인				
신하균	장남	5·6대 국회의원	엄기선	장녀	
유주인	며느리	중국인	엄기동	장남	6·25 때 실종
신중경	손자		엄기순	차녀	
신중이	손자		엄기남	차남	
신정완	장녀		엄기주	삼녀	
신 환	가장	임정 의정원 의원. 신규식의 동생. 본명은 申健植	엄홍섭	동생	호는 道海. 귀국후 행방불명
			염온동	가장	임정 의정원 의원. 군

성 명	관 계	비 고	성 명	관 계	비 고
		무부 차장	이 광	가장	의정원 의원
김선이	부인		이수현	부인	
염경원	장녀		이화영	장남	李允章으로도 불림. 광복
염낙원	장남				군 제2지대 간부
염상원	차남		이남영	차남	李允哲이라고도 불림.
염중원	삼남				중국공군 통신과 졸업.
염성원	사남				민필호의 딸 민영애와 결
유동열		임시정부 국무위원			혼
유진동	가장	의사. 남경에서 사망	이복영	삼남	李允中으로도 불림
강영파	부인	북한 거주	이민영	차녀	미국 거주
유수란	장녀	북한 거주	이천영	사남	미국 거주
유수매	차녀		이준영	오남	미국 거주
유수상	장남		이동녕		임정 주석 역임. 1940년
황수방	측실	중국인			기강에서 병사
유수현	차남		이범석	가장	광복군 제2지대장
유수인	삼녀		김마리아	부인	소련 여군 출신
유수걸	삼남		이복흥	장남	李仁鍾으로도 불림. 미국
유평파	가장	광복군. 유진동의 동생			거주
송정헌	부인	중국인. 유진동 병원의	이복원		호는 未熟. 광복군 제3지
		간호사			대 간부. 북한 거주
유수송	장남	어머니와 함께 중국 잔류	이상만	가장	목사. 의정원 의원
		하다가 귀국	이건우	장남	
유수영	장녀		이여주	손녀	
유수찬	차남		이여보	손자	
이건호	가장	황포군관학교 졸업. 중국	이시영		임정 국무위원. 초대 부
		군 근무. 해방 후 중국에			통령
		잔류	이재현		광복군 제2지대 간부.
미상	부인				호는 海平. 1997년 사망
미상	장남		이준식	가장	李雄6로도 불림. 광복
이영생	차남	중국 안휘성 안경시 거주			군 제2지대 간부

성 명	관 계	비 고	성 명	관 계	비 고
김병인	부인		조소앙	가장	임정 국무위원
이동길	장남		조정규	아버지	부인 사망 후 자진
이성길	차남		박필양	어머니	기강에서 사망
이용길	삼남		오영선	부인	
이지일		李白建으로도 불림. 광복군 지 하공작원	조시제	장남	2차대전 말 중국 동부 지역에서 공작하다가 생사불명
이청천	가장	광복군 총사령관. 본명은 池靑天. 호는 白山	조인제	차남	광복군 총사령부 참모
윤용자	부인		조필제	차녀	학생
이달수	장남	광복군. 池達洙	최형록	측실	광복군. 중국 잔류
이선영	장녀	池善榮	조계림	장녀	측실 소생. 중국 잔류. 남편은 중국군에 근무 했던 최문용
심광식	맏사위	광복군 총사령부			
심현석	외손자				
심현진	외손자		조시원	가장	조소앙의 동생
심현옹	외손자		이순승	부인	
이복영	차녀	광복군. 池福榮	조순옥	장녀	광복군. 광복군 제2지 대 부지대장 안춘생과 결혼
황애숙	측실	본명은 신주성			
이정계	차남	측실 소생. 육사 졸업. 여순사건 때 전사	조완구		임정 국무위원
이하유		한국청년전지 공작대. 무정부주의자	진춘호	가장	임정 의정원 의원
			이 인	부인	
임의택		의사	차이석	가장	임시정부 국무위원
정영숙	가장	오광선의 부인	홍매영	후실	첫부인은 상해에서 병사
오희영	장녀		차영조	장녀	광복회 총무부장 역임
오희옥	차녀		신화옥		홍매영의 딸
오영걸	장남		신경복		홍매영의 아들
조경한		임정 국무위원. 安勳으로 도 불림	채원개	가장	광복군 총사령부 참모. 제3지대장
조성환	가장	임시정부 군무부장	김병일	부인	이준식의 부인 김병인 의 언니
이숙진	부인	중국인			

성 명	관 계	비 고	성 명	관 계	비 고
채수영	장남		최건국	손자	
채수옹	차남		최종숙	장녀	
채수현	차녀		최종화	차녀	
채수걸	삼남		최종란	삼녀	
최동오	가장	임정 국무위원. 김일성의 은사	현익철		1938년 이운한의 테러로 사망
최동협	부인		홍 진		임시정부 국무령. 의정원 의장
최덕신	장남	광복군 총사령부 참모. 3공 외무장관 역임. 북한에서 사망	황학수		광복군 총사령부
			蔡(채) 군		중국인 고아. 임정 이동 중 양자강에서 익사
유미영	며느리	유동열의 수양딸			
최근애	손녀				

그후의 일들

이 모양으로 광복군이 창설되었으니 인원도 많지 못하여 몇 달 동안을 유명무실하게 지내다가 문득 한 사건이 생겼으니 그것은 오십여 명 청년이 가슴에 태극기를 붙이고 중경에 있는 임시정부 정청으로 애국가를 부르며 들어온 것이다. 이들은 우리 대학생들이 학병으로 일본 군대에 편입되어 중국 전선에 출전하였다가 탈주하여 안휘성 부양(阜陽)의 광복군 제삼 지대를 찾아온 것을 지대장 김학규가 임시정부로 보낸 것이었다.

이 사실은 중국인에게 큰 감동을 주어 중한문화협회 식당에서 환영회를 개최하였는데 서양 여러 나라의 통신기자들이며 대사관원들도 출석하여 우리 학병들에게 여러 가지 질문을 발하였다. 어려서부터 일본의 교육을 받아 국어도 잘 모르는 그들이 조국의 독립을 위하여 목숨을 바치려고 총살의 위험을 무릅쓰고 임시정부를 찾아왔다는 그들의 말에 우리 동포들은 말할 것도 없이 목이 메었거니와 외국인들도 감격에 넘친 모양이었다.

이것이 인연으로 우리 광복군이 연합국의 주목을 끌게 되어 미국의 O.S.O.S를 주관하는 사전트 박사는 광복군 제2지대장 이범석과 합작하여 서안에서, 윔쓰 중위는 제3지대장 김학규와 합작하여 부양에서 우리 광복군에게 비밀 훈련을 실시하였다.

---

* 이 글과 이 글 뒤에 실린 「나의 소원」은 1947년 『백범일지』가 국사원에서 처음 간행될 때 추가로 수록된 글이다.

예정대로 3개월의 훈련을 마치고 정탐과 파괴 공작의 임무를 띠고 그들을 비밀히 본국으로 파견할 준비가 된 때에 나는 미국 작전부장 다노배 장군과 군사협의를 하기 위하여 미국 비행기로 서안으로 갔다.

회의는 광복군 제2지대 본부 사무실에서 열렸는데 정면 우편 태극기 밑에는 나와 제2지대 간부가, 좌편 미국기 밑에는 다노배 장군과 미국인 훈련관들이 앉았다.

다노배 장군이 일어나,

"오늘부터 아메리카 합중국과 대한민국 임시정부와의 적 일본을 항거하는 비밀공작이 시작된다."

고 선언하였다.

다노배 장군과 내가 정문으로 나올 때에 활동사진의 촬영이 있고 식이 끝났다.

이튿날 미국 군관들의 요청으로 훈련받은 학생들의 실지의 공작을 시험하기로하여 두곡(杜曲)에 동남으로 40리, 옛날 한시에 유명한 종남산(終南山)으로 자동차를 몰았다. 동구에서 차를 버리고 오리쯤 걸어가면 한 고찰이 있는데 이것이 우리 청년들이 훈련을 받은 비밀 훈련소였다. 여기서 미국 군대식으로 오찬을 먹고 참외와 수박을 먹었다.

첫째로 본 것은 심리학적으로 모험에 능한 자, 슬기가 있어서 정탐에 능한 자, 눈과 귀가 밝아서 무선전신에 능한 자를 고르는 것이었다. 이 시험을 한 심리학자는 한국 청년이 용기로나 지능으로나 다 우량하여서 장래에 희망이 많다고 결론하였다.

다음에는 청년 일곱을 뽑아서 한 사람에게 숙마바[1] 하나씩을 주고 수백 길이나 되는 절벽 밑에 내려가서 나뭇잎 하나씩을 따 가지고 오라는 시험이었다. 일곱 청년은 잠깐 모여서 의논하더니 그들의 숙마바를 이어서 한 긴 바

---

[1]   누인 삼겹질인 숙마(熟麻)를 꼬아서 만든 밧줄.

를 만들어, 한 끝을 바위에 매고 그 줄을 붙들고 일곱이 다 내려가서 나무 잎 하나 씩을 따 입에 물고 다시 그 줄에 달려 일곱이 차례차례로 다 올라왔다. 시험관은 이것을 보고 크게 칭찬하였다. 그는 이렇게 말하였다.

"내가 중국 학생 사백 명을 모아놓고 시켰건마는 그들이 해결치 못한 문제를 한국 청년 일곱이 훌륭하게 하였소. 참으로 한국 사람은 전도 유망한 국민이오."

일곱 청년이 이 칭찬을 받을 때에 나는 대단히 기뻤다.

다음에는 폭파술, 사격술, 비밀히 강을 건너가는 재주 같은 것을 시험하여 다 좋은 성적을 얻은 것을 보고 나는 만족하여 그날로 두곡으로 돌아왔다.

이튿날은 중국 친구들을 찾을 차례로 서안으로 들어갔다. 두곡서 서안이 40리였다.

호종남(胡宗南) 장군은 출타하여서 참모장만을 만나고 성 주석 축소주(祝紹周) 선생은 나와 막역한 친우라 이튿날 그의 사저에서 석반을 같이하기로 하였다. 성당부(省黨部)에서는 나를 위하여 환영회를 개최한다 하고 서안 부인회에서는 나를 환영하기 위하여 특별히 연극을 준비한다 하고 서안의 각 신문사에서도 환영회를 개최하겠으니 출석하여 달라는 초청이 왔다.

나는 그 밤을 우리 동포 김종만(金鍾萬) 댁에서 지내고 이튿날은 서안의 명소를 대개 구경하고 저녁에는 어제 약속대로 축주석 댁 만찬에 불려갔다. 식사를 마치고 객실에 돌아와 수박을 먹으며 담화를 하는 중에 문득 전령이 울었다. 축주석은 놀라는 듯 자리에서 일어나, 중경에서 무슨 소식이 있나보다고 전화실로 가더니 잠시 후에 뛰어나오며,

"왜적이 항복한다."

하였다.

"아! 왜적이 항복!"

이것은 내게는 기쁜 소식이라기보다는 하늘이 무너지는 듯한 일이었다.

천신만고로 수년간 애를 써서 참전할 준비를 한 것도 다 허사다. 서안과 부양에서 훈련을 받은 우리 청년들에게 각종 비밀한 무기를 주어 산동에서 미국 잠수함을 태워 본국으로 들여 보내어서 국내의 요소(要所)를 혹은 파괴하고 혹은 점령한 후에 비국 비행기로 무기를 운반할 계획까지도 미국 육군성과 다 약속이 되었던 것을 한번 해 보지도 못하고 왜적이 항복하였으니 진실로 전공(前功)이 가석(可惜)이어니와 그보다도 걱정되는 것은 우리가 이번 전쟁에 한 일이 없기 때문에 장래에 국제 간에 발언권이 박약하리라는 것이다.

나는 더 있을 마음이 없어서 곧 축씨 댁에서 나왔다. 내 차가 큰 길에 나설 때에는 벌써 거리는 인산인해를 이루고 만세 소리가 성중에 진동하였다.

나는 서안에서 준비되고 있던 나를 위한 모든 환영회를 사퇴하고 즉시 두곡으로 돌아왔다. 와 보니 우리 광복군은 제 임무를 하지 못하고 전쟁이 끝난 것을 실망하여 침울한 분위기에 잠겨 있는데 미국 교관들과 군인들은 질서를 잊으리만큼 기뻐 뛰고 있었다. 미국이 우리 광복군 수천 명을 수용할 병사를 건축하려고 일변 종남산에서 재목을 운반하고 벽돌가마에서 벽돌을 실어 나르던 것도 이날부터 일제히 중지하고 말았다.

내 이번 길의 목적은 서안에서 훈련 받은 우리 군인들을 제1차로 낸 후에 중경으로 돌아감이었으나 그 계획도 다 수포로 돌아가고 말았다. 내가 중경서 올 때에는 군용기를 탔으나 그리로 돌아갈 때에는 여객기를 타게 되었다.

중경에 와 보니 중국인들은 벌써 전쟁 중의 긴장이 풀어져서 모두 혼란한 상태에 빠져 있고 우리 동포들은 지향할 바를 모르는 형편에 있었다. 임시정부에서는 그동안 임시의정원을 소집하여 혹은 임시정부 국무위원의 총사직을 주장하고 혹은 이를 해산하고 본국으로 들어가자고 발론하여 귀결이 못 나다가 주석인 내가 돌아온다는 소식을 듣고 삼일간 정회를 하고 있었다.

나는 의정원에 나아가 해산도 총사직도 천만부당하다고 단언하고 서울에
들어가 전체 국민의 앞에 정부를 내어 바칠 때까지 현상대로 가는 것이 옳다
고 주장하여 전원의 동의를 얻었다. 그러나 미국측으로부터 서울에는 미국
군정부가 있으니 임시정부로는 입국을 허락할 수 없은즉 개인의 자격으로
오라 하기로 우리는 할 수 없이 개인의 자격으로 고국에 돌아가기로 결정하
였다.

이리하여 7년 간의 중경 생활을 마치게 되니 실로 감개가 많아서 무슨 말
을 써야 할지 두서를 찾기가 어렵다.

나는 교자를 타고 강 건너 화강산에 있는 어머님 묘소와 아들 인[2]의 무덤
에 가서 꽃을 놓고 축문을 읽어 하직하고 묘지기를 불러 금품을 후히 주어 수
호를 부탁하였다.

그러고는 가죽상자 여덟 개를 사서 정부의 모든 문서를 싸고 중경에 거주
하는 5백여 명 동포의 선후책을 정하고, 임시정부가 본국으로 돌아간 뒤에
중국 정부와 연락하기 위하여 주중화대표단을 두어 박찬익을 단장으로 민필
호(閔弼鎬)[3], 이광(李光), 이상만(李象萬), 김은충(金恩忠) 등을 단원으로 임명하
였다.

우리가 중경을 떠나게 되매 중국공산당 본부에서는 주은래(周恩來), 동필
무(董必武) 제씨가 우리 임시정부 국무원 전원을 청하여 송별연을 하였고 중앙
정부와 국민당에서는 장개석 부처를 위시하여 정부, 당부, 각계 요인 2백여
명이 모여 우리 임시정부 국무위원과 한국독립당 간부들을 초청하여 국민당
중앙당부 대례당에서 중국기와 태극기를 교차하고 융숭하고도 간곡한 송별
연을 열어 주었다. 장개석 주석과 송미령 여사가 선두로 일어나 장래 중국과

2)   백범의 장남 인(仁)은 안중근 의사의 동생 안정근의 딸 안미생과 결혼하여 외동딸 효자를 두
       었으며, 1945년 초 폐결핵으로 중경에서 사망하였음.
3)   서울 출생(1898~1963). 호는 석린(石鱗). 휘문의숙 재학 중 상해로 망명. 임시정부 김구 주
       석 판공실장 및 외무차장을 지냄. 해방 후 초대 주중 총영사 역임.

한국 두 나라가 영구히 행복되도록 하자는 축사가 있고 우리 편에서도 답사가 있었다.

중경을 떠나던 일을 기록하기 전에 칠년간 중경 생활에 잊지 못할 것 몇 가지를 적으려 한다.

첫째, 중경에 있던 우리 동포의 생활에 관하여서다. 중경은 원래 인구 몇만밖에 안 되던 작은 도시였으나 중앙정부가 이리로 옮겨온 후로 일본군에게 점령당한 지방의 관리와 피난민이 모여들어서 일약 인구 백만이 넘는 대도시가 되었다. 아무리 새로 집을 지어도 미처 다 수용할 수 없어서 여름에는 한데에서 사는 사람이 수십만이나 되었다.

식량은 배급제여서 배급소 앞에는 언제나 장사진을 치고 서로 욕하고 때리고 하여 분규가 아니 일어나는 때가 없었다. 그러나 우리 동포는 따로 인구(人具 : 일꾼과 도구)를 선책하여서 한 몫으로 양식을 타서 하인을 시켜 집집에 배급하기 때문에 대단히 편하였고 뜰을 쓸기까지 하였다.[4] 먹을 물도 사용인을 시켜 길었다. 중경시 안에 사는 동포들뿐 아니라, 교외인 토교에 사는 이들도 한인촌을 이루고 중국 사람의 중산계급 정도의 생활을 유지할 수 있었다. 간혹 부족하다는 불평도 있었으나 규율 있고 안전한 단체 생활을 유지할 수가 있었다.

나 자신의 중경 생활은 임시정부를 지고 피난하는 것이 일이요, 틈틈이 먹고 잤다고 할 수 있었다. 중경의 폭격이 점점 심하여 가매 임시정부도 네 번이나 옮겼다. 첫 번 정청인 양류가(楊柳街) 집은 폭격에 견딜 수가 없어서 석판가(石版街)로 옮겼다가 이 집이 폭격으로 일어난 불에 전소하여 의복가지 다 태우고 오사야항(吳獅爺巷)으로 갔다가 이 집이 또 폭격을 당하여 무너진 것을 고쳤으나 정청으로 쓸 수는 없어서 직원의 주택으로 하고 네 번째로 연화지

---

4) 1945년 12월 8일 현재 배급자는 총 535명(남자 250명, 여자 285명)이었으며, 배급 실무 담당자는 중국인 왕회청(王懷淸 : 1994년 중국 기강에서 사망)이었음.

(蓮花池)에 70여 칸 집을 얻었는데 집세가 일년에 40만 원이라. 그러나 이 돈은 장주석의 보조를 받게 되어 임시정부가 중경을 떠날 때까지 이 집을 쓰고 있었다.

이 모양으로 연이어 오는 폭격에 중경에는 인명과 가옥의 손해가 막대하였으며 동료 중에 죽은 이는 신익희 씨 조카와 김영린의 아내와 두 사람이 있었다.

이 두 동포가 죽던 폭격이 가장 심한 폭격이어서 한 방공호에서 4백 명이니 8백 명이니 하는 질식자를 낸 것도 이때였다. 그 시체를 운반하는 광경을 내가 목도하였는데 화물 자동차에 짐을 싣듯 시체를 싣고 달리면 시체가 흔들려 굴러 떨어지는 일이 있고 그것을 다시 싣기가 귀찮아서 모가지를 매어 자동차 뒤에 달면 그 시체가 땅바닥으로 엎치락 뒤치락 끌려가는 것이었다. 시체는 남녀를 물론하고 옷이 다 찢겨서 살이 나왔는데, 이것은 서로 앞을 다투어 발악한 형적이었다.

가족을 이 모양으로 잃어 한편에 통곡하는 사람이 있으면 다른 편에는 방공호에서 시체를 끌어내는 인부들이 시체가 지녔던 은금보화를 뒤져서 대번에 부자가 된 것도 있었다. 이렇게 질식의 참사가 일어난 것이 밀매음녀 많기로 유명한 교장구(較場口)이기 때문에 죽은 자의 대다수가 밀매음녀였다.

중경은 옛날 이름으로는 파(巴)다. 지금은 성도(成都)라고 부르는 촉(蜀)과 아울러 파촉이라고 하던 데다. 시가의 왼편으로 가릉강(嘉陵江)이 흘러와서 바른편에서 오는 양자강과 합하는 곳으로서 천 톤급의 기선이 정박하는 중요한 항구다. 지명을 파(巴)라고 하는 것은 옛날 파장군(巴將軍)이란 사람이 도읍하였던 때문이어서 연화지에는 파장군의 분묘가 있다.

중경의 기후는 심히 건강에 좋지 못하여 호흡기병이 많다. 칠 년간에 우리 동포도 폐병으로 죽은 자가 팔십 명이나 된다. 9월 초생부터 이듬해 4월 까지는 운무가 껴서 볕을 보기가 드물고, 기압이 낮은 우묵한 땅이라 지변의 악취가 흩어지지를 아니하여 공기가 심히 불결하다. 내 맏아들 인도 이 기후의 희생이 되어서 중경에 묻혔다.

　11월 5일에 우리 임시정부 국무위원과 기타 직원은 비행기 두 대에 갈라 타고 중경을 떠나서 5시간 만에 떠난 지 13년 만에 상해의 땅을 밟았다. 우리 비행기가 착륙한 비행장이 곧 홍구신공원(虹口新公園)이라 하는데, 우리를 환영하는 남녀 동포가 장내에 넘쳤다. 나는 14년을 상해에 살았건마는 홍구공원에 발을 들여 놓은 일이 일찍이 없었다. 신공원에서 나와서 시내로 들어가려 한즉 아침 6시부터 우리를 기다리고 있다는 육천 명 동포가 열을 지어서 고대하고 있다. 나는 거기 있는 한 길이 넘는 단 위에 올라서 동포들에게 인사말을 하였다. 나중에 알고 본즉 그 단이야말로 13년 전 윤봉길 의사가 왜적 백천 대장 등을 폭격한 자리에 왜적들이 그 일을 기념하기 위하여 단을 모으고 군대를 지휘하던 곳이라고 한다. 세상에 우연한 것은 없다고 생각하였다.

　나는 양자반점(楊子飯店)에 묵었다. 13년은 인생의 일생에는 긴 세월이었다. 내가 상해를 떠날 적에 아직 어리던 이들은 벌써 장정이 되었고, 장정이던 사람들은 노쇠하였다. 이 오랜 동안에 까딱도 하지 아니하고 깨끗이 고절을 지킨 옛 동지 선우혁(鮮于爀), 장덕로(張德櫓), 서병호(徐丙浩), 한진교(韓鎭敎), 조봉길(曹奉吉), 이용환(李龍煥), 하상린(河相麟), 한백원(韓栢源), 원우관(元宇觀) 제씨와 서병호 댁에서 만찬을 같이하고 기념으로 촬영하였다. 한편으로는 상해에 재류하는 동포들 중에 부정한 직업을 하는 이가 적지 않다는 말은 나를 슬프게 하였다. 나는 우리 동포가 가는 곳마다 정당한 직업에 정직하게 종사하여서 우리 민족의 신용과 위신을 높이는 애국심을 가지기를 바란다.

　나는 법조계 공동묘지에 있는 아내의 무덤을 찾고 상해에서 10여 일을 묵어서 미국 비행기로 본국을 향하여서 상해를 떠났다. 이동녕 선생, 현익철 동지 같은 이들이 이역에 묻혀서 함께 고국으로 돌아오지 못하는 것이 유감이었다.

　나는 기쁨과 슬픔이 한데 엉클어진 가슴으로 27년 만에 조국의 신선한 공기를 마시고 그리운 흙을 밟으니 김포비행장이요, 상해를 떠난 지 3시간 후였다.

　나는 조국의 땅에 들어오는 길로 한 가지 기쁨과 한 가지 슬픔을 느꼈다. 책보를 메고 가는 학생들의 모양이 심히 활발하고 명랑한 것이 한 기쁨이요, 그와는 반대로 동포들이 사는 집들이 납작하게 땅에 붙어서 퍽 가난해 보이는 것이 한 슬픔이었다.

　동포들이 여러 날을 우리를 환영하려고 모였더라는데, 비행기 도착 시일이 분명히 알려지지 못하여 이날에는 우리를 맞아 주는 동포가 많지 못하였다. 늙은 몸을 자동차에 의지하고 서울에 들어오니 의구한 산천이 반갑게 나를 맞아 주었다.

　내 숙소는 새문밖 최창학(崔昌學) 씨의 집이요,[5] 국무원 일행은 한미호텔에 머물도록 우리를 환영하는 유지들이 미리 준비하여 주었었다.

　나는 곧 신문을 통하여 윤봉길, 이봉창 두 의사와 강화 김주경 선생의 유가족을 만나고 싶다는 뜻을 말하였더니, 윤의사의 아드님이 덕산(德山)으로부터 찾아오고 이의사의 조카따님이 서울에서 찾아오고, 김주경 선생의 아드님 윤태(允泰)군은 삼팔 이북에 있어서 못 보고 그 따님과 친척들이 혹은 강화에서 혹은 김포에서 와서 만나니 반갑기도 하고 슬프기도 하였다. 그러나 선조의 분묘가 계시고 친척과 고구(故舊 : 옛 친구)가 사는 그리운 내 고향은 소위 삼팔선의 장벽 때문에 가보지 못하고 재종형제들과 종매들의 가족이 나를 위해 상경하여서 반갑게 만날 수가 있었다.

　군정청에 소속한 각 기관과 정당, 사회단체, 교육계, 공장 등 각계가 빠짐없이 연합환영회를 조직하여서, 우리는 개인의 자격으로 들어왔건마는 '임시정부 환영'이라고 크게 쓴 깃발을 태극기와 아울러 높이 들고 수십만 동포가 서울 시가로 큰 시위행진을 하고, 그 끝에 덕수궁에 식탁이 사백여로 환영연

5)　새문은 숭례문(동대문), 흥인문(남대문) 등보다 늦게 세웠다는 뜻으로, 돈의문 곧 서대문을 일컬으며, 최창학의 집은 종로구 평동 현재의 강북삼성병원 안에 있는 경교장을 말함.

을 배설하고, 하지 중장 이하 미국 군정 간부들도 출석하여 덕수궁 뜰이 좁을 지경이었으니 참으로 찬란하고 성대한 환영회이었다. 나는 이러한 환영을 받을 공로가 없음이 부끄럽고도 미안하였으나 동포들이 해외에서 오래 신고(辛苦 : 어려운 고통과 고생)한 우리를 위로하는 것이라고 강잉(强仍 : 부득이 그대로 하게 함)하여 고맙게 받았다.

어느덧 해가 바뀌었다. 나는 삼팔 이남만이라도 돌아보리라 하고 제일 노정으로 인천에 갔다. 인천은 내 일생에 뜻깊은 곳이다. 스물두 살에 인천감옥에서 사형선고를 받았다가 스물세 살에 탈옥 도주하였고, 마흔한 살 적에 17년 징역수로 다시 이 감옥에 이수(移囚 : 감옥을 옮겨감)되었었다. 저 축항에는 내 피땀이 배어 있는 것이다. 옥중에 있는 이 불효자를 위하여 부모님이 걸으셨을 길에는 그 눈물 흔적이 남아 있는 듯하여 마흔아홉 해 전 기억이 어제런 듯 새롭다. 인천서도 시민의 큰 환영을 받았다.

제2 노정으로 나는 공주 마곡사를 찾았다. 공주에 도착하니 충청남북도 11군에서 10여 만 동포가 모여서 나를 환영하는 회를 열어 주었다.

공주를 떠나 마곡사로 가는 길에 김복한(金福漢), 최익현(崔益炫) 두 선생의 영정 모신 데를 찾아서 배례하고 그 유가족을 위로하고 동민의 환영하는 정성을 고맙게 받았다. 정당, 사회단체의 대표로 마곡사까지 나를 따르는 이가 350여 명이었고, 마곡사 승려의 대표는 공주까지 마중을 왔으며, 마곡사 동구에는 남녀 승려가 도열하여 지성으로 나를 환영하니 옛날에 이 절에 있던 한 중이 일국의 주석이 되어서 온다고 생각함이었다. 48년 전에 머리에 굴갓⁶⁾을 쓰고 목에 염주를 걸고 출입하던 길이다. 산천도 예와 같거니와 대웅전에 걸린 주련(柱聯 : 기둥이나 바람벽 따위에 장식으로써 붙이는 글씨)도 옛날 그대로다.

却來觀世間 猶如夢中事(각래관세간 유여몽중사 : 물러나 속세 일들을 바라보니 꿈 속의 일일 뿐이로다.)

---

6)   옛날에 벼슬한 중이 쓰던 대갓. 여기서는 그냥 대갓을 말하는 듯함.

그때에는 무심히 보았던 이 글귀를 오늘에 자세히 보니 나를 두고 이른 말인 것같았다. 용담(龍潭) 스님께 보각서장(普覺書狀)을 배우던 염화실(枯花室)에서 뜻깊은 하룻밤을 지내었다. 승려들은 나를 위하여 이날 밤에 불공을 드렸다. 그러나 승려들 중에는 내가 알던 사람은 하나도 없었다. 이튿날 아침에 나는 기념으로 무궁화 한 포기와 향나무 한 그루를 심고 마곡사를 떠났다.

셋째 길에 나는 윤봉길 의사의 본댁을 찾으니 4월 29일이라. 기념제를 거행하였다. 그리고 나는 일본 동경에 있는 박열(朴烈) 동지에게 부탁하여 윤봉길, 이봉창, 백정기(白貞基)[7] 세 분 열사의 유골을 본국으로 모셔오게 하고, 유골이 부산에 도착하는 날 나는 특별열차로 부산까지 갔다. 부산은 말할 것도 없고 세 분의 유골을 모신 열차가 정거하는 역마다 사회, 교육 각 단체며 일반 인사들이 모여 봉도식(奉悼式 : 추도식)을 거행하였다.

서울에 도착하자 유골을 담은 영구를 태고사(太古寺)에 봉안하여 동포들의 참배에 편케 하였다가 내가 친히 잡아 놓은 효창공원(孝昌公園) 안에 있는 자리에 매장하기로 하였다. 제일 위에 안중근 의사의 유골을 봉안할 자리를 남기고, 그 다음에 세 분의 유골을 차례로 모시기로 하였다.

이날 미국인 군정 간부도 전부 회장(會葬 : 장사지내는 데 참례함)하였으며, 미국 군대까지 출동할 예정이었으나 그것은 중지되고, 조선인 경찰관, 육해군 경비대, 정당, 단체, 교육기관, 공장의 종업원들이 총출동하고, 일반 동포들도 구름같이 모여서 태고사로부터 효창공원까지 인산인해를 이루어 일시 전차, 자동차, 행인까지도 교통을 차단하였다.

선두에는 애도하는 비곡(悲曲 : 애조를 띤 음곡)을 아뢰는 음악대가 서고, 다음에는 화환대, 만장대가 따르고, 세 분 의사의 영여(靈輿 : 유골을 모신 상여)는 여학생대가 모시니 옛날 인산(因山 : 임금의 장례)보다 더 성대한 장의였다.

---

7)　　　독립운동가(1896~1936). 정읍 출신. 주중 일본대사를 암살하려다 실패하여 체포, 옥사함.

나는 삼남지방을 순회하는 길에 보성군 득량면 득량리 김씨촌을 찾았다. 내가 48년 전에 망명 중에 석 달이나 몸을 붙여 있던 곳이요, 김씨네는 나와 동족이었다. 내가 온다는 선문(先聞 : 일이 생기기 전에 앞서서 전하 여지는 소문)을 듣고 동구에는 솔문(경축 또는 환영의 뜻을 나타내기 위하여 청솔가지로 입혀 꾸며 놓은 문)을 세우고 길닦이까지 하였다. 남녀 동민들이 동구까지 나와서 도열하여 나를 맞았다.

내가 그때에 유숙하던 김광언(金廣彦) 댁을 찾으니 집은 예와 같으되 주인은 벌써 세상을 떠났었다. 그 유족의 환영을 받아 내가 그때에 상을 받던 자리에서 한때(한끼) 음식대접을 한다 하여서 마루에 병풍을 치고 정결한 자리를 깔고 나를 앉혔다. 모인 이들 중에 나를 알아보는 이는 늙은 부인네 한 분과 김판남(金判男) 종씨 한 분뿐이었다. 김씨는 그때에 내 손으로 쓴 책 한 권을 가져다가 내게 보여 주었다. 내가 이곳에 머물고 있을 때에 자별(自別)히(인정이나 교분 따위가 남과 다름) 친하게 지내던 나와 동갑인 선(宣)씨는 이미 작고하고, 내게 필낭(筆囊 : 붓을 넣어서 차는 주머니)을 기워서 작별 선물로 주던 그의 부인은 보성읍에서 그 자손들을 데리고 나와서 나를 환영하여 주었다. 부인도 나와 동갑이라 하였다.

광주에서 나주로 향하는 도중에서 함평 동포들이 길을 막고 들르라 하므로 나는 함평읍으로 가서 학교 운동장에 열린 환영회에 한 차례 강연을 하고. 나주로 갔다. 나주에서 육각정(六角亭 : 육모정) 이진사의 집을 물은즉, 이진사 집은 나주가 아니오 지금 지내온 함평이며, 함평 환영회에서 나를 위하여 만세를 선창한 것이 바로 이진사의 증손이라고 하였다. 오랜 세월에 나는 함평과 나주를 섞바꾼 것이었다. 그 후에 이진사——나와 작 별한 후에는 이승지가 되었다 한다——의 증손 재승(在昇), 재혁(在赫) 두 형제가 예물을 가지고 서울로 나를 찾아왔기로 함평을 나주로 잘못 기억하고 찾지 못하였던 사과를 하였다.

이 길에 김해에 들르니 마침 수로왕릉의 추향(秋享 : 초가을에 지내는 종묘. 사직의 큰 제사)라. 김씨네와 허씨네가 많이 참배하는 중에 나도 그들이 준비하여 주는 평생에 처음의 사모와 각대로 참배하였다.

전주에서는 옛 벗 김형진의 아들 맹문(孟文)과 그 종제 맹열(孟悅)과 그 내종형 최경렬(崔景烈) 세 사람을 만난 것이 기뻤다. 전주의 일반 환영회가 끝난 뒤에 이 세 사람의 가족과 한데 모여서 고인을 추억하며 기념으로 사진을 찍었다.

강경에서 공종렬의 소식을 물으니 그는 젊어서 자살하고 자손도 없으며, 내가 그 집에 자던 날 밤의 비극은 친족 간에 생긴 일이었다고 한다.

그 후 강화에 김주경 선생의 집을 찾아 그의 친족들과 사진을 같이 찍고 내가 그때에 가르치던 30명 학동 중에 하나이었다는 사람을 만났다.

나는 개성, 연안 등을 순회하는 노차에 이효자의 무덤을 찾았다.

고 효자 이창매지묘(故 孝子 李昌梅之墓)

나는 해주 감옥에서 인천 감옥으로 끌려가던 길에 이 묘비 앞에 쉬던 49년 전 옛날을 생각하면서 묘전에 절하고, 그날 어머님이 앉으셨던 자리를 눈어림으로 찾아서 그 위에 내 몸을 던졌다. 그러나 어머님의 얼굴을 뵈올 길이 없으니 앞이 캄캄하였다. 중경서 운명하실 때에 마지막 말씀으로,

"내 원통한 생각을 어찌하면 좋으냐?"

하시던 것을 추억하였다. 독립의 목적을 달성하고 모자가 함께 고국에 돌아가 함께 지난 일을 이야기하지 못하심이 그 원통하심이 아니었을까? 그런데 저 멀고먼 서쪽 화상산 한 모퉁이에 손자와 같이 누워 계신 것을 생각하니 비회(悲懷 : 슬픈 생각)를 금할 수가 없다. 혼이라도 고국에 돌아오셔서 내가 동포들에게 받는 환영을 보시기나 하여도 다소 어머님의 마음이 위안이 아니 될까.

배천(白川)에서 최광옥 선생과 전봉훈 군수의 옛 일을 추억하고, 장단 고

랑포(卓浪浦)에서 나의 선조 경순왕릉(敬順王陵)에 참배할 적에는 능말에 사는 경주 김씨들이 내가 오는 줄 알고 제전을 준비하였었다.

　나는 대한나라 자주독립의 날을 기다려서 다시 이 글을 계속하기로 하고 아직은 붓을 놓는다.

　　— 서울 새문 밖에서

나의 소원

민족국가

네 소원이 무엇이냐 하고 하나님이 물으시면 나는 서슴지 않고,

"내 소원은 대한 독립이오."

하고 대답할 것이다. 그 다음 소원은 무엇이냐 하면 나는 또,

"우리나라의 독립이오.'

할 것이요, 또 그 다음 소원이 무엇이냐 하는 셋째번 물음에도 나는 더욱 소리 높여서,

"나의 소원은 우리나라 대한의 완전한 자주 독립이오."

하고 대답할 것이다.

동포 여러분! 나 김구의 소원은 이것 하나밖에는 없다. 내 과거의 70 평생을 이 소원을 위하여 살아 왔고, 현재에도 이 소원 때문에 살고 있고, 미래에도 나는 이 소원을 달하려고 살 것이다.

독립이 없는 백성으로 70 평생에 설움과 부끄러움과 애탐을 받은 나에게는 세상에 가장 좋은 것이 완전한 자주 독립한 나라의 백성으로 살아 보다가 죽는 일이다. 나는 일찍 우리 독립 정부의 문지기가 되기를 원하였거니와 그 것은 우리나라가 독립국만 되면 나는 그 나라에 가장 미천한 자가 되어도 좋다는 뜻이다. 왜 그런고 하면 독립한 제 나라의 빈천이 남의 밑에 사는 부귀보다 기쁘고 영광스럽고 희망이 많기 때문이다. 옛날 일본에 갔던 박제상(朴

堤上)이,

"내 차라리 계림의 개 돼지가 될지언정 왜왕의 신하로 부귀를 누리지 않겠다."

한 것이 그의 진정이었던 것을 나는 안다. 제상은 왜왕이 높은 벼슬과 많은 재물을 준다는 것을 물리치고 달게 죽임을 받았으니 그것은,

"차라리 내 나라의 귀신이 되리라."

함이었다.

근래에 우리 동포 중에는 우리나라를 어느 큰 이웃나라의 연방에 편입하기를 소원하는 자가 있다 하니 나는 그 말을 차마 믿으려 아니하거니와 만일 진실로 그러한 자가 있다 하면 그는 제정신을 잃은 미친놈이라고밖에 볼 길이 없다.

나는 공자, 석가, 예수의 도를 배웠고, 그들을 성인으로 숭배하거니와, 그들이 합하여서 세운 천당, 극락이 있다 하더라도 그것이 우리 민족이 세운 나라가 아닐진대 우리 민족을 그 나라로 끌고 들어가지 아니할 것이다. 왜 그런고 하면 피와 역사를 같이 하는 민족이란 완연히 있는 것이어서 내 몸이 남의 몸이 못됨과 같이 이 민족이 저 민족이 될 수는 없는 것이 마치 형제도 한 집에서 살기 어려움과 같은 것이다. 둘 이상이 합하여서 하나가 되자면, 하나는 높고 하나는 낮아서, 하나는 위에 있어서 명령하고 하나는 밑에 있어서 복종하는 것이 근본 문제가 되는 것이다.

이에 대하여 일부 소위 좌익의 무리는 혈통의 조국을 부인하고 소위 사상의 조국을 운운하며, 혈족의 동포를 무시하고 소위 사상의 동무와 프로레타리아트의 국제적 계급을 주장하여, 민족주의라면 마치 이미 진리권 외에 떨어진 생각인 것같이 말하고 있다. 심히 어리석은 생각이다. 철학도 변하고 정치·경제의 학설도 일시적이어니와 민족의 혈통은 영구적이다.

일찍이 어느 민족 내에서나 혹은 종교로 혹은 학설로, 혹은 경제적·정치적 이해의 충돌로 하여 두 파 세 파로 갈려서 피로써 싸운 일이 없는 민족이

없거니와, 지내어 놓고 보면 그것은 바람과 같이 지나가는 일시적인 것이요, 민족은 필경 바람 잔 뒤에 초목 모양으로 뿌리와 가지를 서로 걸고 한 수풀을 이루어 살고 있다. 오늘날 소위 좌우익이란 것도 결국 영원한 혈통의 바다에 일어나는 일시적인 풍파에 불과하다는 것을 잊어서는 아니된다.

이 모양으로 모든 사상도 가고 신앙도 변한다. 그러나 혈통적인 민족만은 영원히 성쇠흥망의 공동운명의 인연에 얽힌 한 몸으로 이 땅 위에 나는 것이다.

세계 인류가 네요 내요 없이 한 집이 되어 사는 것은 좋은 일이요, 인류의 최고요 최후인 희망이요 이상이다. 그러나 이것은 멀고 먼 장래에 바랄 것이요, 현실의 일은 아니다. 사해동포(四海同胞)의 크고 아름다운 목표를 향하여 인류가 향상하고 전진하는 노력을 하는 것은 좋은 일이요 마땅히 할 일이나, 이것도 현실을 떠나서는 안 되는 일이니 현실의 진리는 민족마다 최소의 국가를 이루어 최선의 문화를 낳아 길러서 다른 민족과 서로 바꾸고 서로 돕는 일이다. 이것이 내가 믿고 있는 민주주의요, 이것이 인류의 현 단계에서는 가장 확실한 진리다.

그러므로 우리 민족으로서 하여야 할 최고의 임무는, 첫째로 남의 절제도 아니 받고 남에게 의뢰도 아니 하는 완전한 자주독립의 나라를 세우는 일이다. 이것이 없이는 우리 민족의 생활을 보장할 수 없을 뿐더러 우리 민족의 정신력을 자유로 발휘하여 빛나는 문화를 세울 수가 없기 때문이다. 이렇게 완전 자주 독립의 나라를 세운 뒤에는, 둘째로 이 지구상의 인류가 진정한 평화와 복락을 누릴 수 있는 사상을 낳아 그것을 먼저 우리나라에 실현하는 것이다.

나는 오늘날의 인류의 문화가 불안전함을 안다. 나라마다 안으로는 정치상, 경제상, 사회상으로 불평등·불합리가 있고, 밖으로 국제적으로는 나라와 나라의, 민족과 민족의 시기, 알력, 침략, 그리고 그 침략에 대한 보복으로 작고 큰 전쟁이 그칠 사이가 없어서 많은 생명과 재물을 희생하고도 좋은 일이 오는 것이 아니라 인심의 불안과 도덕의 타락은 갈수록 더하니, 이래 가지고는 전쟁이 그칠 날이 없어 인류는 마침내 멸망하고 말 것이다. 그러므로 인류 세계에는 새로운 생활 원리의 발견과 실천이 필요하게 되었다. 이야말로 우리 민족이 담당한 천직이라고 믿는다.

이러하므로 우리 민족의 독립이란 결코 삼천리 삼천만의 일이 아니라 진실로 세계 전체의 운명에 관한 일이요, 그러므로 우리나라의 독립을 위하여 일하는 것이 곧 인류를 위하여 일하는 것이다.

만일 우리의 오늘날 형편이 초라한 것을 보고 자굴지심(自屈之心 : 남에게 스스로 굽히는 마음)을 발하여 우리가 세우는 나라가 그처럼 위대한 일을 할 것을 의심한다면 그것은 스스로 모욕하는 일이다. 우리 민족의 지나간 역사가 빛나지 아니함이 아니나, 그것은 아직 서곡이었다. 우리가 주연 배우로 세계 역사의 무대에 나서는 것은 오늘 이후다. 삼천만의 우리 민족이 옛날의 희랍 민족이나 로마 민족이 한 일을 못한다고 생각할 수 있겠는가.

내가 원하는 우리 민족의 사업은 결코 세계를 무력으로 정복하거나 경제력으로 지배하려는 것이 아니다. 오직 사랑의 문화, 평화의 문화로 우리 스스로 잘살고 인류 전체가 의좋게 즐겁게 살도록 하는 일을 하자는 것이다. 어느 민족도 일찍 그러한 일을 한 이가 없었으니 그것은 공상이라고 하지 말라. 일찍이 아무도 한 자가 없길래 우리가 하자는 것이다. 이 큰 일은 하늘이 우리를 위하여 남겨 놓으신 것임을 깨달을 때에 우리 민족은 비로소 제 길을 찾고 제 일을 알아본 것이다. 나는 우리나라의 청년 남녀가 모두 과거의 조그맣고 좁으라운 생각을 버리고 우리 민족의 큰 사명에 눈을 떠서 제 마음을 닦고 제 힘을 기르기로 낙을 삼기를 바란다. 젊은 사람들이 모두 이 정신을 가지고 이 방향으로 힘을 쓸진대 30년이 못하여 우리 민족은 괄목상대(刮目相對 : 눈을 비비고 다시 봄)하게 될 것을 나는 확신하는 바이다.

정치 이념

　나의 정치 이념은 한마디로 표시하면 자유다. 우리가 세우는 나라는 자유의 나라라야 한다. 자유란 무엇인가. 절대로 각 개인이 제멋대로 사는 것을 자유라 하면 이것은 나라가 생기기 전이나 저 레닌의 말 모양으로 나라가 소멸된 뒤에나 있을 일이다. 국가생활을 하는 인류에게는 이러한 무조건의 자유는 없다. 왜 그런고 하면 국가란 일종의 규범의 속박이기 때문이다. 국가생활을 하는 우리를 속박하는 것은 법이다. 개인의 생활이 규범에 속박되는 것은 자유 있는 나라나 자유 없는 나라나 마찬가지다. 자유와 자유 아님이 갈리는 것은 개인의 자유를 속박하는 법이 어디서 오느냐 하는 데 달렸다. 자유 있는 나라의 법은 국민의 자유로운 의사에서 오고, 자유 없는 나라의 법은 국민 중의 어떤 일 개인 또는 일 계급에서 온다. 일 개인에서 오는 것을 전체 또는 독재라 하고, 일 계급에서 오는 것을 계급독재라 하고 통칭 파쇼라고 한다.

　나는 우리나라가 독재의 나라가 되기를 원치 아니한다. 독재의 나라에서는 정권에 참여하는 계급 하나를 제외하고는 다른 국민은 노예가 되고 마는 것이다.

　독재 중에서 가장 무서운 독재는 어떤 주의 즉 철학을 기초로 하는 독재다. 군주나 기타 개인 독재자의 독재는 그 개인만 제거되면 그만이어니와 다수의 개인으로 조직된 한 계급이 독재의 주체일 때에는 이것을 제거하기는 심히 어려운 것이니 이러한 독재는 그보다도 큰 조직의 힘이거나 국제적 압력이 아니고는 깨뜨리기 어려운 것이다. 우리나라의 양반정치도 일종의 계급독재어니와 이것은 수백 년 계속하였다. 이탈리아의 파시스트, 독일의 나치스의 일은 누구나 다 아는 일이다.

　그러나 모든 계급독재 중에도 가장 무서운 것은 철학을 기초로 한 계급 독재이다. 수백 년 동안 이조 조선에 행하여 온 계급독재는 유교, 그중에도 주자학파의 철학을 기초로 한 것이어서 다만 정치에 있어서만 독재가 아니라 사상, 학문, 사회생활, 가정생활, 개인생활까지도 규정하는 독재였다. 이 독재정치 밑에서 우리 민족의 문화는 소멸되고 원기는 마멸된 것이었다. 주자학 이외의 학문은 발달하지 못하니 이 영향은 예술, 경제, 산업에까지 미쳤다. 우리나라가 망하고 민력이 쇠잔하게 한 가장 큰 원인이 실로 여기 있었다. 왜 그런고 하면 국민의 머리 속에 아무리 좋은 사상과 경륜이 생기더라도 그가 집권계급의 사람이 아닌 이상, 또 그것이 사문난적(斯文亂賊 : 유교사상에 어긋나는 언행을 하는 사람)이라는 범주 밖에 나지 않는 이상 세상에 발표되지 못하기 때문이었다. 이 때문에 싹이 트려다가 눌려 죽은 새 사상, 싹도 트지 못하고 밟혀 버린 경륜이 얼마나 많았을까. 언론의 자유가 어떻게나 중요한 것임을 통감하지 아니할 수 없다. 오직 언론의 자유가 있는 나라에만 진보가 있는 것이다.

시방 공산당이 주장하는 소련식 민주주의란 것은 이러한 독재정치 중에도 가장 철저한 것이어서 독재정치의 모든 특징을 극단으로 발휘하고 있다. 즉 헤겔에게서 받은 변증법, 포이엘바하의 유물론 이 두 가지와 아담 스미드의 노동가치론을 가미한 맑스의 학설을 최후의 것으로 믿어, 공산당과 소련의 법률과 군대와 경찰의 힘을 한데 모아서 맑스의 학설에 일점 일획이라도 반대는 고사하고 비판만 하는 것도 엄금하여 이에 위반하는 자는 죽음의 숙청으로써 대하니, 이는 옛날의 조선의 사문난적에 대한 것 이상이다. 만일 이러한 정치가 세계에 퍼진다면 전 인류의 사상은 맑스주의 하나로 통일될 법도 하거니와 설사 그렇게 통일이 된다 하더라도 그것이 불행히 잘못된 이론일진대 그런 큰 인류의 불행은 없을 것이다.

그런데 맑스의 학설의 기초인 헤겔의 변증법의 이론이란 것이 이미 여러 학자의 비판으로 말미암아 전면적 진리가 아닌 것이 알려지지 아니하였는가. 자연계의 변천이 변증법에 의하지 아니함은 뉴톤, 아인슈타인 등 모든 과학자들의 학설을 보아서 분명하다.

그러므로 어느 한 학설을 표준으로 하여서 국민의 사상을 속박하는 것은 어느 한 종교를 국교로 정하여서 국민의 신앙을 강제하는 것과 마찬가지로 옳지 아니한 일이다. 산에 한 가지 나무만 나지 아니하고 들에 한 가지 꽃만 피지 아니한다. 여러 가지 나무가 어울려서 위대한 삼림이 아름다움을 이루고, 백 가지 꽃이 섞여 피어서 봄들의 풍성한 경치를 이루는 것이다. 우리가 세우는 나라에는 유교도 성하고, 불교도, 예수교도 자유로 발달하고, 또 철학으로 보더라도 인류의 위대한 사상이 다 들어와서 꽃이 피고 열매를 맺게 할 것이니, 이러하고야만 비로소 자유의 나라라 할 것이요, 이러한 자유의 나라에서만 인류의 가장 크고 가장 높은 문화가 발생할 것이다.

나는 노자(老子)의 무위(無爲)를 그대로 믿는 자는 아니어니와 정치에 있어서 너무 인공을 가하는 것을 옳지 않게 생각하는 자이다. 대개 사람이란 전지전능할 수가 없고, 학설이란 완전무결할 수 없는 것이므로 한 사람의 생각, 한 학설의 원리로 국민을 통제하는 것은 일시 속한 진보를 보이는 듯 하더라도 필경은 병통(깊이 뿌리박힌 결점)이 생겨서 그야말로 변증법적인 폭력의 혁명을 부르게 되는 것이다.

모든 생물에는 다 환경에 순응하여 저를 보존하는 본능이 있으므로 가장 좋은 길은 가만히 두는 것이다. 작은 꾀로 자주 건드리면 이익보다도 해가 많다. 개인 생활에 너무 잘게 간섭하는 것은 결코 좋은 정치가 아니다. 국민은 군대의 병정도 아니요, 감옥의 죄수도 아니다. 한 사람 또는 몇 사람의 호령으로 끌고 가는 것이 극히 부자연하고 또 위태한 일인 것은 파시스트 이탈리아와 나치스 독일이 불행하게도 가장 잘 증명하고 있지 아니한가.

미국은 이러한 독재국에 비겨서는 심히 통일이 무력한 것 같고, 일의 진행이 느린 듯하여도 그 결과로 보건대 가장 큰 힘을 발하고 있으니, 이것은 그 나라의 민주주의 정치의 효과이다. 무슨 일을 의논할 때에 처음에는 백성들이 저마다 제 의견을 발표하여서 훤훤효효(喧喧器器 : 떠들썩하게 마구 지껄임)하여 귀일할 바를 모르는 것 같지마는 갑론을박으로 서로 토론하는 동안에 의견이 차차 정리되어서 마침내 두어 큰 진영으로 포섭되었다가 다시 다수결의 방법으로 한 결론에 달하여 국회의 결의가 되고, 원수의 결재를 얻어 법률이 이루어지면 이에 국민의 의사가 결정되어 요지부동하게 되는 것이다.

이 모양으로 민주주의란 국민의 의사를 알아보는 한 절차, 또는 방식이요, 그 내용은 아니다. 즉 언론의 자유, 투표의 자유, 다수결에 복종—이 세 가지가 곧 민주주의다. 국론 즉 국민의 의사의 내용은 그때그때의 국민의 언론전으로 결정되는 것이어서 어느 개인이나 당파의 특정한 철학적 이론에 좌우되는 것이 아님이 미국식 민주주의의 특색이다. 다시 말하면 언론, 투표, 다수결 복종이라는 절차만 밟으면 어떠한 철학에 기초한 법률도 정책도 만들 수 있으니 이것을 제한하는 것은 오직 그 헌법의 조문뿐이다. 그런데 헌법도 결코 독재국의 그것과 같이 신성불가침의 것이 아니라 민주주의의 절차로 개정할 수가 있는 것이니, 이러므로 민주 즉 백성이 나라의 주권자라 하는 것이다.

이러한 나라에서 국론을 움직이려면, 그중에서 어떤 개인이나 당파를 움직여서 되지 아니하고, 그 나라 국민의 의견을 움직여야 된다. 백성들의 작은 의견은 이해관계로 결정되거니와 큰 의견은 그 국민성과 신앙과 철학으로 결정된다. 여기서 문화와 교육의 중요성이 생긴다. 국민성을 보존하는 것이나 수정하고 향상하는 것이 문화와 교육의 힘이요, 산업의 방향도 문화와 교육으로 결정됨이 큰 까닭이다. 교육이란 결코 생활의 기술을 가르치는 것만을 의미하는 것이 아니다. 교육의 기초가 되는 것은 우주와 인생과 정치에 대한 철학이다. 어떠한 철학의 기초 위에 어떠한 생활의 기술을 가르치는 것이 곧 국민 교육이다. 그러므로 좋은 민주주의의 정치는 좋은 교육에서 시작될 것이다. 건전한 철학의 기초 위에 서지 아니한 지식과 기술의 교육은 그 개인과 그를 포함한 국가에 해가 된다. 인류 전체로 보아도 그러하다.

이상에 말한 것으로 내 정치 이념이 대강 짐작될 것이다. 나는 어떠한 의미로든지 독재정치를 배격한다. 나는 우리 동포를 향하여서 부르짖는다. 결코 결코 독재정치가 아니 되도록 조심하라고. 우리 동포 각 개인이 십분의 언론자유를 누려서 국민 전체의 의견대로 되는 정치를 하는 나라를 건설하자고. 일부 당파나 어떤 한 계급의 철학으로 다른 다수를 강제함이 없고, 또 현재의 우리들의 이론으로 우리 자손의 사상과 신앙의 자유를 속박함이 없는 나라, 천지와 같이 넓고 자유로운 나라, 그러면서도 사랑의 덕과 법의 질서가 우주 자연의 법칙과 같이 준수되는 나라가 되도록 우리나라를 건설하자고.

그렇다고 나는 미국의 민주주의 제도를 그대로 직역하자는 것은 아니다. 다만 소련의 독재적인 '민주주의'에 대하여 미국의 언론자유적인 민주주의를 비교하여서 그 가치를 판단하였을 뿐이다. 둘 중에서 하나를 택한다면 사상과 언론의 자유를 기초로 한 자를 취한다는 말이다.

나는 미국의 민주주의 정치제도가 반드시 최후적인 완성된 것이라고는 생각지 아니한다. 인생의 어느 부분이나 다 그러함과 같이 정치 형태에 있어서도 무한한 창조적 진화가 있을 것이다. 더구나 우리나라와 같이 반만년 이래로 여러 가지 국가 형태를 경험한 나라에는 결점도 많으려니와 교묘하게 발달된 정치제도도 없지 아니할 것이다.

가까이 이조시대로 보더라도, 홍문관(弘文館), 사간원(司諫院), 사헌부(司憲府) 같은 것은 국민 중에 현인의 의사를 국정에 반영하는 제도로 맛있는 제도요, 과거제도와 암행어사 같은 것도 연구할 만한 제도다. 역대의 정치제도를 상고하면 반드시 쓸 만한 것도 많으리라고 믿는다. 이렇게 남의 나라의 좋은 것을 취하고 내 나라의 좋은 것을 골라서 우리나라에 독특한 좋은 제도를 만드는 것도 세계의 문운(文運)에 보태는 일이다.

내가 원하는 우리나라

나는 우리나라가 세계에서 가장 아름다운 나라가 되기를 원한다. 가장 부

강한 나라가 되기를 원하는 것은 아니다. 내가 남의 침략에 가슴이 아팠으니 내 나라가 남을 침략하는 것을 원치 아니한다. 우리의 부력은 우리의 생활을 풍족히 할 만하고, 우리의 강력은 남의 침략을 막을 만하면 족하다. 오직 한없이 가지고 싶은 것은 높은 문화의 힘이다. 문화의 힘은 우리 자신을 행복되게 하고 나아가서 남에게 행복을 주겠기 때문이다.

지금 인류에게 부족한 것은 무력도 아니요, 경제력도 아니다. 자연과학의 힘은 아무리 많아도 좋으나 인류 전체로 보면 현재의 자연과학만 가지고도 편안히 살아가기에 넉넉하다. 인류가 현재에 불행한 근본 이유는 인의가 부족하고, 자비가 부족하고, 사랑이 부족한 때문이다. 이 마음만 발달이 되면 현재의 물질력으로 20억이 다 편안히 살아갈 수 있을 것이다 인류의 이 정신을 배양하는 것은 오직 문화이다. 나는 우리나라가 남의 것을 모방하는 나라가 되지 말고, 이러한 높고 새로운 문화의 근원이 되고 목표가 되고 모범이 되기를 원한다. 그래서 진정한 세계의 평화가 우리나라에서, 우리나라로 말미암아서 세계에 실현되기를 원한다.

홍익인간(弘益人間)이라는 우리 국조 단군의 이상이 이것이라고 믿는다.

또 우리 민족의 재주와 정신과 과거의 단련이 이 사명을 달하기에 넉넉하고, 우리 국토의 위치와 기타의 지리적 조건이 그러하며, 또 1차 2차의 세계 대전을 치른 인류의 요구가 그러하며, 이러한 시대에 새로 나라를 고쳐 세우는 우리의 탄 시기가 그러하다고 믿는다. 우리 민족이 주연배우로 세계의 무대에 등장할 날이 눈 앞에 보이지 아니하는가.

이 일을 하기 위하여 우리가 할 일은 사상의 자유를 확보하는 정치양식의 건립과 국민교육의 완비다. 내가 위에서 자유의 나라를 강조하고 교육의 중요성을 말한 것이 이 때문이다.

최고 문화 건설의 사명을 달할 민족은 일언이폐지(一言以蔽之 : 구구한 말을 다 줄임)하면 모두 성인을 만드는 데 있다.

대한 사람이라면 간 데마다 신용을 받고 대접을 받아야 한다. 우리의 적이 우리를 누르고 있을 때에는 미워하고 분해하는 살벌·투쟁의 정신을 길렀었거니와, 적은 이미 물러갔으니 우리는 증오의 투쟁을 버리고 화합의 건설을 일삼을 때다. 집안이 불화하면 망하고 나라 안이 갈려서 싸우면 망한다. 동포 간의 증오와 투쟁은 망조다. 우리의 용모에서는 화기가 빛나야 한다. 우리 국토 안에는 언제나 춘풍이 태탕(駘蕩 : 봄빛이나 날씨 따위가 매우 화창한 모양)하여야 한다. 이것은 우리 국민 각자가 한번 마음을 고쳐 먹음으로 되고, 그러한 정신의 교육으로 영속될 것이다.

최고 문화로 인류의 모범이 되기로 사명을 삼는 우리 민족의 각원(各員)은 이기적 개인주의자여서는 안 된다. 우리는 개인의 자유를 극도로 주장하되 그것은 저 짐승들과 같이 저마다 제 배를 채우기에 쓰는 자유가 아니요, 제 민족을, 제 이웃을, 제 국민을 잘살게 하기에 쓰이는 자유다. 공원의 꽃을 꺾는 자유가 아니라, 공원의 꽃을 심는 자유다.

우리는 남의 것을 빼앗거나 남의 덕을 입으려는 사람이 아니라 가족에게, 이웃에게, 동포에게 주는 것으로 낙을 삼는 사람이다. 우리 말에 이른바 선비요 점잖은 사람이다.

그러므로 우리는 게으르지 아니하고 부지런하다. 사랑하는 처자를 가진 가장은 부지런할 수밖에 없다. 한없이 주기 위함이다. 힘드는 일은 내가 앞서 하니 사랑하는 동포를 아낌이요, 즐거운 것은 남에게 권하니 사랑하는 자를 위하기 때문이다. 우리 조상네가 좋아하던 인후지덕(仁厚之德)이란 것이다.

이러함으로써 우리나라의 산에는 삼림이 무성하고 들에는 오곡백과가 풍성하며, 촌락과 도시는 깨끗하고 풍성하고 화평할 것이다. 그리하여 우리 동포, 즉 대한 사람은 남자나 여자나 얼굴에는 항상 화기가 있고 몸에서는 덕의 향기를 발할 것이다. 이러한 나라는 불행하려 하여도 불행할 수 없고, 망하려 하여도 망할 수 없는 것이다. 민족의 행복은 결코 계급투쟁에서 오는 것도 아니요, 개인의 행복이 이기심에서 오는 것이 아니다. 계급투쟁은 끝없는 계급투쟁을 낳아서 국토에 피가 마를 날이 없고, 내가 이기심으로 남을 해하면 천하가 이기심으로 나를 해할 것이니 이것은 조금 얻고 많이 빼앗기는 법이다. 일본의 이번 당한 보복은 국제적 민족적으로도 그러함을 증명하는 가장 좋은 실례다.

이상에 말한 것은 내가 바라는 새 나라의 용모의 일단을 그린 것이어니와, 동포 여러분! 이러한 나라가 될진대 얼마나 좋겠는가. 우리네 자손을 이러한 나라에 남기고 가면 얼마나 만족하겠는가. 옛날 한토(漢土 : 중국 땅)의 기자(箕子)가 우리나라를 사모하여 왔고, 공자께서도 우리 민족이 사는 데 오고 싶다고 하셨으며, 우리 민족을 인(仁)을 좋아하는 민족이라 하였으니, 옛날에도 그러하였거니와 앞으로는 세계 인류가 모두 우리 민족의 문화를 이렇게 사모하도록 하지 아니하려는가.

나는 우리의 힘으로, 특히 교육의 힘으로 반드시 이 일이 이루어질 것을 믿는다.

우리나라의 젊은 남녀가 다 이 마음을 가질진대 아니 이루어지고 어찌하랴.

나도 일찍 황해도에서 교육에 종사하였거니와 내가 교육에서 바라던 것이 이것이었다. 내 나이 이제 70이 넘었으니 몸소 국민교육에 종사할 시일이 넉넉지 못하거니와 나는 천하의 교육자와 남녀 학도들이 한번 크게 마음을 고쳐 먹기를 빌지 아니할 수 없다.

백범 김구 연표

1876(丙子)	1세	7월 11일(양력 8월 29일) 황해도 해주 백운방 텃골(현 벽성군 운산면 繁潭里)에서 태어남. 부친 김순영(金淳永), 모친 곽낙원(郭樂園). 아명은 창암(昌巖).
1879(己卯)	4세	천연두를 앓음.
1880(庚辰)	5세	강령군 삼가리로 이사.
1884(甲申)	9세	조부상을 당함.
1887(丁亥)	12세	서당에서 한문을 배우다 반년여에 부친의 병환으로 배움을 그만둠.
1889~91		학업 계속. 정문재(鄭文哉)의 서당에서 당시(唐詩)와 『대학(大學)』을 배움.
1892(壬辰)	17세	과거에 응시했다가 포기, 관상서와 지리서를 공부하고 병서를 탐독.
1893(癸巳)	18세	동학에 입도, 동학 접주가 됨. 이름을 창수(昌洙)로 고침.
1894(甲午)	19세	보은에서 동학 교주 최시형(崔時亨)을 만남. 해주에서 동학 기병. 구월산 패엽사에 진을 침. 홍역에 걸림.
1895(乙未)	20세	2월 진사 안태훈(安泰勳)을 찾아가 의지함. 산림학자 고능선(高能善)의 지도를 받으며 구국의 방책을 논함. 여름에 김형진(金亨鎭)과 함께 청국 시찰한 후 11월 경 돌아옴. 고능선 손녀와의 약혼이 깨짐.
1896(丙申)	21세	2월 하순 재차 청나라로 가다 중단하고 돌아오는 길에 안악 치하포에서 일인을 살해함. 5월 11일 체포, 해주감옥 구금. 7월 인천 감리영 이감. 10월 말~11월 초 사형선고.

1896 말~97 초		고종의 사형 정지령.
1898(戊戌)	23세	3월 파옥. 삼남지방 유력. 마곡사에서 승려 생활.
1899(己亥)	24세	4월 승려의 몸으로 해주 수양산(首陽山) 북암(北菴)에서 부모 상봉. 5월 평양에서 극암(克菴) 최재학(崔在學)의 소개로 대보산 영천사 방주가 됨. 9월 경 환속하여 고향으로 돌아감.
1900(庚子)	25세	2월 강화도에서 김두래(金斗來)라는 이름으로 행세하며 김경득(金卿得)의 집에서 학동을 가르침. 유완무(柳完茂)를 만나 함께 서울로 온 후 삼남 지방을 돌며 우국지사들과 교제함. 이름을 구(龜), 호를 연하(蓮下), 자를 연상(蓮上)으로 바꿈. 11월 고향에 돌아옴. 12월 부친상을 당함.
1902(壬寅)	27세	1월 장연(長淵) 사는 최여옥(崔如玉)과 약혼. 예수교인들과 친분을 갖고 신교육을 장려함.
1903(癸卯)	28세	2월 약혼녀 사망. 장련(長連)읍 사직동으로 이사. 예수교 신봉. 오인형(吳寅炯)의 집에 사립학교를 설립. 장련공교 교원이 됨. 안창호(安昌浩)의 누이동생 신호(信浩)와 혼담이 오감.
1903~04		장련 농부(農部) 종상위원(種桑委員)이 됨. 신천(信川) 사평동의 최준례(崔遵禮)와 결혼.
1905(乙巳)	30세	을사조약을 계기로 진남포 에벳청년회 총무 직책으로 경성 상동(尙洞)에 가서 전덕기(全德基)·이준(李儁)·이동녕(李東寧) 등과 을사조약 철회를 상소하는 등 구국운동에 참여.
1908(戊申)	33세	9월 문화군 초리면(草里面) 종산(種山)으로 이주. 서명의숙(西明義塾) 교사 생활. 첫딸 출생.
1909(己酉)	34세	1월 안악으로 이사. 첫딸 사망. 양산(楊山)학교 교장 취임. 최광옥(崔光玉) 등과 함께 해서교육총회를 조직하고 학무 총감에 취임. 안중근 의사 의거에 연루되어 2차 투옥되었다가 무혐의로 풀려남. 재령 보강(保强)학교 교장 취임. 12월 이재명 의사 거사.
1910(庚戌)	35세	서울에서 열린 신민회 비밀회의에 참석. 둘째딸 화경(化敬) 출생.
1911(辛亥)	36세	1월 5일 안명근 사건 관련 3차 투옥. 7월 22일 15년형 언도받음. 서대문형무소 이감.
1914(甲寅)	39세	감옥에서 잔기를 2년 앞두고 이름을 김구(金九), 호를 백범(白凡)으로

고침. 인천옥으로 이감되어 축항공사에 투입됨. 둘째딸 화경 사망.

7월 가출옥. 안신학교에서 교편 생활.

1915(乙卯)	40세	1월 숙부 준영(俊永) 사망. 셋째딸 은경(恩敬) 출생. 문화의 동산평(東山坪)에서 감농(監農)을 맡음.
1916~18		셋째딸 은경 사망. 처형 사망.
1918(戊午)	43세	11월 아들 인(仁) 출생.
1919(민국 1년)	44세	3 · 1운동을 계기로 상해로 출국. 4월 11일 임시정부 성립, 국무총리에 이승만 선출. 백범, 경무국장에 취임. 9월 임정 총리제를 대통령제로 변경, 초대 대통령 이승만.
1920(2년)	45세	부인과 인이 상해로 건너옴. 임시정부는 안공근(安恭根) · 한형권(韓亨權) · 여운형(呂運亨)을 모스크바에 파견.
1922(4년)	47세	모친이 상해로 건너옴. 아들 신(信) 출생.
1923(5년)	48세	10월 내무총장 선임.
1924(6년)	49세	1월 1일 상해에서 부인 최준례 사망. 9월 임시정부 개편, 국무총리 이동녕이 대통령 직무를 대행.
1926(8년)	51세	모친과 아들 신 환국. 12월 국무령 취임.
1927(9년)	52세	아들 인 환국. 4월 임시헌법을 수정, 국무령제를 국무위원제로 바꾸고 국무위원에 선임됨.
1928(10년)	53세	『백범일지』 상권 집필 시작.
1929(11년)	54세	5월 3일 『백범일지』 상권 집필 완료.
1931(13년)	56세	상해 한인거류민단장 겸임. 12월 한인애국단 조직, 단장에 취임. 이봉창과 거사 준비.
1932(14년)	57세	1월 8일 이봉창, 일본 천황에 수류탄을 투척하나 미수에 그침.
		4월 29일 윤봉길 의사 상해 홍구공원 의거 배후 조종. 가흥(嘉興) 피신. 장진구(張震球), 장진(張震)이라는 가명을 씀. 중국 여인 주애보(朱愛寶) 만남.
		5월 임시정부는 절강성 항주(杭州)로 이전.
1933(15년)	58세	5월 남경에서 장개석(蔣介石) 면담.
		7월 한국독립당 등 5개 정당 대표가 남경에서 회동하여 합당을 결의하고 대일전선통일동맹 결성(김구 배제).
1933~34		남경 이주.

1934(16년)	59세	낙양군관학교 분교에 한국군관양성기관 설립.
1935(17년)	60세	6월 대일전선통일동맹이 발전 해체되고 조선민족혁명당 탄생. 9월 조소앙(趙素昻) 중심 한국독립당 재건. 10월 임시정부가 가흥 남호(南湖)의 배 위에서 비상회의를 열고 정부 개편을 결정. 임시정부 진강(鎭江)으로 이전. 11월 항주에서 한국국민당 조직. 모친 상봉.
1936(18년)	61세	임시정부 남경으로 이전.
1937(19년)	62세	8월 남경에서 광복진선 결성. 중일전쟁 발발로 임정 대가족과 함께 12월 호남성 장사(長沙)로 이주. 주애보와 헤어짐.
1938(20년)	63세	5월 장사의 남목청(楠木廳)에서 3당 통합을 논의하던 중 이운한(李雲漢)에게 피습당함. 7월 대가족과 함께 광동성 광주(廣州) 도착. 9월 남해현(南海縣)에 임정 사무실 설치. 대가족과 모친은 인근 불산(佛山)에 이주. 11월경 중국 정부 임시수도인 중경(重慶) 도착. 임정과 대가족은 광서성 유주(柳州) 도착.
1939(21년)	64세	4월 중경에서 모친 사망. 5월 임정과 대가족 기강(綦江) 도착. 김약산(金若山)과 민족주의 단일당 통일 선언.
1940(22년)	65세	4월 3당 통일로 한국독립당 창설, 집행위원장 취임. 9월 광복군 성립. 임시정부 중경 이전. 9월 17일 광복군 총사령부 중경에 설치. 10월 임정 임시헌법에서 국무위원제가 주석제로 바뀌면서 초대 주석에 선출됨.
1942(24년)	67세	『백범일지』 하권 집필.
1943(25년)	68세	장준하(張俊河) 등 일제 학병 50여 명 임정으로 탈출.
1945(27년)	70세	맏아들 인 사망. 8월 미군 측과 작전 협의차 서안(西安)행. 일본 항복 소식 들음. 11월 상해를 경유하여 환국함. 12월 반탁운동 전개.
1946	71세	2월 비상국민회의 조직.
1947	72세	1월 국민회의 부주석 취임. 남북한 총선거에 의한 정부 수립 결의안 지지. 국사원에서 현대어 역 『백범일지』 간행.
1948	73세	4월 김규식(金奎植)과 함께 평양행, 남북협상을 마치고 조국통일에 관한 공동 성명서 발표. 5월 귀환.
1949	74세	6월 26일 낮 12시 36분 경교장(京橋莊)에서 육군 소위 안두희(安斗熙)

의 총에 맞고 운명.

7월 5일 국민장으로 효창공원 안장.

1960	동명사본 『백범일지』 나옴
1962	3월 1일 대한민국건국공로훈장 중장(重章) 추서.
1979	교문사본 『백범일지』 나옴.
1986	필사본 『백범일지』 공개.
1989	필사본을 저본으로 한 현대어 역 『백범일지』 서문당에서 간행.
1994	친필 영인본 『백범일지』 집문당에서 간행.
1995	친필본 직해 『백범일지』 집문당에서 간행.
1996	백범 살해범 안두희, 박기서(朴琦緖)에게 피살.
1997	친필 영인본을 저본으로 한 친필본 주해 정본 『백범일지』 학민사에서 간행.
2016	정본 『백범일지』 2판 발행.

등장인물 찾아보기

개정판
정본 백범일지

1판 1쇄 발행 | 1997년 3월 1일
2판 1쇄 발행 | 2016년 4월 1일

지은이 | 김 구
주 해 | 김학민 · 이병갑
펴낸이 | 양기원
펴낸곳 | 학민사

등록번호 | 제10-142호
등록일자 | 1978년 3월 22일

주소 | (04091) 서울시 마포구 토정로 222
         한국출판콘텐츠센터 314호
전화 | 02-3143-3326~7
팩스 | 02-3143-3328

홈페이지 | http://www.hakminsa.co.kr
이메일 | hakminsa@hakminsa.co.kr

ISBN 978-89-7193-234-6(03990), Printed in Korea

• 잘못 만들어진 책은 구입하신 서점에서 바꿔드립니다.
• 저자와 출판사의 허락없이 내용의 일부를 인용하거나 발췌하는 것을 금합니다.
• 책값은 표지 뒷면에 있습니다.

이 도서의 국립중앙도서관 출판시도서목록(CIP)은 e-CIP홈페이지(http://www.no.go.kr/ecip)와
국가자료공동목록시스템(http://nl.go.kr/kolisnet)에서 이용하실 수 있습니다.
(CIP제어번호 : CIP2016006622)